KANON

"KUTSAL KİTAPLARIN YENİ BİR YORUMU"

MURAT UKRAY

2016

ISBN: 978-625-8196-67-2
eISBN: 978-605-9654-54-8

© Copyright, All Right Reserved

Tüm hakları yazara aittir. İzinsiz kısmen ya da tamamen kopyalanamaz.

KANON

YAZAR HAKKINDA
(MURAT UKRAY)

Murat Ukray, aynı zamanda yayıncılık da yapan yazar, 1976 yılında İstanbul'da doğdu. Üniversite'de *Elektronik Mühendisliği* okuduktan sonra, *Yazarlık* ve *Yayıncılık* hayatına atıldı. Yayınlanmış -14- *kitabı* vardır. Kanon Yazarın 11. Kitabıdır.

* * *

Yazarın yayınlanmış diğer Kitapları:

1- **Kıyamet Gerçekliği** *(Kurgu Roman) (2006)*

2- **Birleşik Alan Teorisi** *(Teori – Fizik & Matematik) (2007)*

3- **İsevilik İşaretleri** *(Araştırma) (2008)*

4- **Yaratılış Gerçekliği- 2 Cilt** *(Biyokimya Atlası)(2009)*

5- **Aşk-ı Mesnevi** *(Kurgu Roman) (2010)*

6- **Zamanın Sahipleri** *(Deneme) (2011)*

7- **Hanımlar Rehberi** *(İlmihal) (2012)*

8- **Eskilerin Masalları** *(Araştırma) (2013)*

9- **Ruyet-ul Gayb (Haberci Rüyalar)** *(Deneme) (2014)*

10- **Sonsuzluğun Sonsuzluğu (114 Kod)** *(Teori & Deneme) (2015)*

11- **Kanon (Kutsal Kitapların Yeni Bir Yorumu)** *(Teori & Araştırma) (2016)*

12- **Küçük Elisa (Zaman Yolcusu)** (Çocuk Kitabı) *(2017)*

13- **Tanrı'nın Işıkları (Çölde Başlayan Hikaye)** *(Bilim-Kurgu Roman) (2018)*

14- **Son Kehanet- 2 Cilt** *(Bilim-Kurgu Roman) (2019)*

www.ekitaprojesi.com/authors/murat-ukray

www.kiyametgercekligi.com

* * *

KANON

İÇİNDEKİLER

KANON NEDİR? -- 11
KHALKİ AVATAR KİMDİR? -- 15
GİRİŞ -- 19
KAN'ON KELİMESİ'NİN KÖKENİ & ESKİ MISIR ------------------------ 19
ESKİ ANTLAŞMA KANONUNUN GEÇERLİLİĞİ ---------------------------- 23
YENİ BİR "KANON" YAZILABİLİR Mİ? ------------------------------- 24
TARİHSEL VE İDEOLOJİK AÇIDAN KAN'ON'UN ANLAMI: ----------- 27
TANRI VAHYİ'NİN DEVAMI OLAN KUTSAL
KİTAPLARIN'IN DEĞİŞMEZLİĞİ MESELESİ ---------------------------- 36
Eski Ahid'in "Kanon" Oluşumu ----------------------------------- 36
Yeni Ahit'in "Kanon" Oluşumu ----------------------------------- 44
Kanon Listeleri: --- 48
   KISACA ROMA TARİHİ [M.Ö. 750 - M.S. 1453]: ---------------- 51
İLAHİ DİNLERİN KİTAPLARININ OLUŞUMU --------------------------- 63
DA VINCI ETKİSİ: -- 86
DAN BROWN VE HRİSTİYANLIĞA ETKİLERİ --------------------------- 86
YENİ AHİD'İN ESKİ EL YAZMALARI -------------------------------- 99
Kodeks Alexandrinus -- 103
Kodeks Vatikanus --- 104
Kodeks Sinaticus --- 104
John Rylands Papirüsü -- 105
Arsoinoe Yazmaları --- 105
Chester Beatty Papirüsleri ----------------------------------- 106
Eski Ahid'in Diğer Çevirileri -------------------------------- 111
Kanonik İncillerin Kabul Edilmesi ve İznik Konsili ----------- 113
   Rahip Arius'un Tevhid İnancını Savunması: ----------------- 115
   İznik Konsülü'nde Diğer Yaşananlar: ----------------------- 118
Ölü Deniz Tomarları "The Dead Sea Scrolls" ------------------- 122

TARİHSEL BAKIMINDAN KİTAB-I MUKADDES'İN
METİNLERİ NASIL DEĞERLENDİRİLEBİLİR? 129
A. Bibliografik Test 130
B. İçsel Kanıt Testi 133
C. Dışsal Kanıt Testi 137
PEYGAMBERLERE GÖRE (NEBİ'ÎM)
KUTSAL KİTAP'IN DEĞİŞMEZLİĞİ 141
KİTAB-I MUKADDES VE KURAN-I KERİM ARASINDAKİ
DEĞİŞİK VAHİY KAVRAMLARI 147
Kur'ân'a Göre Hz. Muhammed Kendi Dönemindeki
Mevcut Olan Kutsal Kitab'ı Tanrı'nın Kelâmı Olarak Kabul Ediyordu 153
Kur'ân'a Göre Mü'minler, Kutsal Kitaplar Arasında Hiçbir Ayrım Yapmazlar 163
Kur'ân-ı Kerîm'e Göre Allah'ın Kelâmı Değiştirilemez 169
Kur'ân'a Göre Allah'ın Kelâmı Bizzat Allah Tarafından Korunmaktadır 173
İSLAMİYET ÖNCESİ KUTSAL KİTAP, KANONİK YAHUDİ-HRİSTİYAN
YAZITLARI VE DİNLERE GENEL BİR BAKIŞ VE SONUÇLAR 180
TARİHİN AKIŞINI DEĞİŞTİREN İSLAM
ÖNCESİ İNDİRİLEN KANON'LAR 191
İSLÂMİYET'TE "NESİH":
"ÖNCEKİ KUTSAL VAHYİN İPTAL EDİLMESİ" MESELESİ 212
KUR'ÂN'A GÖRE DE ALLAH'IN KELÂMI
EBEDİYETE KADAR GEÇERLİ KALACAKTIR 224
KUTSAL KİTAPLARIN DEĞİŞİP DEĞİŞMEMESİ ÜZERİNE
FELSEFİ DÜŞÜNCELER VE BAZI MANTIK MESELELERİ 235
A. "A Priori" meselesi (Önyargı) 238
B. "Petitio Principii" (Kıyas) meselesi 239
C. "Argumentum Ad Ignorantium" (Bilinmezlik, Agnostik) Kanıt 241
D. Argumentum Ad Hominem (Tartışmaya dayalı) Kanıt 243
E. "Argumentum Ad Verecundiam" (Otorite) Kanıtı 245
F. "Argumentum Ad Baculum" (Baston) Kanıtı 247
G. "Argumentum Ad Populum" (Halk) Kanıtı 249
H. "Argumentum İp Se Dixit" (Temelsiz) Dogma 250
I. "Argumentum Non Sequitur" (Akla Dayalı) Kanıt 252
J. Doğru Akıl Yürütme 256

KANON

YENİ ANTLAŞMA KANONU ---------- 262
GİRİŞ ---------- 263
ESKİ ANTLAŞMA KANONUNUN GEÇERLİLİĞİ ---------- 265
YENİ ANTLAŞMA KANONUNUN OLUŞUMU ---------- 272
YENİ ANTLAŞMA KANONUNUN ÖNEMİ: ---------- 280
NEDEN BİR YENİ ANTLAŞMA KANON'U GEREKLİDİR? ---------- 280
KANON'UN GÜNÜMÜZDE YAPTIĞI DEĞİŞİKLİK: ---------- 288
APOKALİPTİK BİR ÇAĞ'A GİRERKEN - 'KIYAMET ÇAĞI'NA-GÖRE 'YENİ BİR KANON'UN GEREKLİLİLİĞİ ---------- 288

KANON-BİRİNCİ KİTAP:
KHALKİ AUM KİTABI ---------- 301
GİRİŞ: ---------- 301
KUR'AN-IN KANONİK YORUMU ---------- 306

KANON-İKİNCİ KİTAP:
KHALKİ AVATAR KİTABI ---------- 345
GİRİŞ: İSA MESİH'İN HAYATI: ---------- 347
İNCİL-İN KANONİK YORUMU ---------- 353

KANON TERİMLER SÖZLÜĞÜ ---------- 431

* * *

KANON

KANON

ÖNSÖZ

Günümüzde, yeni nesiller, daha doğrusu *"eşiği atlamış bir kesim"*, *"Kâinatı"* da kapsayacak şekilde artık geniş ufuklu bir perspektife sahipler, teknoloji ve kitaplar sayesinde... Öyle ki, bu yeni çağla birlikte dua ve ibadetin de belirli bir yeri ve zamanı yok. Zaman ve Mekandan bağımsız bir şekilde, isteyen istediği yerde Allah'a ulaşabiliyor, dua ediyor. Mabet duvarları arasına sıkıştırılmış "Tanrı'nın Evi" kavramına artık günümüzde pek sıcak bakmıyorlar. İbadethaneler tenhalaşırken, artan genç ve dinamik toplumlar ve nüfusla birlikte çevreyle bütünleşme ve internet çağıyla birlikte mobil iletişim ve globalizasyon ile birlikte anlık veri ve kitle iletişimi, bilginin anlık işlenişi ve iletişimi de yoğunlaşıyor.

Sanki, bu noktada hacmi tasavvur bile edilmeyecek çok daha büyük, sanki tüm dinleri de içerisine alan bir yapı şeklindeki, büyüklükte bir "Evrensel Bir Mabet'in" farkına varılıyor.

"Tanrı'dan korkma" şeklinde değil; ama "Doğa sevgisiyle" ve "Tabiatla iç içe olma" ve "Merhametli" olma duygusu ve "Tanrıyla birleşme, Evrensel bütünleşme" kavramları gün geçtikçe artıyor! Ve Tabiat'da "görevi" olmayan tek bir canlının bile bulunmayacağının bilincindeler. "Zararlı Hayvan", "Zararlı Bitki" söylemleri onlara çok uzak!

Kobay olarak kullanılan bir fare veya bir maymun için veya eziyet görmekte olan bir kedi veya köpek veya diğer bir canlı türü için meydanlar doluyor! Veyahutta Türkiye'de yaşanan *"Gezi Parkı"* eylemlerinde çok daha belirgin ve bariz bir şekilde bir sosyolojik örnek şeklinde derinleşerek birkaç on ağaç için kitleler ölümüne bütünleşebiliyorlar. Bu örnekler, tarihteki daha önce yaşamış kavimlerle karşılaştırıldığında, benzersiz birer sevgi numunesi gibi görünüyor, bir bilinç kayması ve kritik bir "ALTINÇAĞ", "BİLGİ ÇAĞI" eşiğine gelindiği mesajını veriyordu.

İşin ilginç yanı; Kuran-ı Kerim "Oku" diye başlıyor... Fakat şu bir gerçek ki, içeriğinde de "başka bir kitap okuma" mealinden tek bir ayet yok! Sadece *"oku"*, demesi *"neyin okuyacağımızı"* veya *"neyin okunacağı"* meselesinin ucunu açık bırakmıştır. Belki de tek bir kalıp yok, *"Okunması gereken Tüm Kainat"*, ve Kainatın tümü belki de *"Dev bir Mabed ve Yaratıcı tarafından yazılmış Sayısız Kitaplar Bütünü"*..

Elinizdeki Eser, bu yönde yazılmış -Çok yönlü- -33 yıllık- Teolojik bir çalışmanın ürünüdür..

***

KANON

KANON NEDİR?

"KANON", yeni çağın bir "KUTSAL KİTABI" yazılsa ve kesintisiz devam eden TANRI / ALLAH VAHYİ'nin uzun zamandır beklenen yeni bir uzantısı ve evrensel mesajı gönderilse, bu ne olurdu? Ne söylemek ve mesaj vermek isterdi? Düşüncesi doğrultusunda oluşturulmuş bir Kutsal Kitap tematiğidir. Kanon ayrıca etimolojik olarak, çok eski Hint metinlerinde dahi "KHALKİ AUM" veya "KHALKİ AVATAR" olarak GELECEĞİ müjdelenen ve Alemler ötesinden gelen eski çağlara ilişkin değil de daha çok AHİR ZAMAN, KIYAMET ile ilgili kavramların ne anlama geldiğini açıklamak üzere yazılmış, MESİH & MEHDİ ÇAĞI öğretisinin bir kitabı veya bu yöndeki bin yıllardır süregelen bir düşüncenin de devamıdır. Bu düşünce, Kanon'un geçmişten günümüze uzanan, günümüzdeki uzantısıdır..

"KANON"un izini tarih içinde geriye doğru sürdüğümüzde ise, çok eski tarihlerde, ayrıca Hz. Musa'nın tabletlerinde bile, "KAMON veya CANAAN" olarak vaad edilmiş topraklar veya kutsal kanunlar/yazıtlar anlamında geçen ve daha sonraki yüzyıllarda Yahudi-Hristiyan gnostik öğretiyle saklı belgelerle tarih içinde nesillerden nesillere taşınarak günümüze kadar ulaşan "KAMRON-KUMRAN" yazıtları ismiyle anılan ve oradan Hristiyanlık-İseviliğin gnostik öğretisiyle Esseni (Sion) tarikatına aktarılan, ve günümüze kadar ulaşan ve/fakat asıl öğretisi hemen hemen tüm ezoterik kültürlerde ve kutsal metinlerde bildirilen KIYAMET'e yakın gönderileceği ve açıklanacağı bildirilen (*Mehdi veya Mesih Düşüncesi bu kitap boyunca konumuzun dışındadır ve burada bu konuya girilmeyecektir de*) bir Kutsal Metin dizisinin literatürüne ilişkin (*Kumran –Qumran– Yazıtlarının günümüzdeki bir benzeri gibi de düşünülebilir*), dinleri tek bir çatı altında toplama ve tüm kutsal kitapların içinde barındırdıkları KIYAMET yorumu yönünde bir ilahi kategorizasyonu, APOKALİPTİK ÖNGÖRÜ ve ETİK, AHLAKİ ve hemen hemen tüm kutsal kitaplarda yer alan SON GÜN'e ilişkin KURALLAR VE UYARILAR BÜTÜNÜNÜ ve tüm kutsal metinlerin vahiysel bütünlüğüne ve hepsinin ortak olarak, ALLAH'tan geldiğine ilişkin bir EZOTERİK YENİ ÇAĞ KUTSAL KİTAP yorumlamasıdır da diyebiliriz. Buna ilişkin pek çok hikmet öyküsü İKİNCİ KANON kitabında "KHALKİ AVATAR"da ele alındı.

Bu noktada, KAN'ON, bu yönüyle biraz da Yuhanna'nın VAHİY KİTABI'na da benzetilebilir. Çünkü, günümüzde yeryüzünün tümüne birden (*tek bir coğrafyaya değil!*) baktığımızda şunu görürüz: Kıyamet'e belki de her zamankinden çok daha yakın bir çağdayız ve/fakat buna rağmen pek çok din var, belki hepsi bir yerlerde ilahi tek bir kaynaktan beslendiğini gösteren öğeler içeriyor (*Tek tanrılı dinlerden, Afrikadaki ilkel kabile dinlerine kadar*) ama bunları tek bir çatı altında birleştiren veya birleştirmeye çalışan bir mekanizma yok. Diğer bir önemli konu ise, yaşadığımız çağda ZAMANIN KISALMASI ve zorunlu ihtiyaçların, her üç tek tanrılı din ile diğer dinlerdeki; ibadet, infak, oruç, dua vs. yapılış şekilleriyle ilgili bir düzenleme içerir. Kanon, bu konuda bazı ön görüler de sunar, kendi içerisinde zamanımıza yakın mümkün görünen çözümleri, evrensel düzeyde tek bir yapıda KIYAMET zamanı dilimiyle bağlantılı olarak değerlendirir. Buna ilişkin pek çok kurallar bütünü ve yaratılıştan günümüz medeniyetine uzanan insanın kısa yaşam öyküsü BİRİNCİ KANON kitabında –KHALKİ AUM'da– ele

KANON

alındı ve KIYAMET uyarılarıyla sona erdi. İşte, bu düşünce ve bunun devamı ise, Kanon'un geçmişteki, günümüzle bağlantılarını sağlayan köprülerinin halatlarının uzantısıdır..

KANON, ÜÇ ANA BÖLÜMDEN OLUŞUR:

1- ESKİ KUTSAL METİNLERİN VE KİTAPLARIN (KUR'AN, İNCİL, ve TEVRAT) GENEL BİR DEĞERLENDİRİLMESİ VE <u>ALLAH VAHYİNİN DEĞİŞMEMEZLİĞİ</u> VE <u>KIYAMET'E KADAR KESİNTİSİZ</u> DEVAM EDECEĞİNİN İSBAT EDİLMESİ,

2- "KHALKİ AUM KİTABI" –

"KUR'AN'IN KANONİK YORUMU" – "99 KANON"

3- "KHALKİ AVATAR KİTABI" –

"İNCİL'İN KANONİK YORUMU" – "303 KANON"

Kanon Kitabı Amblemi
Sembolik Anlamı; Bütün dünya toplumları için, Evrensel Kod;

"TEK DİN" , "TEK ALLAH", "TEK MABED", "TEK MİLLET", "TEK DEVLET" ..

KANON

KHALKİ AVATAR
KİMDİR?

Khalki: The Next Avatar of God
Avatar: And the End of Kali-Yuga Age

But it is also Khalki Avatar:

"When Jesus comes second time Jesus will have other name call Khalki Avatar who will destroy world and start New World. Worldwide people believe Jesus Second Come because all religion books explained about Jesus Second Come. After Jesus come he will remove all realigions on the earth and rule the world."

***

(An excerpt from "The Vedic Prophecies" who facts to help clarify who is and who cannot be considered the avatara of Lord Kalki)

As the 10,000 year period of the Golden Age within Kali-yuga comes to a close, the lower modes of material nature will become so strong that people will lose interest in spiritual topics. Everyone will become godless. The devotees, *bhaktas*, and sages that are left on the planet by this time will be so unique in character, and peculiar compared with the rest of society, that they will be ridiculed and hunted down in the cities for sport like animals. Thus, they will flee the cities to live underground in caves or high up in the mountains, or simply disengage from the earthly plane of existence. They will even leave the once pious land of India, as explained in the *Kalki Purana*, wherein Vishnuyasha said: "At present, the pious Brahmanas have left this country (India), having been chastised by the powerful Kali, who is envious of saintly persons, and who destroys the practice of religious principles."

(*Kalki Purana* 2.45)

In this way, genuine saintly or spiritually advanced persons will disappear from the face of the earth. That is the time when the dark influence of the age of Kali will become so dominant, unleashing all of its influence, that all of the prophecies, as described in Chapter Four, will manifest without hindrance.

Things will become so bad as the years go by that this world will be like one of the hellish planets in which people are born to suffer. There will be corruption in government and police, and they will be no better, worse in fact, than common criminals. Common citizens will have no protection. They will be subjected to the worst of crimes with no solution. Everyone will be fighting with each other. The world will slide into a state of constant war and chaos. Finally, after 432,000 years from the beginning of the age of Kali, Lord Kalki will appear as the twenty-second *Avatara* of God.

KANON

KANON

GİRİŞ

KAN'ON KELİMESİ'NİN KÖKENİ & ESKİ MISIR

Etimolojik olarak, "Κανών ׀ קָנֶה" (Kanon/Kamon) olarak Grekçe/İbranice ve "قَانْط" (Kanon - Canon) olarak da Arapça/Sami dilinden ödünç alınmış ve orjinal olarak "Kamış" veya "Kamıştan yapılmış Kano veya Ölçü veya Yazım Aleti –Kalem–" anlamına gelen çok eski bir kelimedir. Hatta, M.Ö. 1600'lü yıllarda kullanımda olan bu kelime, Hz. Mu

sa'nın İsrail oğulları'nı Mısır'dan çıkardığı sırada, Allah tarafından vadedilmiş topraklar olarak bilinen bugünkü İSRAİL / FİLİSTİN bölgesine de ismini vererek –CANAAN/KANAN– veya Sami dilinde –KENAN– olarak daha sonraki yüzyıllarda türetilerek kutsal metinler boyunca aktarılarak günümüze kadar gelmiş çok nadir bir isimdir.

İlk zamanlarda (*M.Ö. 2000'e kadar uzanan Yusuf Peygamber dönemi ve Öncesi*), Eski Mısır'da, Zamanla bu kelime "ölçme kamışı" (kural, standart veya ölçü) anlamına gelmişti, daha sonra da resmi olarak kutsal yazıları içeren "Kanun", "Liste" veya "Tablo" anlamında kullanılmaya başlanmıştır. Hristiyanlığın gelmesiyle birlikte ise, Kilise bağlamında, ilk üç yüzyıl boyunca Hıristiyan inancının doktrinsel ve ahlaki kurallarına

KANON

hitaben kullanılmıştı. 4. yüzyılda Eski ve Yeni Antlaşma'yı oluşturan kitapların listesine hitaben kullanılmaya başlandı. Bugün yaygın olan anlamı da budur. "Kanon" artık yetkili "Kutsal Yazılar" olarak kabul edilen, başkası eklenmeyecek üzere kapatılmış belgeler birleşimi anlamında kullanılır.

Egyptian hieratic numerals (mathematical papyrus, c. 1600 BC)									
	1	2	3	4	5	6	7	8	9
units									
tens									
hundreds									
thousands									
tens of thousands									
hundreds of thousands									

© 2003 Encyclopædia Britannica, Inc.

Bilinen en Eski Mısır alfabesinde sayılar [*Hieratic Numbers*]

Kanon (Canon): Bir diğer Literatür anlamında da, Yetkin ve bağlayıcı hükümler ve uygulamalar içeren ve birçok kitaptan yapılmış alıntılarla oluşturulmuş kurallar kitabı olarak da tanımlanabilir. Hatta, Türkçe'deki "Kanun" sözcüğü buradan gelir. Ama batılıların kullandığı anlamıyla 'Canon', Türkçede bilindiği ve kullanıldığı anlamda 'Kanun' değildir; belki bir tür dini ilham veya vahiyle yazılmış ve sabit olarak belirlenmiş *"Değişmeyen İlmihal ve Yasalar Bütünü"* gibi anlaşılması da gerekir.

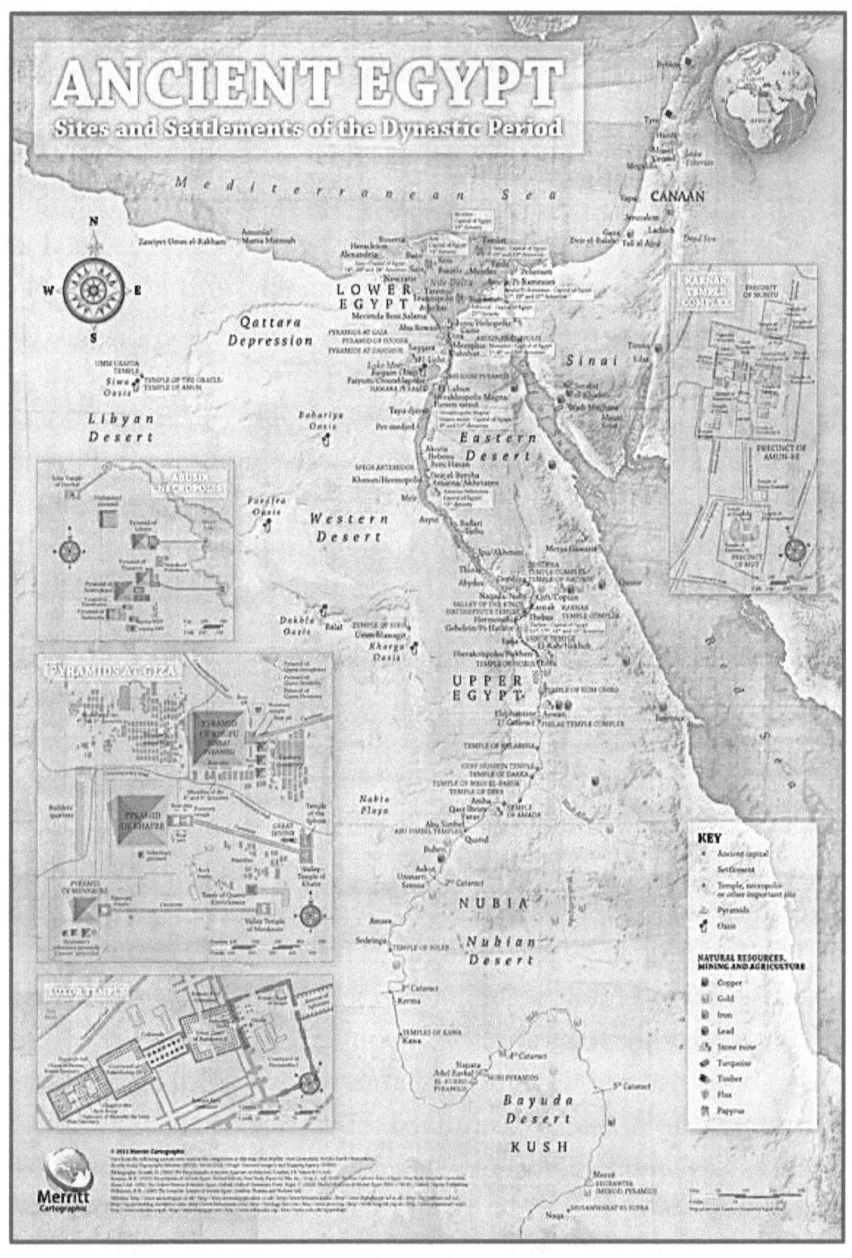

Medeniyetin ve Bugünkü anlamda ilk şehirci yapılanmanın oluştuğu Eski Mısır Medeniyeti.

KANON

Tabii ki ilk Hristiyanlar'ın elinde bir Yeni Antlaşma kanonu yoktu; elçiler ve diğerleri tarafından vaaz edilen Müjde'ye ve bugün 'Eski Antlaşma' olarak adlandırdığımız kanona dayanıyorlardı. O zaman Yeni Antlaşma kanonuyla ilgili karşımızdaki *tarihsel* soru, bugünkü Yeni Antlaşma'yı oluşturan 27 kitabın diğer edebi eserlerden farklı ve daha yetkili olduğuna nasıl karar verildiğidir. Bunun yanıtı Kilise Babaları'nı dikkatlice okumakta yatar. Tarihsel olarak, inceleyeceğimiz ilk bölümlerde, her Yeni Antlaşma kitabının Kanon'a (Kutsal Yasalar ve Kitaplar bütünü'nün tarihsel oluşumu) nasıl dahil edildiğini kısaca gördükten sonra; genel olarak ortak kabul gören bu büyük çalışmaların ve Kutsal Kitapların günümüze kadar gelen bütün bu materyallerinin nasıl bir araya getirilmiş olduğu konusunu detaylıca incelemekle Kanon'a başlayacağız.

Ancak, Kanon'la ilgili su yüzüne çıkan *teolojik* sorular birçok açıdan daha önemlidir ve kesinlikle günümüz açısından daha fazla tartışılmaktadır. Kanon ve yetki (*Allah'ın yazı üzerindeki Yetkisi*) arasındaki bağlantı nedir? Hangisi önce gelir, kitabın kanonik konumu mu, yoksa işlevsel yetkisi mi en önemlidir? Metnin yetkisiyle onun kanonik konumunu tanıyan (kimine göre "kabul eden") kilisesel bedenin yetkisi arasındaki ilişki nedir? Kanonun dış hatlarıyla ilgili ilk kilisenin nedenleri (vardıkları sonuç demek yerine) bugün bizim için de geçerli mi? Değilse, vardıkları bu sonuçlar tehlikede mi? Aşağıdaki bilgilerde, bu sorularla ilgili derinlemesine bir araştırma yoktur. Sadece, bugün tartışılan konulardaki en önemli noktalar üzerine yüzeysel çalışmalar ve elimizdeki tarihsel kanıtların bize işaret ettiği yönle ilgili birkaç ipucu vererek, asıl üzerinde durmamız gereken tarih içinde yeni bir Kanon oluşumunun neden gerekli olduğu konusuna geçeceğiz.

KANON

ESKİ ANTLAŞMA KANONUNUN GEÇERLİLİĞİ

Bir Yeni Antlaşma'ya giriş kitabı, Eski Antlaşma kanonunun gelişimi üzerindeki karmaşık soruları yanıtlamak için doğru yer değildir. Ancak bir soru tartışılmalıdır, çünkü Yeni Antlaşma kanonunun gelişimiyle ilgili anlayışımızı etkiler: Yeni Antlaşma kanonunun şekillendirilmesinde örnek olacak, "kapalı" bir Eski Antlaşma kanonu halihazırda var mıydı?

Son iki yüzyıldır çoğu kişinin hemfikir olduğu ancak son zamanlarda tartışılan görüşe göre Eski Antlaşma, İbrani kanonunun üç bölümüne göre, üç adımda kanonik olarak kabul edildi. Tevrat (Musa'nın Beş Kitabı ya da Yasa) İ.Ö. 5. yüzyılın sonlarına doğru kanonik olarak kabul edildi; gönderilen diğer İsrail Peygamberleri aynı konumu İ.Ö. 200 yılı civarlarında aldı; Yazılar da İ.S. 1. yüzyılın sonlarına doğru Jamnia (ya da Javneh) Konseyi'nde kanonik olarak kabul edildi. Benzer süreci takip ettiğimizde aynı sürecin İncil'in son halinin toplanması için İznik Konsülü'nde de yapıldığını görürüz. Kur'an'ın toplanması ve yazıya, kağıda geçirilmesi ise Son Halife Hz. Osman zamanına dayanır, bugün elimizdeki en eski kutsal kitap metinlerinin kaynakları budur.

KANON

Yeni Bir "Kanon" Yazılabilir mi?

İçinde "yasakların, günah ve sevapların" görece farklı bir şekilde düzenlendiği yeni bir kutsal metin düşünün?

Öyle bir kitap ki; içinde insanları belirli bir yönde şartlandırmak için korku ve ümit ikileminde bırakmadan, örneğin çerisinde ne "Cehennem Tasvirleri" gibi korkutucu sahnelerin var olduğu, ne de "Cennet Tasvirleri!" Ama buna rağmen, saf Allah inancı var ve Ahiretin olacağı kesin bir dille isbat edilmiş olsun ve mutlaka Kıyamet'in geleceği ve Yeniden Diriliş konuları da.. Öyle ki, buna göre, ne kimse dinde zorlamayla aforoz edilip çarmıha geriliyor, ne de taşlanarak öldürülüyor!

Kimseye ne "Çeşitli Ödüller" vaat ediliyor, ne de korkutucu ağır "Cezalar!" Bununla birlikte, sadece iman esasları ve Allah'a ve Kıyamet Günü'ne dair anlatıların olduğu teslimiyet şartları bulunsun. Üstelik, temsili bir Vaftiz yok, İkona yok, haç/hac yok, Adak ve Kurban gibi benzeri zorunlu ritualler de yok!

Ayrıca, zoraki bir Tapınak da yok, belirli bir Tapınma şekli de. Bununla birlikte, sadece istediğiniz zaman Allah'ı hatırlayıp dua ve istekte bulunabileceğiniz bir dini düşünün! Dolayısıyla, burada sabit bir yer ve şekilde belirlenmiş, herhangi bir Mabet yok, ve İbadet şekli de yok!

"Evet, evet.. şeklinde kurallar ve yasaklar listesini uzatırsak, yazılabilir böylesi bir kitap ve kadim zamanlardan bu yana da dinlerin Gnostik öğeleriyle ele alan Tarik/Tarikat ve Yol'lar ve bunların öncüleri tarafından yazılıyor da zaten, her ne kadar "Kutsallık" iddiası" taşımasalar da.. Hatta, bir zamanlar Yahudilik ve Hristiyanlık içinde sırf bu ekolleri devam ettirmek için kurulan tarikatlar bile vardı. Örneğin, sürekli çöllerde inziva halinde insanlardan ve medeniyetten uzak yaşayan *"Esseniler"*le *"Maccabiler"* buna iyi birer örnektir.

Hatta daha ileri gidersek, Hz. İSA'nın öldükten sonra arkasında direkt olarak kendisinden kalan hiçbir yazılı metin bırakmadığı meselesi de çok ilginçtir, hakeza bu Hz. MUHAMMED için de geçerlidir, diyebiliriz ki, çünkü Kur'an Hz. Muhammed'in zihnine Cebrail AS. vasıtasıyla vahiy olarak indiriliyor ve sonradan O da sahabeleri ve yazıcıları vasıtasıyla kayda geçiriliyordu. Dolayısıyla, diyebiliriz ki, hiçbir ilahi vahiy peygamberlerin kendisi tarafından yazılmamıştır, öncelikli olarak vahiy Allah ile Peygamber arasında bir iletişim metodu olmuştur ve öncelikli olarak onun zihninde inkişaf ettirilmiştir, kağıt ve yazı suretinde değil. Bu süreci, Hz. MUSA'ya kadar devam ettirirsek, Sina Yarımadasındaki kutsal dağda Musa As'a Allah tarafından direkt olarak indirilen ve taşlara yazılan <u>10 emiri içeren kutsal taş tabletler dışında; direkt olarak yaratı-</u>

cıdan gelen tüm kutsal metinler, onların önce zihnindekilerinde inkişaf ettirildikten sonra, kendilerinden duyup öğrenen yazılı metin olarak kayda geçen kendilerinden sonraki kişiler ve Havariler ile Sahabeleri tarafından yazılıp tamamlanmıştır..

"Bitsin artık bu vahşet" yazılı pankartlar elden ele dolaşıyor!

"Etyemezlerin", "Vejataryenlerin" sayıları çığ gibi büyüyor...

Bir "otoyol" için ormanların tıraşlanmasını kabul edemiyorlar.

Kantarın topuzunu kaçıran bu kesim belki "teknolojik" yeniliklere de karşılar!

Pahalı da olsa "Organik" ürünleri tercih ediyorlar!

Burada dikkat edersek, aslında belirgin bir kalıpsal mabed yeri olmayan veya ibadet şekli olmayan, ama buna rağmen *"Kutsal olmayan"* ve *"Adı konulmamış" "Yeni bir Din"* doğuyor sanki...

Kutsal olmayan "Kitaplar" sayesinde belki de! Öyle ki, herkes şunu soruyor: Yazarları kim peki bu yeni dinin, bir nevi "Ahir zaman peygamberleri" rolünü üstlenen...?

Öyle veya böyle; nasıl isimlendirilirse isimlendirilsin bir *"Yaratan"* güç var! Allah, Tanrı, God, Elohim, Vishnu.. vs. nasıl tanımlarsanız tanımlayın, her kavim/toplum kendine göre nasıl isimlendirirse isimlendirsin, ortak olarak hepsinde sınırsız bir güce sahip olan nihai bir yaratıcı sonsuz güç var. O güçle "uyumlu" olabilmenin yegâne yolu da "yaratıcının" koyduğu kurallar bütününe yaklaşabilmek ölçütünden geçiyor olmak ve "yaratılanı" korumak olsa gerek! Buna ne kadar yaklaşılırsa o kadar yükseliyor insan Allah katında. Aslında, Yazı uğraşı da bir nevi "Yaratıcı" olmayı gerektirir, çünkü ilham ve yazma yetkisini insana veren de yine Allah..

Bu Kitabın esas ana konusu gelince ise, Kanon burada saydıklarımızdan çok daha devrimci ve yeni iddialarla dopdolu olacak, her üç Kutsal Kitabı ortak bir paydaya alacak olan Kanon; Tevrat, Zebur, İncil.., ve en sonuncusu, Kur'an'ı ortak bir paydada buluşturduğu gibi, başka bir misyonu da Kur'an'daki vahiysel bilginin bir yenisinin bu modern çağa göre uyarlanması şeklinde yorumlanıp yorumlanamayacağına kapı açıyor ki, bu yönde türünde yapılmış tek ve ilk örnek olacaktır, kitap kısaca özetlersek şunu demeye getiriyor sonucunda:

"Tanrı & Allah", Kur'an ve diğer kutsal kitaplardan sonra, tüm toplumları ve dinleri, ve insanlığı topyekun içerisine alan "Yeni Bir Kutsal Kitap" indirse insanlığa ne söylemek isterdi?"

İşte, bu noktada bu çalışma vahiy ve ilham ilişkisinin tarihsel olarak kesintisiz devamı sonucunda, bir nevi "Tanrı'nın Zihnini Okuma Çalışması" da olacaktır..

Tarihsel ve İdeolojik Açıdan Kan'on'un Anlamı:

"Kanon" tarih içinde farklı anlamlarda kullanılmış bir terimdir. Bu Kitap'la birlikte tarihte her ne kadar ilk kez bir 'Kutsal Kitap' anlamında kullanılacak olsa da; sadece dinsel anlamda değil, Siyasal/Dini/Edebi/Sosyal, *Kanon* teriminin tarih boyunca, ta Eski Mısır ve çok eski çağlardan beri, geçirdiği evrim sürecinde kazandığı belli başlı anlamları şöyle sıralanabilir:

1. Kilise Yasası (Kutsal Yasalar); bir kilise kurulunun belirlediği yasalar bütünü (Eski veya Yeni Ahitteki resmi veya gayriresmi bazı metinler, kitapların tümü).

2. Laik Yasa, Kural ya da Yasalar bütünü (Örneğin, Ülkelerin ve Devletlerin kanunları, yasaları).

3. Genel kural, temel ilke, ölçüt (Evrenseldir, Örneğin, Müzik ve Matematikte olduğu ve kullanıldığı gibi).

4. Kilisece Kutsal Kitap'ın bir bölümü olarak kabul edilen kitapların (Örneğin, İnciller'in, Kanonik İnciller) tümü.

5. 'Külliyat' anlamında, belli bir yazara vb. ait olduğu kabul edilen kitaplar ya da yapıtların tümü (Örneğin; Vahiy Kitabı, Kumran yazıtları, Risale-i Nur Külliyatı, Mesnevi gibi ilham eseri yazılan esinlemeler, büyük ve geniş yazmalar vb. eserler).

6. Bir çağda veya dönemde, önemli ya da temel oldukları kabul edilen yapıtlar, yazarlar, vb. tümü (Örneğin, Platon, Aristo veya Budha'nın eserleri gibi).

Yine tarihsel tespitlere göre;

1. Kanon; 16. yüzyıldan önce sadece teolojik bir anlam çerçevesine sahipken, 16. Yüzyıldan sonra 'Seküler' (Din-Dışı) bir anlam kazanmaya da başlamıştır. 16. Yüzyıldan *önce Kanon;*

a) Kilisenin kurallarına göre yaşamayı seçmiş din adamı,

b) Kilisenin çıkardığı kural, kanun ve yönetmelikler,

c) Kilise'nin özgün kabul ettiği İncil metinleriyle, yine Kilise'nin Azizler arasına kabul ettiği yeni isimlerin eklenmesiyle oluşan kutsal metin ve kişilerin listesi,

2. 16. yüzyıldan itibaren ise;

KANON

a) Ferman, kural, kanun, temel ilke, 'Aforizma',

b) Bir konunun sistematik ve bilimsel sunuluşuna ilişkin prosedür,

c) Konunun otoritelerinin belirlediği kıstas ve kriterlere ilişkin yargılar, vb. gibi anlamlar yüklenmiştir. Bugün, edebi anlamda *'Kanon'* derken kastedilen anlam bütün bu yukarıdaki anlamların bir harmanlaması şeklinde oluşmuş görünüyor:

d) *Bir otoritenin veya devletin* kutsadığı, desteklediği, reklamını yaptığı *yazarlar* listesine ve eserlere, kutsal sayılan metinlere, *bu listeye, hazırlayanlara ve isimlere verilen izin, onay (Örn. Magna Carta Kanunları veya Fransız İhtilali Bildirgesi veya Komünist Manifesto).*

Bunlardan başka bir de genel anlamda *'Edebiyat Kanon'*u vardır. Peki, öyleyse *edebiyat genel anlamında –yazılı-* kanon nedir?

Edebiyat Kanunu, bir ülkede bir veya birden fazla otoritenin belli yazar ve eserleri sürekli gündemde tutarak, onların çeşitli yollarla reklamını yaparak, eserlerini sık sık basarak oluşturulan bir kanondur. Özellikle, son yüzyıl içinde ideolojilerin ülkeler üzerinde hegemonya kurma süreçlerinde, kanonik yapılanmalara büyük önem verdikleri görülür. Örneğin, Rusya'da Zhdanov'un, Çin'de Mao'nun, Almanya'da Hitler'in, İtalya'da Mussolini'nin sanat ve edebiyat üzerinde kurduğu baskıyla oluşturmaya çalıştıkları kanonlar örnek olarak verilebilir. Bu süreçte sanatçılardan, yazarlardan rejimi anlatmaları, rejimin yerleşmesi için eser vermeleri istenmiş, hatta sanatçılara baskı uygulanmıştır. Öyle ki, tarihin çeşitli dönemlerinde bazen dini metinler ve kitaplar bile bunlardan etkilenmiştir. Dolayısıyla, buradan görebiliyoruz ki, artık Kanon genel anlamda günümüze kadar gelen evrimleşmiş anlamıyla, hem dini bir otorite kitabı olabilmenin yanında, yasaları da düzenleyebilen bir siyasi otorite veyahutta Kanunlar ve Yasalar bütü şekline de anlaşılabilecek çok geniş bir sahada uygulamaları olan dini ve dünyevi işleyişi düzenleyen bir Kutsal Metin olarak da anlaşılabilmektedir.

Buraya kadar anladığımız kadarıyla, bir metnin *edebiyat* kanonu içinde görülmesinin/gösterilebilmesinin ölçüleri/ölçütleri var. Biraz bu ölçülerden bahsedersek önemli sonuçlar çıkacaktır?

Kanonu, tarihsel anlamıyla, en yalın anlamda "seçkin yazar, şair ve eserler listesi" olarak düşünürsek bir yazar, şair veya eserin *edebiyat kanonu* içinde yer almasında 'ÜÇ FARKLI ORGAN'ın (DİN, DEVLET ve YASA'lar bütünü) rol oynadığını düşünebiliriz. Dünyevi anlamda bu sınıflandırma, YASAMA, YÜRÜTME ve YARGI olarak tanımlanmakta ve DİN KURUMU ise DİYANET başlığı altında ayrıca bir kategoride değerlendirilmektir. Fakat, buradaki, BU KİTAP boyunca bahsettiğimiz genel "DÜNYEVİ VE UHREVİ KANON" anlamı apayrı bir mevzu olup, bu tüm 4 faktörü birden kapsadığı ve BÖYLE OLMASI GEREKTİĞİ varsayılacaktır. Bu söylemler, Tanrı'nın Dünya'nın İşleyişine Koyduğu Sabit Kanunlar, Kurallar ve Peygamberlerin söylemleriyle, Devletlerin yapısal birleşiminin bir arakesiti olarak da düşünülebilir ki, bu Kitap'ta bahsettiğimiz 'EVRENSEL KANON'un anlamı ve hedefi de bu olarak anlaşılmalıdır. Bu organları "Türkiye'de ve Dünya'da Kanon" şeklinde ütopik bir başlıkla, kısaca şöyle sınıflandırabiliriz:

1. Yazarlar, aydınlar, öğretmenler, gazeteler ve dergiler, topluca basın, yayın dünyası.

2. Siyaset, devlet, parti, ideoloji, rejim, topluca yönetim erkinin oluşturduğu mekanizma.

3. Halk veya toplum, topluca sivil ve toplumsal yasalar bütününü yöneten ahlak kuralları ve gelenekler toplamı.

4. Allah tarafından, peygamberlerine bildirilen yasalar, kanunlar veyahutta onların ardından gelenler tarafından edebiyata ve metinlere aktarılan kutsal yasalar bütünü ile kutsal metinler, anlatılar, hikayeler. Bu eser boyunca bu madde diğerlerine merkez teşkil edecektir.

Peki, Edebiyat veya Kutsal kanonu oluşturmada, *Ulus Devletlerin* (onların kuruluş biçimlerinin) etkisi var mıdır? Türkiye, bu açıdan ne tür bir özellik gösterir?

Türk edebiyatında kanonun hangi aygıtlar tarafından şekillendirildiğinin iyi tespit edilmesi gerekir. Kanon'un bugün için daha çok anlaşıldığı kadarıyla *"kutsanmış yasalar ve kitaplar bütünü"* çağrışımını taşıyan bir kavram olduğundan bahseder. Uluslaşma sürecini geç ve erken tamamlayan, uluslararasında kanon açısından iki farklı durumla karşılaşırız. Bu süreci geç tamamlayan ulus-devletler gerilimlerle kuruluyor ve kendi gerilimini üretiyor. Örneğin, İngiltere gibi ulus devletini görece sükunet içinde, kendisiyle barışık olarak kurmuş ülkelerde (bunların sayısı çok değil) bir kanon (Devleti ve Dini aynı anda idare edebilen bir Kutsal Yasalar Bütünü) yoktur, çünkü ortada "Bu kanondur" diyecek bir otorite, bir siyasi iktidar yoktur ve olmamıştır da. Yine diğer bir örnek ise, Türkiye gibi İslam ülkelerinde de; bu kez Devlet, Parti, İdeoloji gibi yüce ve yüksek kabul edilen, tam ya da yarı kutsal bir aygıtın bulunduğu ve devlet sanatçısı, parti sanatçısı, ideoloji sanatçısı, rejim sanatçısı olarak kimlerin kanon içinde yer alması gerektiğini belirleyen aygıtların varlığı kanonu önemli bir sorun haline getirmektedir. Yani, Türkiye'de de bir kanon oluşturma çabası çok eskiden beri vardır, fakat bu çabanın çok başarılı olduğunu söylemek güçtür.

Dünya'daki diğer örneklere baktığımızda ise, Rusya, Almanya, İtalya gibi uluslaşma sürecini geç tamamlamış devletlerde I. ve II. Dünya Savaşı öncesinde ve sonrasında görülen kanon yaratma çabalarının biraz farklı bir tezahürü de Türkiye'de görülmüştür. Ancak, özellikle tek partili yıllarda belirginleşen bu kanonlaştırma faaliyetlerinin çok titiz araştırmalarla ortaya konması gerekmektedir. Kanon'u, Kanonlaştırmayı tek bir yönüyle ele almak mümkün değildir çünkü.

Bu kavramın ülkeden ülkeye, rejimden rejime değişen çok çeşitli tezahürleri mevcuttur. Farklı organlar, farklı araç ve yöntemlerle sanatçıları, din adamlarını, edebiyat yazarlarını kurmak istedikleri kanonun içine çekmek, onlara dünya görüşlerine uyan eserler yazdırmak istemişlerdir. Küçük bir örnek verecek olursak, bu süreçte 'Karagöz piyesleri ile bazı halk hikayelerinin bile rejimi benimsetmek için kullanıldığını görürüz.' Yine İslam, tarihinde Emeviler ve Abbasiler dönemine gidersek, bazı gerçek olmayan hadislerin ve peygamber tarafından söylendiği nakledilen sözlerin çarpıtılarak devlet otoritesine uygun bir şekilde işlenip, dini bir ritüel ve gelenek halinde bid'atlere yol açacak şekilde bir 'Kutsal olmayan ama Devlet tarafından tanınan ve resmileşen Hadis Külliyatı' ve buna bağlı bir 'Dini ekol ve gelenekler Kanonu' oluşturulduğunu görürüz. Bu mesele, bu kitap boyunca da sıkça irdeleyeceğimiz bir olgudur.

Dünya sınırları olmayan tek bir dünya devletine doğru gidiyor demiştik ya, gelişen Teknoloji, İnternet, ATM'ler ve bütünleşen ve sınırları kaldıran bir dünyada yaşanan son SOSYO/POLİTİK, SOSYO/EKONOMİK vs. ve özetle tüm SOSYO/AKTİVİTELER, artık 200 küsur farklı ülke tarafından sınırları belirli devletlerden çok, artık birbirine kolayca karışabilen, KÜRESEL ve GLOBAL bir dünya toplumunun hızla oluşmaya başladığına da işaret ediyor.

Kitapta örnek olarak verilen Amerika içinde bile artık tek bir toplum yerine Çinlisi Hintlisi, Meksikalısı, Almanı, Fransızı ve İngilizi ve diger milletleri ila amerikanın bu dünya devletine örnek bir model teşkil ettiği de vurgulanıyor, tabi bu görüş yeni KANON için de büyük haklılık işaretleri ve değişim habercileri olarak değerlendirebilir, çünkü artık çok daha iyi görebiliriz ki, dünya bu yeni yüzyılda bu yeni Kanonik kurallara göre şekillendirilecektir, kitabın hemen giriş kısmında da ifade edilen bu önemli sloganı bir kez daha burada hatırlarsak ve tekrarlarsak:

"TEK MİLLET, TEK DEVLET, TEK ALLAH, TEK DİN" kavramı, işte yeni bir çağa girerken, bu Kanon'un yeni dünyasını tanımlıyor.

Peki, buradan ne sonuç çıkar? Madem, şu an dünyanın uzun bir süredir gidişatından görebildiğimiz bu sonuç, bu yol su götürmez ise, nihayetinde dünya artık ayrı ayrı devletler veya ayrı ayrı kuvvetler veya paktlar sisteminden çıkmalı mıdır? Ayrıştırmacı politikalar ve dinler, sistemler yerine birleştirici ve tek merkezi bir yapı oluşturan tek bir dünya devleti ve inancı ve sistemi mi kurgulanmalıdır? Bu düşünce, günümüzde yaşanan sorunlar, İslam devletlerinin bir çıkmazın içinde olması, gittikçe terör üreten ve yozlaşan aykırı islami düşüncelerle esas Kur'an'ın gerçek mesajından uzaklaşmayla neticelenen kısır bir döngü içinde olması, aynı durumun Hristiyanlığın içinde (Kilise Kurumu) bile var olması ve artık hemen hemen her din dikkatlice sorgulandığında, Yahudilerin ise azınlıkta kaldığı bir dünyada, gittikçe önem kazanmaktadır. Hatta, artık diyebiliriz ki, tüm insanları kucaklayan, ayrı ayrı dinler yerine tek bir evrensel yeni din mi gelmektedir bu çağda? Evet, aynen öyle de tüm devletler ve sistemleri dahi ortadan kalkıp tek bir merkezli akılcı dünya devletinin olması veyahut hiç devlet olmaması tüm ayrışmacılıkların ve çatışmalardan, fikir ayrılıklarından elbette daha iyi bir çözüm üretebilir, ve hatta belki de en mükemmel çözümdür. İşte, aslında en başta demiştik, hızla şekillenen bu yeni çağda, Kanon'daki kitabın girişindeki *"tek devlet" "tek millet" "tek din" "tek allah"* mesajının ve felsefesinin en büyük sonuçlarından birisi de belki budur...

Netice olarak, Türkiye'de ulus devletin *"Evrensel bir Kanon"* oluşturma teşebbüslerinde nerede durduğunu anlayabilmek için özellikle tek partili yılların Siyaset-Edebiyat ilişkisini ayrıntılı bir şekilde incelemek gerekir. Burada, bir cemaat veya ülkedeki bireylerin üyelerinin ortak bağlarını ve yaşam şeklini belirleyen ve anlamamızı sağlayan *"Hikayeler toplamı"* olarak tanımladığı *Evrensel Kanon* teriminin içerisini doldurmaya çalışırsak, bizim literatürümüzdeki hangi kanonlardan söz etmeliyiz? Bu konuya, isimler ve eserlerle açıklık getirebilmek mümkün müdür? Türkiye'de belirgin bir şekilde ön plana çıkmış olan cemaatlere (veyahutta kesimlere) ait birer edebiyat kanonunun, sabitleşmiş eserlerin & külliyatların olduğunu söylemek gerekecektir. Bu kesimler en bilinen ve genel anlamında, Ülkücü/Milliyetçi/Turancı, Marksist, islamcı, Kemalist ve Nurculuk adı verilebilecek olan topluluklardır. O halde, Türkiye'de bu kesimlere ait kendilerince kutsal ve değişmez kabul edilen, yani Ülkücü/Milliyetçi/Turancı/Nurcu bir edebiyat kanonu, Marksist bir edebiyat kanonu, İslamcı bir edebiyat kanonu, Kemalist bir edebiyat kanonunun varlığı açıklıkla görülecektir. Bu kesimler kendilerine ait edebiyat kanonuna uyan eserlere ağırlık vermekte, hatta bazıları ülkenin kendi resmi dininin ana kitabı olan Kur'an'dan çok onları okumakta, onların okunması için çaba harcamakta, yayınevleri de kendi kanonlarına uyan bu eserleri sık sık basmaktadır. Peki, ama bu kesimlerin kendilerine ait kanonlar evrensel bir mesajı var mıdır? Buna verebileceğimiz cevap kısaca *'hayır'* olacaktır, çünkü bahsedilen kanonların takipçileri belirli ve küçük bir coğrafya ve kesim için yazılmıştır diyebiliriz. Dolayısıyla, bu noktada her üç büyük dini ve dünyanın genelindeki coğrafyada bulunan insanları kapsayan evrensel bir kanon maalesef bulunmamaktadır ki, zaten bahsedilen kanonların yazılış amacında böyle bir evrensellik ve bütüncüllük görülmemektedir.

Türkiye'de *evrensel bir kanon* oluşturmada akademisyenlerin, edebiyatçıların, din adamlarının, yayıncıların, gazetelerin, kitapların, ve edebiyat dergilerinin, Türkçe/Edebiyat/Din ders kitaplarının ve bu derslerin müfredat programlarının uygulamada hangi oranlarda etkileri olabilir ve ne gibi değişiklikler yapılması gerekir?

Kanon oluşumunda devletin, yayınevlerinin, eserlerin, yazar ve şairlerin, din adamlarının, hatta reklamların ve tanıtım yazılarının, bu şair ve yazarların eserleri üzerine yazılanların, kutsal kitaplar üzerine yazılan ve günümüze uyarlanan haşiyelerin, dergi ve gazetelerin, öğretmenlerin ve üniversite hocalarının, ders kitaplarının ve antolojilerin, kısacası bir ülkedeki tüm yazılı ve sözlü edebiyata dair herşeyin az veya çok etkisi vardır.

Ancak, her bir unsurun etkisini belli başlı somut örneklerden yola çıkarak yorumlamak gerekir. Sonuç olarak, Türkiye'nin bugünkü uçuk/medyatik edebiyat ve hatta gösterişe dayalı/belirli bir otoritenin yörüngesinde ve onun ilgisini çekmeye çalışan dini programların/kitapların sunulduğu ortamında "kanon" sözcüğü bir kavram olarak değer kazanabilir mi? Önümüzdeki süreçte ve değişen dünyada, *Kanon* sözcüğünün anlamının ve neye tekabül ettiğinin çok büyük bir okur-yazar kesimince bilinmediği bir toplumda, kanon sözcüğün değil;

ama bizzat kanonlaşma süreçlerinin bir değer ifade ettiğini ve girildiğini düşünebiliriz.

Tanrı Vahyi'nin Devamı Olan Kutsal Kitapların'ın Değişmezliği Meselesi

Eski Ahid'in "Kanon" Oluşumu

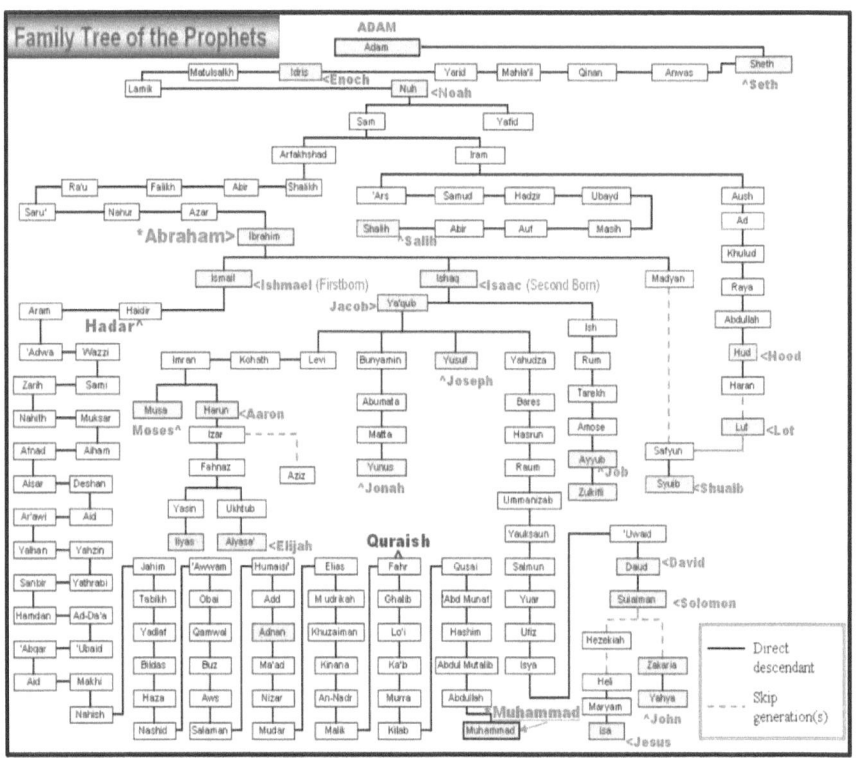

Grafik: Hz. Muhammed ve diğer Peygamberlere ait bir soyağacı

"Ve vaki oldu ki, Musa bu **şeriatin sözleri** tamam oluncaya kadar onları bir **kitaba yazmağı bitirdiği zaman**, Musa Allah'ın ahit sandığını taşıyan Levililere emredip dedi ki:

Bu şeriat kitabını alın, ve onu Allah'ınız RABBİN ahit sandığının yanına, sana karşı orada şahit olsun diye **koyun.**"

(Tesniye 31:24-26)

Bu Tevrat ayetine baktığımızda, Tanrı'nın vahiy mesajı yazıldıktan sonra belli bir şekilde korunmuştur. Tevrât'ın Musa'ya verilenin aynısı olduğu ve hiç değişip değişmediği dogması, Rabbanî Yahudiliğin ve onun günümüzdeki uzantısı Ortodoksluğun temel inançlarındandır. Rabbanî kaynaklara göre, Musa'ya verilen aynısı olan bir standart Masoratik nüsha daima varolmuş ve Mabed'li dönem'de bu nusha, Mabed'de (Bet Ha-Mikdaş) muhafaza edilmiştir. Diğer nüshalar, bu nüshadan kontrol edilip düzeltilmiştir.[1] Midraş Rabah'ın Dıvarim Rabah bölümünde, Musa onüç tane Tevrât nüshası yazdığı, bunların onikisini Oniki Sıpt'a dağıttığı ve birini de Ahit Sandığı'nın içine koyduğu ifade edilmiştir.[2] Ahit sandığı içine konan nüsha, standart nüsha olmuştur.[3] Yahudiler ve Hristiyanlar için Eski Ahit'in "**Kanon**"- unun[4] oluşumu M.Ö. 536'dan sonra Hz. **Ezra** tarafından yapılmıştı.[5]

Eski Ahid'in en erken listesi, Sardis'teki (bugünkü Sart köyü) Mesih inanlıların önderi **Melito** (M.S. 170) tarafından yazıldı. **Eusebius**'un (260-340) <u>Kilisenin Tarihi</u> adlı kitabına göre, "**Melito** arkadaşı olan **Onesimus**'a bir mektup yazdı. **Melito** bu mektubunda Eski Ahid'in 39 kitabından yalnız'a 27 tanesinden söz etmektedir."[6]

1. Lewitts, Studies in Torah Judaism, ss. 20-21;

Adam, Yahudi Kaynaklarına Göre Tevrât, 1997, s. 113.

2. Bkz. Midraş Rabah, Dıvarım Rabah, IX:9;

Adam, Yahudi Kaynaklarına Göre Tevrât, s. 79.

3. Bkz. Tosefta, Baba Batra, 14a; Adam, s. 79.

4. Kutsal Kitap "**Kanon**"u: Yahudilerce veya Hıristiyanlarca

Kutsal Kitab'ın kabul edilen kitap dizisi veya listesi.

Kanonik Kitap, Hıristiyan Kiliselerince Hıristiyan Yazılarının kabul edilen kitaptır.

5. Jeffery, Grant, R., The Handwriting of God, s. 58.

"**Origen**'in (M.S. 185-254), Eski Ahid'in "**Kanon**" listesi hakkında söz edilen kitapları bugünkü 39 kitabın aynısıdır, ancak İbranilerin sayısına göre 22 tane sayılmaktadır. Hakimler ve Rut bir kitap; 1. ve 2. Tarihler ve 1. ve 2. Samuel birer kitap; Ezra ve Nehemya bir kitap; Yeremya ve Yeremya'nın Mersiyeleri bir kitap; ve Hoşea ve Malaki arasında 12 küçük peygamberin kitapları bir kitap sayılırdı. Böylece toplam 39 kitap sayılır.[7]

M. S. yaklaşık 90 yıllarında ünlü Yahudi tarihçi Flavius **Josephus** (**Yosefus**), (M.S. 37-95) Apion'a Karşı (Contra Apionem) adlı kitabında, Yahudilerin 22 kitabından söz ediyor.

"Biz Yahudilerin arasında, birbiriyle çelişen on binlerce kitap bulunmamaktadır. **Tanrı tarafından vahyedilmiş**, tarihin tüm çağlarını içeren **yirmi iki kitap var**. Bunların beşi Musa'nın kitaplarıdır, (Tanrı'nın şeriatını, başlangıçtan Musa'nın) ölümüne dek dünya tarihini içerirler. Yani üç bin yıl öncesini konu alırlar. Bu tarihten **Xerxes**'in (M.Ö. c. 519-465) halefi **Artaxerxes**'in (M.Ö. ö. 338) egemenliğine kadar olan süre onüç kitapta kaydedilmiştir. Geri kalan kitaplar Tanrı'ya hamd ve ahlâkı düzeltme gayesini güderler."[8]

Profesör F. F. **Bruce**, D.D., F.B.A., İngiltere'deki Manchester Üniversitesi'nin Kutsal Kitap İnceleme ve Yorumu Kürsüsü'nde Rylands Profesörüdür. Prof. Dr. **Bruce**'e göre **Yosefus**'un 22 listesi, Yahudilerin geleneksel 24 listesinin aynısı olduğunu söylüyor. Çünkü, bazen Rut, Hakimler'in sonunda bulunuyordu, Yeremya'nın Mersiyeleri, Yeremya kitabının sonuna ekleniyordu.[9]

İskenderiye'li **Atanasyus** (M.S. 295-373), 367 yılında "Diriliş Mektubunda", verdiği bir vaazda, sözü edilen kitaplar bugünkü 39 kitabın aynısıdır der. İbranilerin sayısına göre 22 tane kitap sayılmaktadır. Ancak "**Ester**" kitabı eksik bulunuyor ve onun yerine "**Baruch**" eklenmiş bulunuyor. Hatta, bazı Yahudiler "**Ester**" kitabında "Tanrı"nın ismi bulunmadığı için "Ester" kitabını kabul etmiyordu.[10]

---

6. Eusebius, Historia Ecclesiastica, IV. 26;

Bruce, The Books and the Parchments, s. 100.

7. İbid, IV. 25; Bruce, The Books and the Parchments, s. 101;

Pache, The Inspiriation and Authority of Scripture, s. 46;

Archer, A Survey of Old Testament Intruduction, s. 60.

8. Yosefus, Contra Apionem, 1:38-41.

9. Bruce, The Canon of Scripture, s. 33.

İsa Mesih ile aynı dönemde yaşamış İskenderiyeli Yahudi filozof **Philo**, (M.Ö. 30 - M.S. 40) Eski Ahit'in 39 kitabının, İbranilerin "**Kanon**" listesiyle aynı olduğunu kabul ediyordu.[11]

Hayrullah **Örs**, <u>Musa ve Yahudilik</u> adlı kitabında Eski Ahit hakkında şunu yazar: "M.Ö. 300'e doğru da Tarihler, Ezra ve Nehemya bölümleri (indirildi). Bu son tarihten sonra Eski Ahit'in artık şimdiki şekilde kaldığı, hatta bir harfinin bile değiştirilmediği bir gerçektir."[12]

"Nasıl ki İsaac **Newton** (1642-1727) bize yerçekimi kanununu vermemişse, Kilise de bize Kutsal Kitab'ın "**Kanon**" listesini vermemiştir. Tanrı dünyayı yaratırken bize yerçekimi kuvvetini verdi, aynı şekilde Tanrı Kutsal Kitapları oluştururken, tek tek her kitabı vahiy yolu ile vererek "**Kanon**" listesini oluşturdu."[13] Kutsal Kitab'ın "**Kanon**" oluşumu kendi kendisinin doğruluğunu kanıtlar. Geisler ve Nix'e göre, "Kanonik kitaplar Tanrı tarafından verilmiştir, ihsan edilmiştir ve insan tarafından sadece keşfedilmiştir."[14] Şeklinde verilmiştir, ve insan tarafından sadece sonradan keşfedilmiştir der."

İlginçtir, Eski Ahit'in orjinallerinde, ne bölümler ne de ayetler vardı. Ancak M.S. 1244 yılında St. Cher'li **Hugo** de Sancto Caro (ö. M.S. 1263) (Hugo Kardinali) Kutsal Kitab'ı bölümler halinde böldü.[15] İki asır sonra, M.S. 1445 yılında, Haham Mordecai **Nathan** bu aynı bölümleri, ayetler halinde tekrar ayırdı.[16]

Tevrât sayısız inanlılarca okunmuş ve koruna gelmiştir. Bir yerdeki nüshasında değişiklik yapılmış olsaydı, başka yerlerdeki nüshaları bu değişiklikten uzak kalırdı. Ve bugün çeşitli nüshalarda bu çelişkiler ortaya çıkardı. Ne var ki, hepsi birbirine uymaktadır. Kaldı ki, bu noktada "Kutsal Kitaplar tahrif edilmiştir, tamamen değiştirilmiştir" diyenlerin "gerçeğini" ortaya koymaları gerekir. Bunu söylerken şunu iddia ederler: "Bunu hiçbir zaman yapamayacaklardır, çünkü "başka gerçeği" hiç olmamıştır."[17]

---

10. Audet, "A Hebrew-Aramaic List of the Old Testament in Greek Transcription", s. 135-154.

11. Bruce, The Books and the Parchments, s. 98.

12. Örs, Musa ve Yahudilik, s. 37.

13. Packer, God Speaks to Man, s. 81.

14. Geisler ve Nix, A General Introduction to the Bible, s. 221.

15. Bruce, The Books and the Parchments, s. 121.

16. Jeffery, The Handwriting of God, ss. 62-63.

Ankara Üniversitesi, İlâhiyat Fakültesinden Prof. Dr. Baki **Adam**, Süleyman **Ateş**'in Tevrât ile ilgili görüşünü şöyle özetliyordu: "Ateş, Kur'ân'ın indiği dönemde sahih olan **Tevrât'ın sonradan değişikliğe uğradığını**, belki de İzzet **Derveze**'den etkilenerek, söylemekte, ancak daha sonra **Hz. Muhammed**'in peygamberliğinin Tevrât'taki delillerinin tahrif edildiği görüşünü **saçma bulmaktadır**. O, bu hususta şunları söylemektedir:"[18]

"Bir kavim, Hz. Peygamber'in sıfatlarını Tevrât'tan silmek için herkesin üzerine titrediği Kutsal Kitab'ın metniyle oynayamaz. Hiç kimse bunu yapamaz. Her halde Tevrât, tek nüsha değildi ve Yahudi milleti de Medine'de oturan üç kabileden ibaret değildi. Her kabilenin elinde Kutsal Kitab'ı vardı. Bunların hepsinin birden değiştirilmesi ma'kul mudur?"[19]

Ateş'in bu son cümlesi kendi içinde mantıklı ve tutarlı gibi görünüyor. Yahudi cemaatleri hakikaten, o dönemlerde sadece üç kabileden ibaret değildi. Birinci ve İkinci Sürgün'de, Yahudiler Filistin'den dağılmıştı. Kur'ân'ın oluştuğu dönemde, Yemen'de, Filistin'de, Irak'da, Hindistan'da, Habeşistan'da, ve Afrika'nın muhtelif ülkelerinde Yahudi cemaatleri yaşamaktaydı. Bağdat yakınlarındaki Sura ve Pumbethia Talmud akademilerinde, Filistindeki akademilerde (Bet-Midraş) Yahudilik çalışmaları devam etmekteydi. Bu cemaatlerin ellerinde Orijinal Tevrât nüshaları mevcuttu. İlk dönemde, Müslümanlarla muhatap olanlar da sadece Medine ve civarındaki Yahudi cemaatleridir. Dolayısıyla, bu cemaatler böyle bir değişiklik yapmaya kalkışsa bile, bu teşebbüs, diğer bölgelerdeki, özellikle Irak ve Filistin'deki cemaatlerden tepki görecekti. Çünkü, o cemaatler için henüz Hz. Muhammed'in ve İslâm'ın bir değeri yoktu. Ayrıca, Tevrât'ın Aramca (Targum), Süryanice (Peshitta), Yunanca (Septuagint), Latince (Vulgata) ve diğer birçok dilde tercümeleri bulunmaktaydı. İbn-i Teymiyye'nin deyimiyle, bütün bu nüshaların hepsinin birden değiştirilmesi mümkün değildir."[20]

---

17. Mir, Tanrı'nın "Telefon Numarası": Gelişen Vahiy Yolları Üzerine Bir Çalışma, s. 33.

18. Adam, Tevrât'ın Tahrifi Meselesine Müslüman ve Yahudi Cephesinden Bir Bakış", ss. 384.

19. Ateş, "Cennet Kimsenin Tekelinde Değildir", ss. 134-135.

20. Adam, Tevrât'ın Tahrifi Meselesine Müslüman ve Yahudi Cephesinden Bir Bakış", ss. 384-385.

KANON

İslâmiyetin başlangıcında herkes; Yahudiler, Hristiyanlar ve hatta müşrikler diye tanımlanan gruplar bile Yahudilerin Kutsal Kitab'ı olan Tevrât'ın Allah tarafından Mûsâ'ya verilen özgün ve ilâhî kitap olduğunu kabul etmişlerdi. Öyle ki, Kur'ân da Tevrât'ın doğru yolu gösteren Allah'ın Mûsâ'ya indirdiği özgün ve ilâhî kitap olduğunu kabul etmiştir. İslâmiyetin başlangıcında Tevrât tahrif edilmiştir şeklinde bir kuşku veya sorun da yoktu. Çünkü, o gün bilinen dünyada herkes Tevrât'ın Allah tarafından Mûsâ'ya bildirilmiş olduğunu kabul etmektedirler ve konuda hemfikirdiler. Kur'ân da bu inancı kabul etmiş ve bundan dolayı kendi doğruluğuna kanıt olarak Tevrât'a uygun oluşunu göstermiştir. Tevrât'ın Rabbi'ni Allah olarak kabul etmişse, aynı Allah'a inandığını bildirmiştir. Ayrıca, bütün İsrail peygamber ve kitaplarını aynen kabul etmiş, onlara inandığını bildirmiştir. Dolayısı ile İslâmiyet'in başlangıcında İslâmiyet için ve Kur'ân için Tevrât'ın tahrif edilmiş olması diye bir sorun, bir kuşku kesinlikle yoktur. Kur'ân için de yoktur; çünkü Kur'ân kendi doğruluğuna Tevrât'ı tanık ve kanıt olarak göstermektedir. Hiç Tevrât'ın tahrifini ileri sürerek kendi kanıtını çürütür mü? Kendi tanığını yanlışlıkla, yalancılıkla suçlar mı? Değiştirilmiş, tahrif edilmiş olduğunu bildirir mi?[21]

---

21. Sezgin, <u>Kur'ân'ın Tasdik Ayetlerinin Yorumu</u>, s. 17.

KANON

Yeni Ahit'in "Kanon" Oluşumu

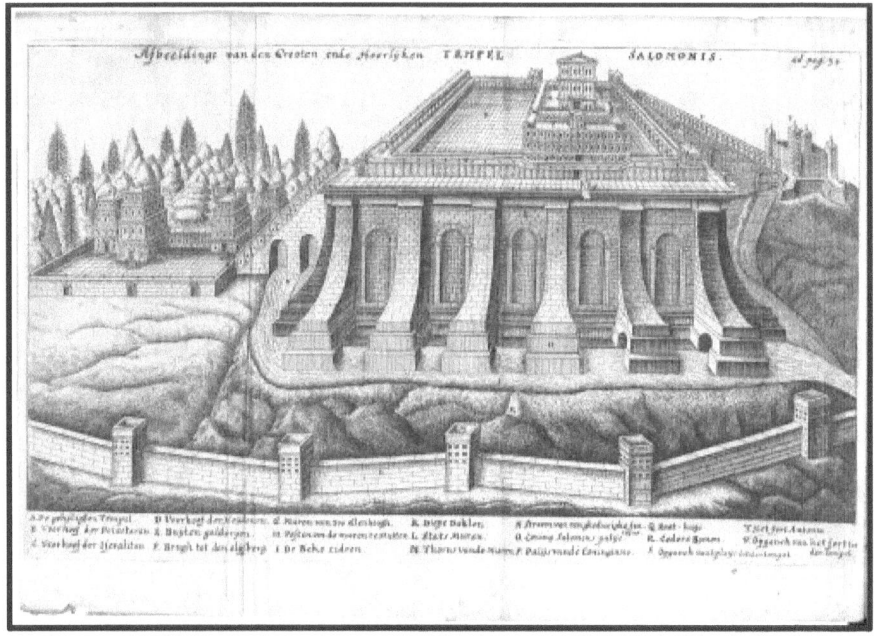

Resim: Kudüs'te ilk kez Süleyman AS tarafından inşa edilen Mabed'e ait tasviri bir çizim

"İşte, **RAB diyor**, İsrail evi ile Yahuda evi ile "**Yeni Bir Ahit**" keseceğim günler geliyor." (Yeremya 31:31)

Bu ayet Yeremya kitabından ve İsa'dan yaklaşık 4-5 yüzyıl önce yazılmış, açıkça burada 'yeni bir ahit' olarak İsa'nın geleceğinin vurgulandığını görebiliyoruz. Mesih'in elçilerinden (havariler) hemen sonraki kuşağın Hristiyan yazarlarının hepsi de, İncîl'in ilk dört kısmı (**Matta, Markos, Luka, Yuhanna**), **Pavlus**'un 13 mektubu ve Yeni Ahit'in diğer bazı kısımlarını Tanrı'nın esinlediği yazılar olarak kabul etmişlerdi. İnsanlar Tanrı'dan aldıklarını aktarmışlardı. Bu esinlenmiş kita-

KANON

pların listesine Yunanca'dan alınan ve "**standart ölçü**" ya da "**kural**" anlamına gelen "**Kanon**" adı verildi. "**Kanon**" ilk başta da söylediğimiz gibi, ölçü çubuğu anlamına geliyordu.[1]

İncîl, genel olarak imanlıların, ona ve isa'ya iman edenlerin tanımlamarıyla biçimlenmiştir. Her kısım, Kutsal Kitap'a dahil edilmeden önce dört sıkı elemeye tabi tutuldu:[2]

1) Bir havari ya da havarilerden biriyle çok yakın ilişkide olan biri tarafından mı yazılmıştı? Kitap bir elçi tarafından ya da bir elçinin denetimi altında yazılmış olmalıdır.

2) İçerdikleri Kutsal Kitap'ın diğer bölümleriyle uyum içinde olan ruhsal niteliklerde miydi?

3) Kısımlar, evrensel imanlı toplulukları tarafından kullanılıyor muydu? Kitap geniş bir biçimde yayılmış ve her ulaştığı yerde benimsenmiş olmalıdır.

4) Kısmın kendisinde ilâhî olarak esinlendirildiğine ilişkin kanıtlar var mıydı? İncil'in gerçekliğinde kriterler bunlardı.

Şimdi elimizde bulunan İncîl'in kısımlarından Mesih ve öğretisiyle ilgili olanlarını imanlı toplulukları hemen tanımışlardır. Örneğin, birinci yüzyıl Hristiyanlarının ileri gelenlerinden bir tanesinin bile İncîl'in **Matta, Markos, Luka, Yuhanna** kısımlarından birini bile kabul etmediği, ya da temel Hristiyan inançlarına aykırı başka bir kitabı kabul ettiğine ait hiçbir tarihsel kanıt yoktur. İncîl'in ilk dört kısmı ve **Pavlus**'un 13 mektubundan hiçbir zaman kuşku duyulmamıştır.[3]

1. Wimber, Dönüm Noktaları, s. 42.

2. Rhoton, İnanç ve Kanıt, ss. 99; Ryrie, Kısaca İnancımız, s. 3; Thieme, Canonicity, s. 43; Kistler, Sola Scriptura, s. 75.

3. Rhoton, İnanç ve Kanıt, s. 100.

"Sevgili kardeşimiz **Pavlus**'un da kendisine verilmiş olan bilgelikle size yazdığı gibi, Rabbimizin sabrını kurtuluş fırsatı sayın. **Pavlus**, bütün mektuplarında bu konulardan böyle söz eder. **Mektuplarında** güç anlaşılan bazı yerler var ki, bilgisiz ve kararsız kişiler, **diğer kutsal yazıları olduğu gibi**, bunları da çarpıtarak kendi yıkımlarını hazırlıyorlar."

(2 Petrus 3:15-16)

Görüldüğü gibi, ilk yüzyıllarda hiçbir Hristiyan lider bugünkü İncîl'de bulunan temel öğretilere aykırı öğretiler içeren hiçbir kitabı kabul etmemiştir. Hiçbir Hristiyan da Hristiyan olmayan tarihçi de İsa'nın havarilerine bir tek kitap verdiğini düşünmez. İncîl'in Matta, Markos, Luka ve Yuhanna kısımları ilk yüzyılda yazılan yegâne dört müjde türünde küçük biyografik kitapçıklar idiler, ve Mesih'in yanında bulunanlarla çok yakın ilişkide olanlar tarafından yazılan tek ve yagene dört müjdedirler. Hristiyan tarihçilerince oy birliğiyle kabul edilmektedir ki; Matta İncîli **İbranice** olarak yazılmıştır.[4] İbn **el-Patrik** (M.S. 389-461) Roma hükümdarı **1. Clodios**'un (M.Ö. 10 - M.S. 54) dönemi hakkında şöyle yazıyor: "Clodios zamanında Matta, İncîl'i kutsal evde İbranice olarak yazdı. İncîl müellifi Yuhanna da bu İbranice İncîl'i Yunancaya çevirdi."[5] Dört ayrı yazar tarafından kaleme alınan bu kitaplar, dört ayrı açıdan İsa Mesih'in öğretisini ve yaşamını anlatır. Bunların arasında hiçbir çelişki bulunmadığı gibi, birbirlerinin tamamlayıcısı olarak bir kişinin çeşitli açılardan çekilen fotoğrafları gibidir.

İncil (Müjdeler)'in Özellikleri [6]

Muhatapları İsa'ya Bakışı

Matta Yahudiler İsa Kral olarak

Markos Romalılar İsa Hizmetçi olarak

Luka Yunanlılar İsa İnsan oğlu olarak

Yuhanna Evrensel İsa Tanrı'nın Oğlu olarak

---

4. Bivin, <u>Understanding the Difficult Words of Jesus</u>, ss. 45-55; Bettenson, <u>Documents of the Christian Church</u>, ss. 26-28.

5. Zehre, <u>Hristiyanlık Üzerine Konferanslar</u>, s. 74.

6. İbid, s. 83; Wickwire, <u>İlâhiyata Ait Bir Kaynak Kitap</u>, s. 4.

KANON

Kanon Listeleri:

Tanrısal vahiy aldığı sayılan yazarlar listesini resmen kabul eden konseyler, aslında uzun yıllar genel olarak kabul edilmiş olan bir şey onaylıyordu. Konsey kitapların esinlenmiş listesini çıkartmadı, esinlenmiş kitapların bir listesini çıkarttı."[7]

Benimsenen ilk kitaplar girişimi, M.S. 175 yılındaki **Muratorian Kanonu**'dur. İncîl'in bu 27 kitaplık bir "**Kanon**" listesi Roma'daki kilisede bulundu. Bu eski yazıya "**Muratorian Fragment**"* denilir çünkü L.A. **Muratori** bunu bulmuş ve 1740 yılında yayınlamıştır. Önemli olan bu; İncîl'in "**Kanon**" listesi herhangi bir kilise bireyinin kararına dayalı olmayışıdır. Bu kitaplar, çoğu Mesih İnanlılar tarafından başlangıçtan beri kullanılmış bulunuyordu. Ancak, M.S. 393 yılında **Hippona Konseyi**'nde bu 27 kitap İncîl'in resmi "**Kanon**"u olarak belirtilmiştir.

Bu 27 kitap yeni bir yetki kazanmamış; sadece onların daha önceki var olan doğal yetkisi, resmi olarak kayda geçirilip belirtilmiştir. Dört yıl sonra, **Kartaca Konseyi**'nde (M.S. 397) İncîl'in esas kitapları olarak, bu aynı 27 kitap tekrar resmen tanınmıştır.[8]

* *Konuyla ilgili ayrıca bkz*: "**The Muratorian Fragment and the Development of the Canon**", Yazar: Geoffrey Mark Hahneman, Clarendon Press, Oxford, 1992.

İncîl'in en eskilerinden biri 27 kitap olarak listesi, M.S. 367 yılında bulunuyor. İskenderiye'nin piskopos'u olan **Atanasyus**, kiliselere gönderilmiş Diriliş Bayramı ile ilgili bir mektubunda tüm 27 kitaptan söz ediyor.[9] Kısa bir süre sonra hem **Jerom** (M.S. 345-420) hem de **Ogüstin** (354-430) bu aynı "**Kanon**" listesini kullanıyordu.[10]

> **Kutu 4.3 – Yehova'nın Dâvûd ile olan Ahdi**
>
> İkinci Samuel 7, Ebedî Sözleşme ya da Dâvûdî Ahid'in vahyolunma hikâyesini nakleder. Yehova'nın Dâvûd'a olan sözünün özü aynı zamanda Mezmurlar 89'da da manzum biçimde nakledilmiştir:
>
> "Ey Yehova! Senin vefalı işlerini devirler boyu ilahilerle öveceğim.
>   Nesiller boyu ağzım sadakatini bildirecek.
> ....
> Sen dedin ki, "Seçtiğim kulumla bir ahid yaptım;
>   Kulum Dâvûd'a yemin ettim:
> Senin soyunu devirler boyu sürdüreceğim,
>   Tahtını nesiller boyu pekiştireceğim."
> ....
> Kulum Dâvûd'u buldum,
>   Onu kutsal yağımla meshettim,
> ....
> Onun önünde düşmanlarını paramparça ettim,
>   Ona nefret besleyenleri hep bozguna uğrattım.
> ....
> Eğer oğulları Kanunumu bırakır,
>   Hükümlerimin gösterdiği yoldan ayrılırlarsa,
> ....
> Suçlarının karşılığını değnekle,
>   Kabahatlerinin karşılığını dayakla vereceğim.
> Fakat vefalı sevgimi ondan ayırmam,
>   Sadakatimi boşa çıkarmam.
> ....
> Onun soyu devirler boyu sürecek,+
>   Tahtı önümde güneş gibi parlayacak." (satırlar: 1, 3-4, 20, 23, 30, 32-33, 36)

Origen M.S. 230 civarında şunu söylemiş: "Matta, Markos, Luka Yuhanna, Elçilerin İşleri, Pavlus'un 13 mektubu, 1 Petrus, 1 Yuhanna ve Esinleme tüm Hristiyanlar tarafından kabul edilmiş kitaplardır."[11]

"Eğer bir kişi farklı öğretiler yayar ve **doğru sözleri**, yani Rabbimiz İsa **Mesih'in sözlerini** ve Tanrı yoluna dayanan öğretiyi onaylamazsa, kendini beğenmiş, bilgisiz bir kişidir."

(1. Timoteus 6:3-5)

---

7. MacDonald, Markos, Kutsal Kitap Yorumu, ss. 14-15.

8. Bruce, The Books and the Parchments, ss. 112-113.

Kistler, Sola Scriptura, s. 75.

9. Kistler, Sola Scriptura, s. 74.

10. Bruce, The Books and the Parchments, s. 109.

11. Eusebius, Historia Ecclesiastica, VI, 25, 4;

KANON

KISACA ROMA TARİHİ
[M.Ö. 750 - M.S. 1453]:

En geniş sınırlarına ulaştığı yıllarda [M. S. 117] Roma
İmparatorluğu Haritası

Roma İmparatorluğu, dünya tarihinin en büyük imparatorluklarından birisidir, şimdiye kadar kurulan imparatorlukların da, gerek süreli oluşu, gerekse etkisi bakımından, en önemlilerindendir. Ayrıca bu, *"Kanon"* açısından da önemlidir, çünkü şu an itibariyle öyle bir noktaya geldiğimiz söylenebilir ki, tarihte II. Bir Roma oluşumunun başlangıcında yer almaktayız.

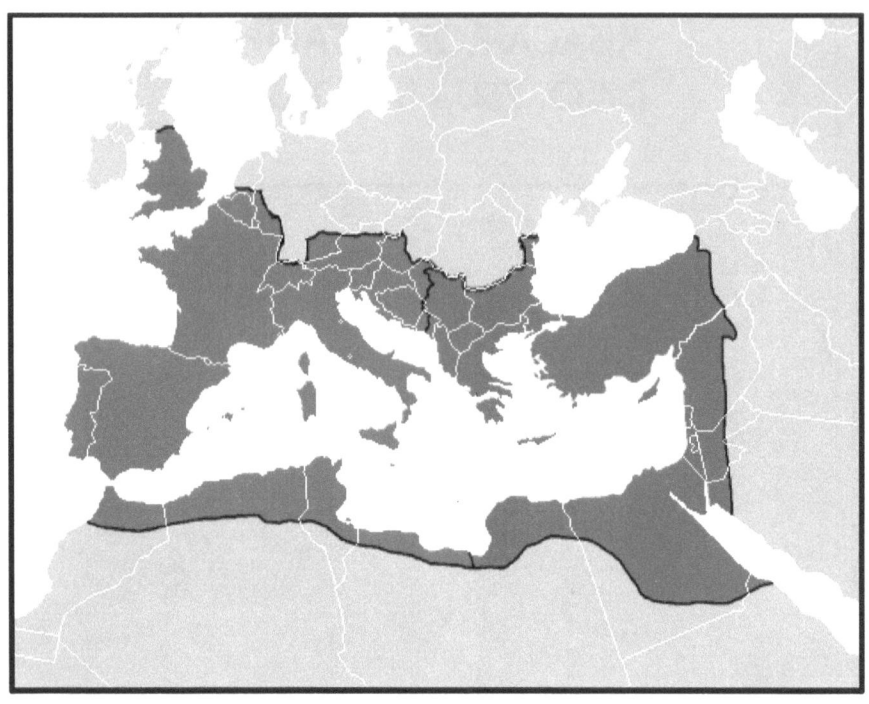

Harita: İmparatator Theodosius'un ölümünün ardından **Batı** ve **Doğu** Roma İmparatorlukları:

Batı Roma İmparatorluğu (kırmızı) Doğu Roma İmparatorluğu (Mor), M. S. 400

Bu büyük imparatorluk, bugünkü Roma şehrinin tepelerinden biri olan Palatina'daki küçük bir köyden doğdu, savaş yolu ile genişledi. Önce bütün İtalya'yı ellerine geçiren Romalılar, Cumhuriyet ve İmparatorluk çağlarında ülkelerine ülkeler kattılar. M. S. II. yüzyıl içinde Roma İmparatorluğu en geniş sınırlarına ulaşmıştı. Bu sınır şöyleydi: İngiltere'yi de içine alan bütün batı Avrupa, bütün güney Avrupa, Romanya'yı içine alan, Kırım'a kadar uzanan doğu Avrupa, Balkanlar, Kafkas Dağları'na kadar bütün Akdeniz ülkeleri, Fas'tan, Basra Körfezi'ne kadar bütün Kuzey Afrika, Mısır, Suriye, Arabistan, Irak'ın da bir kısmı. Bu geniş topraklar 6 yüzyıla yakın bir süre Roma'nın elinde kaldı. Ancak İmparatorluk çöktükten sonra, Roma'nın idaresindeki ülkeler ya bağımsızlığa kavuştular, ya da başka milletlerin boyunduruğu altına girdiler.

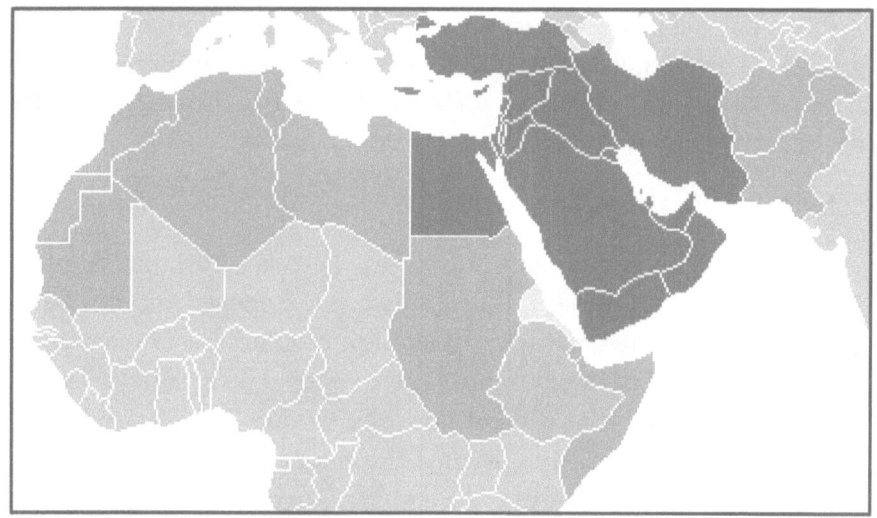

Harita: ABD tarafından ileri sürülen, Genişletilmiş Büyük Ortadoğu Projesi'ne (BOP olarak da bilinen) ait bir ütopik bir yeni dünya haritasında Ortadoğu'nun sınırları (yeşil bölgeler) (2014)

Roma Tarihinin Başlangıcı:

Romalılar'ın yaşadıkları ülke eskiden beri «İtalya» diye bilinirdi. Yarımadaya bu adı verenler M.Ö. 2000 yıllarında kuzeyden geldiler. Bu topraklara «İtalya», kendilerine de «İtalyalı» adını verdiler. Bunların en önemli boyları Ombriler, Sabinler, Samnitler'di.

Hint-Avrupa kolundan olan bu kavimler ülkeyi ellerine geçirince, oranın yerlileri yanaşılması güç dağlara çekildiler. Bunlar, bugün Pireneler'de yaşıyan Basklar (Osklar)la, Ligürler'di.

M.Ö. 1000 yıllarında İtalya'yı Etrüskler ele geçirdiler, İtalyalılar'ı ayrı krallıklar halinde idare ettiler. Siyah saçlı, biçimli yapılı insanlar olan Etrüskler ayrı bir soydandılar, bir görüşe göre bunların türk boylarından geldikleri de söylenir.

Tiber nehrinin geçtiği bölgede daha önceleri Latinler otururdu. Onlar da öteki İtalyalılar'la aynı soydandılar. Zamanla Lâtinler'in dili bütün İtalya'ya yayıldı, Romalılar'ın resmi dili oldu.

İtalya'da, hangi ırk dalına bağlı oldukları hala bilinmeyen Ligürler'den, Bask(Oks)lardan, Etrüskler'den başka, güneyde, Hint-Avrupa kolundan Yunanlılar da vardı. Fakat, bu Yunan boyları ileri bir uygarlık içindeydiler.

Roma'nın Krallık Çağı:

Efsane'ye göre, Roma şehri M.Ö. 754'te Remus – Romulus isimli iki süt kardeş tarafından kurulmuştu. Efsaneye göre Savaş Tanrısı Mars ile Rhea Silvia'nın ikizleridir. Ataları ise Truva'dan kaçan Afrodit'in oğlu Prens Aeneas'tır. Aeneas, Hektor'un kuzenidir. Romulus, Roma şehri'ni beraber kurduğu kardeşi Remus'u öldürerek tahtın tek sahibi olmuştur. Remus, Romulus ile dalga geçtiği için Romulus'un Remus'u öldürdüğü sanılır. Gerçekte yaşayıp, yaşamadığı bilinmeyen Romulus'un tarihsel bir kişi olduğu şüphelidir:

İtalyan mitolojisine Etrüskler (Tuskiler) aracılığıyla geçmiş olan bir söylencedir. Türklerin mağarada kurt tarafından beslenen çocuk motifi ile bu hikaye birebir aynıdır. Romus ve Romulus iki (veya ikiz) kardeştirler ve Roma şehrini kurmuşlardır. Bir ırmağa bırakılırlar ve dişi bir kurt onları sudan çıkararak bir mağarada emzirir. Daha sonra çiftçi bir aile tarafından bulunarak evlat edinilirler. Roma şehrini kurmak için de kurt tarafından emzirildikleri yeri seçerler. Bu yerin etrafını çevirirken tartışmaya başlar ve kavga ederler bunun üzerine Romulus kardeşi Romus'u öldürür. Böylece kurduğu kent devletinin ilk hakanı kendisi olur. Kardeşleri besleyen Lupa kara renkli olarak betimlenir. Roma'nın merkezinde heykelleri vardır.

Roma'nın ilk kralı da Romulus oldu. O çağda Roma halkının çoğunluğunu Lâtinler, azınlığını da Sabinler'le Etrüskler teşkil ediyordu. İlk krallardan 4'ü (Romulus, Numa Pompilius, Tullius Hostilius, Ancus Marcius) Lâtin, son 3'ü (Trkinius Priscus, Servius Tullius, Tarkinius Superbus) ise Etrüsk'tü.

Roma'da krallık dönemi M.Ö. 753-509 arasında 244 yıl sürdü. Roma Krallığının sınırları aşağı yukarı Vatikan eyaletinden (Roma şehri ve civarından) ibaretti. Kral (Rex), Halk Meclisi (Comitia Curiata) tarafından seçilirdi. Kral, aynı zamanda başrahip, başkomutan, baş-

KANON

yargıç görevlerini de görürdü. Sonsuz bir buyurma yetkisi (imperium) olan kral, bunun belirtisi olarak ya kırmızı, ya da erguvan rengi elbise giyer, işlemeli taht üzerinde otururdu.

Etrüskler'in egemenliğinden sonra, Roma'da toplum hayatı değişti. Büyük toprak sahibi olanlara, askerlik, memurluk yapanlara «patrician» (çoğulu «patrici») denildi. Bunlar ötekileri yenenlerdi. Yenik Latium halkı ile Roma'ya dışarıdan gelmiş olanlara «plebcian» (çoğulu «plebis») denilirdi. Bunlar çiftçilik, çobanlık, ticaret yaparlar, vergiyi de onlar öderlerdi. Bu iki sınıfın dışında yaşama hakkı bile sahibinin elinde olan köleler vardı.

Roma Cumhuriyeti:

Roma'da, Krallıktan Cumhuriyet Çağı'na nasıl geçildiği belli değildir. Yalnız Krallık'la Cumhuriyet Çağı arasında kısa bir diktatörlük devri olduğu biliniyor. Cumhuriyet Çağı'nda, idare «patrician»ların elindeydi. Aslında bu cumhuriyet, üstün sınıfın idaresi demekti. Her yıl «patrician»lardan iki başkan seçilir, bunlara «konsül» (consul) adı verilirdi. Buyurma yetkisi (imperium) çok geniş olan bu konsüller, erguvan çizgili beyaz «toga» (bir cins entari) giyerler, krallar gibi işlemeli koltukta otururlardı.

Roma, cumhuriyet devrinde büyük savaşlar yaparak, önce (M.Ö II. yüzyıl başlarında) bütün İtalya'yı, sonra da Avrupa'da, Afrika'da birçok yerleri ele geçirdi. Cumhuriyet çağında Romalılar'ın yaşayışında, düşünüşünde, idare şekillerinde önemli değişmeler oldu. Başlangıçta «Patrician»lardan kurulu «Halk Meclisi» (Comitia Curiata) yanında, gene 300 ihtiyar «Patrician»dan kurulu Senato (Senatus) vardı. Daha sonra, hiçbir hakları olmayan «Plebeian»lar dayattılar, kendi aralarında bir «Tribün Meclisi» (Comitia Tributa) kurdular. Bu meclis, Patrician'ların çıkardığı kanunları önce protesto etmekle kaldı, sonra bu kanunları bozma yetkisini kazandı.

M.Ö. V. yüzyılda Plebeian'lar kanunların yazılı olmasını istediler. Konsüller kadar yetki elde eden Plebeian Tribünleri kanunları hazırlayan kurula üye seçildiler. M.Ö. 450 yılında «12 Levha» Kanunları tamamlandı. Genel oya sunularak Forum Romanum'a asıldı. Bu kanunlar, Roma hukukunun değişmeyen, çağımıza kadar da sürüp gelen temelini teşkil etti.

Plebeian'lar arada Roma ordusuna da alındılar. Patrician – Plebeian çatışması sona erince, Roma'nın yayılma çağı başladı. 400 yıldan fazla bir süre içinde Roma bir şehir devleti olmaktan çıkarak, önce İtalya'yı, sonra Batı Akdeniz'i, Avrupa'da birçok yerleri, en sonunda da bütün Akdeniz bölgesini alarak, büyük bir devlet haline geldi.

Roma Devleti'nin Yayılışı:

Romalılar önce Lâtin birliğini kurdular. Önce Latium, daha sonra da Etrüskler'in yurdu Etruria Roma topraklarına katıldı. Romalılar bundan sonra (M.Ö. 290) Orta İtalya'daki Samnitler'i yenerek Orta İtalya'yı, Güney İtalya'nın en kuvvetli şehir devleti olan Tarent'i aldılar. Epeiros Kiralı Pirhos da Romalılar'a bu savaşta yenildi. Bu sürekli savaşlar sonunda İtalya'yı egemenlikleri altına alan Romalılar, İtalya'daki geri kalan şehir devletleriyle antlaşmalar yaparak üstünlüklerini onlara da kabul ettirdiler. Sayısı 3.000 kâdar olan bu antlaşmalar Roma'nın üstünlüğünü sağladı onu geniş bir imparatorluk haline getirdi.

Roma'nın Akdeniz'e el atıp donanma kurması, Akdeniz'i elinde tutmak isteyen Kartaca'nın işine gelmezdi. Başkentleri Kuzey Afrika'da, bugünkü Tunus'un bulunduğu yerde olan Kartacalılar, aslında Fenikeli oldukları için, Romalılar onlara «Punic» derlerdi. Bundan dolayı iki devlet arasında M.Ö. 264-146 yılları arasında 118 yıl süren savaşlara «Pön (Pun) Savaşları» dendi. Bu savaş sonunda İspanya da Roma toprağı oldu. Romalılar Kartaca şehrini aldılar, Afrika'da yeni bir Roma sömürgesi kuruldu. Batı Akdeniz artık Romalılar'ın gölü olmuştu.

M.Ö. 215-168 yılları arasında ise, 47 yıl süren Makedonya savaşları sonunda da Roma Cumhuriyeti, bütün Makedonya'yı, Yunanistan'ı aldı. Bu arada Selevkos Kırallığı da, kısa süren savaşlar sonunda, Roma'nın egemenliği altına girdi.

KANON

Roma Devleti'nde İç Savaşlar:

Geniş toprakları ele geçirip zenginleşen Roma'da, zenginlerle fakirler arasında başlayan savaşlar devrimlere, toplumsal yeniliklere yol açtı. Halkın tarafını tutan «Tribün» Tiberius Gracchus ile kardeşi Gaius Gracchus, toprak kanunu, tahıl kanunu için savaştılar (M.Ö. 133-123). Roma çeşitli karışıklıklar içinde kıvrandı. Zenginler ellerindekini kaçırmamak, halk da yeni yaşama hakları elde etmek için uğraşıyordu.

Senato'yu ellerinde tutan Patrician'ların karşısına, halk partisi temsilcileri olarak çıkan Marius, yedi defa konsül seçildiyse de, bir asker, iyi bir idareci olmasına rağmen, fakirlere fayda sağlayamadı. M.Ö. 82'de Konsül Sulla diktatör seçildi. Sulla, Marius ile halk partisi taraftarlarından 5.000 kişiyi öldürterek, Senato'ya geniş yetki verdi. Sulla'nın ölümünden sonra Roma, Pompeius'un Crassus'un, Caesar'ın elinde kaldı.

Cumhuriyet, yüzyıla yakın bir zamandan beri iç savaşlardan bunalmıştı. Durumu düzeltmek için yeniliklere, başka bir görüşe ihtiyaç vardı. Marius'un yeğeni olan Sezar bu alanda birçok şeyler düşünüyordu. M.Ö. 60 yılında Caesar, Pompeius, Crassus birleştiler. Böylece ilk «triumvirat» (üçler kurulu) ortaya çıktı. Üçler aralarında Caesar'ı Konsül seçtiler, Crassus Suriye, Pompeius ise Afrika ve İspanya valiliklerini aldılar. Caesar, Konsüllük süresi bitince Gallia'ya gitti, Goller'i yenerek, bugünkü Fransa, Belçika topraklarını Roma'ya kattı. Germania (bugünkü Almanya)'ya girdi.

Caesar yurt dışındayken Pompeius Roma'da diktatörlüğü ele almıştı. Senato, Caesar'ı çağırdı. Caesar ordusu ile İtalya'ya girdi. Roma'nın sınırı olan Rubicon ırmağını hiçbir komutan ordusu ile aşamazdı. Caesâr Rubicon'u aştı, Roma'ya girdi. Kaçan Pompeius'u Yunanistan'a kadar kovalayarak Farsalus'ta yendi.

Caesar bundan sonra Mısır'a yürüdü. Mısır Kralı Ptolemaios'u tahtından indirdi, Ptolemaios'un kız kardeşi Kleopatra'yı tahta çıkardı. Bu başarılarından sonra Roma Senatosu, Caesar'a sınırsız bir yetkiyle «diktatörlük» verdi (M.Ö. 46). Diktatör, konsül, tribün ve başkomutan olan Julius Caesar'ın kanuni dokunulmazlığı da vardı. Yalnız, krallık alâmetlerinin hepsini üzerine aldığı halde «kral» adını almadı. Caesar Roma'da birçok yenilikler yaptı. Romalılar'ı sömürgelere yerleştirdi. Kendi adını taşıyan takvimi (Julius Takvimi) ortaya çıkardı. M. Ö. 44 yılında cumhuriyetçiler, Caesar'ı, krallığı canlandıracağı düşüncesiyle Senato'da üzerine hançerle saldırarak öldürdüler.

Caesar'ın ölümünden sonra Roma, yeniden karışıklık içinde kaldı. Caesar'ın yeğeni Octavianus ile iki komutanı, Antonius'la Lepidus, birleştiler (M.Ö. 43). Roma ülkelerini paylaşan bu üç komutan arasında az sonra geçimsizlik çıktı. Octavianus önce Lepidus'u, sonra da Mısır'a kaçarak, Kraliçe Kleopatra ile evlenen Antonius'u yendi. Bu savaş sonunda Kleopatra kendini öldürdüğü için Mısır da Roma'nın idaresine geçti, böylece bütün Akdeniz bir Roma gölü haline geldi.

Roma'nın İmparatorluk Çağı:

Octavianus artık tek başına kalmıştı. Senato onu birkaç defa konsül seçti. M.Ö. 27'de ona «Augustus» (Ulu) adını verdiler. «Imperium» yetkisini alan Augustus'la birlikte Roma'nın imparatorluk çağı da başlamış oldu. Bu devirde birçok imparator hanedanı gelip geçmiştir ki, başlıcaları şunlardır:

Augustus Hanedanı (M. Ö. 27 - M.S. 68). — Yüzyıllar boyu süren savaşlar, Roma'da «barış» duygusunu kuvvetlendirmişti. Bunun için Augustus zamanında Roma gerçek bir barışa kavuştu. Augustus 44 yıl saltanat sürdü. Yerine üvey oğlu Tiberius (saltanatı M. S. 14-37) geçti. Tiberius önceleri çok iyi bir idare kurdu. Senato'ya saygı gösterdi. Sonraları şiddet yoluna saptı. Yerine geçen yeğeni Gaiüs (Caligula) kafa dengesi bozuk bir imparatordu. Atını konsül seçtirecek kadar çılgınlıklar gösterdi. Bir ayaklanma ile öldürüldü. Claudius (s. 41-54) Büyük Britanya adasının güney kesimini Roma'ya kattı. Neron (s 54-68) Augustus hanedanının son imparatoru oldu. Hem yarı deli, hem de zalim olan Neron, Hristiyanlar'a çok işkenceler etti. Roma da onun zamanında yandı.

Flavius Hanedanı (69-96). — Neron'un öldürülmesinden sonra Roma yeniden karıştı. Muhafız askerleri istediklerini imparator yaptılar (Galba, Otho, Vitelius), 69 yılında ordu komutanlarından Flavius Vespasianus imparator oldu (ms. 69-79). Oğlu Titus (ms. 79-81) iyilik seven bir adamdı. Domitianus (ms. 81-96) Titus'un kardeşiydi. Doğulu sultanlar gibi yaşayıp, kendisine «Tanrı» adları taktı. Onun öldürülmesiyle Flavius hanedanı da sona erdi.

Antoninus Hanedanı (98-193). — Roma'da en uzun süren imparator ailesidir. Kurucusu Traianus (ms. 98-117) idi. Roma'da karışıklık çıkıp da Nerva (ms. 96-98) öldürülünce Traianus imparator oldu. İyi bir komutan olan Traianus, Dacia (bugünkü Romanya)yı aldı. Partlar'ı yenerek İran'a kadar sokuldu. Roma İmparatorluğu en geniş sınırlara onun devrinde ulaştı.

Hadrianus (ms. 117-138) bütün Roma sınırları içinde yaşayanları askere aldırdı. Yalnız, subaylar Romalı idi. Trakya'da Hadrianopolis (Edirne) şehri onun zamanında kuruldu,

Antoninus (ms. 138-161) olgun bir insandı. Namuslu, iyi bir idareciydi, dindardı. Bundan dolayı «Pius» (Sofu) adı ile anıldı. İkinci yüzyılın en dürüst, en iyi imparatoru olduğu için birbirleriyle yakın akraba olmayan imparatorlara onun adından alınarak «Antoninus Hanedanı» denildi.

Marcus Aurelius (saltanatı 161-180) önceleri Lucius Verus'le birlikte (161-169), Verus'un ölümünden sonra da tek başına imparatorluk etti. Okumuş, filozof yaradılışlı bir adamdı. İmparatordan çok, Romalı basit bir vatandaş gibi yaşadı. Savaşı sevmemekle birlikte, imparatorluk sınırlarını korumak için birçok yıllarını orduda geçirmek zorunda kaldı. Barbar ülkelerini Roma uygarlığına kavuşturmak amacını güderdi.

Cominodus (ms. 180-193) Marcus Aurelius' un oğludur. «İyi babanın kötü evlâdı» diye anılır. Çünkü pek zalim yaradılışlıydı. Bir isyan sonunda öldürüldü.

Roma İmparatorluğu, 100 yıl süren sakin, parlak bir yaşayıştan sonra, 50 yıldan fazla karışıklık içinde kaldı. Gerçi Roma yine toprak kaybetmiyor, hatta yeni yerler kazanıyordu; yalnız, her şey şımaran askerlerin, «Praetor» adı verilen muhafız askerlerinin elindeydi. Sık sık isyanlar çıkararak, istediklerini imparator yapıyorlardı. Bu devrede 24 imparator geldi geçti.

Bunlar arasında, Tuna ordusunun desteklemesi ile imparator olan «Afrikalı» Septimus Severus (ms. 193-211) en çok yerinde kalandır. Praetor'ları Roma'dan dışarı çıkardı, muhafız askerlerini yalnız ordunun gözde askerleri arasından seçti.

Antoninus Caracalla (ms. 211-217) askerlere dayanarak, vaktini içki sofralarında, savaşlarda geçirdi. Partlar'la yaptığı savaşta komutanlardan Macrinus tarafından öldürüldü. Caracalla, Roma'da kendi adını taşıyan bir hamam yaptırmıştı.

Caracalla'dan sonra gelen imparatorlar askerlerin elinde büsbütün oyuncak oldular. Bunlardan «Suriyeli» diye tanınan imparatorlardan Elaqabalus (ms. 218-222), Alexander Severus (ms. 222-235) askerler tarafından öldürüldüler. Bu askerî baskı devrinde gelip geçen 24 imparatordan yalnız bir tanesi (Septimus Severus) eceliyle ölmüştür.

Roma'yı bu karışıklıktan kurtaranlar İlliryalı imparatorlar oldu. Tuna ordusunun komutanı olan, «Gothicus» diye de anılan Claudius (ms. 268-270) Gotlar'ı yendi, Roma'daki karışıklıklara son verdi. Aurelianus (ms. 270-275) Dacia'da savaşlar yaptı. Roma'nın yeni sınırı Tuna nehri oldu. Aurelius Probus (ms. 276-281) Galia'da Franklarla savaştı. Aurelius Carus (ms. 281-283) Ermenistan'da savaşırken yıldırım düşerek öldü. Yerine önce oğlu getirildiyse de, öldürülmesi üzerine komutanlardan Aurelius Valerius Diocletianus imparator oldu.

Ortak İmparatorlar Çağı:

Diocletianus (ms. 284-305) Roma'ya yeni bîr düzen verdi. İmparatorluğu, eşit «imperium» yetkileri olan iki «augustus» (imparator) arasında böldü. Bunlar gerekince yerlerine geçmek için yanlarına birer «caesar» (kayser) alacaklardı. «Augustus»ların da, «caesar»ların da biri batıda, ötekisi de doğuda oturacaktı. İmparatorlar da, kayserler de ne Senato ve ne de ordu tarafından seçilmediği gibi, bunlara da bağlı olmayacaktı.

KANON

İki imparatorla birer yardımcısından meydana gelen bu dörtlü saltanat, durumu kurtaracağına büsbütün karıştırdı. Maximianus'la birlikte Roma'yı idare eden Diocletianus çekilince (ms. 305) kayserler onların yerlerini aldılar, böylece taht kavgası da başladı. Bundan sonra «augustus»lar île «caesar»lar birbirlerine düştüler, bu karışık durum imparatorluğun ikiye ayrılmasına kadar sürdü.

Ortak imparatorluk devrinde, en çok parlayan I. Constantinus oldu. Önce kayserlik (ms. 307-311) yaptı. Sonra Maximinus'la birlikte imparator oldu (ms. 311-337). Constantinus'un annesi Hristiyan olduğu için bu dinde olanlara yurttaşlık hakkı tanıdı. 325 yılında, Hıristiyanlar arasındaki anlaşmazlıkları ortadan kaldırmak için İznik'te bir meclis topladı.

İmparatorluğun İkiye Ayrılışı:

I. Constantinus, imparatorluğun merkezini Byzantium (Bizans)a aldı. Burada, yeni bir şehir kurarak «Constantinopolis» (Constantinus şehri) adını verdi (ms. 330). Bugünkü İstanbul'un çekirdeği olan bu şehri güzel binalarla, alanlarla süsledi.

«Büyük» adı ile anılan Constantinus öldükten sonra oğulları imparatorluğu paylaştılar. Bunların arasında, sonradan kanlı kavgalar oldu. Constantinus'un birleştirdiği imparatorluk yavaş yavaş dağılmaya başladı.

Bu arada gelen imparatorlardan Theodosius (ms. 379-395) ortak «Augustus»larla, «Caesar»larla çarpıştı. Onun ölümünde zaten 364'ten beri gerçekten «Batı» ve «Doğu» diye ikiye ayrılan Roma imparatorluğu tam bölüntüye uğradı (ms. 395). Arcadius (ms. 395-405) Doğu'da, Honorius da (ms. 395-423) Batı'da imparator oldular. Doğu ve Batı Roma imparatorlukları, batıda son imparator olan Romulus Augustus'un, Barbar komutanlarından Odoakar tarafından yenilmesine kadar sürdü. Odoakar, imparatorluk alâmetlerini doğudaki Arcadius'a göndererek, kendisine bağlı olduğunu bildirdi (ms. 46), kendisi İtalya valisi oldu.

Batı Roma İmparatorluğumun bütün toprakları da büyük göç seli ile gelen yeni ırkların eline geçti. Böylece, doğuda gittikçe Yunanlılaşan Doğu Roma İmparatorluğu kaldı. Doğu Roma İmparatorluğu da, 1453'te Fâtih Sultan Mehmet'in İstanbul'u alması üzerine, yıkıldı.

Roma'nın Etkileri ve Çöküş Sebebi:

Romalılar'ın uygarlığa büyük yardımları dokunmuştur. Devlet idaresi yanında, hukukta da Romalılar'ın mirası çok değerlidir. M.Ö. 451'de ilk yazılı kanunları (12 Levha Kanunları) Romalılar ortaya çıkardılar.

Romalılar askerlikte de büyük başarı gösterdiler. Küçük ordularla, çevik manevralar yaparak, kendilerinden kalabalık düşman ordularına galip geldiler. Roma ordusunda sıkı bir inzibat vardı. Zaten bütün Romalılar önceleri çok sıkı bir hayat yaşarlar, şan ve şerefle ölmek isterlerdi.

Cumhuriyet çağında Roma'nın sınırları genişledikçe, yeni milletler, Roma milletler topluluğuna katıldı. Yeni dinler, yeni yaşayış biçimleri, Doğu gösterişçiliği ve zevkle dolu bir hayat biçimi zamanla Roma'ya girdi. Sınıflar arasındaki sürekli çekişmeler de buna eklenince Roma'da M. S. III. yüzyılda ahlâk çok bozuldu. Bu durum, Roma'nın çöküşünde büyük rol oynamıştır.

Roma İmparatorluğu'nun çöküşünü hazırlayan sebeplerin başında Hristiyanlık da gelir. Roma, putperest bir toplumdu. Orduları, kanunları, halkın yaşayışı, gelenekler bütünüyle putperest ataların mirasıydı. Hristiyanlık ise, Roma sınırları içinde geliştikçe, birbirine zıt iki toplum doğdu. Zamanla, Roma İmparatorluğu artık eski geleneklere bağlı «Romalı Yurttaşlar»dan yardım göremedi.

Kavimlerin göçü de Roma İmparatorluğu'nun yıkılmasını çabuklaştırdı. Yalnız, M.Ö. I. yüzyıldan M.S. V. yüzyıl ortalarına kadar Roma sınırları çok az değişti. Bu yönden Roma İmparatorluğu'nun çöküşü, devamlı yenilgilerden, toprak kaybından değil; iç çekişmelerden, Roma'nın asıl kudretli yönü olan iç dayanakların V. yüzyılda tamamıyla yıkılmasından ileri geldi.

KANON

İlahi Dinlerin Kitaplarının Oluşumu

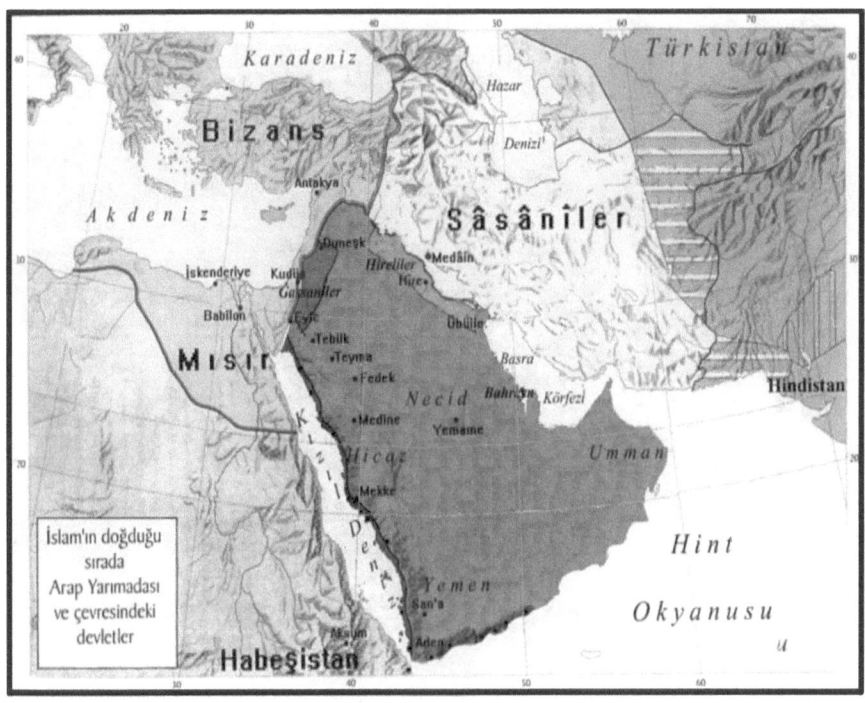

Harita: Hz. Muhammed'in doğduğu yıllarda Arap yarımadası (MS. 570).

"Allâh'a, bize indirilene, İbrahim'e, İsmail'e, İshak'a, **Mûsâ ve İsâ'ya verilene ve (diğer) peygamberlere** Rabb'leri tarafından verilene **inanırız; onlar arasında bir ayırım yapmayız,** biz Allâh'a teslim olanlarız.' deyin."[1]

(Bakara 2:136)

Genel kanıya göre yeryüzündeki semavî dinlerde (Yahudilik, Hristiyanlık ve İslâmiyet) aslında tek bir Tanrı inancı vardır. Bu üç dinin inanç esasları, tabii ki kendi Kitaplarından oluşuyor. Bunlar Eski Ahit (Tevrât, Zebûr ve Peygamberler), Yeni Ahit (İncîl) ve Kur'ân-ı Kerîmdir.

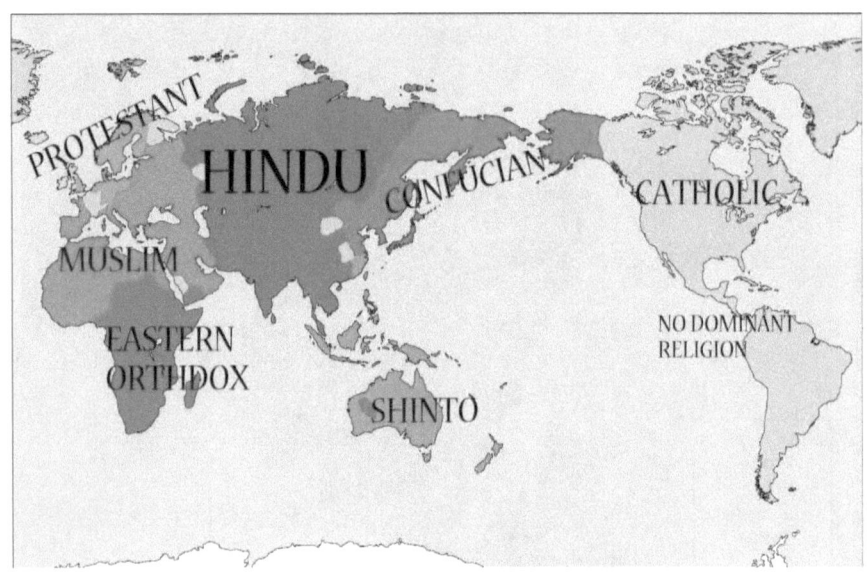

Harita: Yakın bir zamanda, Yeni bir Kanon oluşumundan önceki dünyanın şu anki Dinsel coğrafi dağılımının muhtemel görüntüsü (MS. 2050'ler).

Yahudilerin kabul ettiği Kutsal Kitab olan Eski Ahit İbranice olarak yazıldı ve M.Ö. 425 civarında tamamlandı. Yeni Ahit ise Grekçe olarak yazıldı ve M.S. 95 civarında tamamlandı.[2] Eski Ahit ve Yeni Ahit birbirlerini tamamlar. Tevrât, Zebûr, Peygamberler, ve İncîl'den oluşan kitapların hepsine birden Kitab-ı Mukaddes denilir.[3] İslâmiyetin kutsal kitap olan Kur'ân-ı Kerîm Arapça olarak yazıldı ve M.S. 632 civarında tamamlandı.[4] Bu kitapların oluşumu özet olarak şöyledir:

KANON

Tevrât: (Tora) 5 Kitap

Zebûr: (Ketubîm) 13 Kitap

Peygamberler: (Nebi'îm) 21 Kitap

Eski Ahit: (TeNaKh) 39 Kitap

Yeni Ahit: (İncîl) 27 Kitap

Kitab-ı Mukaddes: 66 Kitap

Kur'ân-ı Kerîm: 114 Süre

---

1. Kitap'ta koyu olan yazılar, yazar tarafından koyulaştırılmıştır.

2. Thieme, Canonicity, s. 28 & 41.

3. Kitab-ı Mukaddes, Eski ve Yeni Ahit, Kitab-ı Mukaddes Şirketi, İstanbul, 1985.

4. Muhammed Hamidullah, Kur'ân-ı Kerîm Tarihi, s. 11.

Yahudilik inancı, genel olarak Eski Ahit'i (39 tane kitabı, yani Tevrât, Zebûr ve diğer eski peygamberlerin kitaplarını) Tanrı'nın Sözü olarak kabul eder; ancak İncîl'i ve Kur'ân-ı Kerîm'i kabul etmez. Hz. İsa bir Yahudi olarak, Yahudilerin Kutsal Yazılar diye adlandırdıkları otuz dokuz kitapçığı Tanrı'nın sözleri olarak tamamen kabul etmiştir. Öyle ki: "Ben geçersiz kılmaya değil, tamamlamaya geldim. (Matta 5:17)

Hristiyanlık inancı hem Eski Ahit'i hem de Yeni Ahit'i Tanrı'nın Sözü olarak kabul eder, ancak başka kitapları kabul etmez. Eski Ahit (39 kitap) artı Yeni Ahit (27 kitap) bir arada (66 kitap olarak) tek bir Kutsal Kitab-ı oluşturmaktadır. Buna da Kitab-ı Mukaddes denilir ve Hristiyanlığın amentüsünü oluşturan esas Kutsal Kitab'ıdır.

İslâm inancında ise, prensip olarak, hem Eski ve Yeni Ahit hem de Kur'ân-ı Kerîm Tanrı'nın Sözü olarak kabul edilir. Ancak işin doğrusu Müslümanların çoğu; "Kitab-ı Mukaddes'i kabul ediyoruz," demelerine rağmen, "**De Facto**" yani fiilen inanmamakta ve onu hiç okumamaktadır. Neden? Çünkü Kutsal Kitab'ın **kısmen veya tamamen değiştirildiğini iddia etmektedirler**. Bu yüzden Müslümanların çoğu sadece Kur'ân-ı Kerîmi okumaktadırlar.

KANON

Tablo 8.1 Sürgün Sonrası Dönem Kronolojisi

Tarih	Olay	Literatür
	Büyük Kuroş- sürgünün sonu (M.Ö. 538)	İkinci İşaya
M.Ö. 500	Kudüs Tapınağı'nın yeniden yapılışı (M.Ö. 515)	
M.Ö. 450		
	Nehemya, Yahuda'nın yöneticisi	
M.Ö. 400	Ezra?	Pentateuk (Eski Ahid'in ilk 5 kitabı)'ın takdisi?
M.Ö. 350		
	Büyük İskender Persleri bozguna uğratır	
M.Ö. 300		
M.Ö. 250		İbrani yazıtların Grekçe tercümeleri başlar
M.Ö. 200		Ben-Sirak'ın Hikmeti
M.Ö. 150	IV. Antiokus Epifanes – Yahudi gelenekçilerin zulmü — HAŞMONAYİM HANEDANI — Kumran Essenileri	Danyal kitabı
M.Ö. 100	Aleksander Yanay	
	Roma generali Pompey	
M.Ö. 50		
	Büyük Herod	
0	İskenderiyeli Philo	Ölü Deniz Parşömenleri
M.S. 50	Nasıralı İsa / Havari Pavlus	Pavlus'un mektupları
	Yahudi Savaşı (M.S. 66-70)	Yeni Ahid İncilleri
M.S. 100	Josephus / Jamnia Akademisi	
M.S. 150	Bar Kohba İsyanı (M.S. 132-135)	

KANON

A. Eski Ahit

39 Kitap

Eski Ahit kitabı, yukarıda gösterildiği gibi, Yahudiler tarafından şu üç ana kısma ayrılmıştır:

1. **Tevrât (Tora)**: Şeriat, Yasa veya Pentateuk denilir.

2. **Zebûr (Ketubîm)**: Bilgesel, tarihsel ve şiirsel bölümler.

3. **Peygamberler (Nebi'îm)**: İlk ve son peygamberler denilir.

İbranilerin Eski Ahit kitabı Yahudiler tarafından "**TeNaKh**" (Tanahk) olarak bilinir. Bu kelime, Tevrât (Tora), Peygamberler (Nebi'îm), ve Zebûr'un (Ketubîm) baş harflerinin bir araya gelmesiyle oluşmuştur.[5] Hristiyanlar Yahudilerle aynı Eski Ahid'i kabul ediyorlar, yalnız Eski Ahid'i oluşturan kitapları değişik bir sıraya koyuyorlar.[6] Eski Ahid'in oluşumu ise şöyledir:

---

5. Souhen, Handbook of Biblical Criticism, s. 159; Bruce, The Canon of Scripture, s. 19;

6. Tevrât, Zebûr ve Peygamberler.

KANON

Tevrât (Tora)[7]

5 Kitap

Yaklaşık İlk Peygamberlik - Kitab'ın Yazılış Bölüm, Ayet, Kelime Sayıları

<u>Adı</u>: <u>Tarihi</u>: <u>Bölüm Sayısı</u>: <u>Ayet Sayısı</u>: <u>Kelime Sayısı</u>:

Tekvin, M.Ö. 1446-1406, 50, 1.533, 38.267

Çıkış, M.Ö. 1406, 40, 1.213, 32.692

Levililer, M.Ö. 1490, 27, 859, 24.546

Sayılar, M.Ö. 1490, 36, 1.288, 32.902

Tesniye, M.Ö. 1451, 34, 958, 28.461

Zebûr (Ketubîm)

13 Kitap

Mezmurlar (Zebur), M.Ö. 1000, 150, 2.461, 43.743

Süleyman'ın Meselleri, M.Ö. 971, 31, 915, 15.043

Eyub, M.Ö. 1520, 42, 1.070, 10.102

Neşideler Neşidesi, M.Ö. 1014, 8, 117, 2.661

Rut, M.Ö. 1322, 4, 85, 2.578

Yeremya'nın Mersiyeleri, M.Ö. 588, 5, 154, 3.415

Vaiz, M.Ö. 977, 12, 222, 5.584

Ester, M.Ö. 521, 10, 167, 5.637

Daniel, M.Ö. 607, 12, 357, 11.606

Ezra, M.Ö. 536, 10, 280, 7.441

Nehemya, M.Ö. 446, 13, 406, 10.483

1. Tarihler, M.Ö. 1004, 29, 942, 20.369

2. Tarihler, M.Ö. 1015, 36, 822, 26.074

---

7. Kitab-ı Mukaddes'in rakamlar bu kaynaklardan alınmıştır:

Dake, Dake's Annotated Reference Bible, 1981.

Dunnett, Kutsal Araştırması: Yeni Antlaşma'ya Giriş, s. 8.

Hill, Baker's Handbook of Bible Lists, 1981.

Mir, Tanrı'nın "Telefon Numarası": Gelişen Vahiy Yolları Üzerine Bir Çalışma, s.

Peygamberler (Nebi'îm)

21 Kitap

İlk Peygamberler:

Yeşu, M.Ö. 1451, 24, 658, 18.858

Hakimler, M.Ö. 1425, 21, 618, 18.976

1. Samuel, M.Ö. 1171, 31, 810, 25.061

2. Samuel, M.Ö. 1056, 24 695, 20.612

1. Krallar, M.Ö. 1015, 22, 816, 24.524

2. Krallar, M.Ö. 896, 25, 719, 23.532

Son Peygamberler:

İşaya, M.Ö. 760, 66, 1.292, 37.044

Yeremya, M.Ö. 629, 52, 1.364, 42.659

Hezekiel, M.Ö. 595, 48, 1.273, 39.407

Hoşea, M.Ö. 785, 14, 197, 5.175

Yoel, M.Ö. 800, 3, 73, 2.034

Amos, M.Ö. 787, 9, 146, 4.217

Obadya, M.Ö. 587, 1, 21, 607

Yunus, M.Ö. 862, 4, 48, 1.321

Mika, M.Ö. 750, 7, 105, 3.153

Nahum, M.Ö. 713, 3, 47, 1.285

Habakkuk, M.Ö. 626, 3, 56, 1.476

Tsefanya, M.Ö. 630, 3, 53, 1.617

Hagay, M.Ö. 520, 2, 38, 1.131

Zekeriya, M.Ö. 520, 14, 211, 6.444

Malaki, M.Ö. 425, 4, 55, 1.783

B. Yeni Ahit

(İncîl)

27 Kitap

KANON

Yeni Ahit eski "**Koine Grekçe**" olarak yazıldı. Halk dilinde "İncîl" diye bilinen **Yeni Antlaşma**'ya aslında "**evangeliyon**" da denir. "İncîl" sözcüğü "müjde, iyi ve hoş haber" anlamındadır. Grekçe "evangelion" (iyi haber) kelimesinden geliyor. Öz anlamı "**İyi Haber**" veya "**Müjde**"dir.[8] Genellikle İncîl, Müjde, Yeni Ahit veya Yeni Anlaşma kelimeleriyle ifade edilir. Özellikle İncîl, Hz. İsa **Mesih**'in[9] kimliğinden, hayatından, konuşmalarından ve özellikle ölümü, dirilişi ve göğe yükselişinden söz etmekte, bunların bizim için ne anlama geldiğini ifade etmektedir.

---

8. Konutgan, "Kutsal Kitab'ı Tanıyalım", s. 21. Church, Tanrı'nın Sözünü Bilelim, s. 38.

Yeni Ahit M.S. 95 civarında tamamlandı. Aşağıdaki tarihlerden bazıları uzmanlarca tartışılıyorsa da, 1. yüzyılın sonuna gelindiğinde İncîl'in tümünün yazıya geçirilmiş olduğu artık herkesçe kabul edilmektedir. İslâmiyet'ten önceki ve günümüzdeki Hristiyanların kabul ettiği **Yeni Ahid**'in oluşumu şöyledir:[10]

Yeni Ahit Kitapları (Müjdeler):

<u>Adı:</u> <u>Tarihi:</u> <u>Bölüm Sayısı:</u> <u>Ayet Sayısı:</u> <u>Kelime Sayısı:</u>

Matta, M.S. 60, 28, 1.071, 23.684

Markos, M.S. 58, 16, 678, 15.171

Luka, M.S. 61, 24, 1.151, 25.944

Yuhanna, M.S. 90, 21, 879, 19.099

Elçilerin İşleri, M.S. 63, 28, 1.007, 24.250

KANON

Pavlus'un Mektupları:

Romalılar, M.S. 57, 16, 433, 9.447

1. Korintliler, M.S., 54, 16 437, 9.489

2. Korintliler, M.S. 56, 13, 257, 6.092

Galatyalılar, M.S. 48, 6, 149, 3.098

Efesliler, M.S. 60, 6, 155, 3.039

Filipililer, M.S. 54, 4, 104, 2.002

Koloseliler, M.S. 60, 4, 95, 1.998

1. Selanikliler, M.S. 50, 5, 89, 1.857

2. Selanikliler, M.S. 50, 3, 47, 1.042

1. Timoteus, M.S. 63, 6, 113, 2.269

2. Timoteyus, M.S. 63, 4, 83, 1.703

Titus, M.S. 63, 3, 46, 9217

Filemon, M.S. 60, 1, 25, 445

---

9. İncîl'in Sözlüğünden: "**Mesih**: 'meshedilmiş Kişi'; eski peygamberlerin, geleceğini önceden haber verdikleri Kral ve Kurtarıcıdır. Yani Yahudi Kavminin beklediği Kral ve Kurtarıcıdır. Mesih sözcüğünün Grekçe tercümesi **Christos**'dur. Bkz., Müdje, s. 566.

10. Mir, Tanrı'nın "Telefon Numarası": Gelişen Vahiy Yolları Üzerine Bir Çalışma, s. 82.

Genel Mektuplar:

İbraniler, M.S. 69, 13, 303, 6.913

Yakub, M.S. 69, 5, 108, 2.309

1. Petrus, M.S. 63, 5, 105, 2.482

2. Petrus, M.S. 64, 3, 61, 1.559

1. Yuhanna, M.S. 90, 5, 105, 2.523

2. Yuhanna, M.S. 90, 1, 13, 303

3. Yuhanna, M.S. 90, 1, 14, 299

Yahuda, M.S. 90, 1, 255, 613

Kehanet:

Esinleme (Vahiy), M.S. 95, 22, 404, 12.000, 605

C. Kur'ân-ı Kerîm

Kitaplara iman, İslâm'ın iman esasları arasında çok önemli bir yer işgal eder.[11] "İslâm dini, Allah'ın peygamberlere gönderdiği kitaplara inanmayı esasa bağlamıştır."[12] Öyle ki, tüm semâvî kitaplar, bu kitaplara inanmayı da İslâm'da "İmanın Rûkünlerin"'den saymıştır.[13] İslâm âleminde, Kur'ân, Tanrı'dan gelen son vahiy olarak kabul edilmektedir. Kur'ân-ı Kerîm M.S. 610-632 yıllar arasındaki 22 yıllık süreçte Arapça olarak yazılmıştır.[14] Kur'an'ın ayrı bir özelliği ise arapça yazılan ilk kitap olmasıdır. Kur'ân-ı Kerîm'in oluşumu da şöyledir:[15]

11. Bkz. Al-i İmrân 3:3-4; Ra'd 13:5; Nahl 16:2 & 36; İsrâ 7:55; Fâtır 35:24; ve Hadid 57:25.

12. Atay, İslâm İnanç Esasları, s. 162.

13. Aydın, İslâm Dîni İlmihali, s. 107.

14. Dashti, 23 Years; A Study of the Prophetic Career of Muhammed, s. ix.

15. Keskioğlu, Nûzulünden İtibaren Kur'ân-ı Kerîm, ss. 124-125.

Zaman ve Yer:

Mekke-1 Mekke'de ilk beş senede 60 sûredir:

Mekke-2 Mekke'de 5. yıldan 10. yıla kadar 17 sûredir:

Mekke-3 Mekke'de son üç yılda 15 sûredir:

Medine-4 Medine'de Hicretin ilk yılında 6 sûredir:

Hicret-5 Medine'de Hicretin 3. ve 4. yıllarında 3 sûredir:

Hicret-6 Medine'de Hicretin 5. yılından 8. yılına kadar 9 sûredir:

Hicret- 7 Medine'de Hicretin 9. ve 10. yıllarında 4 sûredir:

Sure Numarası, Adı, Sırası, Ayet Sayısı, Kelime Sayısı, Harf Sayısı ve İniş Yeri / Zamanı (Hicri):

1. Fatiha, 5, 7, 27, 120, Mekke-1

2. Bakara, 87, 286, 6.121, 25.500, Medine-4

3. Al-i İmrân, 89, 200, 3.480, 14.525, Medine-5

4. Nisâ, 92, 176, 3.745, 16.030, Medine-6

5. Mâide, 112, 120, 2.804, 11.733, Medine-6

6. En'âm, 55, 165, 3.052, 12.422, Mekke-3

7. A'râf, 39 206, 3.325, 14.310, Mekke-3

8. Enfâl, 88 75, 1.231, 5.294, Medine-4

9. Tevbe, 113, 129, 2.497, 10.877, Medine-7

10. Yûnus, 51, 109, 1.832, 7.577, Mekke-3

11. Hud, 52, 123, 1.715, 7.566, Mekke-3

12. Yusuf, 53, 111, 1.776, 7.166, Mekke-3

13. R'ad, 96, 43, 855, 3.506, Mekke-3

14. İbrahim, 72, 52, 831, 3.434, Mekke-3

15. Hicr, 54, 99, 754, 2.971, Mekke-3

16. Nahl, 70, 128, 1.841, 7.707, Mekke-3

17. İsrâ, 50, 111, 1.503, 6.490, Mekke-1

18. Kehf, 69, 110, 1.577, 6.360, Mekke-1

19. Meryem, 44, 98, 962, 3.800, Mekke-1

20. Tâhâ, 45, 135, 1.341, 5.242, Mekke-1

21. Enbiyâ, 73, 112, 1.180, 4.850, Mekke-1

22. Hac, 103, 78, 1.291, 5.175, Mekke-3

23. Mü'minûn, 74 118, 1.840, 4.800, Mekke-3

24. Nûr, 102, 64, 1.816, 5.680, Medine-6

25. Furkan, 42, 77, 892, 3.783, Mekke-3

26. Şuarâ, 47, 227, 1.277, 5.542, Mekke-3

27. Neml, 48, 93, 1.199, 4.999, Mekke-3

28. Kasas, 49, 83, 1.441, 5.800, Mekke-3

29. Ankebut, 85, 69, 980, 4.095, Mekke-2

30. Rûm, 84, 60, 819, 3.534, Mekke-2

31. Lokman, 57, 34, 548, 2.110, Mekke-2

32. Secde, 75, 30, 371, 1.518, Mekke-2

33. Ahzap 90, 73, 1.288, 5.766, Medine-6

34. Sebe', 58, 54, 883, 3.512, Mekke-2

35. Fâtır, 43, 45, 777, 3.130, Mekke-2

36. Yâsin, 41, 83, 727, 3.000, Mekke-2

37. Sâffât, 56, 182, 862, 3.826, Mekke-2

38. Sâd, 38, 88, 732, 3.070, Mekke-2

39. Zümer, 59, 75, 1.872, 4.708, Mekke-2

40. Mü'min, 60, 85, 1.199, 4.960, Mekke-2

41. Fussilet, 61, 54, 776, 3.350, Mekke-2

42. Şûrâ, 62, 53, 833, 3.400, Mekke-2

43. Zuhruf, 63, 89, 833, 3.400, Mekke-2

44. Duhân, 64, 59, 346, 1.431, Mekke-2

45. Câsiye, 65, 37, 488, 1.191, Mekke-2

46. Ahkâf, 66, 35, 644, 2.600, Mekke-2

47. Muhammed, 95, 38, 539, 2.349, Medine-4

48. Fetih, 111, 29, 560, 2.438, Medine-6

49. Hucurat, 106, 18, 343, 1.477, Medine-7

50 Kâf, 34, 45, 375, 1.470, Mekke-1

51. Zâriyat, 67, 60, 360, 1.287, Mekke-1

52. Tûr, 76, 49, 312, 1.500, Mekke-1

53. Necm, 23, 62, 360, 1.405, Mekke-1

54. Kamer, 37, 55, 342, 1.413, Mekke-1

55. Rahmân, 97, 78, 351, 1.636, Mekke-1

56. Vâkıa, 46, 96, 378, 1.703, Mekke-1

57. Hadîd, 94, 29, 544, 1.466, Medine-6

58. Mücâdele, 105, 22, 473, 1.992, Medine-5

59. Haşr, 101, 24, 445, 1.713, Medine-5

60. Mümtehine, 91, 13, 348, 1.510, Medine-6

61. Saf, 109, 14, 221, 920, Medine-4

62. Cum'a, 110, 11, 175, 948, Medine-4

63. Münafikun, 104, 11, 180, 776, Medine-6

64. Teğâbûn, 108, 18, 241, 1.070, Medine-4

65. Talâk, 99, 12, 280, 1.060, Medine-6

66. Tahrim, 107, 12, 247, 1.060, Medine-7

67. Mülk, 77, 30, 300, 1.313, Mekke-1

68. Kalem, 2, 52, 300, 1.250, Mekke-1

69. Hâkka, 78, 52, 256, 1.480, Mekke-1

70. Meâric, 79, 44, 216, 816, Mekke-1

71. Nûh, 71, 28, 225, 920, Mekke-1

72. Cin, 40, 28, 286, 838, Mekke-1

KANON

73. Müzzemmil, 3, 20, 199, 838, Mekke-1

74. Müddessir, 4, 56, 255, 1.010, Mekke-1

75. Kıyâmet, 31, 40, 199, 952, Mekke-1

76. İnsan, 98, 31, 240, 1.054, Mekke-1

77. Mürselat 33 50 131 816 Mekke-1

78. Nebe', 80, 40, 173, 770, Mekke-1

79. Naziât, 81, 46, 199, 770, Mekke-1

80. Abese, 24, 42, 133, 533, Mekke-1

81. Tekvîr, 7, 29, 104, 533, Mekke-1

82. İnfitâr, 82, 19, 80, 329, Mekke-1

83. Mutaffifîn, 86, 36, 169, 730, Mekke-1

84. İnşikak, 83, 25, 115, 430, Mekke-1

85. Bürûc, 27, 22, 109, 458, Mekke-1

86. Târık, 36, 17, 61, 239, Mekke-1

87. A'la, 8, 19, 72, 271, Mekke-1

88. Gaşiye, 68, 26, 72, 381, Mekke-1

89. Fecr, 10, 30, 139, 577, Mekke-1

90. Beled, 35, 20, 82, 331, Mekke-1

91. Şems, 26, 15, 54, 148, Mekke-1

92. Leyl, 9, 21, 71, 310, Mekke-1

93. Duhâ, 11, 11, 40, 172, Mekke-1

94. İnşirâh, 12, 8, 27, 103, Mekke-1

95. Tîn, 28, 8, 34, 150, Mekke-1

96. Alâk, 1, 19, 72, 180, Mekke-1

97. Kadir, 25, 5, 30, 112, Mekke-1

98. Beyyine, 100, 8, 64, 396, Mekke-1

99. Zelzele, 93, 8, 35, 149, Mekke-1

100. Adiyât, 14, 11, 40, 163, Mekke-1

101. Kaariâ, 30, 11, 30, 152, Mekke-1

102. Tekâsür, 16, 8, 28, 120, Mekke-1

103. Asr, 13, 3, 14, 73, Mekke-1

104. Hümeze, 32, 9, 33, 133, Mekke-1

105. Fîl, 19, 5, 23, 96, Mekke-1

106. Kureyş, 29, 4, 17, 73, Mekke-1

107. Mâ'ûn, 17, 7, 25, 125, Mekke-1

108. Kevser, 15, 3, 10, 42, Mekke-1

109. Kâfirûn, 18, 6, 26, 90, Mekke-1

110. Nasr, 114, 3, 19, 79, Medine-7

111. Tebbet, 6, 5, 23, 73, Mekke-1

112. İhlâs, 22, 4, 15, 73, Mekke-1

113. Felâk, 20, 5, 23, 73, Mekke-1

114. Nâs, 21, 6, 20, 80, Mekke-1

KANON

Kitab-ı Mukaddes ve Kur'ân-ı Kerim hakkındaki **temel istatistikler:**[16]

Kitap Bölüm Ayet Kelime Harf:
Eski Ahit: 39, 929, 23.144, 602.585, 2.728.100
Yeni Ahit: 27, 260, 7.957, 180.552, 838.380

--- ----- ------ ------- --------- ------- ---------

Kitab-ı Mukaddes: 66, 1.189, 31.101, 783.137, 3.566.480
Kur'ân-ı Kerîm: 1, 114, 6.236, 77.934, 326.048

Tevrât, Zebûr, İncîl ve Kur'an'ın kelime ve harf sayıları da bu kitapların değişmediğinin bir göstergesidir. Nasıl ki "**gerçek**" Müslümanlar Kur'ân-ı Kerîm'in değiştirilmediğine inanıyorlarsa, aynı derecede "**gerçek**" Yahudi ve Hristiyanlar da Kitab-ı Mukaddes'in değiştirilmediğine inanmaktadırlar. Tevrât'ın baştan sonra, bütün harf ve kelimeleriyle vahiy mahsulü olduğunu inancı, klasik Yahudiliğin temel dogmalarındandır.[18] Öyle ki, Hristiyanlar da aynı inancı paylaşmaktadırlar.

---

16. Eski ve Yeni Ahid'in rakamları:

Hill, <u>Baker's Handbook of Bible Lists</u>, 1981; ve

Dake, <u>Dake's Annotated Reference Bible</u>, 1981.

KANON

Kur'ân-ı Kerîm'in rakamları:

Keskioğlu, Nûzulünden İtibaren Kur'ân-ı Kerîm, ss. 124-125;

Noyan, Anadilimizle Manzum Türkçe Kur'ân-ı Kerîm, ss. 19-22.

Bu kitapları bir bütün olarak hesaplarsak, Eski Ahit, Kitab-ı Mukaddes'in **yüzde 77'sini** oluşturur. Yeni Ahit ise Kitab-ı Mukaddes'in **yüzde 23'ünü** oluşturur. İncîl'in 7.957 ayeti olup, Eski Ahit'ten 2.559 kez aktarma ya da kinaye almıştır, yani Yeni Ahit'in **yüzde 32'si** Eski Ahit'ten kaynaklanmaktadır.[17]

Kur'ân'a göre ise bütün Tevrât, Zebûr ve İncîl Tanrı'nın Sözüdür. Buna göre, Kur'ân'ı Kerimi bütün Kitab-ı Mukaddes'le karşılaştırırsak, İslamiyet'te kabul edilen Tanrı'nın sözleri arasında Kur'ân-ı Kerîm ancak **yüzde 9'unu** oluşturduğunu görürüz. Dolayısıyla, eğer bir Müslüman Kitab-ı Mukaddes'i henüz okumamışsa, İslâmiyet'in vahiy olarak kabul ettiği ayetlerin **yüzde 91'ini** okumamış sayılmaktadır.

Kur'ân'ı Kerîm'i, İncîl'le karşılaştırırsak, İncîl Kur'ândan harf ve kelime sayısı açısından iki kat daha büyüktür. Ayet sayısı bakımından Kur'ân-ı Kerîm İncîl'in ancak **yüzde 0.01** bilgisini vermektedir. Bir Müslüman prensipte hem Kur'ân'ı hem de Kitab'ı Mukaddes'i Tanrı'nın Sözü olarak kabul ederse, ama praktik olarak Kitab-ı Mukaddes'in tamamını okumamışsa, Tanrı'nın bu güzel sözlerini, vaatlerini ve bereketlerini kaçırmış demektir. Tanrı'nın kelâmı bakımdan bu çok büyük bir eksikliktir.

Demek ki, İslamiyet'e göre eğer bir Müslüman sadece Kur'ân-ı Kerîm okumuşsa, ama Kutsal Kitab'ın diğer 66 bölümünü henüz okumamışsa, şu gerçeği bilmesi gerekmektedir: O insan, Tanrı'nın gönderdiği Kutsal Kitab'ın **yüzde**

91'ini henüz ne görmüş ne de tanımıştır. Bu da Tanrı bilgisi açısından büyük bir eksikliktir. Yeterli bilgi olmadan birşeyi anlayamazsınız, anlamadığınız bilgilere de inanamazsınız. Unutmayalım ki, bilgi ve iman kardeştirler. Yeterli bilgi olmadan, geçerli bir iman da olamaz.

"**İsa'nın Rab** olduğunu ağzınla açıkça söyler ve Tanrı'nın O'nu ölümden dirilttiğine **yürekten iman edersen, kurtulacaksın.** İnsan yürekten iman etmekle aklanır, imanını ağzıyla açıklamakla da **kurtulur.**"

(Romalılar 10:9-10)

"Rab'be yakaran herkes kurtulacaktır. Ama iman etmedikleri kişiye nasıl yakaracaklar? **İşitmedikleri kişiye nasıl iman edecekler?** Tanrı sözünü yayan olmazsa, nasıl işitecekler? Sözü yaymaya gönderilmezlerse, sözü nasıl yayacaklar? Yazılmış olduğu gibi, 'İyi haberler müjdeleyenlerin gelişi ne güzeldir!' Ne var ki, hepsi Müjde'ye uymadı. Yeşaya'nın dediği gibi: "Rab verdiğimiz habere kim inandı?" **Demek ki iman, haberi işitmekle,** işitmek de Mesih'le ilgili sözün yayılmasıyla olur."

(Romalılar 10:13-17)

Müslümanların birçoğu Tanrı'nın gönderdiği Kutsal Kitab'ın 66 bölümünü okumadığı için, Tanrı'nın kurtuluş yolunun bilgisiden ne kadar yoksun kalmışlardır! Bu tartışmalıdır. Fakat, Kutsal Kitab'ın içeriği bilinmeden sağlam bir imana nasıl sahip olunabilir, çünkü her kutsal kitap bir öncekinin devamı şeklindedir? Alemlerin Rabbi olan Allah, Tanrı bizi sever, ve bizi kurtarmak için 66 bölümden oluşan Kitab-ı Mukaddes'i de vermiştir. Öyleyse, sadece Kur'ân'ı Kerim okuyarak **yüzde 9'unu** değil, Kutsal Kitab'ın tümünü, yani Tevrât, Zebûr ve İncîl'i de okuyarak **yüzde 100'e** ulaşmalıyız ve Tanrı'yı tüm yönleriyle tanımalıyız. Peki, bu konuda Kur'ân-ı Kerîm ne diyor? Bir de ona bakalım:

> "Biz dosdoğru **İbrahim dinine (uyarız)**." (Bakara 2:135)

> "**İbrahim'in yoluna uy.**" (Nahl 16:123)

> Eğer Tanrı'nın Kutsal Kitaplarını okumamışsanız, iman ve uygulama açısından, **İbrahim'in dininden** geri kalmışsınız demektir.

> "Ancak fesadını tanı, Allahın **RABBE karşı günah ettin**... ve **sözümü dinlemediniz**, RAB diyor." (Yeremya 3:13)

Buna "**Quantum credis, tantum habes**" denilir. Yani, "ne kadar inanıyorsanız, o kadar malik oluyorsunuz."[2] Şimdi basit bir iki soru soralım; Kutsal Kitab'a ne kadar malik olduk? Tanrı'nın göndermiş olduğu bilinen tüm Kutsal Kitab'ların yüzde kaçını iyi biliyorsunuz? Kişisel olarak, kendi kendiniz için, Eski Ahit'in 929 bölümünden ne kadarını tamamen okudunuz? İncîl'in ya da Müjde'nin 260 bölümünden ne kadarını bitirdiniz? Yüzde kaç eder? Veya Tanrı'nın bize verdiği kaynak kitap olan Kitab-ı Mukadedes'in yüzde kaçını tamamen okuduk? Okuduğumuz kısımların yüzde kaçına iman ettik veya reddettik?

Kur'ân-ı Kerîm'de Hz. İsa **Mesih** ile ilgili ayetler ancak 86 tane sayılabilir.[1] Halbuki, Yeni Ahid'e göre, İncîl'in tüm 7,957 ayetinin hepsi Tanrı'nın esinlemesidir. Bilindiği gibi, ayet sayısı bakımdan Kur'ân-ı Kerîm İncîl'in ancak **yüzde 0.01** bilgisini vermektedir. Halbuki, hem Eski Ahit hem de İncîl'e göre, Hz. İsa Mesih de dünyanın Kral-Kurtarıcısı olarak gelmiştir. Ama

Kur'ân-ı Kerîm bu bilgiyi vermiyor. Bundan dolayı bir kimse hâlâ bunu İncîl'den öğrenmemişse, demek ki Yeni Ahit ile ilgili gerçeklerden yoksun kalmış sayılabilir. Daha doğrusu, Tanrı'nın Eski ve Yeni Ahit'inde bulunan "**Kurtuluş yolu**" ile ilgili doktrinlere Kur'ân'da da ihtiyacımız vardır!

---

2. Shakespeare, Julius Caesar, Act IV, 2. Kısım, 1. 22.

"Gerçek **fakir bunlardır ki**; sefihtirler; çünkü **RABBİN yolunu**, kendilerinin Allah'ının şeriatini **bilmiyorlar**." (Yeremya 5:4)

Bu durumdaki insanlığın halet-i ruhiyesini, Batı dünyasının gözüyle okursak, John **Wimber**'in Dönüm Noktaları adlı kitabından aktarmayı uygun görebiliriz: "Kitab-ı Mukaddes günahkârları kurtaracak ve kiliseyi yönlendirecek yeterliliktedir. Kutsal Yazılar açıklıktan ve yeterlilikten yoksun olsaydı, onları tamamlayan ve aydınlatan başka esin kaynaklarına ihtiyaç duyabilirdik. Ancak böyle bir şey söz konusu değildir."[10]

John **Bunyan**'ın (1628-1688) 1672 yılında yazdığı İnanlı'nın Yolculuğu adlı kitabında ilginç bir cümle var, ve şöyle diyor:

Uysal: Kitabındaki sözlerin gerçekten doğru olduklarına emin misin?

Bunyan: Evet, şüphesiz eminim, çünkü yalan söylemesi mümkün olmayan Biri tarafından söylendiler. (Titus 1:2)

10. Wimber, Dönüm Noktaları, ss. 49-50.

11. Bunyan, İnanlı'nın Yolculuğu, s. 10.

17. Hill, Baker's Handbook of Bible Lists, ss. 103-104.

18. Adam, Yahudi Kaynaklarına Göre Tevrât, 1997, s. 119; Bkz. Maimonides, Commentary on 155; Albo, III-195; Halevi, Kuzari, III:29-33; Lewittes, 11-14; Kirkisani, "Tefsir-i Bereşit", Hartwig Hirschfeld'in "Qirkisani Studies" makalesi içinde, s. 43 (Büchler Publications, London 1918, içinde); A.S. Halkin, "A Karaite Creed", Studies in Judaica, Karaitica and Islamica, Editör: Sheldon R. Brunswick, Bar İlan University Press, İsrael 1982, ss. 151-152.

1. Kur'ânda bulunan Hz. İsa Mesih ile ilgili 86 ayet şunlardır:

2:87 & 253; 3:45-55 & 59; 4:156-159, 163 & 171-172; 5:6, 17, 46, 71-72, 75 & 109-119; 6:85; 9:30-31; 19:17-23, 27-34 & 36; 21:91; 23:50; 36:13-27; 38:33; 43:57-65; 57:27; 61:6 & 14. İncîl'in Sözlüğünden: "**Mesih**: 'meshedilmiş Kişi'; eski peygamberlerin, geleceğini önceden haber verdikleri **Kurtarıcı İsa**." s. 556.

Da Vinci Etkisi:
Dan Brown ve Hristiyanlığa Etkileri

Yeni Bir Kanon Oluşumu İçin Zemin Hazırlanıyor Diyebilir miyiz?:

Dan Brown'un 2003 yılında kaleme aldığı "**Da Vinci Şifresi**" isimli Hristiyanlığı kökünden sarsan romanını okuduysanız, sürekli Vatikan eliyle yazdırıldığı haberlere konu olmuş kitaplarla da karşılaşırsınız; "Da Vinci Şifresi'nin yıkılışı", "Da Vinci Şifresi'nin çözümü", "Da Vinci Şifresi kurmacası" vs.

İlginç bir şekilde, Vatikan'ın neden pek çok dile çevrilmiş ve onlarca baskı yapmış bu kitaba neden düşman olduğunu merak edebilirsiniz.

KANON

Şimdi kısaca hiç Hristiyanlık tarihini veya İncil'i bilmeyenler için kısaca durumu özetleyelim;

Öncelikle, Hz. İsa; Allah'ın sözlerini insanlara söyleyip yaymakta iken, yahudiler tarafından öldürülmek istendiğinde, bizim inancımıza göre Allah tarafından göğe yükseltilmiştir. Hristiyanlara göre ise, çarmıha gerilip öldürülmüştür.

"Ve: "Biz, Allah'ın Rasulü Meryem oğlu Mesih İsa'yı gerçekten öldürdük" demeleri nedeniyle de (onlara böyle bir ceza verdik.) Oysa onu öldürmediler ve onu asmadılar. Ama onlara (onun) benzeri gösterildi. Gerçekten onun hakkında anlaşmazlığa düşenler, kesin bir şüphe içindedirler. Onların bir zanna uymaktan başka buna ilişkin hiç bir bilgileri yoktur. Onu kesin olarak öldürmediler." [Nisa, 157]

"Hayır; Allah onu kendine yükseltti. Allah üstün ve güçlüdür, hüküm ve hikmet sahibidir." [Nisa, 158]

Burada önemli bir parantez açalım, Hz. İsa ölmemiştir, göğe yükselmiştir düşüncesi Hristiyanlar içine pek kabul görmez, şimdi bunu bir kenara bırakırsak tekrar Kur'an'a dönersek;

Hani Allah, İsa'ya demişti ki: *"Ey İsa, doğrusu senin hayatına Ben son vereceğim (sonra) seni Kendime yükselteceğim, seni inkâr edenlerden temizleyeceğim ve sana uyanları kıyamete kadar inkâra sapanların üstüne geçireceğim. Sonra dönüşünüz yalnızca Banadır, hakkında anlaşmazlığa düştüğünüz şeyde aranızda Ben hükmedeceğim."*

Bizler Hz. İsa'nın da bir insan olduğunu, Allah'ın peygamberi ve elçisi olduğunu kabul ederiz, zira yine inancımıza göre Allah'ın bir eşi benzeri de olamaz. Hristiyanlar ise "Tanrı"nın Oğlu" olduğunu iddia ederler.

"Hiçbir şey O'na denk değildir." [İhlas, 4]

Da Vinci şifresinden önce, Hristiyanların dini inanışlarını daha sağlam temellere oturttuklarını, inançlarının daha güçlü olduğunu zannederdik.

Hz. İsa bizce Allah tarafından göğe yükseltildikten, Hristiyanlara göre çarmıha gerildikten sonra, Havariler Avrupa'nın çeşitli yerlerinde gizliden gizliye Hz. İsa'yı ve söylediklerini anlatmaya çalışmışlar. Bundan 300 yıl sonra ise; bir zamanlar onun yaşadığını ve bazı sözlerini hatırlayanların sayısı iyice artmış ve en sonunda da halk arasında kutuplaşma yaşanacak kadar çoğalmışlardı.

Yani hristiyanlar biliyor ki; bugün için bildikleri kesin kaynaklara dayanmadığı gibi, kesin kaynaklara dayansa bile 300 yıl içinde tahrif olmuş ve değiştirilmiş olabilirdi. Eldeki bilgilerin kesin olmayışı, hangilerinin doğru olduğunun bilinmemesi tartışmaları artırınca, buna kesin bir çözüm bulunmak için M.S. 325 yılında Roma İmparatoru tarafından *İznik*'te bir konsül toplanmıştır. Burada oy birliğiyle Hz. İsa'nın normal bir insan olduğunu iddia eden İnciller geçersiz sayılmış ve Hz. İsa açıkça tanrılaştırılmıştır.

Da Vinci şifresinde buna insanların karar verdiğini, Hristiyanların bildiğini görünce; bir Hristiyan'ın müslüman olmasının bir ateistin müslüman olmasından kolay olduğunu düşünebilirsiniz*.

Daha da ilginci; bu konsül (veya konsüllerde) inciller arasında eleme yapılıp 4 incile kadar indirilmiş, dinin gerekliliklerinden kutsal günlerin zamanlarına kadar vs. adeta din yeniden yazılmıştır. Bir de bizim inancımızın temellerini düşününce bunlar karşısında oldukça şaşırabilirsiniz.

Bir de kiliseler konusu var. O tarihte Roma İmparatorluğu'nun dini bölünme yüzünden çöküşünden bahsediliyor ise; siyasi anlamda halkı ikiye bölmemek için, çoğunluğun tercihi olan, tümden Hristiyanlığa geçmek uygun görülmüş ve insanları dini inanışlarına göre yönetmek için kiliseye ilahi anlamlar ve yetkiler yüklenmiş ve insanlar ile "tanrı" arasına bu kez "kilise" konulmuştur. Günah çıkarmak için papaza gidilmesi ile bizim *"aracısız saf tevhid inancı"* inancımız arasındaki fark hemen gözünüze çarpacaktır.

Şimdi, esas konumuz açısından önemli olan, Da Vinci şifresi romanının ve filminin konusuna gelelim...

Da Vinci Şifresi'ne göre Hz. İsa'nın gerçekte bir eşi (İncillere göre, *Magdalalı Meryem* isimli ama incillerde eşi demez, İsa'nın yoldaşı olarak gösterilir) olduğundan bahsediliyor. Bu iddiaya göre, Hz. İsa çarmıha gerildiğinde kendisinin ve karnındaki bebeğin güvenliği için Kudüs'e kaçıp burada bir çocuk doğurmuş. Yani Hz. İsa'nın bir kızı dünyaya gelmiştir.

Bunlar bizim inancımıza göre çok normal şeyler. Ancak; buna dikkat edelim, tanrı olduğunu iddia ettikleri kişinin bir çocuğunun olması hristiyanların inancını tümden sarsacak bir konu, bu artı parantez.

İşte filmde "tarihteki en büyük örtbas etme olayı" olarak ifade edilen konu Hz. İsa'nın bir eşi ve çocuğu olduğunun milyonlarca hristiyandan aslında bir şekilde gizlenmesi, yani kilisenin aslında bunu biliyor olup gizlemesi meselesi. Peki, neden böyle bir şey yapılsın?

Yine buna göre, Kilise sonradan Magdalalı Meryem'e fahişe yakıştırması yaparak insanların gözünde lekelemiştir. Hz. İsa'nın eşi olduğunun düşünülmemesi için iyi bir çözüm sunmuştur.

Filme göre, bu gerçeği bilen ve kendilerini ve hayatlarını Hz. İsa'nın çocuğunu saklamak ve öldürülmesini önlemeye adamış bir gizli tarikat da var; *"Sion tarikatı"*. Bu sırrı saklayan Sion Tarikatı nesiller boyu devam ediyor ve bu tarikatın üstadlarından biri de ilginçtir; *"Leonardo da Vinci"*.

Roma İmparatorluğu zamanları; Tapınak Şövalyeleri tüm dünyada hristiyanların *"kutsal kase"* olarak bildikleri nesneyi aramaya koyulmuşlar. Fakat bu noktada da gizli bir konu var. Kase; o dönem kadın rahmini simgeleyen bir imgedir. Kutsal kase olarak açık açık belirtilmeyen ama gizliden gizliye aranan şey ise; *"Hz. İsa'nın Eşi"*.

Da Vinci Şifresi'nde ayrıca; Fransızca Kutsal Kase anlamına gelen "Sangreal" kelimesinin "Sang / Real" olarak iki kelime olarak düşünüldüğünde "Soylu / Kan" demek olduğu da geçiyor.

Haçlı Seferleri ile Kudüs'ü işgal ettiklerinde Tapınak Şövalyeleri rastladıkları bir şey üzerine Roma'ya gidip papayla görüşmüşler ve o günden itibaren papa onlara sınırsız bir güç vermiş. Bu bilinen bir gerçek. Ama, Acaba neden? Cevap bu noktada saklı.

Öyle ki, Kudüs'te bu bilgiye ulaşmış olmalılar ki, papa onlardan ve bu bilginin açığa çıkması korkusuna onlara sınırsız bir güç tanımış olmalıydı. Daha sonra, aşırı güçlü olduklarından dolayı bir başka papa tarafından şeytana taptıkları iddiasıyla ayın 13. gününe denk gelen bir cuma günü (13. cuma) lanetli sayılmışlar veya şeytana taptıkları iddialarıyla aniden öldürülmüşler ancak liderleri (Hugues de payens) ve takipçileri ve sırlarına ulaşamamışlar. O günden beri tekrar aramaktadırlar.

Kitaba göre, "Tanrı'nın yeryüzündeki gücünü korumak" diye kastettikleri şey; "kilisenin korunması". Ayrıca, kitabın filminde şöyle bir cümle de var; "Cennetin anahtarını elinde tutan; Dünyayı yönetir."

Da Vinci Şifresi'ne göre ortaçağda kilise tarafından başlatılan 300 yıl süren *"cadı avı"*nın yani yüzbinlerce kadının sebepsiz yere öldürülmesinin sebebi de aynı ve bilinen bir konu. Peki ama neden, sebebini o dönemlerde hiç kimse sorgulamamıştır, aynen ortaçağ'daki *"Engizisyon Mahkemeleri"* gibi. Tüm bunlara mantıklı bir gözle bakıldığında, bu senaryo oldukça mantıklı gözüküyor.

Leonardo da Vinci konusuna geri dönelim. Bildiğiniz gibi Da Vinci; normal bir insan değil; aynı zamanda bir mucit, sanatçı, bilim adamı, anatomist, ressam, askeri mühendis, mimar ve kısacası birçok yeteneği bulunan bir dehaydı. Böyle bir zekanın bu kadar büyük bir sırrı bilip de açığa çıkarmaması çok zor gibi görünüyor. Ama açıklaması da sırra ihanetti. Da Vinci Şifresi'ne göre; Da Vinci; bu sırrı tablolarına mükemmel bir şekilde gizlemiş ve kodlamıştı. Örneğin, *"Son Akşam Yemeği"* tablosu; Leonardo da Vinci'nin Hz. İsa'nın çarmıha gerilmeden önceki akşam müritleriyle yediği yemeği resmeder. Şimdi bu tabloyu dikkatlice inceleyelim:

Hristiyanlıkta; Hz. İsa'nın bu yemekte kutsal kaseyi kullandığına ve çarmıha gerilmesinden sonra kanının bu kaseye konulduğuna inanılır. Ama Da Vinci Şifresi'nde de dendiği üzere resimde herhangi bir yerde bu nesne yoktur. Bu ilk ilgi çekici nokta.

Hristiyanlar tarih boyu resimdekilerin tamamının Hz. İsa'nın havarileri olduğunu düşünmüşlerdir. Ama, dikkatli bakarsak, Hz. İsa'nın hemen yanındaki kişi bir bayan figürüdür. Da Vinci Şifresi'nde göre Leonardo da Vinci tarafından açık açık bir bayan figürü olarak çizilmiş bu kişi, *"Hz. İsa'nın eşi"*.

Ayrıca tabloda Hz. İsa ve eşi birbirlerinin yansıması şeklide giyindiği gözüküyor.

Ve Hz. İsa'nın sağında oturan bayan figürü, Hz. İsa figürünün sol tarafına kaydırıldığında şöyle bir görüntü ortaya çıkıyor;

Bu tabloyla ilgili birkaç sene önce de bilgisayarda inceleme yapıldığında masanın iki başında oturan kişilerin şövalye görünümünde oldukları, Hz. İsa'nın iki yanındaki kişinin de elinde bir bebek tuttuğu ile ilgili haberler çıkmıştı. Fakat biz burada yukardaki gördüğünüz detayda çok daha büyük bir ipucunu ilk kez açıklayacağız. Şöyle ki;

"Da Vinci Şifrelerin çözümü, Final Sahne 3'de: İsa'nın hemen solundaki *'Havari Thomas'*a çok dikkat edelim eliyle "BİR" işareti yapıyor, peki bu ne demek? Da Vinci' sembolik ve gizli bir şekilde, İsa'nın son akşam yemeğinde 'TEVHİD İNANCI'na yani Tanrı'nın "TEK" olmasına bu figürle mükemmel bir atıfta bulunuyor.."

Leonardo da Vinci'nin başka eserlerinde de başka sırlar sürekli tartışılıyor. En meşhur tablosunun da bir bayan figürü olduğu ve gizemlerini hala koruduğunu hatırlatalım. Leonardo da Vinci gibi bir dehanın bu kadar büyük bir sırrı bilip de kimseye bir şey söyleyememesi ve tablolarına aktarması ne kadar muhteşem bir olay değil mi...?

Dolayısıyla, Hz. İsa'nın eşi olsun veya olmasın; Hristiyanlıkta dini tekelinde tutan bir kurum var. Bu kurum; sizin "tanrı" ile aranızda duruyor. Sizin dinden çıkıp çıkmayacağınıza, günahınızın affedilip affedilmeyeceğine ve daha pek çok şeye karar veriyor.

Bir Hristiyan şöyle demişti; "Bizim kutsal kitabımız sizinki gibi gökten indirildiğine inanılan kurallara dayanmıyor. Bizimkisi güven duyulan ve mantıklı olduğu bilinen kişilerin sözlerinin bir derlemesi." Yani, içeriğindeki hiçbir şey Hz. İsa'nın söylediği bir şey de olmayabilir.

Tüm bunlar eşliğinde İslam'la birlikte, Allah'ın Hristiyanlıkta açık kalmış ve çelişkili tüm noktaları kapattığını ve tüm olayları çok mantıklı şekilde açıkladığını düşünebiliriz.

Bu kitabı okuyalı ve filmi izleyeli uzun yıllar oldu ancak geçenlerde şöyle diyen birini işittim; "Da Vinci Şifresi'nde Hz. Meryem'i Hz. İsa'nın eşi gibi göstermişler.". Hz. İsa'nın annesi Hz. Meryem validemiz ile eşi olduğu iddia edilen kişinin aynı isimde olmasının bu kadar büyük bir kafa karışıklığına yol açmasına oldukça üzüldüğüm için bunu da eklemek istedim. Bu konu ile ilgili aktaracağımız en önemli kısım bu olmakla birlikte, daha uzman kişilerin daha büyük araştırmalarını da okuyabilirsiniz...

Filmden iki cümle; "300 yıl önce İsa adında bir yahudi sevgiden ve "Tek" tanrıdan bahsetmeye başlamıştı."

"(Mona Lisa'nın) sol tarafı sağ tarafından daha büyük görünür, o dönemde sağ taraf erkek, sol taraf kadını simgelerdi."

---

*Not: Bir yahudi veya ateiste nazaran bir hristiyanın müslüman olması daha kolaydır, tezinin neye dayandığını açıklarsak, zira kendilerinin açıklayamadığı her şeyin mantıklı cevabı Kur'an'dan mevcuttur. Allah'a zaten inanırlar. "Kutsal ruh: Gabriel" olarak bildikleri Cebrail'e zaten saygı duyarlar. Hz. İsa'yı da çok severler. Bunların hepsini müslümanlar da yapmaktadır. Geriye fark olarak Hz. İsa'dan sonra başka bir peygamberin de geldiğine ve Hz. İsa'nın da bir insan olduğuna inanmak kalır.

"...(Allah'a ve Kur'an'a) iman edenlere sevgi bakımından en yakın olarak da 'biz Hristiyanlarız' diyenleri bulursun..." [Maide, 82]

Dan Brown, görüldüğü üzere İçsel olan ve kendiliğinden gelen Tanrısal bilgisi taşmakta olan bir insan. Tarih insanlığa zaman zaman öyle oyunlar oynar ki, aynı bilgiye sahip pek çok kişi bilgilerini aktaramadan veya kendi bildiğini savunamadan yaşayıp giderler. Dan Brown ise, roman yazmayı aracı kullanarak tüm dünyaya pek çok şey öğretmiştir. Bu noktada yazara büyük saygı duyuyoruz..

KANON

Yeni Ahid'in Eski El Yazmaları

Resim: Eski Yunan/Grek tanrılarına ait bir Soyağacı.

KANON

"Geldiğin zaman Troas'ta Karp'ın yanında bıraktığım abayı, **kitapları** ve özellikle **yazı derilerini** beraberinde getir."

(2. Timoteus 4:13)

Genel anlamda kabul edilen yorumların vardığı sonuçlara göre, Yeni Ahit hemen hemen M.S. 45 - 98 yılları arasında Grekçe olarak yazıldı. Romalılar döneminde Grekçe ulusal bir dildi, ve İncîl herkesin okuyup anlayabilmesi için Grekçe yazılmıştı. Bu alandaki dünyanın en büyük ve uzman kütüphanelerinde (Vatikan ve Londra gibi kütüphanelerde), İncîl'den İslâmiyet öncesi döneme ait birbirini tutan binlerce Grekçe nüsha bulunmaktadır. Bunlardan yaklaşık **5.309** adet eski el yazması hâlen mevcuttur. Bunların hepsi de İslâmiyet'ten yüzyıllarca önce yazılmıştır. İncîl'in diğer eski çevirilerini sayarsak, toplam **19.284**'e kadar ulaşır.[1] Şimdi de, bugün Hristiyan dünyasında sahip olduğumuz Yeni Ahit nüshâlarını inceleyelim. Bunlardan en eski ve en değerlisinin bir kaç örneği şunlardır:[2]

Bodmer Papirüsleri: (p 64-67) M.S. 200 - 250: 1956 yılında bulunmuş. İncîl'in tüm Yuhanna bölümü ile Luka'nın büyük bir kısmını içerir. Vatikan Kütüphanesi, Roma; Cenevre, İsviçre.

Kodeks Ephraemi Rescriptus: (Kodeks C), M.S. 400-450; Grekçe olarak yazılmıştır ve İncîl'in **yüzde 60'ını** içerir.

Ayrımsız, işaretsiz bir biçimde yazılmıştır. Mısırda, Suriyeli **Ephrem** tarafından kopya edildi. Her sayfanın başındaki harf diğerlerinden büyüktür. Hicretten yüz elli yıl önce

KANON

yazılmış olan bu nüsha İncîl'i içermekte olup Paris Bibliotheque Nationale de sergilenmektedir.

Kodeks Florentinus: (Kodeks 0171), M.S. 400: Bu yazmada İncîl'in sadece Luka bölümü yer almaktadır. Bu yazma İtalya'da Frenze'da bulunmaktadır.

Kodeks Berolinensis: (Kodeks 0188), Dördüncü yüzyıla ait olan bu yazmada, İncîl'in sadece Markos bölümü yer almaktadır. Bu yazma, Berlin'de bulunmaktadır.

---

1. McDowell, Evidence That Demands a Verdict, ss. 46-48.

2. İbid, ss. 46-48; Kuzgun, Dört İncîl Yazılması, ss. 210-211.

Kodeks Koridethi: (Kodeks Koridethi), Dördüncü veya beşinci yüzyıla ait olan bu yazma, Kafkasya'da Tiflis Koridethi manastırında bulunmuştur. Bu yüzden "Koridethi Yazması" adını almıştır.

Kodeks Beazae Canabrigiensis: (Kodeks D-05), M.S. 450.

Fransız ilâhiyatçı ve metin uzmanı Theodore **Beza** (M.S. 1518-1605) 1562 yılında Lyons'un Saint Irenaeus Manastır'ında bu metini bulmuştur. Daha sonra 1851 yılında Cambridge Üniversitesinin Kütüphanesine hediye olarak verilmiştir. Hem Grekçe hem de Latince yazılmış, ve dört müjde ile Elçilerin İşlerini, içerir. Bu değerli metin hâlâ Cambridge'de sergilemektedir.

Kodeks Claromontanus: (M.S. 400-500) (Kodeks D-06, D-02)

Pavlus'un Grekçe ve Latince yazılmış olan Mektuplarını içerir. Paris Kütüphanesinde sergilenmektedir. Filemon ve İbraniler kitapları arasında Kitab-ı Mukaddes'in bir katalog listesi vardır. Grekçe metinlerinde, İncîl'in bazı kitaplarında kaç tane satır bulunduğunu da tespit ediyor.[3]

Kodeks Washingtonesis: (Kodeks W-032), M.S. 450 - 550, Washington D.C., A.B.D.

Oxyrhyncus Papirüsü: (papirüs no. 51, 70 & 71), M.Ö. 200 - M.S. 300, Grekçe, Latince, Kopça, İbranice, ve Süryanice Eski ve Yeni Ahit'in kısımlarını içerir. Bunlar Mısır'daki Bahnasa'da, A.S. **Hunt** (1897-1907) tarafınan bulunmuştur.

* * * *

Daha bunlar gibi, yüzlerce eski metin hâlâ mevcuttur. Bunlar müzelerde dikkatlice korunmaktadır. Birçok "Farklı İncîl" olduğu fikri belki de bugün elimizde İncîl'in kısımlarının birçok nüshası olmasından kaynaklanmaktadır. Elimizde İncîl'in 5.000'den fazla elyazması bulunmaktadır, ama bu birbirinden farklı 5.000 kitap olduğu anlamına gelmemektedir. İlk Hristiyanlar tarafından kabul edilen nüshalar, temel öğretilerde bir aykırılık taşımıyordu. Hepsi de birbiriyle hayret verici bir uyum içindedir.[4] Kişi ister tanrıtanımaz, ister şüpheci veya isterse radikal bir dindar olsun, çarpık iddiaları açıkça ortadan kaldıran bu delillere başvurabilir.

Kısaca, ikinci ve altıncı yüzyıl arasındaki döneme ait yazılan Yeni Ahit kısımlarının Grekçe yazılmış **5.309** nüshası şu anda da mevcuttur. Bunların en önemli ve geçerli olanı, dördüncü ve beşinci yüz yıla aittir; özellikle Londra'da bulunan **Kodeks Sinaticus** ile hemen hemen aynı tarihe ait olan **Kodeks Vatikanus ve Kodeks Alexandrinus** çok önemlidir, çünkü bunlar Kitab-ı Mukaddesin çoğunu içerir. Bazı ikinci ve üçüncü yüzyıla ait olan papirus el yazması kitaplardan söz ettik, çünkü bunlar Yeni Ahit metninin ilk tanıklarıdır ve **İznik Konseyinden** (M.S. 325'ten) çok önceki bir döneme aittir.

---

3. Hennecke, <u>New Testament Apocrypha</u>, ss. 45-46.

4. Rhoton, <u>İnanç ve Kanıt</u>, ss. 100-101.

Kodeks Alexandrinus
(Kodeks A)

İskenderiye Nüshası, M.S. 325

Bu nüshalar İskenderiye kentinde yazıldığı için bu adı almıştır. İskenderiye nüshaları nüshalar arasında ilk yeri alır. Constantinopolis Patriği **Kiril** Lucar bu nüshayı İskenderiye Patriği iken yanında getirmiş, 1628 yılında İngiltere Kral **I. Charles**'a hediye etmiştir. Nüsha Grekçe olup Tevrât ve İncîli içermektedir ve Kitab-ı Mukaddes'in hemen hemen tüm bölümlerini kapsamaktadır. Eksik olan kısımlar ise: Matta 1:1-25; Matta 6:1-34; Yuhanna 6:50-8:52, 2. Korintliler 4:13-12:6. Birinci sayfada, nüshanın İsâ'dan sonra 325 yılında, şehit olan **Tagla** adında Mısır'lı bir Mesih İnanlı kadın tarafından yazıldığı yolunda bir yazı bulunmaktadır ki, bunun hemen üstünde Patrik **Kiril** verilen tarihin kanaatince doğru olduğunu belirtmiştir. Kalın uçlu bir kalemle yazılmış olup her sayfa ellişer satırlık bölüme ayrılmıştır. Halen Londra'da İngiliz Müzesi'nde korunmaktadır.[5]

Kodeks Vatikanus
(Kodeks B)

M.S. 325-350

M.S. 1481'den beri Vatikan Kütüphanesinde korunduğu için bu adı almıştır. Bu yazma içinde yer alan eserlerin nerede yazılmış olduğu kesin olarak bilinmemekle beraber, muhtemelen İskenderiye'de yazıldığı kabul edilmektedir. Son derece güzel parşömen kağıdına, sıradan bir el yazısı ile kaleme alınmıştır. Sayfaların her biri kırk iki satırlık üç bölüme ayrılmıştır. Grekçe yazılmış Eski ve Yeni Ahit'ten büyük bölümler içerir. Eksik olan kısımlar ise: 1. ve 2. Timoteus, Titus ve Filimon. Vatikan Kütüphanesi, Roma.

---

5. Cedid, <u>Tevrât ve İncîl'in Değişmezliği</u>, s. 21;

Kodeks Sinaticus
(Kodeks Aleph)

M.S. 340-350

Tarih olarak Vatikan nüshasına denk ya da ondan da eskidir. Metin karşılaştırmasında büyük önemi vardır. 1844 ve 1859 yıllarında Alman bilgin Dr. Constantin Von **Tischendorf** (1815-1874) tarafından Sina'da Azize Katerina Manastırında bulunması nedeniyle bu adı almıştır. En güzel ceylan derisinden, 346 tane parşömen yaprak olarak bulundu.[6] Her sayfa dört bölüme ayrılmıştır. Bulan kişi tarafından Rusya **Kayzer**'ine hediye edilmiş, Bolşevik devrimine kadar Rusya'da kalmış. Noel günü 1933'de İngiliz devleti tarafından 100.000 pound karşılığında alınmış ve bugün korunmakta olduğu British Museum'a gönderilmiştir. İncîl'in tamamını ve Eski Ahit'in büyük bölümünü içerir. Londra'da İngiliz Müzesinde koruma altındadır.[7]

John Rylands Papirüsü
M.S. 117-138

(Papirüs no. 52)

1920 yılından beri İngilterenin Manchester kentindeki John Rylands Üniversitesi kütüphanesi, Yeni Ahid'in şimdiye kadar bulunan en eski kopyasının bir parçasına sahiptir. Bu parça M.S. 117-138 yıllarında, yani İncîl'in Yuhanna bölümünün yazılmasından yalnız 30-50 yıl sonra yapılan bir kopyaya aittir. Yukarı Mısırda keşfedilen bu papirüs o zamanlardan 30-50 yıl önce yazılmış ve yayılmış bir metin hakkında tanıklık eder. Bu çok ufak olduğu için İncîl'in Yuhanna bölümünün ancak küçük bir kısmını kapsamaktadır. Fakat hiç değilse İncîl'in Yuhanna bölümünün o zamanda mevcut olduğunu ve ilk yazıldığı yerden çok uzaklara yayılmış bulunduğunu ispatlayacak kadarını korumaktadır. Çünkü İncîl'in Yuhanna bölümü İzmir'e yakın olan Efes kentinde yazılmış, ama parça halinde olan bu kopyası ta Mısır'da bulunmuştur.[8]

Arsoinoe Yazmaları
M.S. 125

1877 yılında Kahire'nin güneyinde olan Arsoinoe'de kuma gömülü olarak yapraklara yazılı birçok belge bulundu. Bu belgelerin arasında, yazım tarihi tarihçiler tarafından İsâ'nın doğumundan sonra 125 olarak belirtilen ve elimizdeki nüsha ile arasında en küçük bir fark bulunmayan İncîl'in Yuhanna bölümü de ele geçmiştir.[9]

---

6. Drewes, Introduction to the Books of the Bible, s. 13.

7. Metzger, The Text of the New Testament, s. 43.

8. McDowell, Evidence That Demands a Verdict, s. 46.

Chester Beatty Papirüsleri
M.S. 200-250

(Papirüs no. 45, 46, 47)

Yeni Ahit papirüslerinin önemli bir derlemesi İrlanda'nın başkenti Dublin'de bulunan Chester Beatty kütüphanesindedir. Sir Alfred Chester **Beatty**, 1931 yılında bu papirüslerle birlikte başka birkaç el yazması kitapları da ele geçirmiştir. Manchester'daki Rylands Kitaplığında, İmparator **Hadriyan** zamanında (M.S. 117-138) bu kitaplığa papirus üzerine yapılmış el yazması tüm haliyle Matta, Markos, Luka, Yuhanna, Elçilerin İşleri, Pavlus'un dokuz mektubunu, İbranilere mektubunu ve Vahiy (Esinleme) kitabının Grekçe metinini kapsıyordu. Bu el yazması kitaplar Mısır'da bulunmuş ve M.S. üçüncü yüzyılda Grekçe konuşan Mesih İnanlıları topluluğunun kullandığı üç kitaptır.[10]

Yukardaki tüm eski metinlerde aynı gerçek açıklanıyor. Tanrı'nın daha önceki mesajı apaçık bir şekilde olduğu gibi durmaktadır. Kanıtlar gösteriyor ki, İncîl'in eski Grekçesi ile papirüs dilini kıyaslamanın sonucunda İncîl metinlerinin doğru iletildiğine ilişkin güven artmıştır. Bütün bu nüshâlâr, Kur'ân'ın da tanıklığından sonra "**tahrif**" savını çürütmemizi mümkün kılmaktadır. Çünkü bunların hepsi Kur'ân'dan önce yazılmıştır ve bugün elimizdeki metinlerle aralarında önemli bir fark yoktur. Eski metinlerin karşılaştırma (textual critical) analizi yaparsak, İncîl'de ancak 19 tane şüpheli yer vardır.[11] Ama bu ayetlerin orijinal olmadığını gayet açık bir şekilde Müjde çevirisinin dipnotlarında belirtilir.[12] İncîl de kuşkulu ayetleri açısından, bu 19 örnekten başka bir problem yoktur. Yine de bunu tespit etmemiz lazım ki, buradaki liste edilen kuşkulu ayetlerden herhangi bir Hristiyan doktrin veya inancı en ufak bir şekilde etkilenemez. Anlamı değiştirmeyen imlâ gelişimleri dışında hiç bir farklılık yoktur ve tüm bu metinlerin mesajı tamamen aynıdır. Mühim olan İncîl'in değişmez mesajıdır.

---

9. Cedid, <u>Tevrât ve İncîl'in Değişmezliği</u>, s. 23.

10. Rhoton, <u>Bilebilir miyiz?</u>, ss. 3 & 35.

11. Matta 17:21, 18:11, 23:14, Markos 7:16, 9:48, 11:26, 15:28, 16:9-20, Luka 17:36, 23:17, Yuhanna 5:4, 7:53-8:11, 9:35, Elçilerin İşleri 8:37, 15:34, 24:8, 28:29, 16:24, 1 Yuhanna 5:7

12. Bkz. <u>Müjde: İncil'in Çağdaş Bir Çevirisi</u>.

Bir örnek daha vermek gerekirse çok uzun yıllar ya da bir kaç asır geriye gitmemiz gerekmez, 40 ya da 50 sene öncesinin Kitab-ı Mukaddes'inin Türkçe çevirisine bakarsanız, şimdi çağdaş çevirisinde kullandığımız "**Söz**" sözcüğünün o zaman "**Kelâm**" şeklinde ifade edildiğini görebilirsiniz. Yine aynı şekilde M.S. 4. yy'da İncîl'in Grekçe metinlerinde kullanılan bir sözcüğü M.S.

6.yy'da yeniden kopya ederken, çevirmen, bu sözcüğü yaşadığı zamanki yazıyla kopya ettiğinde, bu sözcük hiçbir anlam kaybına uğramayacaktır. Örnek olarak, "**Kelâm**"ın yerine artık "**Söz**" kelimesi kullanmışsa, sadece değişik bir kelime kullanarak aynı şeyi ifade etmiştir. Evet, kitaplar arasında bunun gibi yazım farklılıkları bulunur, ama bu Kitab'ın tahrif edildiği anlamına gelmez. Diller her zaman bir değişim içerisinde bulunur.

Londra Üniversitesi Arapça profesörü ve Şam Arap Akademisi ile Bağdat Royal Akademisi üyesi olan Prof. Dr. **Guillame**, Kur'ân ve Kitab-ı Mukaddes'in orijinalinin korunması hakkında şöyle demektedir: "Kur'ân ve Kitab-ı Mukaddes kopya edilirken, orijinal metinlere sadık kalınma derecesi hemen hemen aynıdır."[12]

Gilchrist, <u>Kur'ân'ın ve Kitab-ı Mukaddes'in Tarihsel Metinleri</u> adlı Kitab'ında şöyle yazıyor:

"Her iki kitap günümüze kadar çok iyi şekilde korunmuş bulunuyor. Günümüzdeki her iki kitap da yapı ve içerik bakımından orijinal metinlere çok yakın. Ama her iki kitap da hatasız olarak çoğaltılmamıştır. Her ikisi de ufak tefek kopya hatalarına uğramıştır, ama <u>her iki kitap da tahrif edilmemiştir</u>. Bu ufak tefek kopya hatalarının olduğunu tüm dürüst Hristiyan ve Müslümanların kabul etmesi gerekir.

Kur'ân'a ve Kitab-ı Mukaddes'e inananlar arasında tek bir uygulama farkı var. Hristiyanlar Kitab-ı Mukaddes'le ufak tefek farklılıkları olan orijinal metinleri herkes bilsin diye koruma altında tutuyorlar. Tüm değişik metinler hâlâ mevcut bulunuyor. Halbuki, Halife **Osman**, kendi döneminde orijinal metinler ile Kur'ân arasındaki ufak tefek farklılıkları görünce, mümkün olduğu kadar çelişkili orijinal **metinleri yok etmeye çalıştı**. Ve tek metinden Kur'ân-ı yeniden çoğaltmaya başladı."¹³

---

12. Guillaume, Islam, s. 58.

13. Gilchrist, The Textual History of the Qur'an and The Bible, s. 20; Gilchrist, Evet, Kitabı Mukaddes Tanrı Sözü'dür!, ss. 81-82.

Resim: Bizans İmparatorluğu küçük şehirler ve limanların mükemmel bir şekilde birleşmesinden oluşuyordu. Üretim çok büyüktü ve arsa sahipliği çok gelişmişti. Hristiyan yaşam biçimi hakimdi ve bu evlerde hissediliyordu. Kadınlar evde çocuk büyütmeyle ilgilenirken, erkekler iş olmadığı zaman rahatlayabilecekleri mekanlara sahipti. M.S. 500'den M.S. 1200'e kadar 700 yıl boyunca, İstanbul Avrupa'nın en zengin kentiydi ve kültür, mimari gibi alanlarda liderdi. Yani, o dönemde tüm dünyada *"Amerikan"* rüyasından önce bir *"Bizans"* rüyası vardı diyebiliriz.

Resim: *"İmparator I. Konstantin Dini Ayin sonrası Ayasofya çıkışında halkı selamlıyor".* M.S. 324'de batının imparatoru Konstantin I, doğunun imparatorları Maxentius ve Licinius'u, tetrarşi sivil savaşlarında mağlup etti. Konstantin ile birlikte Roma İmparatorluğu hızla Hristiyan bir devlete dönüşmeye başladı, ama bu Konstantin'in ömrü bitene kadar tamamlanamadı. Konstantin'in en büyük pişmanlığı birleşmiş bir kilise kuramamaktı. *"Konstantinopolis"* yani İstanbul'u kurması ise en büyük başarısıydı. Diğer hükümdarlar da şehirler kurdu ama o en büyük ve en muhteşemini kurmuştu ve bu şehir Bizans İmparatorluğu'nun başkenti oldu.

KANON

Eski Ahid'in Diğer Çevirileri

"**Pavlus**, her Sebt günü havrada tartışarak hem Yahudileri hem **Grekleri** ikna etmeye çalışıyordu."

(Elçilerin İşleri 18:4)

Tevrât'ın, M.Ö. III. Asır ile M.S. IV. Asır'da geçerli olan klasik birçok dilde terçümesi yapılmıştır. Bunların en meşhuruları, Yunanca "**Septuagint**", Aramca "**Targum**", Süryanice "**Peshitta**" ve Latince "**Vulgata**"dir.[1] Bugün elimizdeki Tevrât'ın Hz. Muhammed zamanındaki ve ondan yüzyıllar önceki Tevrât'ın aynısı olduğunu vurgulamak için, Eski Antlaşma'nın diğer tercümelerinden de söz etmek istiyoruz. Zira Tevrât "yok olup gitmiş" olsaydı, bu eski çeviriler nasıl ortaya çıkabilirdi?

Elimizdeki Eski Ahit metnine tanıklık eden diğer bir kaynak da "**Septuagint**" (Septuacint)tir. Kral **Ptolemy** II (M.Ö. 309-274), İskenderiye'nin ünlü kütüphanesi için, Eski Ahit'in bir Grekçe tercümesini istedi. Sözünü ettiğimiz bu kitapların çevirisi M.Ö. 285-247 yıllarında Mısır'da yapılmıştır. M.Ö. birinci ve üçüncü yüzyıllar arasında Mısır'daki İskenderiye kentinde Grekçe bilen Yahudilerden oluşan bir heyet Eski Ahit'i asıl İbranice halinden Grekçeye çevirdi. Bu heyeti oluşturan kişilerin geleneksel sayısı 72 olduğu için, bu çeviriye "**Yetmişler**" anlamına gelen "**Septuagint**" adı verildi. M.S. birinci yüzyılda Grekçe dünya dili haline gelmiş ve İsâ Mesih'in havarileri Grekçe konuşarak bu çeviriyi kullanmışlardı. Septuagint, Tevrât'ın en doğru çevirisi sayılır. Yeni Ahit'in metninde yer alan Eski Ahit'e ait 18 ayrı alıntının Septuagint'ten aktarılmış olması bu çeviriye ne kadar güvenildiğine dair bir delildir.

KANON

Septuagint ile ilgili herhangi bir sorun yoktur. Pavlus, Septuagint'i Tanrı'nın Sözü olarak aktarmıştır.[2] Hem Yahudiler hem de Hristiyanlar tarafından tamamen kabul edilmiştir. Eğer Eski Ahid'in tüm İbranice metinleri aniden yok olup gitmiş olsaydı, ve sadece Septuagint kalsaydı, Hristiyanlar için herhangi bir sorun yaratmazdı. Eski Ahid'in İbranice ve Grekçe metinleri aynı şeyi öğretiyorlar. Tanrı'nın temel gerçekleri ve doktrinleri, Kutsal Kitap'ta sık sık tekrarlanmaktadır. Titiz veya ince bir çalışmada küçük farklılıklar görülebilir, ama ne Yahudilerin ne de Hristiyanların hiçbir doktrini bu ince farklılıklardan etkilenmez.[3] Aslında, Eski Ahid'in İbranice olan Mazoretik metinlerini alırsanız, ve aynı zamanda Eski Ahid'in Grekçe olan Septuagint metinleri ile birlikte bakarsanız, Eski Ahit'in ne kadar sabit ve güvenilir olduğunu hemen görebilirsiniz. Çünkü, hep aynı şeyi söylemektedirler.

---

1. Adam, <u>Yahudi Kaynaklarına Göre Tevrât</u>, 1997, s. 3.

2. Davis, <u>The Debate About the Bible</u>, s. 64., Bkz. Romalılar 3:4 ve Tekvin 15:6.

KANON

Kanonik İncillerin Kabul Edilmesi ve İznik Konsili

Birinci İznik Konsili, MS 325 yılında İmparator Konstantin tarafından Roma İmparatorluğu'nda resmî din olacak Hristiyanlığın içerisinde tartışılan bazı konuları netleştirmek amacı ile toplanmıştır.

İznik Konsili'nin ana konusu İsa'nın gerçek Tanrı olup olmaması idi. Mısır'ın İskenderiye kilisesinde başlayan anlaşmazlıkta o kilisenin bir presbüterosu (ihtiyar) olan Arius ünlü oldu. İlginçtir, Arius'un öğretisine göre İsa, veya İsa'nın ruhu Dünya'nın kuruluşundan önce Tanrı tarafından yaratılmıştır (Benzer bir söylem, daha sonra İslamla birlikte Hz. Muhammed için de söylenecektir). Arius'a karşı çıkanlardan en meşhur isim o zaman İskenderiye kilisesinin bir diakonu (hizmetkarı), daha sonra ise kilisenin piskoposu olan İskenderiyeli Athanasius idi.

İznik (Antik dönemdeki ismiyle "*Nicaea*") Konsülü'nün yapıldığı yerin günümüzdeki kalıntıları ile yaklaşık 1200'lü yıllarda Anadolu'da kurulan İznik Rum İmparatorluğu'nu gösteren bir harita.

Athanasius, İsa'yı yaratılmamış, ezelden beri var olan Tanrı Baba ile aynı özü olan gerçek Tanrı olarak kabul etti. İki grup İsa'yı dünyanın tek kurtarıcısı olarak kabul etti ve İncil'e dayanarak fikirlerini savunmaya çalıştılar.

İznik'te toplanan kilise önderlerinin büyük çoğunluğu İsa'nın gerçek Tanrı olduğu fikrini sonuç bildirgesinde pekiştirdiler. Konsilde bu konuda onaylanan İznik İnanç Bildirisi bugüne kadar Katolik,

Ortodoks ve Protestan Kiliselerin ortak olarak kabul ettiği metinlerdendir.

Konsilin konuştuğu başka konulardan bazıları şunlardı: Paskalya (Diriliş) Bayramı'nın tarihi, Roma ve İskenderiye Patriklerinin özel yetkileri, piskoposların atanmasıyla ilgili bazı prosedürler ve saire. Yine ilginçtir, aslında en önemli mesele olmasına rağmen, İncil'in içeriği veya doğruluğu/yanlışlığı da bu konsilin konusu değildi.

Ardından birçok konsil daha yapılmış, günümüz Katolik ve Ortodoks görüşlerinin temellerini oluşturan kararlar alınmış, buna uygun olan ve olmayan yazılı kaynaklar sınıflandırılmıştır. Bununla birlikte, "İznik Konseyinde papazların bir yığın İncîl'den dördünü seçip diğerlerini yok etmişlerdir". Görüşü de hatalı gibi görünmektedir. İznik Konsülünün, bir yığın İncîl'den dört tane seçip diğerlerini imha etmek için toplandığını ileri sürmek, tarihi gerçekleri saptırmaktan başka bir şey değildir. Çünkü, konsilde birçok elyazması ve inciller karşılaştırılıp, en doğru şekilde yazmalara aktarılan ve birbirini tutan nüshalar gerçek incil olarak kabul edilmiştir.

Bazılarının yanlış olarak düşündüklerinin aksine, İznik Konseyinde İncîl metni tartışılmadı. Atanasyus ve Aryus, karşıt tezleri savunmak için aynı İncîl metnini kullandılar. Konseye katılanlar arasında İncîl metni ya da içeriği konusunda her hangi bir ihtilafın olduğu da kesinlikle kaydedilmemiştir.

RAHİP ARİUS'UN TEVHİD İNANCINI SAVUNMASI:

Libya kökenli Mısırlı bir ailenin oğlu olan "**Arius**" dönemin önemli kenti İskenderiye'de büyümüş ve 312 yılında da Kilise'ye katılarak rahip olmuştu. Arius Allah'ın birliğine iman ediyor ve o sıralarda Roma Kilisesi tarafından kabul edilmiş olan ve Hz. İsa'yı sözde tanrı sayan öğretinin yanlış olduğunu şiddetle vaaz ediyordu.

Arius, Hz. İsa için kullanılan "Allah'ın Oğlu" sıfatının tamamen mecazi bir anlama sahip olduğunu ve onu ilahlaştırmak gibi bir anlam taşımadığını söylüyordu. Bunu ispatlamak için Matta İncili'ndeki "Ne mutlu barışı sağlayanlara! Onlara Tanrı oğulları denecek" (Matta 5/9) alıntısını gösteriyor.

Ve Allah'ın isteklerine uygun davranan herkes için bu sıfatın geçerli olduğunu, bunun Hz. İsa'ya özel bir ifade olmadığını vurguluyordu.

Arius bir eserinde "Aslında biz de "Tanrı'nın oğulları" (yani "sevgili kulları" anlamında bir ifade kullanıyor) haline gelebiliriz" diye yazmıştı.

KAYNAK; "Fazal Ahmad "Arius: The Trinity Controversy in the Church" The Review of Religions Londra Eylül 1996 "

Arius, Bu düşüncesini desteklemek için, Hz. İsa'nın İncil'de geçen ve "Babam veya Tanrım!" diye başlayan dualarını örnek gösteriyordu. Bu duaların Hz. İsa'nın Allah'a bağlı ve diğer insanlar gibi aciz bir kul olduğunu gösterdiğini söylüyordu.

Arius, İskenderiye'nin bir ilçesi olan Banealis'in resmi rahibi olarak bu düşüncelerini geniş bir kitleye aktardı. Onu dinleyen halk hem anlattıklarının tutarlılığı ve ikna ediciliği, hem de Arius'un mütevazi ve gösterişten uzak yaşamı nedeniyle fikirlerini kolayca kabul etti.

Ancak, İskenderiye Piskoposu Alexander "Ariusçuluk" akımından çok rahatsız oldu. Alexander Hz. İsa'yı mecazi değil "lafzi yani kelime anlamında" "Allah'ın Oğlu" sayan yani ilah kabul eden Roma Kilisesi'ne bağlıydı. Bunu başaramayınca da Ariusçuluğa karşı şiddetli bir saldırı başlattı ve işte bu sonuç Hristiyanlığın günümüze ulaşan dönüm ve kırılma noktasını oluşturdu. Bunu kendi yazılarında şöyle anlatıyordu:

> " *Bu akım giderek her yere tüm Mısır'a Libya'ya ve Yukarı Tebes'e yayıldı. Bunun üzerine biz de Mısır ve Libya'nın piskoposları ile biraraya geldik ve yaklaşık yüz kişilik bir kurulda bu akımı ve tüm takipçilerini lanetledik"*

KAYNAK; "Athanas. Hist. Tr.; P Johnson. History of Christianity Pelican Books 1976 s. 89"

Fakat sonraki yıllar, tüm Hristiyan dünyasına yayılan bu lanetleme yalnızca sözde kalmadı. 318 yılında Arius ve takipçileri Kilise'den aforoz edildiler. Arius ve onun en yakın yardımcıları olan *"Piskopos Theonas"* ve *"Secundus"* ile *"On İki Rahip"* sürgüne gönderildi. Arius sürgüne gitmeden önce düşüncelerini *"Thalia"* adlı lirik bir kitapta topladı. Sürgün yeri ise Filistin'di.

KANON

İZNİK KONSÜLÜ'NDE DİĞER YAŞANANLAR:

"İskenderiyeli iki tanrıbilimci olan Atanasyus ve Aryus arasında başlayan tartışma zamanla tüm Hristiyan Kilisesine yayıldı ve İlk Ökümenik (Evrensel) Konsilin İznik'te toplanmasına neden oldu. Atanasyus (Ö. 373) ve Aryus (Ö. 336) Tanrı Kelâmının olmakla birlikte, Kelâmın doğasını farklı şekilde algılıyorlardı. Atanasyus'a göre İsâ'da beden alan Kelâm, yani Tanrı Sözü, ezeliydi, yaratılmamıştı ve baştan beri Tanrıyla birlikte idi.

Aryus'a göre ise, Tanrı Kelâmı ezeli değildi ve sonlu olmalıydı. Tanrı tarafından, evren yaratılmadan önce ama zaman içinde yaratılmıştı. Aryus'a göre İsa'da ezeli, yaratılmamış Kelâm değil, bir yaratık beden almıştı (Apolojetik literatürü -Kelâm- inceleyen Müslümanlar, sonradan Müslüman tanrıbilimcileri arasında Tanrı Kelâmı konusunda gelişen tartışma ile bir benzerlik fark edeceklerdir. "Eş'ari" konumu Atanasyus'unkini anımsatır, "Mu'tezile" görüşü ise Aryus'unkine yakındır).

Bu tartışma, Kilise'de uyuşmazlıklara neden olduğundan, hangi ifadenin gerçeğe daha yakın olduğuna karar vermek üzere Konstantin İznik Konsili'ni topladı. Konsil, Atanasyus'ın ileri sürdüğü formülü onayladı ve Aryus'unkini reddetti. Konsilin saptadığı ve imanın temel akidelerini ve kısa bir özetini içeren Credo (Amentü-İman ikrarı) da Tanrı Kelâmının bir yaratıktan değil, Tanrı'nın gerçek doğasından ileri geldiği belirtildi."

Tarihsel kaynaklara göre İznik Konsili'ne katılanlar sadece İsa'nın tanrılığını tartışmak için toplanmışlardır. Bazılarının yanlış olarak düşündüklerinin aksine, İznik Konsili'nde İncil metni tartışılmadı. Atanasyus ve Aryus, karşıt tezleri savunmak için aynı İncil metnini kullandılar. Konseye katılanlar arasında İncil metni ya da içeriği konusunda herhangi bir ihtilafın olduğu kesinlikle kaydedilmemiştir. Uzun tartışmalardan sonra, konsey, İsa'nın Tanrı'yla aynı öze sahip olduğu görüşünü benimsedi. Konseyin sonunda, İsa'nın Tanrı ve/veya Tanrının Oğlu olduğu eşzamanlı ortak bir bildirgeyle kabul edilmiştir. MS 325'te İznik'teki konseyde hazırlanan ve bugünkü Mesih İnanlıların mezheplerinin hemen hemen hepsince kabul edilen inanç bildirgesi şöyledir:

> *"Her şeye gücü yeten, görülen ve görülmeyen, bütün şeylerin Yaradanı olan bir tek Baba Tanrı'ya inanıyoruz; bir tek Rab İsâ Mesih'e inanıyoruz: Tanrı'nın Oğlu, Baba'dan doğan biricik Oğul, yani Baba'nın özvarlığından oluşan Tanrı'dan Tanrı, Nurdan Nur, gerçek Tanrı'dan gelen gerçek Tanrı, yaratılmış değil, doğurulmuş, Baba'nın aynı öz varlığına sahip olan, kendi aracılığıyla gökteki ve yerdeki her şey yapılmış, biz insanlar için ve kurtuluşumuz için gökten inmiş, insan bedeni almış ve insanlar arasında yaşamış, sıkıntı çekmiş ve üçüncü günde ölümden dirilmiş, göğe yükselmiş, dirilerle ölüleri yargılamaya gelecek olan O'dur; ve Kutsal Ruh'a da inanıyoruz.."*

Yunanca konuşan kiliseler ilk üçyüz yıl boyunca, hep Septuagint'i kullandılar ve herhangi bir problem çıkmadı. **Septuagint**'in değiştirilmesi için hem Yahudilerin hem de Hristiyanların oy birliği gerekecekti. Bu ise olanaksızdır. Çünkü hemen tüm tarih boyunca Yahudilerin ve Hristiyanların oy birliği hiç olmamıştır.[4]

Şimdi, Eski Ahid'in diğer eski tercümelerine de bakalım. **Akuila** tarafından M.S. 130 yılında bitirilen Eski Ahit'in bir Yunanca çeviri yapılmıştı. Bunun yanında **Symmachus** adında bir Samiriyeli tarafından M.S. 218 yılında bitirilen bir başka Yunanca çeviri daha vardır. Tevrât'ın, **Septuagint**'tan naklen eski **Latinceye** çevirisi, M.S. ikinci yüzyıla rastlar. Ardından **Jerome** Eski Antlaşma'yı İbranice'den "latince"ye çevirdi ki, bu çeviri "latince" ya da "**Vulgata**" çevirisi diye tanınır. Bu tercümenin M.S. 405 yılında bitirildiği kabul edilmektedir. **Peşita**'nın **Süryanice** Eski Ahit tercümesi ise, M.S. birinci yüzyılın sonunda bitirilmiştir. Odesalı **Yakub**, "Tevrât, Mesih'in zamanında Odesa kralı **Abgar**'ın emriyle çevrilmiştir" diyor. Süryanice çeviriye ilk defa ikinci yüzyılda Sardıs'lı **Melito**'nun işaret ettiği sanılır. Eski Ahit'in **Süryani Philoxenian** çevirisi M.S. yaklaşık 508 yılında **Polykarp** tarafından yapılmıştır. Bu çeviriyi Thomas **Heracklea** 616 yılında düzeltmiştir. O halde **Süryanice** tercümelerin tamamı, Hz. Muhammed'den önce mevcuttu ve son tercümeye de onun zamanında başlanılmıştı.[5]

Hz. Muhammed'in Ashabı Habeş ülkesine sığındıklarında, bu belde halkının Tevrât'ı ve İncîl'i kendi dillerinde okuduklarına tanık olmuşlardı. Hatta dördüncü yüzyıla ait olduğu sanılan tercümenin hayli eski olmasından dolayı, dilini anlamakta güçlük çekmekteydiler. Aynı şekilde, Halife **Ömer**, Mısır'ı fethettiğinde, bu ülkede hakim olan din, Mesih İnancıydı. Kitab-ı Mukaddes'te ülke dili olan Kopça'nın üç ayrı lehçesine birden (**Saidi, Buhayri, Buşmuri**) çevrilmiştir. Bu çeviri, üçüncü ve dördüncü yüzyıllar arasında Septuagint'ten yapılmıştır.[6]

---

3. Archer, A Survey of the Old Testament, s. 25.

4. Harris, Inspiration and Canonicity of the Bible, ss. 99-100.

5. Pfander, Tevrât ve İncîl'de Tahrif Yoktur, s. 59.

Tevrât'ın bazı bölümleri **Ermenice**'ye M.S. 411 yılında **Süryanice**'den, M.S. 436 yılında da Septuagint'ten çevrilmiştir. Bundan yaklaşık yüzyıl sonra, ama Hicret'ten önce **Gürcüce** tercüme bitirilmiştir. Gotha Patriği **Ulfilas** Tevrât'ı M.S. 360 yılında **Gothik** diline çevirmişti. **Septuagint** ve **Akuila** çevirileri dışında bu tercümelerin çoğu Mesih İnanlılarınca gerçekleştirilmiştir. Unutmamak gerekir ki, Yahudiler Tevrât'ın bazı bölümlerini, İbranice'yi yeterince bilmeyenler için **Aramca**'ya çevirmişlerdir. M.S. 200-250 yıllarında yapılan **Onkelos** (Akuila) çevirisi bunlardan biridir. M.S. 320 de Yonathan b. **Uzeyl** peygamberlerin kitaplarını **Aramca**'ya çevirdi. Bütün bu çevirilerden başka, Eski Antlaşma kitaplarının **Aramca** çeviri ve yorumlarını kapsayan, beşinci yüzyılda bitirilen "**Filistin'li Targum'u**" bulunmaktadır.[7] Eski Arami "Targum"lar çok faydalı oluyor, çünkü Eski Ahid'in içinde ne olduğunu bize açıkça göstermektedirler, yani bunlar Eski Ahid'in tefsirleridir. Eski "Targum"lar, bugünkü Eski Ahit'in metinleri hakkında heybetli bir kanıt oluşturmaktadırlar, çünkü Eski Ahid'in ayetleri ile ilgili detaylı yorumlar içerirler. Bunlar da şunu ispatlıyor: Eski Ahid'in orjinal İbranice metinleriyle bugün elimizde bulunan metinler aynıdır.[8]

Gerek daha önce belirttiğimiz deliller, gerekse Yahudi ve Mesih İnanlılarının ellerinde bulunan çeşitli tercümeler ışığında şu gerçeği itiraf etmek zorundayız: Bugünkü Tevrât, Hz. Muhammed'in zamanında okunan, Kur'ân'ın defalarca tanıklıkta bulunduğu Tevrât'ın aynısıdır.

Sonuç olarak, Eski Ahit metni tarih boyunca şekil veya içerik açısından değişikliklere uğramamıştır. Bütün bu eski metinleri karşılaştırdığımız zaman herşeyin aynı olduğunu görürüz; herhangi bir değişiklik bulunmuyor. Tanrı'nın Sözleri sabit bir şekilde duruyor. Var olan kelime farklılıkları dönemin dil gelişimine göre yapılmış düzeltmeler ve imlâ gelişmeleridir (örneğin, 15. yy Türkçe bir metindeki "**dinilürse**" kelimesinin bugünkü imlâya uyarlanarak "**denilirse**" olarak yazılması gibi). Bu düzeltmeler Eski Ahit'in doktrinlerinin hiçbirisini etkilemez. Tanrı'nın insanlığa verdiği ilk mesaj Eski Ahit'te hâlâ aynen durmaktadır.

---

6. İbid, s. 60. İbid, ss. 85-86.

7. İbid, s. 60. İbid, ss. 85-86.

8. Jeffrey, The Handwriting of God, s. 62.

KANON

Ölü Deniz Tomarları "The Dead Sea Scrolls"

"Örtülü olup da açığa çıkarılmayacak,
Gizli olup da bilinmeyecek hiçbir şey yoktur."
(Luka 12:2)

Tanrı'nın kutsal kitabını koruma gücünden şüphelenenler için Tevrât, Zebûr, İncîl'in değişmediğine dair başka bir sürü delil vardır. Ortadoğuda, bilhassa Mısır kumlarının altında binlerce yıl saklı kalan çok sayıda Eski Ahit nüshası bulunmuştur.

Mesela 1947 Mart ayında, Filistin'de Ölü Deniz (Lut Denizi) yakınlarında Müslüman bir çoban, Ta'amireh bedevi **Muhammed Al-Dhıb** adında bir çocuk, çölde kaybolmuş bir keçi arıyordu. Çocuk bu sırada Eriha şehrinin 8 mil güneyinde bulunuyordu. Aynı zamanda burası Ölü Deniz gölünün kuzey batı tarafındaydı, Kumran köyünün harabeleri yanında. *Muhammed Al-Dhıb* dik bir yerde bir mağaraya rastladı ve bu mağaraya bir taş attı. Bu taşın bir şeyi kırdığını farketti. İçeri girdiğinde kırılan şeyin toprak bir vazo olduğunu gördü. Bu vazo dışında içerde yedi vazo daha vardı. Vazoların içinde deriden yapılmış el yazması tomarlar bulunuyordu ve bu tomarlar keten bezi ile sarılmıştı. Çocuk bir tomar alıp babasına götürdü. Babasıda bu tomarı bir arkeolog uzmana götürdü. Bunun üzerine arkeologlar Kumran'daki tüm mağaraları araştırdılar ve birçok vazo ve tomar buldular. [1]

Bu bulunanlar 40.000 el yazması tomarı oluşturuyordu. Bu 40.000 el yazmasının birleştirilmesinden de 500 kitaplık bir kütüphane oluşturuldu.[2] 1947'te bulunan elyazmaları arasında, Tevrât'ın neredeyse bütün bölümlerinden parçalar vardır. Bu yazmaların yanı sıra Ester kitabı dışında Eski Ahid'in bütün kitaplarını içeren bir liste bulundu.[3]

Bu el yazmaları İbranice olarak yazılmıştır. Bilim adamlarına göre bu bulunan metinler tarih boyunca edebiyatın en zengin buluşu sayılır.[4] Yani diyebiliriz ki, Eski Ahit için en zengin arkeolojik buluş budur.

---

1. Frank, "How the Dead Sea Scrolls Were Found," s. 1.
2. McDowell, A Ready Defense, s. 50.
3. Şişman, "Lût Gölü Yazmaları", s. 36-41.
4. Price, Secrets of the Dead Sea Scrolls, s. 17.

Tarihsel araştırmalara göre, tarihçiler bu metinlerin orada Yahudilerin 200 kişilik bir tarikatı olan **Esseniler** tarafından M.S. 70 yılında koyulduğu fikrine varmışlardır. Yazım biçimi ve dil özelliklerinden anlaşıldığına göre bu yazmalar M.Ö. 2. yüzyıl ve M.S. 70 yılların arasında yazılmıştır. **Esseniler, Ferisiler ve Sadukîler** gibi yoldan çıkmış bir tarikat değil; Tanrı'ya ve O'nun sözlerine bağlılıklarını sürdüren ve kutsal yazıları çok titiz olarak korumaya çalışan bir tarikattı. Bununla birlikte, Esseniler'in asıl amacı İbranice metinleri kopya edip çoğaltmaktır. Bu tarikat M.Ö. 130 -- M.S. 70 yıllar arasında mevcut bulunuyordu. Esseniler yarım gün sebze yetiştiriyorlar, diğer yarım gün ise Eski Ahit metinlerini kopya edip çoğaltıyorlardı. Bu konuda Esseniler o kadar titizdiler ki; çoğalttıkları metinlerin ilk önce harflerini sayıyorlardı. Kopya edip çoğalttıkları metinlerde bir harf bile eksik ya da fazla sayıda çıksa bu kopyaları yok edip tekrar yazıyorlardı.

Esseniler'in tarikatı dışa kapalı idi. Yani herhangi bir yabancıyı içlerine almıyorlardı. M.S. 68-70 yılları arasında Romalılar, Yahudilere sistematik bir şekilde baskı uygulayıp, onları yok etmeye başladılar. Böyle bir ortamda Romalıların 10. tümen askeri Kumran'a gelmeden önce Esseniler metinleri saklama gerektiğini gördüler. Bu metinleri muhafazalı bir şekilde toprak vazolara koyup mağaralara sakladılar. Bu vazolar tomarların korunması için mum ile çok iyi bir şekilde kapanmıştı. Bu nedenle bu tomarlar 1900 yıl boyunca zedelenmeden korunmuştu. M.S. 70 yılında tüm Esseniler Romalılar tarafından öldürüldü, ve ta **Mart 1947**'e kadar, bu değerli tomarlar hakkında hiç kimsenin haberi olmadı. M.S. 70 yılında Kudüs harap edildi ve **14 Mayıs 1948**'e kadar İsrail milleti tamamen dağıtıldı. Oysa, İsâ Mesih bu durum hakkında M.S. 33 yılında şöyle peygamberlik etmişti:

"İsâ Kudüs'e yaklaşıp kenti görünce orası için ağladı.

Keşke bugün sen de esenliğe giden yolu bilseydin" dedi.

Ama bu şimdi senin gözlerinden gizlenmiştir. Senin için **öyle günler gelecek ki**, düşmanların seni setlerle çevirecek, kuşatıp her yandan sıkıştıracaklar. Seni ve sende oturan çocuklarını yere çalacak, **sende taş üstünde taş bırakmayacaklar**. Çünkü, Tanrı'nın senin yardımına geldiği zamanı farketmedin." (Luka 19:41-44)

Ölü Deniz Tomarları bulunmadan önce, Eski Ahit'in mevcut olan en eski el yazmaları M.S. 1000 yılına ait idi. M.S. 1000 yılına ait İbranice olarak yazılmış el yazmaları "**Mazoretic Metinler**" olarak bilinir. **Kumran**'daki bulunan Eski Ahid nüshâlarının yazılması M.Ö. 2. yüzyıl ile M.S. 70 yılları arasındaki tarihlere ait olduğu halde, bu Eski Ahit metinleriyle 1008 tarihli **Leningrad Kodeks** Mazoretic Metni arasında manayı değişti-

KANON

recek bir fark yoktur.⁴ Bu durum, şu an elimizde bulunan Eski Ahit'lerin güvenilir olduğunun başka bir kanıtıdır.

Tarih	Mısırlılar	Hititler	Suriye-Filistin	Ugarit	Amurru
Tablo 1.2 Antik Yakın Doğu'nun Kronolojisi (Geç Tunç Çağı)					
M.Ö. 1400	Tutmosis IV	Ammiştamru Şuppiluliuma I			Abdu-Aşirta
M.Ö. 1380	Amenofis III				
M.Ö. 1360	"AMARNA ÇAĞI" Akhenaton	Mitanni'nin yıkılışı	Bibloslu Rib-Addi Kudüslü Abdu-Hepa	Niqmaddu II Ugarit efsane ve epikleri yazılır	Aziru
M.Ö. 1340	Ay Tutankamun	Murşili II			Du-Teşub
M.Ö. 1320	Haremhab	Muwatalli		Niqmepa	Duppi-Teşub
M.Ö. 1300	Seti I				Bente-şina I
M.Ö. 1280	Ramses II		Kadeş Savaşı	Kuzey Suriye'den göçler	Şapiliş
M.Ö. 1260		Hattuşili III	Mısır-Hitit akdi	Ammiştamru	Bente-şina II
M.Ö. 1240		Tuthaliya IV Arnuwanda		Niqmaddu III	Şauşga-muwaş
M.Ö. 1220	Merneptah		Hazor ve Gezer'in yıkımı?		
M.Ö. 1200	(kaos)	Şuppiluliuma II Hattuşaş'ın yıkımı (nüfussuz)	Aşdod, Bethel, Tel Beit-Mirsim'in yıkımı?	Ammurapi Ugarit'in yıkılışı	
M.Ö. 1180	Ramses III		Filistin yerleşimi		(nüfussuz)

İsâ Mesih, kendi döneminde bulunan Eski Ahit'in kesinlikle güvenilir olduğunu kabul ediyordu, ve sık sık bu kitapları Tanrı'nın Sözü olarak aktarıyordu.

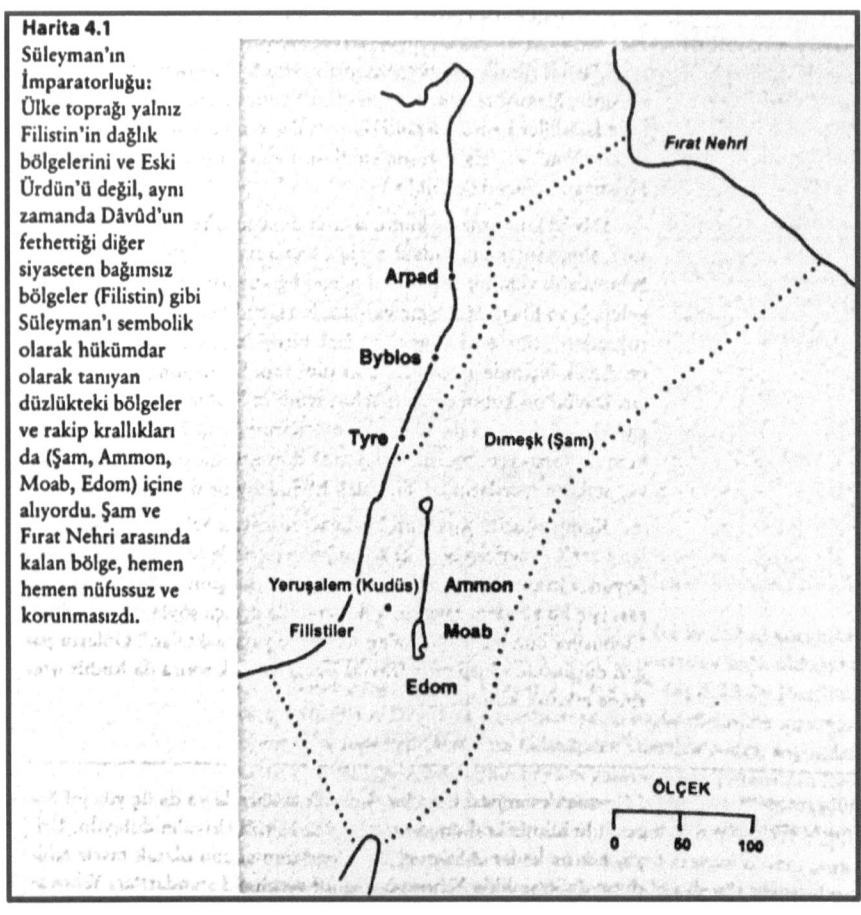

Harita 4.1
Süleyman'ın İmparatorluğu: Ülke toprağı yalnız Filistin'in dağlık bölgelerini ve Eski Ürdün'ü değil, aynı zamanda Dâvûd'un fethettiği diğer siyaseten bağımsız bölgeler (Filistin) gibi Süleyman'ı sembolik olarak hükümdar olarak tanıyan düzlükteki bölgeler ve rakip krallıkları da (Şam, Ammon, Moab, Edom) içine alıyordu. Şam ve Fırat Nehri arasında kalan bölge, hemen hemen nüfussuz ve korunmasızdı.

Şimdi esas soru bu: Acaba İsâ Mesih'in döneminden bin yıl sonraki döneme kadar bir tahrif oldu mu? Acaba bu metinler güvenilir bir şekilde kopya edildi mi? Bu bin sene sonra olan "Mazoretik Metinleri" değiştirilmiş mi, değiştirilmemiş mi? Ne kadar güvenilir ve bundan nasıl emin olabiliriz? Ölü Deniz Tomarlarının bulunmasıyla bu sorunun cevabı da ortayı çıktı. **Ölü Deniz Tomarları ve M.S. bin yılına ait olan Mazoretik Metinleri arasında somut bir farklılık yoktur.**

KANON

Dinsel metnin bütünlüğünün değerini o zaman Yahudi dünyasıda iyi biliyordu, hiç şüphesiz. Eleştirmenler bunun ne kadar gerçek olduğunu İşaya Peygamberin Kitabından dolayı anlamışlardır. Şimdiye dek bu metnin elde bulunan en eski İbranice el yazıları M.S. 900-1000'e aittir. Kumrân'da İşaya'nın hemen hemen bin sene daha eski olan iki metni keşfedilmiş bulunuyor. İşaya'nın bu tomarlarından birisi 900-1000 yıllarından kalma Mazoretik metnin aynısıdır, öyle ki ikisini karşılaştırınca birinden diğerine geçişteki sadakat apaçık görülür.[5]

Ölü Deniz Tomarları araştırmasında yer alan uzmanlardan birisi olan Profesör Geze **Vermes**, konuyla ilgili olarak şu gözlemlerde bulunuyor: "Kutsal Kitab'ın Kumran dökümanları, Ester kitabı dışında Yahudilerin Kutsal Yazılarının tümünü kapsamaktadır ve ondan önceki en eski elyazısı metinlerden yaklaşık 1000 yıl daha eskidir. Uzmanlar, Kutsal Kitap metninin son şeklini alış biçimini böylelikle ortaya çıkarabilirler. Dahası var: Bu bulgular son iki bin yılda Kutsal Yazıların kesinlikle değişmemiş bir durumda olduklarını da kanıtlamaktadır."[6]

---

4. Geisler & Nix, <u>A General Introduction to the Bible</u>, ss. 260-263.

5. Jomier, <u>İsa Mesihin Hayatı</u>, ss. 198-199.

6. Clark, <u>Yaşamı ve Öğretişleriyle: İsa Mesih</u>, s. 3.

Kumran'da bulunan tomarlar arası Hz. İşaya'nın tam bir metni ortaya çıktı. Eski devirlere ait yazıları okuma bilginlere göre bu metnin yazılış tarihi M.Ö. 125'e ait civarındadır. Bu 125'e ait tomar ve M.S. 916 ait olan Mazoretik tomar arasında fazla bir fark yoktur. **Geisler** ve **Nix**'e göre, "İşaya 53. bölümün 166 kelimelerden ancak 17 tane harf farklılık göstermektedir.

Bunların 10 tanesi ancak imlâ farklarıyla ilgilidir, ve bunlar metinin manasını hiç bir şekilde etkilemez. Dört tane harf ise küçük üsluba ait farklılık göstermektedir; örneğin birleşme harfleri... Kalan üç tane harf ise, "nur" kelimesi ile ilgilidir, ve bunlar 11. ayetinde eklenmiştir. Bu da anlamı fazla etkilemez. Ayrıca, bu "nur" kelimesi Septuagint tarafından desteklenmektedir. Dolayısıyla, bin senelik bir metnin kopyası yapıldıktan sonra, 166 kelime arasında ancak üç tane harf tek bir ayet için herhangi bir soru yaratmıştır, ve bu da ayetin manası için çok önemli bir fark göstermemektedir.[7]

Ölü Deniz Tomarlarının bulunması da Kutsal Yazı'nın güvenilirliğini daha da arttırmıştır. Bu değerli bulgu gösterdi ki, Kutsal Kitap, Kutsal Ruh'un önderliğinde son derece büyük bir sadakat ve titizlikle naklonulup, ilâhî sırların yurdu Mesih'in kilisesine emanet edilmiştir. Yahudilerin elinde bulunan nüshalar Mesih İnanlılarının nüshalarıyla karşılaştırdığında arada en ufak bir ayrılık görünmemektedir.[8] Bazen tek bir sayfa uzun yıllar bir tohum gibi gömülü kalmaktadır. Bir gün filizlenip ortaya çıkınca, onun mesajının tazeliğinden hiç bir şey kaybolmayacaktır.

1975 yılında Ölü Deniz Tomarlarıyla ilgili 35 kişilik "**Multnomah School of Bible**"in özel bir araştırma ekibine katıldım. Ölü Deniz Tomarlarının bulunduğu yeri, Kumran köyü ve etrafındaki mağaraları ziyaret ettik. Ayrıca Londra "**İngiliz Müzesi**" ve Kudüs'ün "**Shrine of the Book**" adlı müzesinde araştırma yaptık. Bu "Ölü Deniz Tomarları" bugün İsrail'de "*Shrine of the Book*" adlı bir müzede sergilenmektedir. Dileyen herkes bu tomarları görebilir. Ayrıca bazı metinler Internet'te görülebilir.

7. Geisler ve Nix, A General Introduction to the Bible, s. 263.

8. Gabriel, Din Alimleri Tartışıyor, s. 25.

Tarihsel Bakımından Kitab-ı Mukaddes'in Metinleri Nasıl Değerlendirilebilir?

"Her şeyi sınayın. İyi olanı sımsıkı tutunun."

(1. Selanikliler 5:21)

Türkiye'de, İncîl hakkında insanlardan sık sık, alaycı bir tavırla İncîl'in sözlerine güvenilmeyeceğini işitiyoruz. Neden? "Çünkü 2000 yıl önce yazılmıştır. Yanlışlarla ve çelişkilerle doludur" derler. Ama bir tarih yazıtının doğru ve güvenilir olup olmadığını belirtmek için hangi testleri uyguluyorlar?

Josh **McDowell**'in, "*Marangozdan Öte*" adlı kitabına göre, İncîl'in tarihsel güvenilirliği, diğer tüm tarihsel belgelere de uygulanan üç temel tarihbilim ilkesi ile değerlendirilebilir:[1]

A. Bibliografik Sınavı

B. İçsel Kanıt Sınavı

C. Dışsal Kanıt Sınavı

KANON

A. Bibliografik Test

Bibliografik test, belgelerin elimize ulaşana dek geçirdiği nakillerin incelenmesidir. Başka bir deyişle, orijinal belgelere sahip olmadığımızdan, el yazmalarının sayısına bakarak, İncîl metinleri çok daha güvenilirdir. Diğer eski ve önemli kaynaklarla kıyaslarsak İncîl'in el yazmalarının zenginliği şaşırtıcıdır.

Kutsal Kitap metinlerinin güvenilirliğine dair, sorgusuz sualsiz kabul edilen birçok klasiklerin metinlerinden çok daha fazla delil mevcuttur. İncîl'in kaç tane eski metni mevcut bulunuyor? Yaklaşık **5.300** tanedir! Ama antik dünyanın eski edebiyatına ait metinlerin sayısı çok daha az bulunmasına rağmen, insanlar bunların bu kişilere ait olduğunu kabul ediyorlar.[2]

---

1. McDowell, Marangozdan Da Öte, ss. 34-41.

Tükidides (M.Ö c. 460-400): 8 metin

Herodot (M.Ö. c. 484-425): 8 metin

Euriphides (M.Ö. c. 480-406): 9 metin

Demosthenes (M.Ö. c. 385-322): 200 metin

Aristo (M.Ö. 384-322): 49 metin

Aristophanes (M.Ö. c. 444-380): 12 metin

Gaius Julius Sezar (M.Ö. 100-44): 10 metin

Plinius Secundus (M.S. 62-113): 20 metin

KANON

> **Kutu 1.5 – Kutsal Kitap Yasaları ile Antik Yakın Doğu Yasaları**
>
> Hammurabi'nin, Babil Amorî Hanedanlığı yasaları ile; Çıkış, Leviliter ve Tesniye (Yasa'nın Tekrarı) bölümlerindeki Kitâb-ı Mukaddes yasaları arasında çok sayıda paralellikler mevcuttur. Her ikisi de olasılıkla kadim Amorî resmî geleneğini yansıtmaktadır. Bazı paralellikler ise oldukça kayda değerdir (OTPar, 101-109'dan alıntılanmıştır).
>
> | Hammurabi Kanunnamesi | Kitâb-ı Mukaddes Yasaları |
> |---|---|
> | No.14- Bir vatandaş başka bir vatandaşın hane halkından bir kişiyi kaçırıp onu köle olarak satarsa, hükmü ölümdür. | Kim ki birini kaçırır, onu satar ya da alıkoyarsa, öldürülecektir. (Çıkış 21:16) |
> | No.57- Bir çoban, sahibi ile anlaşması olmadığı bir tarlaya girip sürüsünü otlatırsa bunun cezası, tarlanın sahibi ürünlerini hasat ederken toprağın her on altı akresine karşılık yüz kırk buşellik tohumdur. | Biri, bir tarlada ya da bağda otlanmak üzere kendi çiftlik hayvanını salıverir ve hayvan başkasının tarlasında otlarsa, kendi tarlasının ve bağının en iyisinden ödeyecektir. (Çıkış 22:5) |
> | No.209- Bir vatandaş başka birinin kızını döver ve çocuk düşürmesine sebep olursa bunun cezası, altı ons gümüştür. | Kavga eden kişiler gebe bir kadına çarpar ve onun çocuğunun düşmesine sebep olurlarsa ve başka bir zarar olmazsa, kadının kocasının talep ettiğinin hakimlerin karar verdiği kadarını ödemekle cezalandırılacaktır. (Çıkış 21:22) |
> | No. 196- Bir vatandaş bir memurun gözünü kör ederse, gözü kör edilecektir.
No.197- Bir vatandaş bir başkasının kemiğini kırarsa, onun kendi kemiği de kırılacaktır. | Eğer ki zarar olursa; cana can, göze göz, dişe diş, ele el, ayağa ayak, yanık için yanık, yara için yara, bere için bere ödeyeceksin. (Çıkış 21:23-25) |

Tükidides'in tarihçesi (M.Ö 460-400) en erken M.S. 900 yılında, yani yazıldığı zamandan 1.300 yıl sonra, sekiz el yazması halinde elimizde bulunmaktadır. Bunun gibi **Herodot'un** (M.Ö. 447) tarihçesi az sayıdadır ve daha erken yazılan kopyaları yoktur. Prof. Dr. F.F. **Bruce** bu gerçekten şöyle bir sonuç çıkarıyor: "Hiçbir tarihçi kalkıp **Herodot** ya da **Tütidides**'in doğruluklarından kuşku duymaz. Oysa, eserlerinin en erken el yazma kopyaları yazım tarihinden 1.300 yıl sonraya aittir."³

Aristo (M.Ö. 384-322) şiirlerini yaklaşık M.Ö. 343 yılında yazmıştır. Ama elimizde bulunan en erken kopya M.S. 1100 yılına aittir. Yani, burada 1.400 yıllık bir zaman aralığı vardır. Üstelik bu el yazmalarının sayısı yalnız beş tanedir.

Gaius Julius **Sezar** (M.Ö. 100-44), Gal Savaşları tarihçesini M.Ö. 58 - 50 yılları arasında oluşturmuştur. Ne var ki en erken el yazmaları ölümünden 1.000 yıl sonrasına aittir. Bundan daha önceki kopyalara sahip değiliz.

İncîl'in el yazmalarına gelince, elimizde o kadar çok gerçek bulunmaktadır ki, kıyaslayınca şaşkına dönebilirsiniz. Mesih'in yaşadığı çağla ikinci yüzyıl arasındaki zaman uzunluğunu kapatan ilk papirüs el yazmasının bulunuşundan sonra diğer el yazmaları da gün ışığına çıktı. Günümüzde bu tarihe ait 5.300'den fazla el yazması bulunmaktadır, ve 19.284'den fazla tercüme hâlâ mevcut bulunuyor. İlyada'nın ise **643** el yazması vardır ve bu konuda İncîl'den sonra gelmektedir.⁴

---

2. McDowell, The Best of Josh McDowell, ss. 43-45. Hunt, In Defense of the Faith, s. 71.

3. Bruce, The New Testament Documents: Are They Reliable?, ss. 16 & 33.

İngiliz Müzesi'nin kütüphane başkanı ve müdürü olan Sir Frederick **Kenyon**, aynı zamanda el yazmaları konusunda uzmandır. Metin eleştirisi konusunda, Eski Antlaşma (Tevrât ve Zebûr) yazarlarının yazmış olduğu şeylerin güvenilir nitelikte olduklarına tamamen inanmıştır. Yeni Antlaşma hakkında, kendisi de şu sonuca varıyor: "İncîl metinlerinin orijinali ile ilk bulunan el yazması kopyalar arasındaki zaman aralığı yok denecek kadar kısadır. Ayetlerin tümünün gerçekliği ve genel bütünlüğü sonunda kanıtlanmıştır."[5] **Kenyon** da şöyle der: "Metinlerin orijinal kompozisyonlarıyla bu güne kadar gelebilmiş olan en erken kayıtları arasındaki zamanın önemsenmiyecek kadar kısa oluşu, kutsal yazıların bize kadar ilk kompoze edilmiş halleriyle ulaşmadığı fikrini artık ortadan kaldırmıştır. İncîl hem otantikliğine hem de genel birliğine sonradan ulaşmış olduğu kabul edilmelidir."[6]

İncîl'in Grekçe uzmanı olan Prof. Dr. J. Harold **Greenlee** şunları ekliyor: "En erken el yazmaları, orijinallerinden bu denli geç yazılmalarına ve sayılarının az olmasına karşın, bazı aydınlar eski klasikleri güvenilir buluyorlar. Eski dünyanın edebiyatı nadiren başka diller çevirilmiştir. O halde, İncîl metinlerinin güvenilirliği de fazlasıyla kanıtlanmıştır."[7]

McDowell'in yaptığı araştırmalar sonucunda; "Bibliografik testin İncîl'e uygulanması, İncîl'in bütün eski yazıtlardan daha fazla yetkiye sahip olduğunu gösteriyor. Bu yetkiye 100 yıllık yoğun metin eleştirisini de eklerseniz gerçek İncîl'i elinizde tuttuğunuza inanabilirsiniz" diyor.[8]

B. İçsel Kanıt Testi

Bibliografik test, şu anda elimizde tuttuğumuz metnin orijinal yazıtla aynı olduğunu gösteriyor. Şimdi ise bu metnin güvenilir olup olmadığına bakalım. Eğer güvenilirse, ne dereceye kadar güvenilirdir?

---

4. McDowell, <u>Marangozdan Da Öte</u>, s. 35.

5. Kenyon, Our Bible and the Ancient Manuscripts, ss. 288-289.

6. Kenyon, The Bible and Archeology, s. 288.

7. Greenlee, Introduction to New Testament Textual Criticism, s. 16 & 45.

8. McDowell, Marangozdan Da Öte, ss. 34-36.

Elçi Yuhanna'nın iki arkadaşı, Yuhanna'nın kendi sözleriyle içsel kanıtları destekliyor. Tarihçi **Eusebius** (M.S. 260-340) Kilisenin Tarihi adlı kitabında, ve Hierapolis'in gözetmeni olan **Papiyas**'ın (M.S. 35-107), yazılarından şunları sıralıyor:[9]

> "İhtiyar (Elçi **Yuhanna**) şunu da söylerdi: "**Markos Petrus**'un söylediği her şeyi doğru bir şekilde yazıya geçirdi. Mesih'in gerek sözlerini, gerekse yaptıklarını sırası uygun olmamakla birlikte, **Petrus**'un söylediği gibi kayıt etti. Kendisi Rabbin yanında değildi, ama O'nun öğretişlerini bilen **Petrus**'la birlikteydi.
>
> **Markos, Petrus**'un söylediklerini yazarken hiç yanlış yapmadı; çünkü duyduklarını titizlikle yazmaya ve yanlış bir tümce kullanmamaya dikkat ediyordu."[10]

Bu nokta, John Warwick **Montgomery**'nin söylediği gibi; "Kişi, belgenin söylediklerini analiz ederek dinlemeli, yazar açık yanlışlara yer vermiyorsa, kendiliğinden yanlış ya da sahte damgası vurmamalıdır."[11]

Tarihsel sorgulama için en gerekli rehberlerden biri de şu tarihsel yöntemdir: Yazarın ya da tanığın doğruyu yazma yeteneği metnin güvenilirliğini değerlendirmek için tarihçiye çok yardımcı olur. Gerçeği anlatma yeteneği, kişinin olaylara yer ve zaman açısından ne derece yakın olduğuyla sıkıca bağlantılıdır. İsa Mesih'in yaşamının ve öğretişlerinin yazılı olduğu İncîl metinleri, görgü tanıklarını birinci ağızdan dinlemiş kişiler tarafından kayıt edilmiştir.

"Sayın **Teofilos**, Birçok kişi aramızda olup bitenlerin tarihçesini yazmaya girmiştir. Nitekim başlangıçtan beri bu olayların **görgü tanığı** ve Tanrı sözünün hizmetkârı olmuş olanlar bunları bize iletmişlerdir.

Ben de tüm bu olayları ta başından özenle araştırmış olarak bunları sana sırasıyla yazmayı uygun gördüm."

(Luka 1:1-3)

"Rabbimiz İsa Mesih'in kudretini ve gelişini size bildirirken düzme masallara uymadık. **O'nun görkemini gözlerimizle gördük.**"

(2 Petrus 1:16)

---

9. Bettenson, Documents of the Christian Church, s. 26-28.

10. Eusebius, Historia Ecclesiastica, 3. Kitap, 3. Bölüm.

11. Montgomery, God's Inerrant Word, s. 28.

"Evet, sizin de bizlerle beraberliğiniz olsun diye **gördüğümüzü ve işittiğimizi** size ilan ediyoruz. Bizim beraberliğimiz de Baba'yla ve O'nun Oğlu İsa Mesih'ledir."

(1. Yuhanna 1:3)

"Bunu **gören adam** tanıklık etmiştir ve tanıklığı doğrudur. Doğruyu söylediğini bilir. Siz de iman edesiniz diye **tanıklık etmiştir.**"

(Yuhanna 19:35)

"Sezar **Tiberyus**'un egemenliğinin on beşinci yılıydı. Yahudiye'de Pontiyus **Pilatus**'un valiliği sürüyordu. Celile'de **Hirodes**, İtureya ve Trahonitis bölgesinde **Hirodes**'in kardeşi **Filipus**, Abilini'de Lisanyas yönetimin başındaydı. **Hanna** ve **Kayafa** başkâhinlik ediyordu."

(Luka 3:1-2)

Mesih'le ilgili İncîl kayıtları, o zaman hayatta olan kişilerin yaşamları boyunca dillerde dolaşmıştı. Bu kişiler olayların gerçekliğini onaylayabilir veya inkâr edebilirlerdi. Müjdenin doğruluğunu savunurlarken, Hz. **İsa** hakkında insanlar arasında yaygın olan bilgiyi kullandılar. Yalnızca, "Bakın biz bunları gördük" demekle kalmadılar, ama karşıtlarına dönüp "**Siz de bunları biliyorsunuz... Siz de gördünüz**" diye meydan okudular. Kişi hasmına, "Sen de biliyorsun" derken dikkatli olmalı. Çünkü söylediklerinde yanlış varsa, düşmanı bu yanlışı O'nun gözüne sokacaktır.

"**Pavlus** bu şekilde savunmasını südürürken, **Festus** yüksek sesle, "**Pavlus**, sen çıldırmışsın! Çok okumak seni delirtiyor!" dedi. **Pavlus**, "Sayın **Festus**" dedi, "ben çıldırmış değilim. Gerçek ve akla uygun sözler söylüyorum. **Kral bu konularda bilgili olduğu için** kendisiyle çekinmeden konuşabiliyorum. **Bu olaylardan hiçbirinin onun dikkatinden kaçmadığı kanısındayım.**

Çünkü bunlar ücra bir köşede yapılmış işler değildir."

(Elçilerin İşleri 26:24-26)

İlk vaizlerin hesaba kattıkları yalnızca dost görgü tanıkları değildi. Hz. İsa'nın ruhsal görevi ve ölümü konusunda karşıt düşüncelere sahip, kötü niyetli kişiler vardı. Elçiler yaydıkları müjde doğru olmadığı takdirde, bu kişilerin yanlışlarını seve seve ortaya dökeceklerini biliyorlardı. Bu yüzden yanlış bir müjdeyi yaymaya cesaret edemezlerdi. Ne var ki tam tersini yaptılar. Hasımlarına **"Siz de bunları biliyorsunuz,"** dediler. Gerçeklerden ayrılma olsaydı, dinleyicilerden sert eleştiriler ve düzeltmelerle karşılaşacaklardı.

St. Petrus Koleji'nden Lawrence J. **McGinley** hasım tanıklarla ilgili şunları söylüyor: "İncîl'deki olayların anlatımı tümüyle şekillendiğinde **görgü tanıkları hâlâ hayattaydılar**. Üstelik bu tanıkların arasında olup bitenlere son derece karşıt ve düşman olanlar vardı. Ancak anlatılan gerçekler, yanlışların düzeltilebileceği bir ortamda insanlara sunuldu."[12]

C. Dışsal Kanıt Testi

Üçüncü tarihsel testi dışsal kanıtlarla uygulanır. Bunun için diğer tarihsel gereçlerin belgelerdeki, içsel kanıtları onaylayıp onaylamadığına bakılır. Başka bir deyişle, İncîl'in doğruluğunu, güvenilirliğini ve gerçekliğini kanıtlayan İncîl'den başka kaynaklar varmıdır? Bilinen diğer tarihsel ve bilimsel gerçeklerle uyum içinde olması ve onaylanması kanıtları güçlendirir.

Arkeoloji çoğunlukla güçlü dışsal kanıtlar sağlar. Esinleme alanında değil, ancak kayıt edilen olayların gerçekliği konusunda kayıt sağlayarak müjdesel eleştiriye katkıda bulunur. Arkeolog uzman olan Prof. Dr. Joseph **Free** şöyle yazıyor: "Arkeoloji, eleştirmenler tarafından tarihsel değil, ya da bilinen gerçeklere aykırı diye rafa kaldırılan sayısız metnin doğruluğunu onaylamıştır."[13]

KANON

Sir William **Ramsay** gelmiş geçmiş en büyük arkeologlardan biri olarak kabul edilir. Antik dünya üzerinde bir otorite olan **Ramsay**, bir zamanlar Kutsal Kitap'ın özellikle de **Luka**tarafından yazılan Elçilerin İşleri kısmının güvenilir olmadığına inanıyordu. Bu kişi İncîl'in Elçilerin İşleri bölümünün, ilk yüzyılın ortasında değil, ikinci yüzyılda uydurulduğunu savunan bir Alman tarih okulunun öğrencisiydi. **Ramsay**, Elçilerin İşleri üzerindeki çağdaş yorumları okuduktan sonra, o zamanki olayları (M.S. 50-80) doğru olarak yansıtmadığı sonucuna vardı.

Daha sonra genç bir profesör olarak gidip Ege bölgesi ve eski Filistin harabelerini kendisi araştırmaya karar verdi. Kendi görüşlerinin doğruluğundan çok emin olan **Ramsay** Kutsal Kitap kayıtlarıyla arkeolojik buluşlar arasındaki tutarsızlıkları gözler önünde sermeyi umuyordu. Bu metinlerin geçerli olamayacağını düşünüyordu.

---

12. McGinley, <u>Form Criticism of the Synoptic Healing Narratives</u>, s. 25.

13. Free, <u>Archaeology and the Bible</u>, s. 1.

Ne var ki, çalışmalarının sonunda Luka'nın kayıtları üzerinde düşünmeye başlamıştı. Tarihsel ayrıntılardaki ince doğruluğu dikkatle gözlemledi. Elçilerin İşleri kitabına bakışı yavaş yavaş değişiyordu. Yıllar süren incelemeleri sonunda görüşlerini değiştirmek zorunda kaldı. Buluşları her defasında Kutsal Kitap kayıtlarını doğruluyordu. O da Kutsal Kitab'ın gerçekten Tanrı'nın sözleri olduğuna iyice inandı. Görüşlerini dünyaya açıklarken şöyle dedi: "Şuna iyice inanıyorum ki, **Luka**'nın yazmış olduğu İncîl'in Elçilerin İşleri kısmının güvenilirlikte eşi yoktur. **Luka** birinci sınıf bir tarihçidir. En büyük tarihçiler arasında yer almalıdır."[14] En ufak ayrıntıların ve noktaların doğruluğu karşısında **Ramsay** bu kitabın ikinci yüzyıla değin ilk yüzyılın ortalarına ait olduğu sonucuna varmıştı.

Yale Üniversitesi profesörlerinden Miller **Burrows** bir yorumunda şöyle diyor:

> "Arkeolojinin ortaya çıkarttığı deliller, yüzyılların ötesinden elimize geçmiş olan metnin doğruluğuna olan güvenimizi daha da güçlendirmektedir. Yine arkeoloji bize önemsiz bazı değişiklikler yanı sıra sözcüklerin bile olağanüstü bir doğrulukla günümüze geldiğini göstermektedir. Öyle ki sözcüklerin bize vermek istedikleri anlam konusunda bir kuşku kalmamaktadır."[15]

Kutsal Kitap sınandığı her noktada güvenilir olduğunu kanıtlamıştır. Önde gelen arkeologlardan Prof. Dr. W. F. **Albright** Tevrât ve Zebûr'la ilgili olarak şöyle der: "Arkeolojinin Tevrât ve Zebûr'un gerçekliğini kanıtladığı hakkında hiçbir şüphe yoktur."[16]

Dr. William **Campbell** şöyle demişti: "Mademki bütün dünyadaki İslami kütüphanelerde daha başka Tevrât ya da İncîl hiç bir zaman ortaya çıkmamıştır, ve arkeolojik buluşların bugünkü elimizdekinden daha başka bir Tevrât ya da İncîl hiç ortaya koymamışlar, öyleyse, Muhammed döneminde Mekke'de mevcut olan metinlerin ve bizim bugün elimizdeki metinlerin hepsinin aynı olduğundan eminim."[17]

---

14. Ramsay, <u>The Bearing of Recent Discovery on the Trustworthiness of the New Testament</u>, s. 222.

15. Burrows, <u>What Mean These Stones?</u>, s. 52.

16. Albright, <u>Archaeology and the Religion of İsrael</u>, s. 176.

Regent College'in Kelâm profesörü Dr. Clark H. **Pinnock** söyle yazıyor: "Metinsel ve tarihsel olarak bu denli mükemmel bir tanıklığa sahip olan, üzerinde zekice karar verilmesi gerekirken ve bu kadar tarihsel, veri içeren eskiye ait başka hiçbir belge yoktur. Dürüst bir kişi böyle bir kaynağı rafa kaldıramaz. Mesih inancının tarihsel belgelerinden kuşku duymak ne yazık ki mantığa uymayan (doğaüstüne karşıtlıktan kaynaklanan) bir eğilimdir."[18]

McDowell'in yaptığı araştırmalar sonucunda şöyle diyor: "İncîl'in tarihselliğini ve gerçekliğini yok etmeye ben de çok çalıştım. Ancak sonunda tarihsel açıdan güvenilir olduğu sonucuna vardım. Eğer bir kişi İncîl'i güvenilir değil diye reddediyorsa, eski edebiyata ait tüm eserleri aynı nedenle yok etmelidir. İnsanlar İncîl'e ve diğer laik yazıtlara, ayrı testler ve standartlar uyguluyorlar. İncelediğimiz metin ister laik, ister inançla ilgili olsun, aynı testi uygulamalıyız. Ben kendim bunu yaptım. İncîl'in **İsa** hakkındaki tanıklığının tarihsel olarak güvenilir olduğuna inanıyorum."[19]

Gerek eski peygamberler, gerekse havariler yani Tanrı'nın bütün sözcüleri, gerek Eski Ahit gerekse İncîl, yani Tanrı'nın bütün insanlara sunduğu kanıtlar, mükemmel bir uyum içinde tek ve aynı olaya, tek ve aynı kişiye, İsa Mesih'e ve yeryüzüne gelip açtığı kurtuluş yoluna tanıklık ettiler, ediyorlar da.[20]

---

17. Campbell, The Qur'an and the Bible in the Light of Science, s. 53.
18. Pinnock, A Defense of Biblical Infallibility, s. 58.
19. McDowell, Marangozdan Da Öte, s. 41.
20. Mir, Tanrı'nın "Telefon Numarası", s. 40.

KANON

Peygamberlere Göre (Nebi'îm) Kutsal Kitap'ın Değişmezliği

"Ve kavmin İsraili kendine **ebediyen kavim** olarak kendin için **sabit kıldın**; ve sen, ya RAB, onlara Allah oldun. Ve şimdi, ya RAB Allah, kulun hakkında ve evi hakkında **söylediğin sözü ebediyen durur**, ve söylediğin gibi yap." (2 Samuel 7:24-25)

Musa'nın Tevrât'ında ve Davud'un Zebûr'unda olduğu gibi, aynı şekilde diğer **peygamberlerin kitaplarında** da (Nebi'im'de) Tanrı'nın Sözünün ebedi olduğunu görebiliriz. "Ot kurur, çiçek solar; fakat **Allah'ımızın sözü ebediyen durur.**" (İşaya 40:8) Peygamberlerin kitaplarında birçok "peygamberlik sözleri" de vardır. Şimdi, "**peygamber**" veya "**peygamberlik**" sözleri hakkında biraz düşünelim. Bu sözler ne demek ve nereden çıktılar? Kitab-ı Mukaddes'te "peygamber" kelimesi şöyle oluşmuştur:

"Evelleri İsrâilde Allahtan sormak için gittiği zaman adam böyle derdi:

Gel, **Görene** gidelim; Çünkü, şimdi **Peygamber** denilene, önceleri **Gören** denirdi."

(1. Samuel 9:9)

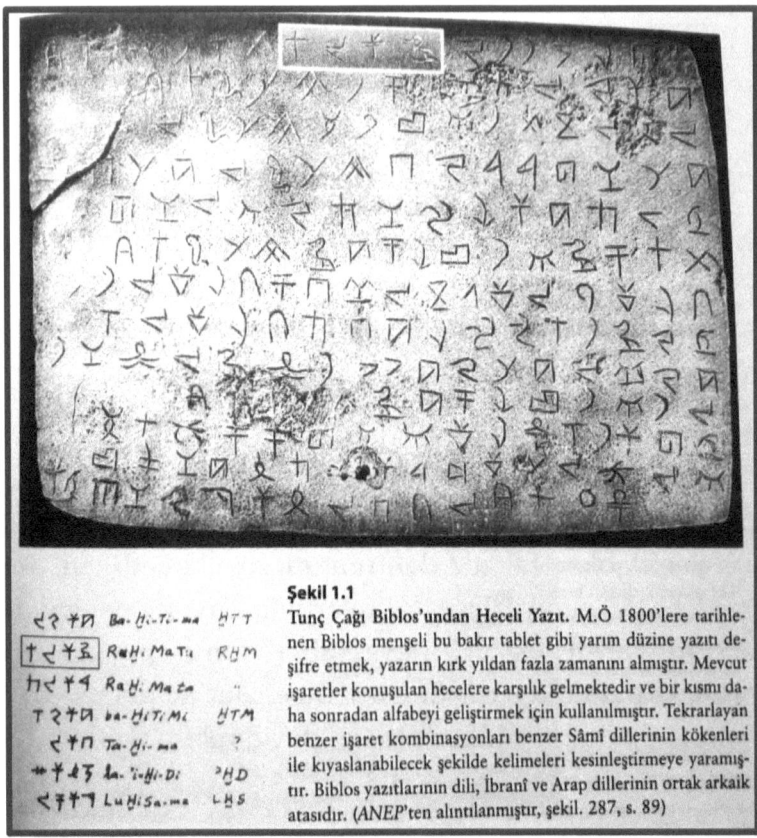

Şekil 1.1

Tunç Çağı Biblos'undan Heceli Yazıt. M.Ö 1800'lere tarihlenen Biblos menşeli bu bakır tablet gibi yarım düzine yazıtı deşifre etmek, yazarın kırk yıldan fazla zamanını almıştır. Mevcut işaretler konuşulan hecelere karşılık gelmektedir ve bir kısmı daha sonradan alfabeyi geliştirmek için kullanılmıştır. Tekrarlayan benzer işaret kombinasyonları benzer Sâmî dillerinin kökenleri ile kıyaslanabilecek şekilde kelimeleri kesinleştirmeye yaramıştır. Biblos yazıtlarının dili, İbranî ve Arap dillerinin ortak arkaik atasıdır. (ANEP'ten alıntılanmıştır, şekil. 287, s. 89)

Kitab-ı Mukaddes'teki "**peygamberlik**" kavramına göre, bir peygamber gelecekte olacak olayları olup bitmeden önce açıklamaktadır. "İşte size **her şeyi önceden söylemiş** bulunuyorum." (Markos 13:23) Böylece bir peygamber gerçekten Tanrı tarafından geldiğini belli etmektedir. Çünkü, ancak Tanrı gayb haberinin sahibidir.

"De ki: Göklerde ve yerde **Allâh'tan başka kimse gaybı** (görünmeyeni, Allâh'ın gizli ilmini) **bilmez**. Ne zaman dirileceklerini de bilmezler. **Doğrusu onların âhiret hakkındaki bilgileri ard arda gelip bir araya toplandı.**"

(Neml 27:65-66)

"O, gaybı bilendir. Kendi görünmez bilgisini kimseye göstermez.

Ancak râzı olduğu elçilere gösterir."

(Cin 72:26-27)

Bütün Eski Ahit'te, Tevrât, Zebûr ve Peygamberlerin kitapları birçok peygamberlik sözü içerirler. Gelecek şeylerle (**gayb**) ilgili Kitab-ı Mukaddes'te, yüzlerce değil, binlerce ayet bulunmaktadır.[1]

---

1. Wickwire, İlâhiyata Ait Bir Kaynak Kitap, ss. 139-152.

Bu da aynı şekilde önemli bir gerçeği ifade ediyor ki, Tanrı'nın kitaplarının ta kıyamet gününe kadar geçerli kalacağını. Öyle ki, Ahiret gününe gelmeden önce o kitapların değişmesi Tanrı'nın güvenilirliğini tehlikeye atardı.

Peygamberlerin aracılığıyla verilmiş olan sözlerin yerine gelmesi gerekiyor, yoksa Tanrı, yalancı duruma düşmüş olur. O zaman peygamberlik sözlerinin, gelecek çağlarda değişmemesi gerekir. Tanrı tüm ayetlerini korumaktadır.

"O günlerde **Petrus**, yaklaşık yüz yirmi kardeşten oluşan bir topluluğun ortasında ayağa kalkıp şöyle konuştu:

"Kardeşler, **Kutsal Ruh**'un, **İsa**'yı tutuklayanlara kılavuzluk eden Yahuda ile ilgili olarak **Davud'un ağzıyla önceden bildirdiği Kutsal Yazı'nın yerine gelmesi gerekiyordu."**

(Elçilerin İşleri 1:15-16; Bkz. Mezmur 41:9)

Gelecek zamana ait olayları kavrayabilmek için, Kitab-ı Mukaddes tek kaynaktır. Fakat, Kur'ân'da da bunun bilgisi vardır fakat ya sınırlı ya da tamamıyla kapalıdır.

"De ki: "Ben size, Allâh'ın hazîneleri yanımdadır, demiyorum. **Gaybı da bilmem.**" (En'âm 6:50)

"Andolsun (Muhammed) onu apaçık ufukta görmüştür.

O, **gayb hakkında** (verdiği haberlerden dolayı) **suçlanamaz.**"

(Tekvîr 81:23-24)

Tüm kitaplara göre, gayb haberleri sadece ve sadece Eski Ahit ve Yeni Ahit'teki peygamber ve elçilere verilmişti, ama Kur'ân-ı Kerîme göre Hz. Muhammed'e her hangi bir gayb haberi verilmemişti. Dolayısıyla, eğer bir kimse Tanrı'nın peygamberleri aracığıyla verilmiş olan gayb haberlerini öğrenmek isterse, ancak ve ancak Kitab-ı Mukaddes'te gayb haberleri bulabilir. Bu gelecekte olacak olayların çoğu "**Son Günleri**", "**İsa Mesih'in Tekrar Gelişi**", "**Dünyanın sonu ve Armageddon Savaşı**", "**Yedi Yıllık Büyük Sıkıntı**", "**Rabbin Günü**", "**Gelecek Çağ**", "**Mesih'in Bin Yıllık Krallığı**", "**Tanrı'nın Eğemenliği**", "**Yargı Günü**", "**Ahiret Günü**", ve "**Kıyamet Günü**" hakkındadır. Kitab-ı Mukaddes'te bu konularla ilgili binlerce ayet vardır. Elbette bu çağın son günlerindeki bulunan bilgi mü'minler için yazılıdır. Tanrı'nın kendisi bu gelecekte olacak bilgiyi **Kıyamet Gününe kadar korunma altına almıştır**. Tanrı'nın insanlarla yapmış olduğu ahitleri ebedîdir, değişmezdir. Görenedir görene, köre nedir köre ne?

İslâm ülkelerinin İlâhiyat Fakültelerinde gelecek şeylerle ayırı bir (Gayb) ile ilgili bir bilim dalı yoktur. Ama buna karşın Hristiyan İlâhiyat Fakültelerinde Gelecek Şeyler ile ilgili "**Es-**

chatology"[2] adlı bir bilim dalı vardır. Neden? Çünkü Kitab-ı Mukaddes'te, hem Eski Ahit hem de Yeni Ahit'te, gelecekte olacak olaylarla ilgili binlerce ayrıntılı âyet vardır. Kitab-ı Mukaddes gayb haberlerleriyle doludur. Bir örnek:

"İsa'nın bildirisi, **peygamberlik ruhunun özüdür.**"
(Esinleme 19:10)

Eski Ahit'te, peygamberler tarafından vaat edilmiş olan "**Mesih**" hakkında, 60'tan fazla peygamberlik ayetleri bulunmaktadır.[3] Ayetlerde Mesih'in nerede doğacağı, nasıl yaşayacağı, ve nasıl öleceği belirtilmiştir. İncîl'de ise, İsâ Mesih'in bir bakireden nasıl doğduğu ve Eski Ahit'in Mesih ile ilgili peygamberlik ayetlerinin tek tek yerine geldiği açık bir şekilde görünmektedir. Ayrıca, İsa Mesih'in tekrar gelişi hakkında, hem Eski Ahit hem de İncîl'de birçok peygamberlik ayetleri bulunmaktadır.[4] Bu ayetlerin gerçekleşebilmesi için, dünyanın son günlerine kadar Tanrı'nın kutsal kitaplarının sabit kalması lazım. Kitab-ı Mukaddes, zamanın sonunda dünyayı çepeçevre saracak olan korkunç sıkıntılardan söz ettiği için, sözünün sonsuza dek değişmeksizin kalacak olması, kendisine iman edenleri yatıştırabilmekte, en zor anlarda bile ona güven duyabilmelerini sağlamaktadır.

Kur'ân-ı Kerîm, Hz. İsa **Mesih**'in bir "**Müjde**" getirdiğini ima etmektedir. "Allâh seni, kendisinden bir kelime ile **müjdeliyor**: Adı Meryem oğlu **Mesih**'dir." (Al-i İmrân 3:45) Ama Kur'ân, hiçbir yerinde bu İncîl'deki Müjdenin tam olarak ne demek olduğunu anlatmamıştır. Kur'ân'da 9 kez Hz. İsa'nın "**Mesih**" olduğundan bahsedilmektedir, ama "**Mesih**" kelimesi Kur'ân'da anlatılmamıştır.[5] Bunu anlayabilmek için İncîl'e bakmamız lazım.

Buraya kadar, Tevrât, Zebûr ve Peygamberlerin Yazılarını inceledik. Şimdi ise Yeni Ahit'in, yani İncîl'in açıklamasına, dikkatle bakalım.

---

2. Eschatology: Eskatolojik, tarihin son olayları ile ilgili her şey - Yunanca "**Eschata**", son şeyler, son olaylar.

3. Wickwire, İlâhiyata Ait Bir Kaynak Kitap, ss. 140 & 145.

4. İbid, ss. 39-40.

5. Kur'ândaki bulunan Hz. **İsa Mesih** ile ilgili 85 tane ayet şunlardır: 2:87 & 253; 3:45-55 & 59; 4:156-159, 163 & 171-172; 5:17, 46, 72, 75 & 110-119; 6:85; 9:30-31; 19:17-23, 27-34 & 36; 21:91; 23:50; 43:57-65; 57:27; 61:6 & 14.

KANON

Kitab-ı Mukaddes ve Kuran-ı Kerim Arasındaki Değişik Vahiy Kavramları

"Öncelikle şunu bilin ki, **Kutsal Yazılarda** bulunan hiçbir peygamberlik sözü kimsenin özel yorumu değildir. Çünkü, hiçbir peygamberlik sözü insanın isteğinden kaynaklanmadı. **İnsanlar Kutsal Ruh'ça yöneltilerek, yönlendirilerek** Tanrı'nın sözlerini ilettiler."

(2 Petrus 1:20-21)

Hristiyanlık'taki Kitab-ı Mukaddes'e (Tevrât, Zebûr, İncîl) bakış İslâmiyet'teki Kur'ân'ı Kerim'e bakıştan belirgin bir şekilde farklıdır demiştik. Hristiyanlığa göre Kitab-ı Mukaddes Tanrı'nın esinlenmesi dikte ettirilmiş veya Cennetten indirilmiş demek değildir. Tanrı'nın esiniyle Kitab-ı Mukaddes değişik kişilerce yazılmış tam güvenebileceğimiz bir eser ve ruhsal bir rehberdir.[1]

Hz. İsa, İncîl'i gökten inen bir kitap olarak anlamadı. Öyle ki, ilk Mesih İnanlılarının zamanında bile İncîl kitap olarak hâlâ yoktu. "**İncîl**" kelimesi o zaman sadece karşılığı olan "**müjde**" anlamında kullanılırdı. Yalnız bu müjde, kitap haline getirildikten sonar. Bu Kutsal Kitap, Tanrı'nın istediği olayların başlangıcını ve sonucunu ortaya çıkaran bir ilhamdı. Peygamberler konuştular ve yazdılar, ama Tanrı'nın Ruh'u olan Kutsal Ruh'un yönetiminde konuşup yazdılar. Eski Antlaşma'da (Tevrât, Zebûr ve diğer Peygamberler) 3.808 kez, "**Rab konuştu,**" "**Rab emretti,**" "**Rab dedi ki**" gibi sözlerin kullanıldığını görüyoruz.[2]

KANON

"*Apsis Mozaiği*", Ayasofya'da bulunan Apsis'in çeyrek kubbesinin orta kısmında, İsa'nın Annesi Hz. Meryem, (Theotokos), üzeri değerli taşlarla süslü ve minderli bir taht üzerinde oturmakta olup; kucağında Çocuk Hz. İsa'yı tutmaktadır. Bu mozaik Ayasofya'da İkonaklazma (Tasvir Kırıcılık) döneminden sonra yapılmış, ilk figüratif tasvirli örneği teşkil etmesi açısından önemlidir. Mozaik tasvir 9. yüzyıla tarihlenmektedir.

KANON

"*Deisis Mozaiği*", Ayasofya'nın Güney galerisinin batı duvarında Doğu Roma Resim Sanatı'nda Rönesansın başlangıcı olarak kabul edilen Deisis sahnesinin yer aldığı mozaik pano bulunmaktadır. Tasvirde, sağda İoannes Prodromos (Vaftizci Yahya) ile solda Hz. Meryem, ortada ise Pantakrator İsa bulunmaktadır. Mozaikte Kıyamet gününde insanlığın affedilmesi için Hz. Meryem ve Hz. Yahya'nın Hz. İsa'ya yakarmaları tasvir edilmiştir.

Bu üç figürde Helenistik Dönem Tasvir Sanatı'nın özellikleri yansıtılmaktadır. Deisis panosu, mozaik tekniği ve tasvirin yapılış şekli ile dikkat çekmektedir. Yüzlerdeki canlılık ve renklerin seçimi açısından oldukça başarılıdır. Bu mozaik Doğu Roma Sanatı'nda İlkçağ resim sanatının ana prensiplerinin yansıtıldığı en güzel örneklerden biridir. Deisis Mozağı'nin tarihlendirilmesinde farklı görüşler ileri sürülmekle birlikte, kabul edilen tarih 13. yüzyıldır.

"Ve Rab elini uzattı, ve ağzıma dokundu; ve RAB bana dedi: İşte, **sözlerimi senin ağzına koydum.**" (Yeremya 1:9)

Yeni Ahit'te de görüyoruz ki, bu üslup ve bu aynı vahiy, ilham ve yetki bulunmaktadır. Tanrısal açıklama (vahiy) sadece bir yasanın (şeriatın) beyanı değildir. Arapça **"vahiy"** kelimesinin Grekçe (eski Yunanca) orijinali **"apokalupsis"** (İngilizcesi **"revelation"**), 'bir perdenin arkasında saklı olanı ortaya çıkarmak' anlamını taşıyor.³ **"Apokalupsis"**in İbranicesi (veya Aramicesi) **"galah"**tır. Anlamı, **"sırları açmak"**tır (örn. Daniel 2:47).

1. Sproul, Kutsal Kitap'ı Anlamak: Yorum Bilimi, s. 128.
2. Pache, The Inspiration and Authority of Scripture, s. 121.

İncîl'de, Elçi Yuhanna, kendi yazdıkları hakkında şöyle yazar:

"**Bu kitap, İsa Mesih'in esinlemesidir.** Tanrı, yakın zamanda olması gereken olayları kendi kullarına göstermesi için O'na bu esini verdi. O da gönderdiği **kendi meleği aracılığıyla bunu kulu Yuhanna'ya iletti.**"

(Esinleme 1:1)

Kitab'ı Mukaddes'de ise esinlemenin tanımı şöyledir: Tanrı, seçtiği yazarları öyle yönlendirmiştir ki, yazarlar asıl elyazmalarında kendi özgün kişiliklerini, üsluplarını ve sözcük dağarcıklarını kullanarak Tanrı'nın insana olan vahyini hatasız bir biçimde oluşturmuş ve kaydetmişlerdir.

"**Bu gerçekler,** gökten gönderilmiş olan **Kutsal** Ruh'un gücüyle size Müjde'yi iletenler **tarafından bildirildi.**" (1 Petrus 1:12)

2. Petrus 1:19-21 esinlenmeyi şöyle tanımlar:

İnsanlar, "**Kutsal Ruh tarafından yöneltilerek**" yazmışlardır.

Bu öğretinin özellikleri ise şöyledir:[4]

a) Asıl elyazmalarını kapsar. Eski Ahit'in orijinali **İbranice** yazıldı, ama Ezra 4:8-6:18 & 7:12-26 ve Daniel 2:4-7:28 kısımların **Aramice** olarak yazıldı.[5] Yeni Ahit'in orijinali ise **Grekçe** yazıldı ama bazı kaynaklara göre Matta bölümü İbranice olarak yazılmıştır.[6]

b) Kusursuzluk ve yanılmazlık belirtir. Kusursuzluk, Kutsal Kitab'ın hiçbir çelişki ya da hata barındırmadığı anlamına gelir. Kutsal Kitap'la ilgili bütün bilgiler elde edildiğinde ve doğru yorumlandığında bu kusursuzluk açıkça görülecektir. Kusursuzluk tarihsel ve bilimsel konular dahil Kutsal Kitab'ın bütün sözlerini içerir.

---

3. Mir, Tanrı'nın "Telefon Numarası", s. 17.

4. Ryrie, Kısa İnancımız, s. 2.

5. Bruce, The Books and the Parchments, s. 48.

6. Bivin & Blizzard, Understanding the Difficult Words of Jesus, ss. 20-23 & 45-78.

c) Esinleme Kutsal Kitab'ın her sözünü kapsar. Yalnızca öğretiler, "iman ve uygulamalarımızla" ilgili ya da kişisel olarak bizde esin uyandıran bölümler değil, Kutsal Kitap bütünüyle (tarih, bilim, vs.) esinlenmiştir.

Zamanla, "**Kitap**" ve "**İncîl**" anlamdaş olmaya başladılar. Kitap olarak İncîl'i de İsa yazmadı. Onu kaleme alan kişiler, İsa'nın bunun için tayin ettiği elçilerdir.[7] Elçilerin görevi hâfızdan öteydi. İsa Mesih buyruklarını (sözünü) elçilere emanet etti (Elçilerin İşleri 1:1-2). Onları, Kutsal Ruh'un gücüyle kendisine tanıklar olmak üzere atadı:

"Çünkü konuşacak olan siz olmayacaksınız, **Babanızın Ruhu sizin aracılığınızla konuşacaktır.**" (Matta 10:20)

Elçiler, **Kutsal Ruh**'un denetimi altında yazarak, tanık oldukları olayları ve kendi anlayışlarını ifade tarzlarını birleştirerek Tanrı'nın istediği sözleri yazdılar! Esin burada Tanrı'nın "**nefesi**"dir. Kutsal Ruh, yanlışlık olmadan, her kelimeyi denetleyerek yazdırıyordu.[8] "Hiçbir peygamberlik sözü insan isteğinden kaynaklanmadı. Onlar Kutsal Ruh'ça yöneltilerek Tanrı'nın Sözlerini ilettiler."

(2 Petrus 1:20-21)

7. Veya **Petrus**'un kâtibi **Markos** ya da **Pavlus**'un kâtibi sayılabilen **Luka**.

8. Madrigal, Carlos, "Kutsal Yazılar'ın Esinlenmesi", Tiranus İncîl Okulu "Kutsal Ruh" Ders Notlarından, ss. 56-57.

KANON

Kur'ân'a Göre Hz. Muhammed Kendi Dönemindeki Mevcut Olan Kutsal Kitab'ı Tanrı'nın Kelâmı Olarak Kabul Ediyordu

"Sana Kitabı hak ile ve kendinden **öncekini doğrulayıcı olarak indirdi**. Bundan önce de insanlara **doğru yolu** göstermek için **Tevrât ve İncîl'i indirmişti**. (Doğruyu ve eğriyi birbirinden) ayırdeden (Kitâblar)ı da indirdi.

Allâh'ın âyetlerini inkâr edenler için mutlaka çetin bir azap vardır.

Allâh, daima üstündür ve öç alandır."

(Al-i İmrân 3:3-4)

İslâmiyet başlamadan önce, Kitab-ı Mukaddes 66 adet ayrı kitaptan oluşan kitaplardan meydana gelmiştir. Yani Hz. Muhammed'in döneminde, M.S. 610-632, bütün Yahudiler **Eski Ahit** 39 kitap ve bütün Hristiyanlar **Yeni Ahit** 27 kitap ve Tanrı'nın Sözü olarak kabul etmişlerdir. M.S. 632'den sonra meydana gelen Kur'ân'da, sözü edilen Tevrât, Zebûr, İncîl ve diğer peygamberlerin yazıları bu 66 kitaptan oluşmaktadır.

Kur'ân-ı Kerîm Kitab-ı Mukaddes'i şöyle değerlendiriyor:

"**Kitâbı**" (Al-i İmrân 3:3-4)

"**Allâh'ın Kitâb'ı**" (Al-i İmrân 3:23)

"**Allâh'ın Sözü**" (Bakara 2:75)

"**Allâh'ın âyetleri**" (Al-i İmrân 3:113)

"**Râhman'ın âyetleri**" (Meryem 19:58)

"**Furkan**" (Bakara 2:53)

"**Doğruyu yanlıştan ayıran**" (Enbiyâ 21:48)

"**Zikir**" (Enbiyâ 21:7)

"**Nur ve Işık**" (Mâide 5:44)

"**Doğru yol**" (Mâide 5:44 & 46)

Bütün bu ayetlerin ışığında açıkça görülür ki, Kur'ân-ı Kerîm Kitab-ı Mukaddes'in gerçekliğine tanıklık eder. Yani, Kitab-ı Mukaddes'in yazıları Tanrı'nın isteğinden ve amaçlarından şekil alarak yazılmış yetkili bir esinlemedir.

Dinler Tarihi uzman olan Dr. Baki **Adam**'a göre "İsa döneminde derlenen Eski Ahit'in, Kur'ân'ın geldiği dönemde son şeklini almış olduğu, tarihen sabittir. O zamanki Yahudiler, "**Tevrât**"ın İbranice karşılığı "**Torah**"dan, **Eski Ahit'in tümünü** anlamaktadırlar. Dolayısıyla, Yahudilerle münazarada Kur'ran, onların diliyle hitap etmiş, bir tashihde bulunmamış ve "Tevrât" lafzını onların anladığı anlamda kullanmıştır, denilebilir."[1]

Kur'ân, izleyicilerini - birini diğerinden ayırmaksızın - bütün kutsal yazıları kabul etmeye çağırıyor, kendisinin Yahudilerin ve Mesih İnanlılarının kitaplarını doğrulamak üzere inmiş olduğuna iman etmelerini buyuyor. Prof. Dr. İbrahim Ağah **Çubukçu**'ya göre: "Kur'ân mezhep ayrılıkları ne olursa olsun, Hz. İsa'ya ve İncîl'e sıcak bakmıştır. Esasen İslâm, daha önceki semavî dinleri doğrulamıştı."² Görüyoruz ki, Kur'ânı Kerim Tevrât ve İncîl'i doğrulamaktadır.

Kur'ân-ı Kerîm apaçık bir şekilde Hz. Muhammed'in, kendi döneminde mevcut olan Kitab-ı Mukaddes'i Tanrı'nın Sözü olarak kabul ettiğini söylemektedir. Aşağıdaki ayetlere göre, Hz. Muhammed ve tüm Müslümanlar bütün kitapları kabul etmeleri gerekiyor. Görünen köy kılavuz istemez. Bu ayetler apaçıktır:

"Ey inananlar, Allâh'a, Elçisine ve Elçisine indirdiği Kitab'a ve **daha önce indirmiş bulunduğu Kitab'a inanın.**

Kim Allâh'ı, meleklerini, kitablarını, peygamberlerini ve ahiret gününü **inkâr ederse o, uzak bir sapıklığa düşmüştür.**"

(Nisâ 4:136)

"**Kitab'ın hepsine inanırsınız.**" (Al-i İmrân 3:119)

"**İsa** açık delillerle gelince dedi ki: "Ben size hikmet getirdim ve ayrılığa düştüğünüz şeylerden bir kısmını size açıklamak için   (geldim). Allâh'tan korkun ve **bana itaat edin.**" (Zuhruf 43:63)

Bu ayetler gereğince ise, Kur'ân'a inandığı gibi Tevrât'a ve İncîl'e inanmayan Müslüman derin bir yanılgı içerisindedir. "**Bana itaat edin**" sözleri kiminle ilgilidir? Anlaşıldığı gibi, bu ayet Hz. **İsa Mesih** ile ilgilidir! Peki, Hz. İsa, ona itaat edilmesi hakkında ne dedi?

---

1. Adam, <u>Yahudi Kaynaklarına Göre Tevrât</u>, 1997, s. 43.

2. Çubukçu, "Müslümanların Hıristiyanlığa Bakış Açıları", s. 223.

"Beni **seviyorsanız** buyruklarımı **yerine getirirsiniz.**"

(Yuhanna 14:15)

"Kim **buyruklarımı bilir** ve **yerine getirirse**, işte beni seven odur."

(Yuhanna 14:21)

"İsa ona şu karşılığı verdi: **Beni seven sözüme uyar**..."

(Yuhanna 14:23)

Hz. İsa'nın bu sözleri nerede bulunuyor? Sadece ve sadece İncîl'de. İsa Mesih'in "**hadis**" kitapları yoktur. Hz. İsa'nın "**İpsissima Verba**", yani O'nun hakiki sözleri, sadece ve sadece İncîl'de bulunmaktadır. Kur'ân-ı Kerîm ise farklı olarak, o direkt olarak konuşma yapan merci olarak, Allah'ın sözlerini yansıtmaktadır, dolayısıyla içerisinde hadis olarak nitelenebilecek söze rastlanmaz ve kapsamaz! Yani, Kur'ân-ı Kerîm'de, gerek metod olarak gerekse malumat olarak, Hz. İsa'nın buyrukları hakkında pek fazla bir şey de bulunmaz ve yoktur. İsa Mesih'in orijinal sözlerini direk kendi ağzından duymak istediğinizde ise, söz konusu olunca, sadece bir tek gerçek kaynak var; o da **İncîl'dir**. Bir Hristiyan için, elimizdeki İncîl'i okumadan, bilmeden, Hz. İsa'nın emirlerine nasıl itaat edilebilir? İncîl elinde olmadan ona uymak tamamen imkânsız olurdu. Bu yüzden Kur'ân, "**daha önce indirmiş bulunduğu Kitab'a inan**" diyor. Böylece Tevrât ve İncîl'in sağlam ve kusursuz olması lazım. Bu ayet Kitab-ı Mukaddes ile ilgilidir, ve Kur'ân'a göre bunu inkâr veya ihmal edenleri günahkâr ve kâfir olarak nitelemektedir.

"Ve **daha önce** indirmiş bulunduğu **Kitab'a inanın**...
Kim inkâr ederse o, uzak bir **sapıklığa** düşmüştür."

(Nisâ 4:136)

"Ayetlerimizi, kâfirlerden başkası inkâr etmez."

(Ankebut 29:46-47)

Kur'ân-ı Kerîm'de, Kitab-ı Mukaddes'ten direkt aktarmalar ise çok az bulunmaktadır.[4] Kur'ân, (içlerinde Müslümanlar da olmak üzere) tüm imanlılara, Kur'ân ve önceden indirilen kitaplara, yani Tevrât, Zebûr ve İncîl'e inanmayı emretmektedir. Halbuki, Kur'ân-ı Kerîm'de İncîl'de bulunan İsa Mesih'in sözlerinin kısmen **yüzde biri** kadarı bulunmaktadır. Bu nedenle, **"size indirilene de inandık"** demekle, Kur'ân-ı Kerîm, Kitab-ı Mukaddes'i özetle tasdik etmektedir. Prof. Dr. Süleyman **Ateş**, Nisâ 4:136 üzerine tefsiri şöyle: "Nisa 4:136 âyetinde mü'minler, hem Allah'ın, Elçisine indirdiği Kitâba, hem de daha önce indirmiş bulunduğu Kitâba inanmaya dâvet edilmektedir. Tevrât, İncîl bilinen Kitaplardır"[5]

---

4. Cragg, Muhammed and the Christian, s. 20.

5. Ateş, Yeniden İslâma I, ss. 22 & 36.

Tevrât Tasdik Edilir:

(Tora)

Bakara 2:53.......**Mûsâ'ya** Kitâb ve furkan vermiştik.

Bakara 2:87.......Andolsun, **Mûsâ'ya** Kitâbı verdik...

Bakara 2:92.......Andolsun **Mûsâ**, size açık delîllerle gelmişti...

Al-i İmrân 3:48...Ona Kitâbı, hikmeti, **Tevrât'ı** ve İncîl'i öğretecek (İkinci gelişte).

Al-i İmrân 3:50...Benden önce gelen **Tevrât'ı** doğrulayıcı olarak... Size Rabb'inizden bir mûcize getirdim

Al-i İmrân 3:65...Oysa **Tevrât** da, İncîl de ondan sonra indirilmiştir.

Mâide 5:45........Onda (**Tevrât'ta**) onlara: cana can, göze göz...kısas (ödeşme) yazdık.

Mâide 5:66........**Tevrât'ı**...ve kendilerine indirileni gerçeğince uygulasalardı...İçlerinde mu'tedil bir ümmet var

Mâide 5:68........De ki: Ey Kitâb ehli siz **Tevrât'ı**... uygulamadıkça...

Mâide 5:110.......Sana Kitâb'ı hikmeti, **Tevrât'ı** ve İncîl'i öğrettim.

En'âm 6:154.......Yola iletici ve rahmet olmak üzere, **Mûsâ'ya** Kitâb'ı verdik ki, Rab'lerinin huzuruna...

Tevbe 9:111.......Gerek **Tevrât'ta**, gerek İncîl'de, gerek Kur'ân'da Allâh'tan daha çok ahdini yerine getiren kim...

Hûd 11:110........Andolsun, **Mûsâ'ya** Kitâb'ı verdik...

İsrâ 17:2-4.......Biz **Mûsâ'ya** Kitâb verdik.. Kitâb'da İsrâil oğullarına... Kitab'da İsrail oğullarına şu hüküm

Secde 32:23.......And olsun biz **Mûsâ'ya** da Kitâb vermiştik. Sakın onun kavuşması hakkında şüphe içine düşme. Onu **İsrâil** oğullarına yol gösteren kılmıştık.

Mü'min 40:53-54...Andolsun biz **Mûsâ'ya** hidâyet verdik ve **İsrâil** oğullarına o Kitâbı mîras kıldık. **(O)**, akılselim sahiplerine bir yol gösterici, bir öğüttür.

Ahkaf 46:12.......Önce de önder ve rahmet olarak **Mûsâ'nın** Kitâb'ı var.

Zebûr Tasdik Edilir:

(Ketubîm)

Nisâ 4:163........Süleyman'a da vahyetmiş Davûd'a da **Zebûr'u** vermiştik.

İsrâ 17:55........Davud'a da **Zebûr'u** verdik.

Enbiyâ 21:105.....And olsun Tevrât'tan sonra **Zebûr'da** da... yazmıştık.

Peygamberler Tasdik Edilir:

(Nebi'îm)

Bakara 2:136......ve (diğer) **peygamberlere** Rabb'leri tarafından verilene **inanırız**;

Al-i İmrân 3:84...ve **peygamberlere** Rab'leri tarafından verilene **inandık**; onlar arasında bir ayırım yapmayız, biz O'na teslim olanlarız.

Nisâ 4:163........Nuh ve ondan sonra gelen **peygamberlere** vahyettiğimiz **gibi** sana da vahyettik.

KANON

İncîl Tasdik Edilir:

(Yeni Ahit)

Al-i İmrân 3:3-4..Tevrât ve **İncîl'i** indirmişti.

Al-i İmrân 3:48...Ona Kitâbı, hikmeti, Tevrât'ı ve **İncîl'i** öğretecek.

Al-i İmrân 3:65...Oysa Tevrât da, **İncîl** de ondan sonra indirilmiştir.

Nisâ 4:163........Sonra gelen peygamberlere vahyettiğimiz gibi... **İsâ'ya**...da vahyetmiştir...

Mâide 5:46........Meryem oğlu **İsâ**'yı gönderdik ve ona, içinde yol gösterme ve nûr bulunan **İncîl'i** verdik.

Mâide 5:66........**İncîl'i** ve kendilerine indirileni gereğince uygulasalardı... İçlerinde mu'tedil bir ümmet var.

Mâide 5:110.......Sana Kitâb'ı hikmeti, Tevrât'ı ve **İncîl'i** öğrettim.

Tevbe 9:111.......Gerek Tevrât'ta, gerek **İncîl'de**, gerek Kur'ân'da Allâh'tan daha çok ahdini yerine getiren kim...

Hadid 57:26-27....Meryem oğlu **İsâ**'yı da gönderdik; ona **İncîl'i** verdik ve ona uyanların kalblerine şefkat ve rahmet (duygusu) koyduk.

Tüm Kitab-ı Mukaddes Tasdik Edilir:

(Kutsal Kitap)

Bakara 2:285......'Onun **elçilerinden hiçbirini** diğerinden **ayırmayız.**'

KANON

Al-i İmrân 3:119.."**Kitab'ın hepsine inanırsınız.**"

Nisâ 4:136........Daha önce indirmiş bulunduğu Kitab'a **inanın.**

Mâide 5:46........Yanlarındaki Tevrât'ı...ve içerisinde nûr bulunan İncîl'i **verdik.**

Mâide 5:68........Siz Tevrât'ı, İncîl'i... **uygulamadıkça** bir esas

Ankebut 29:46.....Bize indirilene de, size indirilene de **inandık.**

Şûrâ 42:15........Ben Allâh'ın indirdiği **her Kitâb'a inandım**.

Yukarıda zikrettiğimiz ayetler tefsire gerek duymayacak kadar açıktır. Zaten Kur'ân kendisini "**Apaçık bir kitap'tır**" diye tanıtıyor. (Neml 27:1 & Zuhruf 43:2-4) İlan edilen gerçek özetle şudur: Kitab-ı Mukaddes (Tevrât, Zebûr ve İncîl) Tanrı katından indirilmiş, alemlere nûr ve yol gösterici olan kitaplardır. Hükümleri geçerli ve uygulanmak zorundadır. Ona inanmayan, yahut onu inkâr eden Müslüman, apaçık bir yanılgıdadır. Çünkü Kur'ân'ın tasdik ettiği bir kitabın tahrif edilmiş olduğu söylenemez. Prof. Dr. **Watt** bu durum hakkında şunu söylemişti: "Temelde Kur'ân, İslâmı Musevîlik ve Hristiyanlığa paralel ve onların kitaplarını teyit eden bir din olarak takdim etmişti."[6]

Kur'ân, Tevrât veya İncîl'in tahrifini bildirmemiştir. Bırakın Kitab-ı Mukaddes'in tahrifini bildirmeyi, Kur'ân'da Hz. Muhammed'in döneminde bulunan Tevrât, Zebûr ve İncîl'in doğruluğu hakkında en küçük bir kuşku bile yoktur. Kur'ân, Tevrât ve İncîl'i insanlara doğru yolu gösteren, onları Tanrı'nın Mûsâ ve İsâ'ya indirmiş olduğu özgün ilâhî kitaplar olarak kabul eder ve bildirir. Kur'ânın söz ettiği kitaplar, o gün Yahudilerin ve Hristiyanların elinde bulunan, Kitab-ı Mukaddes'tir.

KANON

Hayali, sanal bir Kutsal Kitap değildir. Kur'ân'da adı geçen kitapların, Kitab-ı Mukaddes'i oluşturan kitaplardan farklı kitaplar olduğunu kanıtlama çabasının ciddiye alınacak bir yanı yoktur. Eski ve Yeni Ahit'ten başka, **Tevrât** (Yasa) ve **İncîl** (Müjde) diye kitapların varlığını da kanıtlamak mümkün değildir. Ayrıca, Kur'ân'ın kendisi de bunların Yahudiler ile Hristiyanların kutsal kitaplarından farklı şeyler olduğunu söylememektedir. Tam aksine, açıkça ifade edilmiştir ki, bu kitaplar Yahudi ve Hristiyanların Kutsal Kitap olarak kabul ettiklerinin aynısıdır. Bilakis, Tanrı Hz. Muhammed'e de önceki indirdiği kitaplara inanmalarını buyurdu; **"daha önce indirmiş bulunduğu Kitab'a inanın."**

(Nisa 4:136)

Bu kısmı özetlersek, Kur'ân'a göre, Kitab-ı Mukaddes Tanrı'nın ebedi sözüdür ve hiç kimse, hiç bir zaman Tanrı'nın Sözünü değiştirebilecek güçte değildir. Bu iki temel gerçeğin mantıksal sonucu olarak da, Kitab-ı Mukaddes değiştirilmemiştir ve bu konuda Kitab-ı Mukaddes ve Kur'ân-ı Kerîm tam bir uyum içindedirler.

"Allâh demişti ki, "Ey **Meryem** oğlu İsa...

Sana **Kitâb-ı**, **Hikmet'**i, **Tevrât'**ı ve **İncîl'**i öğrettim."

(Mâide 5:110)

---

6. Watt, Günümüzede İslâm ve Hıristiyanlık, s. 18.

KANON

Kur'ân'a Göre Mü'minler, Kutsal Kitaplar Arasında Hiçbir Ayrım Yapmazlar

"'Allâh'a, bize indirilene, İbrahim'e, İsmail'e, İshak'a, **Mûsâ ve İsâ'ya verilene ve (diğer) peygamberlere** Rabb'leri tarafından verilene **inanırız; onlar arasında bir ayırım yapmayız**, biz Allâh'a teslim olanlarız.' deyin."

(Bakara 2:136)

Müffesir **Bilmen**'in, Bakara 2:136 üzerine tefsiri şöyle: "Hazreti (Musa ile) Hazreti (İsa'ya verilene) **asıl** Tevrât ile İncîle ve bütün (peygamberlere Rabbleri canibinden verilmiş olan şeylere) yani âyetlere, mucizelere de (iman ettik) bunları da mutekit bulunuruz, hepsini de tebcil ederiz."[1] Yukardaki ayet açık ve net olmasına rağmen Tanrı Kutsal Kitapları arasında hiç bir ayrım yapmazken, sayın **Bilmen** yorumuna kendi **önyargısını** katarak "**asıl**" Tevrât ve İncîl diyerek kendi inancına Kur'âna ve Allah'a ters düşmektedir. Tanrı sözü bütün zamanlarda sonsuza dek "**aslı**" olarak mevcut kalacaktır. Şunu hepimiz yediden yetmişe cahilden alime kadar herkes bilmeli; Tanrı'nın Sözü asla hiçbir yolla değiştirilemez.

Kur'ân-ı Kerîm'e göre mü'minler Tanrı'nın kitapları arasında **hiçbir ayrım yapmazlar**. Yani, eğer biri Kur'ân'ın değiştirilemeyeceğine inanıyorsa, bu aynı ölçünün Tanrı'nın diğer kitaplarına da uygulanması gerekir, çünkü Tanrı değişmezdir (değişmediği için tüm eylemlerinde tutarlıdır); Tanrı çifte standart kullanmaz, ikiyüzlü olamaz. Eğer Tanrı bir eserini (Kur'ân-ı Kerîm'i) koruyorsa, öbür tüm kitapları (Kitab-ı Mukaddes'i) de korumak zorundadır. Eğer Tanrı inanlılara "onlar arasında **bir ayırım yapmayız**" diye bir emir veriyorsa, özellikle Tanrı da onların arasında bir **ayrım yapmaz, yapmaması gerekir**. Aşağıdaki ayetlere göre, kim Tevrât veya İncîl değiştirildi derse, kitaplar arasında bir **ayrım yapmakta** ve bu Tanrı katında büyük bir suç işlemiş değil mi?

Sayın Prof. Dr. Mevlüt **Güngör**'ün Bakara 2:136 ile ilgili yorumu şöyle: "Yukarıya koyduğumuz âyetten de açıkça anlaşıldığı gibi, mü'min'in Yüce Allah'ın bütün peygamberlere indirilmiş olduğu ilâhî kitapların hepsine birden aralarında bir ayırım yapmadan inanması zorunludur."[2] Ne var ki, birkaç satır sonra şunu da ekliyor: "Ancak, diğer kitapların, zamanla insan sözleri karışıp aslî hüviyetlerini kaybetmeleri sebebiyle, yürürlükten kaldırıldıklarını ve hâlen kıyâmete kadar Allah indinde makbul olan kitâbın sâdece Kur'ân-ı Kerîm olduğunu kabul ediyoruz."[3] Bu iki ifade birbirleriyle çelişiyor. Kur'ân-ı Kerîm **ayrım yapmayın** derken, Müslümanların çoğu **ayrım yapmaktadırlar**. Böylece bu sözle onların kendileri Kur'ân-ı Kerîmi inkâr etmiş bulunuyorlar!

---

1. Bilmen, <u>Kur'ân-ı Kerîm'in Türkçe Meali Alisi ve Tefsiri</u>, 1. Cilt, s. 130.

"De ki: 'Allâh'a, bize indirilene, İbrahim'e İsmail'e, İshak'a, Yakub'a ve torunlara indirilene; **Mûsâ**'ya, İsâ'ya ve peygamberlere Rab'leri tarafından verilene inandık; **onlar arasında bir ayırım yapmayız**, biz O'na teslim olanlarız.'"

(Ali İmrân 3:84)

KANON

"Rasul, Rabb'inden kendisine indirilene inandı, mü'minler de. Hepsi Allâh'a, meleklerine, kitablarına ve peygamberlerine inandı. 'Onun **elçilerinden hiçbirini diğerinden ayırmayız.**' (dediler). Ve dediler ki: 'İşittik, itaat ettik!'" (Bakara 2:285)

"Onlar ki, Allâh'ı ve elçilerini inkâr ederler, Allâh ile elçilerinin arasında ayırmak isterler, **"Kimine inanırız, kimini inkâr ederiz!"** derler; bu ikisinin (inanmakla inkârın) arasında bir yol tutmak isterler.

İşte onlar gerçek kâfirlerdir. Biz de kâfirlere alçaltıcı bir azap hazırlamışızdır! Ve onlar ki, Allâh'a ve elçilerine inandılar, **onlardan hiçbiri arasında ayırım yapmadılar**; işte onların da (Allâh), pek yakında mükâfatlarını verecektir. Şüphesiz Allâh, çok bağışlayan, çok esirgeyendir." (Nisâ 4:150-152)

Yukarıdaki ayetlerden anlaşıldığı gibi Kur'ân'a göre Müslümanlar Tevrât ve İncîl'e de aynen Kur'ân gibi **ayrım yapmadan** inanmaları gerekmektedir. Ama maalesef Müslümanların çoğu buna inanmıyorlar. İslâm'da Tanrı'nın dört kitabı, yani Mûsâ'ya verilmiş Tevrât, Davut'a verilmiş Zebûr, ve İsâ'ya verilmiş İncîl olduğu öğretilir. Fakat Müslümanlar yalnız Hz. Muhammed'e hürmet ederek sırf Kur'ân'ı okuyor. Gerçekten Kur'ân'ın emrettiği gibi Mûsâ, Davut ve İsâ'ya saygı gösterilirse, onlara verilmiş Tevrât, Zebûr ve İncîl de okunacaktır. Ama kitaplar arasında bir **ayrım yapıp**, Kur'ân-ı Kerîm'i inkâr ederek, Tevrât ve İncîl tahrif edilmiş diyorlar. Ancak, Kur'ân'ı Kerim ile amel etmekte olduklarını iddia ediyorlar. Bu ne biçim bir mantık?

---

2. Güngör, Kur'ân Penceresinden İmân Amel Hayat Ahiret ve Kâinât'a Bakış, s. 51.

3. İbid, s. 52.

"Hâ mîm. Ayın sîn kaf. O, azîz ve hakîm olan Allâh,

Sana ve **senden öncekilere böyle vahyeder**."

(Şûrâ 42:1-3)

O halde, Kur'ân'ın kendisinden önceki kutsal yazılara mensup olması gerekir. Nasıl ki, "O Kur'ân, **korunmuş bir kitâp**" olduğu gibi, (Vâkıa 56:77-78), aynı şekilde tüm Kitab-ı Mukaddes de Kur'ân'ın kendisi için iddia ettiği yolla vahy olunmuştur. Yani, eğer Kur'ân Tanrı tarafından korunmuş bir kitap sayılırsa, o zaman Eski ve Yeni Ahit de aynı şekilde Tanrı tarafından korunması lazım, çünkü "...**senden öncekilere böyle vahyeder**." (Şûrâ 42:3)

Müslümanlarca meşhur olan Muhammed Husayn **Heykel**, Hz. Muhammed'in Hayatı adlı kitabında şöyle yazıyor:

"Öncelikle bu satırların yazarının herhangi bir Hristiyan teorisi ile çatışmak gibi bir niyeti yoktur."

İsâ'nın vahyi, İslâm tarafından **doğrulanmıştır**. Bunu bu çalışmada birçok örneklerle görmüştük. İslâm, önceki gelmiş mesaj ve haberleri (peygamberlikleri) terkib (sentez) etmeyi ve onlar için bir zirve sağlamayı hedeflemiştir. İncîl'in İsâ'nın öğrencilerine olan açıklamasında gerçekleştirdiği üzere:

'Kutsal Yasa'yı ya da peygamberlerin sözlerini geçersiz kılmak için geldiğimi sanmayın. **Ben geçersiz kılmaya değil**, tamamlamaya geldim.' (Matta 5:17)

Bu aynı şekilde Kur'ân Müslümanlara, İbrahim, Mûsâ, İsâ ve tüm geçmişe inanmalarını **tasdik etmiştir**."[4]

KANON

İsâ'ya ve peygamberlere Rab'leri tarafından verilene inandık; **onlar arasında bir ayırım yapmayız**, biz O'na teslim olanlarız.'" (Ali İmrân 3:84)

"Kitab'dan sana vahyedileni **oku**..." (Ankebut 29:45)

"Veya bunu artır ve ağır ağır Kur'an **oku**." (Müzzemmil 73:4)

Bütün Müslümanlar için, Kur'an-ı Kerimin okunması açık bir şekilde emredilmiştir. Aynı şekilde, bunun gibi emirler Kitab-ı Mukaddes'te bulunmaktadır:

"Bu şeriat kitabı senin ağzından ayrılmayacak, ve onda yazılmış olanın hepsine göre yapmağa dikkat edesin diye, gece gündüz onu düşüneceksin; çünkü o zaman yolunu açacaksın, ve o zaman muvaffak olacaksın." (Yeşu 1:8)

"Bu konuların üzerinde dur. **Kendini bunları ver ki**, herkes senin ilerlediğini görsün. Kendini ve öğretişini dikkat et, **bu yolda yürümeye devam et**. Çünkü bunu yapmakla hem kendini, hem seni dinleyenleri kurtaracaksın." (1. Timoeus 4:15-16)

"Bu konuları imanlıları hatırlat. Gerçeğin bildirisini doğru kullanarak kendini Tanrı'ya makbul ve alnı ak bir işçi olarak sunmaya **gayret et**." (2. Timoteus 2:14-15)

Kuran-ı Kerim'de emredilmiş olduğu gibi, insanlar diğer Kutsal Kitapların arasında bir ayrım yapmayarak, Tanrı'ın bütün sözleri aynı şekilde okumak zorundadırlar. Eğer bunu yapmıyorsanız, ikiyüzlü bir hale düşmüş olmaktasınız. Kitab-ı Mukaddes hakkında da bazı söylentiler olabilir, ama Kutsal Kitap, yaşayan Tanrı'nın diri sözüdür. Bunu kişisel olarak okumalısınız ve okumak için ciddi bir karar almalısınız. Her gün gazeteye ayırdığınız zamanı Kitab-ı Mukaddes'e ayırıyor musunuz? Ne yazık ki, çoğu insanlar Tanrı'nın Sözüne bu kadar az bir zaman bile ayırmıyorlar! Hayatımız boyunca da böyle kalıyoruz, çünkü Tanrı'nın karşılıksız armağanı olan bilgeliği almak için parmağımızı kıpırdatmıyoruz. Bütün müminler için, Kitab-ı Mukaddes'in okunması şarttır.

Hz. **Muhammed**'le aynı dönemde yaşayan İspanya'lı **İsidora** (M.S. 560-636) Kutsal Kitab'ın okunması hakkında şunu şöyledi:

"Devamlı okumadan hiç kimse Kutsal Kitap'ın anlamını çözemez.

Çünkü yazıldığı gibi: 'Onu yüksek tut, o da seni yükseltecektir; Ona sarıldıkça, seni izzete erdirecektir.' (Süleyman'ın Meselleri 4:8) Kutsal Kitabı okumakta ne denli devamlılık gösterilirse, ondan alınan akıl ve fikir de o denli zenginleşir. Öyle insanlar vardır ki akıllıdırlar; fakat Kutsal Kitabı okumakta gayret göstermezler. Böylece ihmalkârlıkları ile, okumakla öğrenebileceklerini hor gördüklerini kanıtlarlar. Başkaları ise öğrenmeyi arzu ederler, fakat hazırlıksızlıkları onları engeller. Ne var ki bunlar, akıllı ve sürekli bir okuma ile onlardan daha akıllı, fakat tembel ve ilgisiz olanların bilmediklerini öğrenmeyi başarırlar."[5]

---

4. Haykal, The Life of Muhammed, s. 570.

5. İannitto, s. 605; İsidora, Özdeyişler Kitabından, 3,9.

KANON

Kur'ân-ı Kerîm'e Göre Allah'ın Kelâmı Değiştirilemez

"(Bu), **Allâh'ın önceden geçen** (millet)ler arasında (uygulanan) **kanunu (kanon'u)dur**. Allâh'ın kanununu **değiştirme(ye imkân) bulamazsın**." (Ahzâb 33:62)

Hem Kur'ân'a göre, hem de Kitab-ı Mukaddes'e göre Tanrı'nın sözlerini değiştirebilecek hiç kimse yoktur. Tanrı'nın Sözünün değiştirilemeyeceği hususunda Kur'ân-ı Kerîm ve Kitab-ı Mukaddes tam bir uyum içindedir. Bu, Kur'ân-ı Kerîm ve Kitab-ı Mukaddes arasında ortak bir noktadır. Kur'ân'dan anlaşılıyor ki, hiç kimse hiç bir zaman Tanrı'nın Sözünü değiştiremez. Şimdi Kur'ân'ın, Tanrı'nın Sözünün değişip değişmediği hakkındaki tanıklığını yorum yapmadan aktaralım.

"Allâh'ın kelimelerini (yardım va'dini) **değiştirebilecek kimse yoktur**."

(En'an 6:34)

"Rabb'inin sözü hem doğrulukça, hem de adaletçe tamamlanmıştır. O'nun sözlerini **değiştirebilecek hiç kimse yoktur**. O, işitendir, bilendir." (En'âm 6:115)

"De ki: 'Onu kendi tarafımdan **değiştirmek**, benim için **imkânsızdır**.'"

(Yûnus 10:15)

"**Allâh'ın kelimeleri değişmez**. İşte bu, büyük kurtuluştur."

(Yûnus 10:64)

"**Senden önce** gönderdiğimiz peygamberlerimizin de kanunu (kanon'u)dur.

Bizim kanunumuzda bir **değişiklik bulamazsın.**" (İsrâ 17:77)

"Rabb'inin Kitabı'ndan sana vahyedileni oku; O'nun sözlerini **değiştirecek kimse yoktur.**" (Kehf 18:27)

"Allâh'ın kanununda bir **değişme bulamazsın**; Allâh'ın kanununda bir **sapma bulamazsın.**" (Fâtır 35:43)

Bu konuda, Arap dili ve İslâmiyet uzmanı olan Prof. Dr. **Sweetman** tarafından çok önemli bir inceleme yapılmıştır: "Kesinlikle söylemeliyiz ki, Kur'ân metinlerinin hiçbir yerinde, daha evvelki Kitap'ların metinleriyle ilgili hiç bir tahrif ifadesi söz konusu değildir. Daha doğrusu, Kur'ân'dan ve Hadislerden iki tane delil ortaya çıkıyor ki, böyle bir tahrif mümkün olamaz. 'Rabbinin Kitabı'ndan sana vahyedileni oku; **O'nun sözlerini değiştirecek kimse yoktur.**'"[1] (Kehf 18:27)

"Ki ne önünden, ne de ardından ona bâtıl gelmez (onun içine asılsız söz girmez. Ne ondan önce, ne de ondan sonra onu **boşa çıkaracak bir kitâb gelmez.** O,) hikmet sâhibi, çok övülen (Allâh)dan indirilmiştir."

(Fussilet 41:42)

"Allâh'ın ötedenberi süregelen kanunudur bu: Allâh'ın kanununda bir **değişme bulamazsın.**" (Fetih 48:23)

"Benim huzurumda **söz değiştirilmez...**" (Kaf 50:29)

Evet, Kur'ân-ı Kerîm'e göre, Tanrı kendi sözünü koruyacak güçtedir. Hiçbir insan Tanrı'nın ebedi sözünü değiştirebilecek güçte değildir. Her şeye kadir olan Tanrı kendi sözünü koruyabilecek güçtedir.

O zaman Müslümanlar, Tevrât, Zebûr ve İncîl'in Yahudiler ve Hristiyanlar tarafından değiştirildiklerini söyledikleri zaman:

1) Ya Tevrât, Zebûr ve İncîl'in hiçbir zaman Tanrı'nın Sözü olarak gönderildiklerine inanmayıp **Kur'ân'ı inkâr** ediyorlar,

2) Ya da Tanrı'nın Sözünün değiştirilemeyeceğine inanmayıp **Kur'ân'ı inkâr** ediyorlar,

3) Ya da her ikisine inanmayıp **Kur'ân'ı inkâr** ediyorlar.

Başka bir seçenek kalmıyor. Dolayısıyla, gerekli cevap şöyle: Kur'ân'a göre Kitab-ı Mukaddes Tanrı'nın Sözü olduğu için, asla değiştirilemez. Bunun aksini iddia etmek gerçekle bağdaşmaz.

Kutsal Kitaplarda evrenin yaratıcısının Yüce Tanrı olduğunu açıklanır. Kendi kudretli elleriyle yeryüzünde ve göklerde olan her şeyi yönetir. Rab insanlara özgür bir irade ve kendi kendine karar verebilme yeteneği verdi. Fakat Yüce Rab, gerçeği ve doğru yolu göstermek için peygamberleri aracılığıyla bizlere seslendi. Yüce Allah'ın sözleri insanlara sonsuz yaşamı gösteren bir harita gibidir.[2]

---

1. Sweetman, Islam and Christian Theology, 1. cilt, 1. bölüm, s. 140.

Prof. Dr. Süleyman **Ateş**'e göre: "Bu açık, geniş evrensel beyan karşısında kalkıp da Kur'ân'ın, önceki İlâhî Kitapları neshettiğini, o kitapların mensuplarının, Hz. Muhammedin getirdiği şekliyle Müslüman olmadıkça ibadetlerinin, Tanrı katında kabul görmeyeceğini söylemek doğru değildir, Kur'ân'ın açık ifadesine terstir. Çünkü Kur'ân, kendinden önceki İlâhî Kitabları hükümsüz, geçersiz olduğunu söylememiş, tam tersine o Kitapların mensuplarına, Kitaplarının hükümlerini uygulamalarını emretmiştir."[3]

Yine, Müslüman yazar Bahaeddin **Sağlam**'a göre, "Kur'an'da açık bir şekilde 'Tevrât tahrif edilmiştir' diye bir ifade yok. Kur'an özellikle Yahudilerin Tevrâtla amel etmelerini teşvik ediyor. Ve eğer Yahudi ve Hıristiyanlar, Tevrât ve İncîl ile amel etmezlerse, hiçbir değerlerinin olmayacağını söylüyor. (Maide 5:68) Mevcut malzeme üzerinde oynamalar olmuştur, denilmiyor. Olan tahrifat, hahamların, taraflarına manayı yontmaları ve zaman içinde oluşmuş dejenerasyonlardır. Nitekim aynı hastalık Müslümanların hadis kitaplarında da olmuştur. Eğer, Kur'an elde olmasaydı bugünkü Müslümanlar da Yahudilerin durumuna düşerdi. Nitekim, rivayetleri esas alanlar öyle olmuşlardır."[4] **Sağlam**'a göre, "Tevrât bir mucizedir ve vahiy ürünüdür. Tevrât'ın değiştirilmediğini 2x2'nin 4 ettiği gerçeği kuvvetinde kanıtlamış oldu. Fahreddin **Râzî**, İmam **Buhari**, İbn **Haldun** ve Muhammed **Abduh** gibi İslam alimleri Tevrât metninin hepten tahrif edilmesinin aklen mümkün olmadığını, bunun tevatür (sağlam bir aktarma ile) bize geldiğini söylemişlerdir."[5]

İşin garip tarafı, Mesih İnanlıları olan Hristiyanlar, Kitab-ı Mukaddes'in sağlamlığına tanıklık eden Kur'ân'a bu önemi verirken, kimi bilgisiz Müslümanlara karşı Kur'ân'ı savunmuş oluyor bir yönüyle. Bu Müslümanlar, Kitab-ı Mukaddes'e yöneltilen mızrağın, Kur'ân'a da değdiğini düşünemiyorlar. Çünkü, Kur'an'la desteklenen pek çok ayet, benzer şekilde aslında yaratılış kitabı ve tevrat'ta da yer almaktadır.

2. Romain, Kur'an...Derken Haksız Değildir, s. 17.

3. Ateş, Yeniden İslâma I, s. 31.

4. Sağlam, Geçmiş ve Gelecek Arasında Tevrât, s. 237.

5. Bilgi, "Bahaeddin Sağlam: Tevrât Bir Mucizedir ve Vahiy Ürünüdür", Gerçeğe Doğru, Sayı 7, s. 22.

Kur'ân'a Göre Allah'ın Kelâmı Bizzat Allah Tarafından Korunmaktadır

"Senden önce hiçbir rasûl ve nebi göndermemiştik ki o, (bir şey) arzû ettiği zaman, şeytan onun arzûsu içerisine mutlaka (onun dünyâ ile meşgül edecek bir düşünce) atmış olmasın. **Fakat Allâh, şeytanın attığını derhal iptal eder, sonra kendi âyetlerini sağlamlaştırır.** Allah bilendir, hikmet sâhibidir." (Hac 22:52)

Kur'ân-ı Kerîme göre, başlangıçtan beri insanlar ile Tanrı arasındaki tüm ilişkilerin nasıl doğru olabileceğini Kitab-ı Mukaddes'te belirtilmiştir. Bu bilgi Tanrı tarafından verilmiştir. Bu yüzden, Tanrı o kitaplara son derece önem vermekte, onları korumaktadır. Eğer Yüce Tanrı, kendi Kitab-ı Mukaddes'ini vahiy olarak verebilirse, aynı zamanda O'nu kolayca da koruyabilir.

KANON

Eğer insan kendi eserini korumayı ve saklamayı isterse, Yüce Tanrı daha ziyade Kutsal Kitab'ını korur. Hiçbir varlık Tanrı'nın kudretine sahip değildir ve yine hiç kimse O'nun sözlerini değiştirebilecek güçte değildir. Tanrı gafil avlanmaz. Kimse O'ndan önce davranamaz. İlk adımı her zaman kendisi atar. Her olayın, "başlangıcında" O hazır bulunur. Tanrı kendisine acizlik yüklenmesinden ve kendisiyle dalga geçilmesinden hiç hoşlanmaz ve Tanrı da insanlarla dalga geçmez.

Tanrı'nın sıfatlarından biri, "**el-Mevla**": "Koruyup gözeten, destek veren. Sevdiklerinin her hal ve şartta yanında bulunan."[1] Bu sıfat Kur'ân'da tam altı kez bulunuyor, (Al-i İmrân 3:150, Enfâl 8:40, Tevbe 9:51, Hac 22:78, Muhammed 47:11 ve Tahrim 66:2; Bkz. Yaşar Nuri **Öztürk**'ün tercümesidir) ama Esmaül-Hüsna'ın 99 sıfatında hiç bulunmuyor!

"Hayır, **Mevlânız Allâh'tır**, (O'na itâat edin), yardımcıların en iyisi O'dur."

(Al-i İmrân 3:150)

---

1. Wickwire, <u>Kitab-ı Mukaddes ve Kur'ân-ı Kerîm Fihristi</u>, s. 34.

"Bu böyledir, çünkü **Allâh inananların koruyucusudur**."

(Muhammed 47:11)

Tanrı madem ki mü'minleri koruyorsa, o halde Kendi Kitabını korumaz mı? Bazı Müslümanlar, Tanrı'nın Kutsal Kitab'ı "tahrif edildi" diye ileri sürmekle, Tanrı'nın kendi kitaplarını koruyamadığı iddiasını da ortaya atmış olmuyorlar mı?

Tanrı'nın Kutsal Kitab'ın her bölümü Tanrı'nın koruyuculuğu altındadır. Yaşar Nuri **Öztürk**'ün Hac 22:52'inci ayet üzerindeki tefsiri şöyle: "Burada ayet çoğul kullanıldığı için **tüm ayetler**, özellikle Kur'ân ayetleri **kastedilmektedir**."[2]

Kur'ân, Tanrı'nın, Kutsal Kitabını **Şeytan**'ın etkisinden koruduğunu söylemektedir.

"O zikri (Kur'ân-ı) biz indirdik biz; ve **O'nun koruyucusu da elbette biziz!**"

(Hicr 15:9)

"O, elbette şerefli bir Kur'ân'dır, **korunmuş bir kitâpta** (mushafta, yahut Levh-i Mahfuz'da yazılı)dır."

(Vâkıa 56:77-78)

"O, gaybı bilendir. Kendi görünmez bilgisini kimseye göstermez. Ancak râzı olduğu elçilere gösterir. Çünkü o, (râzı kimselerin) önüne ve arkasına **gözetleyiciler (koruyucular)** koyar (onları şeytanların kapmasına, ya da bildiklerine, gördüklerine yanıltıcı şeyler karıştırmalarına engel olur). (Cin 72:26-27)

Tanrı'ya inandım deyip de, Tanrı'nın her şeye kadir olduğuna inanmayan hiç kimse yoktur herhalde. Tanrı her şeye kadir ise, öncelikle kendi sözlerini korumakla bunu göstermez mi? "Tanrı, ilk Kitaplarını korumadı da sadece son Kitab'ını ve Dinini korumaktadır" yanıtı **mantıklı bir ifade değildir**. Bu ayetler Kur'ân'ın korunacağına işaret ediyorsa, Kur'ân için geçerli olanın, Tevrât ve İncîl için de geçerli olması demektir. Bu durumda Tanrı'nın kendi kitapları arasında ayrım yaptığından söz edilmiş olmuyor mu? Neden, sözlerinin bir kısmının "bozulmasına, değiştirilmesine" göz yumar da, bir kısmının "bir harfinin bile bozulmasını" engeller? **"Onlar arasında bir ayrım yapmayız."** (Bakara 2:136)

---

2. Öztürk, Kur'ân'daki İslâm, s. 345.

Müslümanlar'a şunları sormak gerek: "Siz fâni (ölümlü) insanlar olarak, yazmış olduğunuz bazı kitapların değiştirilmesine seyirci kalır mısınız? Yaşadığınız sürece kendi kitaplarınızın tümünü (evet, tümünü) korumaz mısınız?" Evet, siz fâni yazarlar olarak, yaşadığınız sürece bütün kitaplarınızı korursunuz da, sonsuz ve gücü her şeye yeten Yüce Tanrı, neden kendi kitabını, sözlerini korumasın? Acaba, Tanrı kendi kitaplarına, sizin kitaplarınıza verdiğinizden daha az mı önem veriyor?! Bu tür iddialar sadece Tanrı'ya küçük düşürüyor: Sanki Kur'ân'ı koruyabilmiş, ama aynı derecede kendi sözü olan Tevrât'a, Zebûr'a ve İncîl'e sahip çıkamamıştır.

"Sen yalnız sen **RABSİN**; gökleri, göklerin göklerini, ve bütün ordularını, yeri ve onun üzerinde olan **bütün şeyleri sen yarattın**, ve onların **hepsini korursun**; ve göklerin ordusu sana secde kılar." (Nehemya 9:6)

Din üzerine araştırmaları olan Turan **Dursun**, bazı İslâmcı yazarlara ilişkin bazı temel çelişkilerini tespit etmektedir: "Kur'ân'ın savunucuları, Kur'ân'ın, '**Tanrı'nın koruması altında**' bulunduğunu savunup dururlar. Bunu da daha çok, Hicr Suresinin 9. ayetine dayanarak yaparlar. Bu ayetin anlamı şudur: ZİKR'i (yoruma göre Kur'ân'ı) biz indirdik; onun koruyucuları da kesinlikle biziz." Demek ki, Tanrı kendi indirdiğine 'sahip çıkıyor' ve onu koruyor. Anlatılan bu. Peki öteki 'kitap'ları da vahyedildiğine göre, onlara **niçin sahip çıkmamış** ve onları **neden korumamış?** Onlar da kendi kitabı değil miydi? Kur'ân'ı koruma işini, Tanrı'nın üstlenmesi üstüne biraz düşünmek gerekir. Tanrı neden Kur'ân'ı koruyor? Ayette bu sorunun karşılığı var: 'Çünkü onu biz indirdik!' Ancak, Kur'ân'ın, Tevrât'a ve İncîl'e ilişkin ayetleri göz önünde bulundurulduğu zaman, **koca bir çelişki ortaya çıkıyor**: Kur'ân ayetlerinde çok açık biçimde, Tevrât'ın, İncîl'in de 'Tanrı katından indirildiği' bildirir. İslâm dünyasında, bu kitapların, 'zamanla tahrife uğradıkları' ve 'bu yüzden yeni bir kitap olarak Kur'ân'ın indirildiği' inancı paylaşılır. Buna ilişkin ayetler, hadisler kanıt olarak gösterilir. Soru şu: 'Tanrı, kendi indirmesidir' diye Kur'ân'ı koruyor da, yine kendi 'indirdiği kitaplar' olan **Tevrât'ı, İncîl'i neden korumamıştır?** Bu soruya kimse doyurucu karşılık veremez."[3]

---

3. Dursun, <u>Din Bu 2</u>, s. 37; Dursun, <u>Din Bu 4</u>, s. 40.

Tanrı'nın büyüklüğünü ve yüceliğini dile getirmek için 99 isim veya sıfat (**Esmâü'l Hüsnâ**) sıralayan Müslüman yazarlar, nedense, Tanrı'nın kendi sözlerini koruduğuna inanmak istemiyorlar. Eğer Tevrât, Zebûr ve İncîl değiştirilmişse, Tanrı'nın her şeye kadir (her şeye gücü yeten) olduğuna nasıl inanabiliriz? Her şeye gücü yeten Tanrı, öncelikle kendi sözlerini korumaz mı?[4] Görülüyor ki, Tanrı'nın Sözünü değiştirmeye kimsenin gücü yetmez. Tanrı onun kutsal sözlerin değiştirilmesi istemiyor. Unutmayalım ki, Tanrı'nın **koruyucu melekleri** de vardır. Onlar Tanrı tarafından verilmiş olan görevi boşuna almamışlardır.

"İşte ben, yolda seni **korumak için**, ve hazırladığım yere seni getirmek üzre, **önünden bir melek gönderiyorum**."

(Çıkış 23:20)

"**Bütün melekler**, kurtuluşu miras alacaklara **hizmet etmek için** gönderilen görevli ruhlar değil midir?"

(İbraniler 1:14)

"**O'nun emriyle hareket ederler**." (Enbiyâ 21:27-28)

"Hiçbir can yoktur ki başında bir **koruyucu** (yaptığı işleri gözetleyip muhafaza edici) olmasın." (Târık 86:4)

Tevrât'ta "**el-Mukaddim**" olan Tanrı insanların korunması için "...**önünden bir melek göneriyorum**" diye yazıyor. (Çıkış 23:20) İnsanların kurtuluşu sağlayabilmek için Tanrı'nın gönderilmiş olan Kutsal Kitabın hepsini aynı şekilde korunma altında bulunmaktadır. Tanrı'nın bu kanûnu değişmez.

"... Ve işte, **koruyucu** ve mukaddes bir **melek** göklerden indi.

Hüküm **koruyucu meleklerin** fermanı ile, ve iş mukaddeslerin sözü ile olmuştur, ta ki, yaşıyanlar şunu bilsinler, insanların kırallığı üzerinde **Yüce Olan saltanat sürer**..."

(Daniel 4:13 & 17)

"Bu küçüklerden bir tekini bile hor görmekten sakının! Size şunu söyleyeyim, **onların göklerdeki melekleri**, göklerde olan Babamın yüzünü her zaman görürler." (Matta 18:10-11)

---

4. Karataş, <u>Gerçekleri Saptıranlar</u>, ss. 67-70.

Prof. Dr. J. I. **Packer**'e göre: "Tanrı asla eskisinden daha az doğru, merhametli, adil ya da iyi olamaz. Tanrı'nın günümüzdeki karakteri her zaman Kutsal Kitap çağlarında olduğu gibi kalacaktır. O zaman, Yahve'nin aslında kim olduğunu, yani üç bin yıl önceki kimliğini, sonsuz dek değişmeden koruduğunu gösteriyor. Tanrı'nın ahlaksal karakteri değişmez. İnsan sözleri değişken şeylerdir. Ancak Tanrı'nın sözleri böyle değildir; sonsuza dek kalıcıdır. Tanrı'nın sonsuz gerçeğini hiçbir şey iptal edemez."[5]

Tanrı aciz değildir.

Eğer Tanrı'nın Sözü **Şeytan** veya **insan** tarafından tahrif edilmiş olsaydı, **Şeytan** kesinlikle galip sayılmış olurdu. Bu düşünce, Şeytan'ın, Tanrı'nın Sözünü çarpıtmaya çalışmasını ifade eder. Halbuki, semavî dinlerin tüm kitaplarına göre **Şeytan**'ın, Yüce Tanrı üzerinde böyle bir zafer kazanma olanağı yoktur. Bu tahrif edilme düşünceleri ise, olması imkânsız düşüncelerdir. Tanrı'nın sakladığını kurt yemez.

"Bu böyledir, çünkü **Allâh inananların koruyucusudur**."

(Muhammed 47:11)

---

5. Packer, İlâhiyat Serisi: Tanrı'yı Tanımak, s. 69-70.

KANON

İslamiyet öncesi Kutsal Kitap, Kanonik Yahudi-Hristiyan Yazıtları ve Dinlere Genel bir Bakış ve Sonuçlar

Kutsal Kitap (Kitab-ı Mukaddes, veya eski tabirle Eski Ahit) geleneğinin tarihçesi, bilinen beşeri yaşam ve tarihin, sürekli değişmekte olan koşullara adaptasyon ve yeniden uyarlanmasının bir tarihçesidir. Tarsuslu Pavlus'un bugünkü günümüz Hristiyanlığını oluşturan Hristiyanlık üzerine olan yeniden gözlemi gibi,

"Ancak sahip olduğumuz bu hazine, toprak kaplar içindedir; şöyle ki, normalin ötesindeki gücün kendimizden değil de, Tanrı'dan olduğu görülsün."

(2. Korintoslular, 4:7)

Burada, Pavlus'un aslında bildirmek istediği, inancın (hazinenin) özünün her daim ona ulaşmanın bir yolu olarak kullanılan biçimler (kaplar) tarafından kısıtlandığı olabilir. Kaplar burada – iyi ya da kötü beşeri dini sistemlerdir – ve kendilerini eskitip, takipçilerine hakikatin her zaman erişilebilir ve kavranabilir olduğunu garantilemek adına yenileriyle yer değiştirip bir yenisiyle aslında sona ermemekte aksine tamamlanmaktadır. Oysa, hazine –Tanrı'nın egemenliğindeki asıl gerçek ve ulvi, erişilemez Dini Hakikat – hiç değişmeksizin varlığını sürdürmektedir.

KANON

Septuaginta

Eski Antlaşma'nın Grekçe'ye çevrilmesinin öyküsü Aristeas'ın kardeşi Philocrates'e yazdığı mektupta anlatılmaktadır (Letter of Aristeas [Aristeas'ın Mektubu]). Mısır kralı II. Ptolemi (İ.O. 285-246) dünya edebiyatındaki her eserin Grekçe'ye çevrilmesini ister. Mektup, kralın saray kütüphanecisi Faliron'lu Demetrios'u dünyadaki her kitabı satın alarak veya bir kopyasını çıkararak temin etmekle görevlendirişini anlatır. Kral Yeruşalim'deki başkâhin Elazar'a bir mektup yazarak, Eski Antlaşma'yı Grekçe'ye çevirmek üzere örnek bir yaşam süren ve Kutsal Yasa'yı iyi bilen yetmiş iki önder (her oymaktan altı kişi) göndermesini ister. Kral İskenderiye'ye gelen çevirmenleri karşılar ve onurlarına gösterişli bir şölen verir. Çevirmenler daha sonra Pharos adındaki kıyıya yakın bir adada bulunan bir eve kapanarak çalışmaya başlarlar.

Demetrios'un yönetiminde yapılan çeviri yetmiş iki günde tamamlanır. İskenderiye'deki Yahudi topluluğu bu yeni çeviriyi dinlemek üzere toplandığında, çevirmenlere ve Demetrios'a övgüler yağdırır. Bu metinde değişiklik yapmaya, bir şey eklemeye veya çıkarmaya çalışacak herkesi lanetlerler. Çeviri krala okunur ve Letter of Aristeas'a (Aristeas'ın Mektubu) göre kral Kutsal Yasa'yı veren Tanrı'ya hayran kalır. Çevirmenler kendilerine ve başkâhin Elazar'a verilen hediyelerle birlikte Yeruşalim'e gönderilir.

Daha sonraki kuşaklar da kendi düşüncelerini katarak bu öyküyü zenginleştirmişlerdir. İskenderiye'li Philo İ.S. 1. yüzyılda yazdığı eserinde, çevirilen metnin bütün bölümlerinin birbiriyle tamamen uyumlu olduğunu ve bunun, çevirinin doğrudan Tanrı tarafından esinlendiğini kanıtladığını belirtmiştir.[373] Bu çeviriye 'yetmiş' anlamına gelen Latince 'Septuaginta' adı verilmiştir. Septuaginta metninde II. Ptolemi'nin hamiliğine dair kanıtlara rastlanabilir. Çevirmenler kirli sayılan hayvanları sıralarken 'tavşan' için II. Ptolemi'nin babasının lâkabı olan Grekçe 'lagos' sözcüğünü kullanmaktan kaçınmış ve Leviller 11:6'da 'küçük domuz', Yasa'nın Tekrarı 14:7'de ise 'kaba ayak' sözcüklerini kullanmışlardır. Akvila'nın daha sonraki Grekçe Eski Antlaşma çevirisinde 'tavşan' sözcüğü herhangi bir kısıtlama olmadan kullanılmıştır.

Septuaginta'nın temelinde yatan gerçekler muhtemelen Letter of Aristeas'ta (Aristeas'ın Mektubu) kaydedilen öyküden bir hayli farklıydı. Birkaç yüzyıl geçtikten sonra Mısır'da yaşayan Yahudiler'in birçoğu İbranice'yi unutmaya başlamışlardı. Önceleri Kutsal Yasa'nın anlık ve doğaçlama sözlü çevirileri yapıldı ve bu çeviriler sonradan yazıya döküldü. Septuaginta büyük olasılıkla İ.O. 3. ve 1. yüzyıllar arasında birkaç farklı kişi tarafından yapılan bir çeviriydi, ancak II. Ptolemi'nin en azından Pentatok'un (Eski Antlaşma'nın ilk beş kısmı, Tevrat) Grekçe'ye çevrilmesi için birilerini görevlendirmiş olması da kuvvetle muhtemeldir.

Septuaginta tüm Yahudiler tarafından olumlu karşılanmamıştır: "Tevrat başka bir dile doğru ve kusursuz biçimde çevrilemeyeceğine göre, o gün İsrail için altın buzağının yapıldığı gün kadar kara bir gün olmuştur."[374]

Septuaginta çevirisinin önemi küçümsenemez. Büyük İskender'in (İ.O. 336-323) fetihlerinin ardından Mısır, Suriye ve Akdeniz'in doğu kıyısındaki diğer ülkelerin resmi dili Grekçe oldu. Septuaginta, artık İbranice konuşmayan İskenderiye'li Yahudiler gibi, Filistin toprakları dışında yaşayan Yahudiler'in Kutsal Kitabı haline geldi. Kutsal Yazılar artık hem atalarının konuştuğu dili bilmeyen Yahudiler hem de Grekçe konuşan bütün halklar tarafından okunabiliyordu. Septuaginta daha sonraları Grekçe konuşan ilk Hıristiyan kilisesinin Kutsal Kitap'ı olmuş ve Yeni Antlaşma'da bu çeviriden sık sık alıntılar yapılmıştır.

İ.O. 2. yüzyıla ait Manchester Papirüsü 458'den bir Septuaginta metin parçası. Bir mumyanın sargıları arasından çıkarılan bu parça, Yasa'nın Tekrarı Kitabı'ndan bir metin içermektedir.

Kutsal Kitap'ın İbranice'den Grekçe'ye çevirilmesi anlamına gelen
'Septuaginta' Kavramı.

Aşağıdaki tablolarda ise, Kutsal Kitabı oluşturan 66 Kitabın listesi ve Kutsal Kitaba kaynak oluşturan orijinal metinlerin yazıldığı dil olan İbranice ve Grekçenin alfabesi verilmektedir:

[181]

KANON

ESKİ ANTLAŞMA (TEVRAT ve ZEBUR)	YENİ ANTLAŞMA (İNCİL)
1- Yaratılış 29- Yoel	1- Matta
2- Mısır'dan Çıkış 30- Amos	2- Markos
3- Levililer 31- Ovadya	3- Luka
4- Çölde Sayım 32- Yunus	4- Yuhanna
5- Yasa'nın Tekrarı 33- Mika	5- Elçilerin İşleri
6- Yeşu 34- Nahum	6- Pavlos'tan Romalılar'a Mektup
7- Hakimler 35- Habakkuk	7- Korintliler'e Birinci Mektup
8- Rut 36- Sefanya	8- Korintliler'e İkinci Mektup
9- 1. Samuel 37- Hagay	9- Pavlos'tan Galatyalılar'a Mektup
10- 2. Samuel 38- Zekeriya	10- Pavlos'tan Efesliler'e Mektup
11- 1. Krallar 39- Malaki	11- Pavlos'tan Filipililer'e Mektup
12- 2. Krallar	12- Pavlos'tan Koloseliler'e Mektup
13- 1. Tarihler	13- Selanikliler'e Birinci Mektup
14- 2. Tarihler	14- Selanikliler'e İkinci Mektup
15- Ezra	15- Timoteos'a Birinci Mektup
16- Nehemya	16- Timoteos'a İkinci Mektup
17- Ester	17- Pavlos'tan Titus'a Mektup
18- Eyüp	18- Pavlos'tan Filimon'a Mektup
19- Mezmurlar (Zebur)	19- İbraniler'e Mektup
20- Süleyman'ın Özdeyişleri	
21- Vaiz	

KANON

22- Ezgiler Ezgisi 23- Yeşaya 24- Yeremya 25- Ağıtlar 26- Hezekiel 27- Daniel 28- Hoşea	20- Yakup'un Mektubu 21- Petrus'un Birinci Mektubu 22- Petrus'un İkinci Mektubu 23- Yuhanna'nın Birinci Mektubu 24- Yuhanna'nın İkinci Mektubu 25- Yuhanna'nın Üçüncü Mektubu 26- Yahuda'nın Mektubu 27- Vahiy **66 Kitaptan Oluşan Eski ve Yeni Antlaşma**

KANON

İBRANİ ALFABESİ		GREK ALFABESİ	
1- א (ALEPH)	12- ל (LAMED)	1- α (ALPHA)	13- ν (NU)
2- ב (BET)	13- מ,ם (MEM)	2- β (BETA)	14- ξ (XSI)
3- ג (GİMEL)	14- נ,ן (NUN)	3- γ (GAMA)	15- ο (OMİCRON)
4- ד (DALET)	15- ס (SAMECH)	4- δ (DELTA)	16- π (Pİ)
5- ה (HE)	16- ע (AYIN)	5- ε (EPSİLON)	17- ρ (RHO)
6- ו (VAV)	17- פ,ף (PE)	6- ζ (ZETA)	18- ς (SHI)
7- ז (ZAYIN)	18- צ,ץ (TSADE)	7- η (ETA)	19- σ (SİGMA)
8- ח (HET)	19- ק (QOPH)	8- θ (THETA)	20- τ (TAU)
9- ט (TET)	20- ר (RESH)	9- ι (IOTA)	21- υ (UPSİLON)
10- י (YUD)	21- ש (SIN, SHIN)	10- κ (KAPPA)	22- φ (PHI)
11- כ,ך (KAPH)	22- ת (TAV)	11- λ (LAMDA)	23- χ (CHI)
		12- μ (MU)	24- ψ (PSI)
			25- ω (OMEGA)

KANON

Kutu 7.5 – Kapların Arılığı Üzerine Tartışmak

Eğer temiz bir kaptan (A), merasim ile kirli bir kaba (B) bir sıvı aktarılırsa, temiz kap kirli hale mi gelmiş olur? Bir başka deyişle, ritüellerin "kirliliği" yukarıya doğru akış yapar mı? Bu türden sorular Yahudilik'in erken zamanlarında oldukça son derece bölücü olmuştur; tüm mezhepler sadece bu tür ritüel meseleleri ile değil, aynı zamanda belirli doktrinlerle de kendilerini tanımlamışlardır (Melekler gerçek midir? Ölen biri yeniden dirilir mi?...)

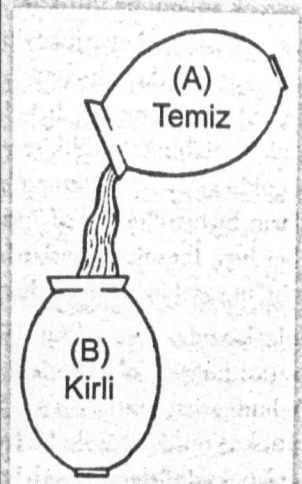

Ölü Deniz Parşömenleri'nin ("Halahik Mektup" da denir) yazarlarından biri –muhetemelen Essenî mezhebinin lideri–, temiz çanağın (A) bu durumda kirli hale geleceğini savunmuştur; çünkü sıvının akışı kirli hale gelmiştir ve bunu bulaştırmaktadır:

(Ve hatta akıp giden) sıvının akışına dikkat etmek bile saf değildir. (*RDSS*, 86)

Mişna'ya göre, (*Yadaim* 4:7) sahte sofular tersine inanmaktadır; akışın temiz kaldığını iddia ederler ve temiz çanağın da (A) temiz kaldığını söylerler; Sadukîler bu görüşü reddeder:

"Sadukîler dediler ki: Sizden şikâyetimiz var Ferisîler; akarsuyu temiz bellettiğiniz için."

Bu tür reddiyeler Elaborasyon Yasası'nın harika bir çizimidir adeta (bkz sy 4). *Daha iyi yapacak işi olmayan din uzmanları, ufak ezoterik meseleler üzerine titizlikle detaylara gireceklerdir.* Köylerdeki Yahudilerin çoğu bu tür kılı kırk yarmaları dinî enerjinin kaybı olarak görmezden gelirler. Üstelik din otoritelerinin, gözlerinde itibar kaybetmelerine sebep olur. Bunların pek çoğu, İsâ'nın, mezhepçi Yahudileri dinî etik yerine kapların seramonik temizliği ile meşgul olmalarından dolayı eleştirmesini duysalar desteklerlerdi. (Matta 23, özellikle s. 23-26)

Bununla birlikte, ne yazık ki, hazineyi kaptan ayırma gönülsüzlüğü ya da başarısızlığı (yani mesajı bir aracıdan alma) özellikle de, geleneksel dönemlerde, dini toplumların ve toplulukların hem içinde ve hem de etrafında sık sık çatışmalara yol açmıştır; "dindar olma" yollarıyla taşınan mirasın kendisi, sonunda uç endişeler ve kutsal birtakım kaygı ve şüphelere dönüşmüştür (Nihailik Yasası, Herşeyin bir Sonu'nun olması ilkesi). Bireylerin ve grupların fiili kaygıları diğer insanları kontrol etmeye yöneldiğinde, artık durum bir inanç meselesinden çıkarak, giderek yıkıcı bir hale gelen bir güç mücadelesi haline dönüşür. Dinin; hakimiyet, güç ve şeref üzerine olabilecek ufak kavgaları aşması gerekir. İşte, bu ilk kilisenin, neden Rabbin Duası'nın sonuna "Krallık, güç ve şeref ezeli ve ebedi senindir" cümlesini sonradan iliştirdiklerini de açıklar. Benzer bir durumu, İslam'da da "Hakimiyet ve Güç Allah'ın ve onun yeryüzünde atadığı idareci Halifelerin komutası altındadır" şeklinde bir tezahürle tekrar ettiğini de görebiliriz. Söz konusu edilen bu şeyler, erken Hristiyanlık ve erken İslam döneminde belki sadece dini yaymak için kullanılmıştır, fakat bununla birlikte bu söylemler aynı zamanda Hristiyanlığın doğduğu Roma imparatorluğu ile İslam'ın ortaya çıkış döneminde hakim güç olan Bizans İmparatorluklarının ve aristokrasisinin büyük tutkularıdır ve örneğin Hristiyanlar, tüm bunların insani birer zaaf olduğunu bilerek terkedip, Tanrı'ya atfederek "daha ala bir yol"un peşine düşmüşler (1. Korintoslular, 12:31-13:7), ve bu yüzden sonraki gelen Hristiyan ve İslam devletleri belki bu imajı biraz da kendilerice yorumlayarak birer iktidar hırsı ve kendinden olmayan toplumları yönetme ve yönlendirme yoluna gitmişlerdir.

İlk Hristiyanların kendilerini tanımladıkları sözcük olan "Yol" (Rasullerin İşleri, 9:2), sadece belirli kurallar ve yasalar dizisinden meydana gelmezdi. Çünkü, bu tür mecraalar doğası itibarıyla mahdut ve kültürel olarak bağımlı olurlar ve ancak siyasi bir gücün hakim olduğu belli bir alanda geçerli olabilirdi. Böylesi düzenlemelerde Tanrı yine, kendi kendine bir yerlere gelmiş bir beşeri kesimin "ilahi efendisi" görünümünden çok daha az bir fazlasını ifade edebilirdi. Hristiyan alternatifi ise, Yol'u bir insan suretinde tasvir etmekti ki, bu bugünkü Hristiyanlığın büyük skandalı olan –bugün halen Hristiyan olmayan pek çok kişi tarafından da akıl dışı bulunan – Tanrı'yı (haşa!) İsa'nın kişiliğinde safiyane beşeri terimlerle tasvir etmeyi getirdi. Önceki zamanlarda da benzer şekilde Paganlar insanoğlunu (krallar ve diktatörleri) ilahlaştırıyorlardı (ki Eski Yunan ve Greko –Romen dünyası birçok bunun örnekleriyle doludur). Ne ki, Tarihsel gerçek İsa gerçekte bunların hiçbirine sahip değildi. Ölümünden (Göğe alınma) kısa bir süre sonra, ilk Hristiyanlar onu ilahlaştırarak, öğretilerinde, bildirdiklerinde ve yaşamında örnek oluşuyla kişisel özelliklerini ha bire yüceltiyorlardı; özellikle özverili sevgisi ve diğer insanlara merhamet dolu oluşunun aşırı abartılması sonraları Tanrı'yla özdeşleşti. İşte bu, Yeni Ahid'in *"agape"* dediği şeydi. Bunun anlamı, Tanrı'nın *"gösterdiği"* değil de; Tanrı'nın *"olduğu"* şey demek anlamına geliyordu. Öyle ki, İsa'nın gösterdiği mu'cizeler bile (Yuhanna, 4:16) böyle anlaşıldı ve Tanrı'nın kendini göstermesi şeklinde yanlış anlaşıldı..

Baal'e (*Şeytan* veya *Lucifer*) ibadet etmeye karşı en ileri red noktası, çarmıha gerilme yazgısına karşılık İsa'nın gösterdiği teslimiyette gösterilir ve siyasi olarak örgütlenmiş bir gücün insanoğlunu yok edebileceği (ve genellikle de ettiği) bir noktadır bu. Her ne olursa olsun, onların aşkın değerleri ve özverisi ve sevgisi sonucu, İsa yine ölümden de dirilmiştir. Hristiyanlığın ilk yüzyıllarında şehitlik mertebesini yaratan da yine bu özverili İsa'ya ait, onu ölüme götüren bu sadakat idi. Bunun altında yatan temel mesele oldukça basitti; tüm Kitab-ı Mukaddes geleneği boyunca süren bir soruydu bu ayrıca; insanların topyekun kurtuluşu ve esenliği nihai olarak bir siyasi güce mi yoksa bunu aşan aşkın başka bir güce mi, - Kanunun (Kanon'un) hakimiyeti değil de, Tanrı'nın hakimiyeti'ne – mi bağlıydı? Çağlar boyunca bile tartışılan bu önemli mesele, aslında zamandan da bağımsız bir meseleydi ve aslında tüm insanlığı kapsıyordu. Onlar, firavunların, diktatörlerin ve devletlerin her zaman savunduğu gibi – başıboş kaldıklarında sopayla vurularak güdülüyor, ve doğru davranmak için geçici menfaatlerle kandırılıyorlardı. – Sonuçta, ne olursa olsun, bu tür cezalar ve mükafatlar toplumun kontrolünü elde tutmak için kullanılıyordu. Yoksa, her ne kadar egemenlerin aşağılık zihniyetleri sıklıkla onları geçici dünyevi şeyleri istemeye iştahlandırsa da, sopadan kaçınmaya sev etse de, şahısların insani değerleri tüm bunları aşabilir miydi?

Şekil 1.2
Kadim Yazıcılar: Erken Tunç Çağı Giza'sında (Mısır'dan) gelen bu duvar oymasında tasvir edildiği gibi bir grup, profesyonel yazıcıdır. Yakın Doğu boyunca, kraliyet mahkemelerinde ve tapınaklarda bulunurlar; Kitâb-ı Mukaddes dönemi Kudüs'ünde de mevcutturlar. Ruthin kayıt tutma görevlerinin yanında bu tür devlet memurlarının bir başka işi de her tür edebî metni (Eski Ahid içindekiler de bunlara dâhil) üretmek ve kralları adına korumak idi.

KANON

Şunu net olarak biliyoruz ki, Tarih-i Kadim'in hemen hemen her sayfasına baktığımızda; dünyanın sultanları olan bu egemenler buna her zaman *"hayır"* diye yanıt vermişlerdir. Çünkü bu, palavra yanıtlarını kendi çıkar ve menfaatlerini her zaman haklı çıkaracak bir araç olmuştur, kendi varlık meşruiyetlerini haklı çıkaran bir olgu olmuştur. *"Sultan"*='Tanrı'dır şeklindeki bu kadim iddia, insanlığın esenliğinin hakikaten ve nihayetinde bir siyasi kontrol ve hakimiyete bağlı olduğu iddiasının önemli bir sonucudur. Ve bu iddia, ziyadesiyle halen daha modern yandaşlar bulmaya devam etmektedir. Nasıl ki, ilk Hristiyanlar "İsa Rab'dır" diyerek çürütmeye çalışmışlarsa da, tüm kültürel çeşitliliklerine rağmen, İsa'ya olan sadakat ahitlerini, antik İsrail'in Yehova'ya olan sadakatiyle yer değiştirmişlerdir.

Yehovacı Ahid ile Hristiyan İncil'ini ortak bir noktada buluşturan kesişim ise, inanıp inanmamanın kişiye kalmış bir mesele olmasının *kavranamaz* bir dini fikir değil; kişinin bizzat kendinde deneyimleyebileceği ve bizzat katılabileceği hissedilir bir tarihi gerçeklik olduğu hususunda, Tanrı'nın hakimiyetinin hakikatine olan inançtır. Eski İsrail'de olduğu gibi, ilk kilisede de, Tanrı'nın hakimiyeti beşeri dürüstlüğe ve insanların güce, servete ve şöhrete ya da bunların yumuşak başlı görünümleri olan hakimiyet, konfor ve sosyal hayata kabüle yönelik olan doğal beşeri arzularını aşmaya motive eden beşer üstü güçlere bağlıdır.

Buradan çıkarılacak sonuç nokta ise, dinin doğru davranış biçimlerini tanımlamak ve bunun tek tip şeklini empoze etmekten ziyade, yapacağı daha iyi işler olması gerekliliğidir. Aslında, ilk kilise farklı geleneklerden, törelerden ve davranış kalıplarından insanları kapsıyordu ve bu bize, dini vizyonun en uygun rolünün tüm kültürleri bir arada tutmak (-ki *Kanon*'un yazılış amaçlarından biri de bu ana hedeftir, yerel değil, Global bir kesime hitap etmek için kurgulanan bir *"Evrensel bir Din"* olgusu-) olduğunu gösteriyor.

Dolayısıyla hem ilk kilise hem de eski Yehovacılık'ta kültürlerarası olan bir başka husus da, beşeri dürüstlüğün içerik ve anlamı üzerine bir tanımlama yapma ve hemfikir olma kabiliyetiydi. Kadim Yehovacılık'ta, bunlar halk ile Tanrı arasında *"Ahid olarak sabitlenen"* *"On temel şartın, On temel Kanonun"* terimleriyle tanımlanmıştı. Yeni Ahid ise buna *"Ruhun semeresi"* der (Galatyalılar, 5:22-23). Ki, bunlar arzu edilen adaletli ve suçsuz bir dünya ideali olarak tasvir edilen insani vasıfların toplamıdır: *"Sevgi, neşe, huzur, tahammül, sevecenlik, iyilik, sadakat, adalet, nezaket, nefsin kontrol edilmesi"* şeklinde özetlenebilir. Bu sayılanlar ise, hakikaten aşkındır, ve bir siyasi güç ne kadar güçlü olursa da olsun, toplumdaki kuralları ne kadar sıklıkla yasalarla düzenlese de vicdani bu prensipler eğer insanların içlerinde olmadığı sürece, bir etkisi olmayacaktır. Bu sayılanlar öyle ki, her çağ ve her kültürde tüm sıradan insanlar tarafından tanınıp bilinmiş, neredeyse her toplumda ve kavimde halkın büyük kesimi tarafından kabul görmüş ve aşkın bir değer verilmiştir. Bunlar, hakikaten ne dünya sultanlarının ortaya çıkarabileceği ve ne de engel olabileceği *agape'*nin tezahürleridir.

Bununla birlikte, hepsinin daha da kökenindeki gerçek şudur ki, bu sözü edilenler devletlerin değil (ki devletler geçicidir, kalıcı olan toplumlar ve yasalarıdır), insanlığın mutlak esenliğinin kesinlikle ve nihayetinde bağlı olduğu şeylerdir; çünkü, bunlar olmadan herhangi bir medeniyetin varlığından söz edilemez.

KANON

TARİHİN AKIŞINI DEĞİŞTİREN İSLAM ÖNCESİ İNDİRİLEN KANON'LAR

Tarihsel olayları ne ya da kim belirler? Tarih boyunca bu mesele tartışmalı olmuşsa da, spiritual ve içgörüsel anlamda tarihin akışını değiştiren olaylar, aslında Tanrı tarafından Peygamberlerine iletilen, veya indirilen Kutsal Kitaplar, Kanon'lar olmuştur. Pek çok insanın doğal olarak farz ettiği, güçlü beşeri aktörlerin veya gizli derin yapılanmaların (Derin antik dünya devletleri, masonlar, tapınak şövalyeleri, veya günümüzde illüminati vs. gibi), tıpkı siyasi liderler, emperyalist siyasiler – Roma hükümdarları veya Mısır firavunları gibi vs. – ile uluslararası diplomatik yapılanmalar ile ordular ve generaller gibi, olayları kendi çıkarlarına uygun bir biçimde sürekli kılmak için ellerinden geleni yaptıklarıdır. Belirli bir kısmı bakış açısına göre bu doğrudur da.

Fakat tarihin akışına daha büyük bir pencere ve zaman diliminden daha dikkatlice baktığımızda, bu beşeri aktörlerin ve güçlerin, kendilerinin de asla kontrol edemeyecekleri güçlere tabi oldukları anlaşılır. Büyük imparatorluklar yükselir ve düşer; savaşların gidişatı olayların ve devletlerin de gidişatına aniden yön verir. Politik planlar umulmadık bir biçimde ortaya çıkan karışıklıklar ve engellerle bozulur. Başka bir deyişle, Tanrı tarafından gönderilen bu peygamberler, tarihi aktörlerin haberi bile olmayacağı bir şekilde devreye sokar. Örneğin, İsrailoğullarına karşı konuşlanan ve ömrü binlerce yıla yayılan devletlerin (Babil veya Roma gibi), bu peygamberler tarafından ilahi bir müdahale yardımıyla çökertildiği kutsal metinler boyunca bize söylenmektedir.. Dolayısıyla tarihi olayların akışı, gerçekte krallar veya generaller tarafından değil de, bizzat Tanrı'nın kendisi tarafından peygamberleri ve Kutsal Metinleri (Kanon'ları) aracılığıyla yönlendirilmektedir.

KANON

Roma esaretinden sonra, Yahudiler geleneklerini muhafaza edebilmek için bunları yazılar halinde Talmud'a koydular ve kutsal yazıtlarını tek bir Nüsha halinde saklayabilmek konusunda aralarında uzlaştılar ve kitaplarındaki her türden harfi sayarak oluşturdukları bu tek Nüshayı muhafaza ettiler. Septuagint* meali aracılığıyla keşfedebilecek olanlar hariç, şimdi kayıp olan farklı anlatımların bu kitaba girişini engellediler; katiplerin bu tek Nüshanın yazılışından önce yaptıkları yazım hataları gibi bazı marjinal notlar veya hatalar da bu ana metne sızmış oldular.

Artık bunları bulup düzeltebilmek çok güçtür. Roma esaretinden önce Yahudiler, Şeriat Kitabı'ndaki Peygamberler [Resuller/Elçiler] ve Hagiografi** gibi kutsal kitapların veya kutsal metinlerin arasında seçim yaparak Sinagogları'nda sadece Şeriat Kitabı'nı ve Rasuller'i okumuşlardı. Mesih ve Havarileri de dinsel vurgulamalarını Şeriat Kitabı'na ve Resuller'e dayandırmışlardı (Matt. VII. 12. XXII. 4. Luke.X VI. 16. 29. 31. XXIV. 44. Acts XX IV. 14. XXII. 22. Rom. 111. 21 gibi vb.)

Hagiografi derken kast ettikleri tarihsel kitaplar, Joshua, Yargıçlar, Ruth, Samuel, Krallar, Chronicles, Ezra, Nehemiah ve Esther ile]ob'un Kitabı, Mezmurlar, Solomon'un Kitabı ve Lamentations [Mersiyeler] idi. Samaritanlar sadece Pentateuch'u okurlardı: ve Yhehosaphat onları eğitmek için kentlere adamlar gönderdiğinde, onların elinde sadece Şeriat Kitabı vardı. Çünkü, halen mevcut olan Kehanetler o sıralarda henüz yazılmış değillerdi. Babil'deki tutsaklıktan dönüşte Ezra halka, yedinci ayın ilk gününde sabahtan öğlene kadar ve Tabernacles yortusunda da gün be gün sadece Şeriat Kitabı'nı okumuştu. Çünkü, o sırada Peygamberler'in halen mevcut olan yazılarını henüz tek cilt halinde derlemiş değildi. Ama bunlar toplandıktan sonra, onları okumayı da kurumsallaştırmıştı. Şeriat Kitabı'nın ve

KANON

Peygamberler'in Sinagoglar'da okunmasıyla birlikte bu kitaplar Hagiografi kitaplarındaki yozlaşmalardan uzak, ari bir şekilde kalabilmişlerdir.

Yahudi milletinin çocukluk döneminde Tanrı onlara Şeriat'ı vermiş ve eğer onun emirlerine sadık kalırlarsa onların Tanrısı olacağını bir Sözleşmeyle taahhüt etmişti. Sık sık başka Tanrılara tapınmak için isyan ettiklerinde de, Peygamberler göndererek onları yeniden kendine bağlamış ve onlar da bozdukları Kutsal-Sözleşme'yi ve Kanonları bazen yenilemişlerdi.

Tanrı, bu Peygamberleri Ezra'ya kadar onlara göndermeyi sürdürdü: çünkü onların Kehanetleri Sinagoglar'da okunduktan sonra bu peygamber sözlerinin yeterli olacağı düşünülmüştü. Çünkü, halk eğer Musa'yı ve eski Peygamberleri duymazsa, (onlar ölümden sonra dirilmedikçe), gelen yenileri, [Peygamberleri] asla dinlemezdi. Nihayet Gentiles'e*** yeni bir hakikat, yani İsa'nın Mesih olduğu vaaz edildiğinde, Tanrı yeni Peygamberler ve Öğretmenler gönderdi ama ne var ki, onların yazıtları alındıktan ve Hristiyan Sinagogları'nda okunduktan sonra, Peygamberlerin uyarıları ikinci kez sonlandı. Musa'nın, Peygamberler'in, Havariler'in ve Mesih'in kendi sözleri elimizdedir, eğer biz bunları dinlemezsek, mazeret noktasında Yahudilerden bir farkımız kalmaz. Çünkü, Peygamberler'in ve Havariler'in önceden bildirdikleri gibi, nasıl ki İsrail sık sık isyan edip Kutsal-Sözleşme'yi bozduysa ve sonra da pişman olup onu yenilediyse; Havariler'in döneminden hemen sonra Hristiyanların arasında da aykırı düşenler çıkacak ve Tanrı'nın, pişmanlığın izini bile taşımayan bu isyankarları yok ederek kendisine inananlarla yeni bir Sözleşme (Kanon) yapması gerekecekti.

KANON

* Septuagint: Kısaca LXX=70 diye bilinen ve 70 veya 72 Mısırlı bilgin tarafından Grekçe'ye tercüme edilmiş olan İbranice metinlerin toplamı.

** Hagiography: İbranice'de kısaca "TaNaKh" diye bilinen "TNK" harfleriyle anılan metinler. Bunlar, Şeriat, Peygamberler ve diğer metinlerden oluşturulmuştur ve David'e atfedilmiş olan Mezmurlar kitabı ile başlar.

*** Gentile: İbrani-Olmayan ve Tek-Tanrıcı sayılmayan, ancak Tanrı veya Tanrılardan korkan ve saygı besleyen Paganlar. Özellikle de, Ege ve İç Batı Anadolu'nun 2000 yıl önceki yerleşimcileri. Aziz Paul misyonerlik çalışmalarına ilkin onlara giderek ve Hristiyanlığa davet ederek başlamıştı.

****

Şimdi, Eski Ahid'e ait bu tarihsel kronolojiyi, başlangıcından itibaren İslam öncesi döneme kadar bu gönderilen Kutsal metinlere göre ele alıp kısaca inceleyelim:

Hristiyanlık öncesi, tek Allah inancının Yahudilerin Kutsal metni olarak kabul edilen (Eski Ahit veya diğer adıyla Kitab-ı Mukaddes), 1000 yıldan fazla bir süre zarfında, göze çarpan değişiklikler sonucunda oluşmuştur. En eski bölümler, örneğin Mısırdan Çıkış, 15. Bölüm gibi, (M. Ö. 1200 dolaylarında yazılmıştır). Bu kısım, arkaik nazımlar içerirken, en son kısmı olan Daniel Kitabı'dır (M.Ö. 165 dolaylarında tamamlanmıştır). İlerki zamanlarda yaşayan Yahudi kutsal kitap yazıcılarının ve hafızların bu M.Ö. 1000 yılı öncesine ait ilk Tevrat nüshalarının tarihi içeriklerine dair gerçek bir kavrayışa sahip oldukları kuşkuludur. Ta ki, Ezra, diğer adıyla Uzeyr peygambere kadar. Öyle ki, gerçek Tevrat'ı ortaya çıkarıp yeniden kaleme alan o olmuştur, ki bu Yahudilikteki Musa AS'dan sonraki, İsa gelene kadar, en önemli ikinci dönüm noktası olmuştur. Bu ara kayıp dönemde (M. Ö. 600 civarı ile M. Ö. 165 arası), onlar eski rivayetleri kendi anlayışları ve konuyla ilgili veyahutta o günkü günlük hayat şartlarına uygun gördükleri kısımlarıyla hükmedegeldiler ve bu şekilde kendi anladıkları biçimde muhafaza edegeldiler.

Fakat bununla birlikte, İsa'dan sonra yeni gelen İsevi dininde metinler ve İncil'in kendisi bir yüzyıldan kısa bir süre içinde yazılıp tamamlanmıştı (M.S. 33 ila M. S. 60 yılları arası).

Eski Ahit, Kutsal Kitabı 3 ana parçaya böler: Yasalar, Peygamberlik Kitapları, ve Yazılar. İsa'nın yasalar ve Peygamberlik Kitapları'na göndermeleri (Örn. Matta, 5:17; 7:12; 22:40), tarihsel bütünlük içinde kutsal kitaba bakıldığında (ESKİ + YENİ AHİT olarak), henüz 3. Parçanın üzerinde bir son kararın verilmemiş olduğu izlenimini uyandırır. Rabbaniyyun kaynaklı Yahudi kaynaklar, 3. Bölüm olan belirsiz ve yoruma açık olan kısım Yazılar'ın, İsa zamanından bir yüzyıl ya da daha sonrasında sona erdiğini bildirir. Peki neden acaba? İsa ve Hz. Muhammed arası dönemde ne gibi bir değişim oldu veya Yazılar sona mı ermişti, Kanon kesintiye mi uğramıştı ki, yeni gönderilen İsevi dini bu kadar kısa sürede bozulabilmişti? Oysa ki, bu ara dönemde Apokrif veya Kanonik olarak ele alınan hemen hemen tüm İncil metinlerinin de Hristiyanlığın ilk zamanlarında yazılmış gibi gösterilmesi de yine ayrı bir ilginç noktadır.

Yasalar veya Pentateuk (Tevrat), M. Ö. Beşinci yüzyıl boyunca, Pers imparatorluğu hükmündeki her halkı kendi dini geleneklerini ve törenlerini sağlamlaştırmaları ve muhafaza etmeleri için cesaretlendirdi. Bu da, Tevrat'ın ilk beş kitabı olan Pentateuk'un (Beş "tomar" anlamına gelir) takdis edilmesini teşvik etti:

KANON

1- *Tekvin (Yaratılış Kitabı)*

2- *Exodus (Mısır'dan Çıkış Kitabı)*

3- *Levililer*

4- *Sayılar*

5- *Tesniye*

Yaratılışla başlayan Tekvin kitabı (Tekvin, 1. Ayet) ve Musa AS'ın ölümüyle (Tesniye, 34. Ayet) biten bu kitaplar, İsrailoğulları'nın ilk zamanlarındaki rivayetleri ve yasaları içerir. Bu kitapların can alıcı bölümleri, Mısır'dan Çıkış hikayesi ile Sina dağında gerçekleşen Ahit (Antlaşma) olduğundan (çeşitli yasa kitapları ilave edilerek), kısa bir zaman sonra, bu beş kitabın tamamının ortak figürü olan Musa As tarafından yazıldığı veya yazdırıldığı inancı ortaya çıktı. 1800'lerin başlarında Kitab-ı Mukaddes araştırmacıları, bu rivayetlere ciddi bir biçimde itiraz etmişlerdir ve aslında bu beş kitabın, *"birbirine karıştırılan"* ve geleneksel olarak J, E, D, ve P diye tasnif edilen dört adet Musa AS sonrası kaynaktan teşkil edildiğine inanırlar.

"D" (Deuteronomy), Tesniye Kitabı'na işaret eder. Kral Yoşiya'nın M. Ö. 621 yılındaki reformları sırasında yayımlanmıştır. "P" ise özellikle Mısır'dan Çıkış'ın ikinci bölümünde Levililer'de ve Sayılar'ın büyük kısmında yaygın olan (aynı zamanda Tekvin'de de izlerine rastlanan) ayinsel kolu gösterir. Bu kaynakların hangisinin ilk önce derlendiği konusunda ayrı ayrı görüşler bulunsa da, nihayetinde bunların tüm Tevrat'ı oluşturmak üzere bir araya getirilişi olasılıkla Ezra (Üzeyr) AS zamanında gerçekleştirilmiş ve vahiysel kaynaklar onun tarafından yeniden doğru bir şekilde düzenlenerek yeniden oluşturulmuştur.

KANON

Peygamberler, Eski Ahit'in bu ikinci bölümü, kendi içinde de iki ana parçaya bölünür. Bunlardan ilk peygamberler; İsrailoğulları'nın başından geçen olayların geniş kapsamlı bir tarihsel anlatısıdır. Hz. Musa'nın ölümüyle başlar ve altı yüzyıl sonrasındaki Kudüs kent monarşisinin yıkımı ile sona erer.

Şu kanonları kapsar:

1- *Yeşu*

2- *Hakimler*

3- *1-2. Samuel*

4- *1-2. Krallar*

Hristiyan kanonları sıklıkla Hakimler'in hemen arkasına *Ruth Kitabı*'nı koyarlar, çünkü Ruth da Hakimler zamanına ait bir peygamberdi.

Diğer alt bölüm, geniş kısmı Peygamberler'den *sonraya* yerleştirildiği için **Sonraki Peygamberler** olarak adlandırılır. Bu kitapların çoğu kısmında, M. Ö. 8-6. Yüzyıllar arasında yaşamış bulunan büyük peygamberlerin *şiirsel vahiylerine* yer verilir. Bu kitaplar ayrıca içlerinde *Büyük Peygamberler* (Kitapları uzun olanlar kastedilmiştir), ve *Küçük Peygamberler* (Görece daha kısa kitaba sahip olanlar) olarak da ayrılır:

Büyük Peygamberler:

İşaya

Yeremya

Hezekiel

On İki Küçük Peygamber:

Hoşea

Yoel

Amos

Obadya

Yunus

Mika

Nahum

Habakkuk

Sefanya

Haggay

Zekeriya

Malaki

KANON

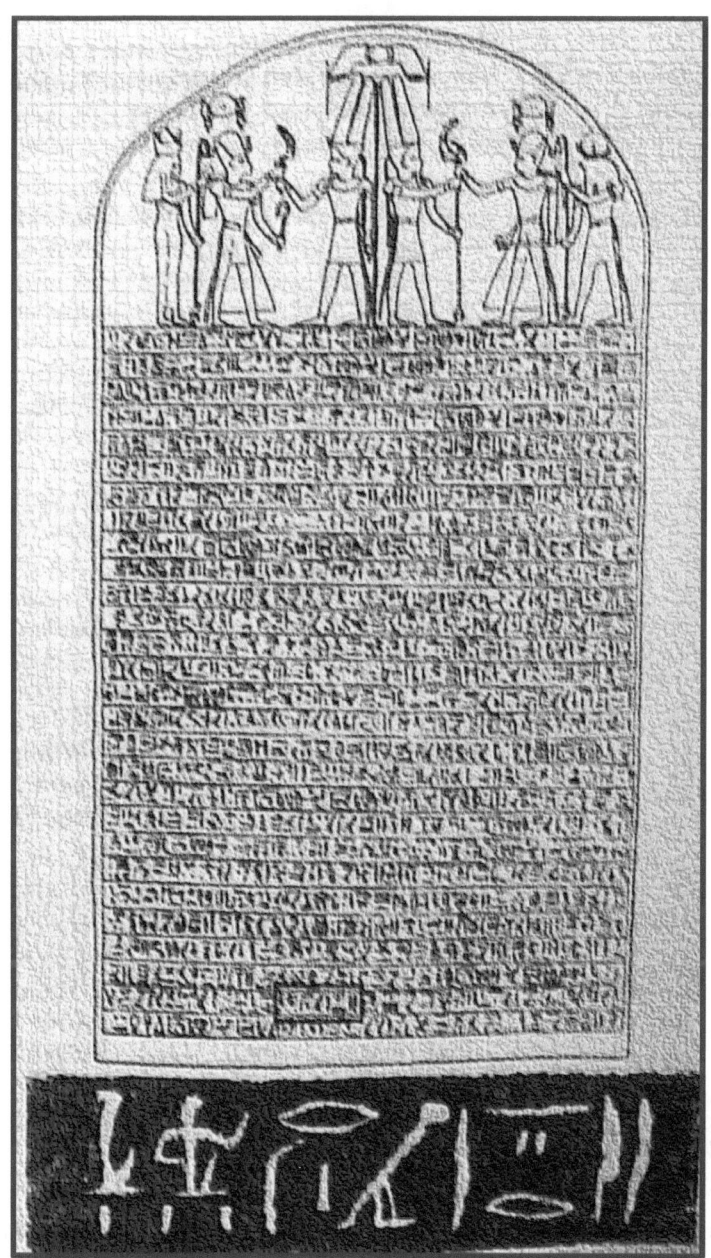

Resim: *"Merneptah Dikilitaşı"*, Stelin alt satırının bir üzerindeki "İsrailoğlu" atıfı işaretlenmiştir. İsmin sol altındaki *"belirleyici işaret"* bir erken ve kadını üç kısa çizik üzerinde yere çömelmiş olarak gösterir.

KANON

Mısırlılar siyasi olarak örgütlü ve coğrafi olarak ve yerleşik grupları farklı belirleyici işaretlerle işaretlediklerinden, bu yazıt "İsrailoğlu" terimini farklı bir tür sosyal örgütlenme olarak gösterir.

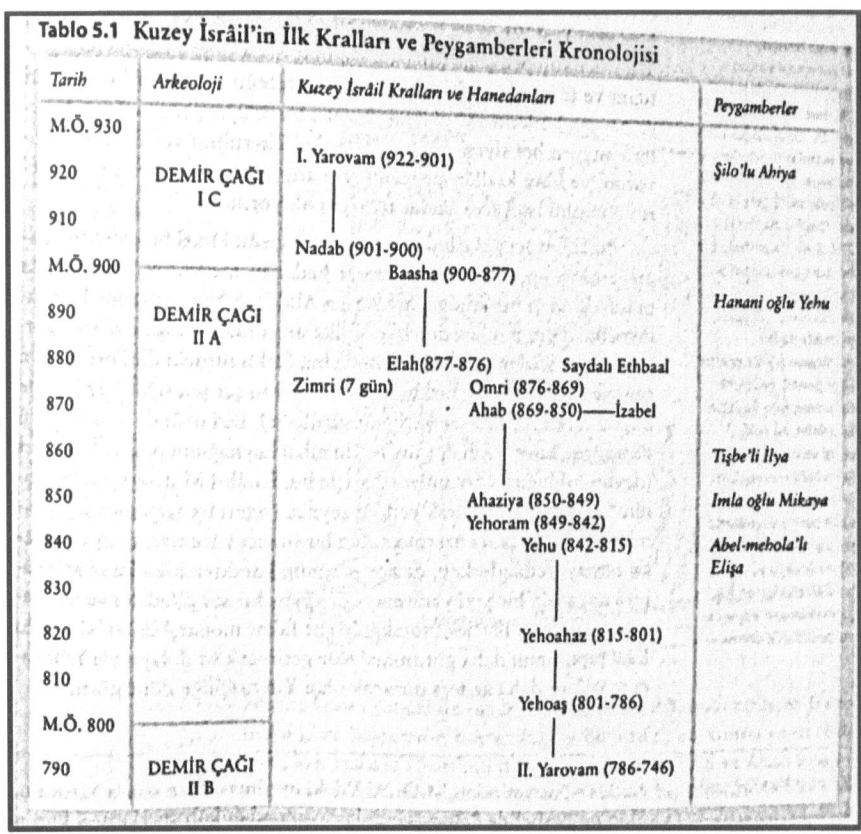

Tablo 5.1 Kuzey İsrâil'in İlk Kralları ve Peygamberleri Kronolojisi

Tarih	Arkeoloji	Kuzey İsrâil Kralları ve Hanedanları	Peygamberler
M.Ö. 930			
920	DEMİR ÇAĞI I C	I. Yarovam (922-901)	Şilo'lu Ahiya
910			
M.Ö. 900		Nadab (901-900) Baasha (900-877)	
890	DEMİR ÇAĞI II A		Hanani oğlu Yehu
880		Elah (877-876) Saydalı Ethbaal	
870		Zimri (7 gün) Omri (876-869) Ahab (869-850)——İzabel	
860			Tişbe'li İlya
850		Ahaziya (850-849) Yehoram (849-842)	İmla oğlu Mikaya
840		Yehu (842-815)	Abel-mehola'lı Elişa
830			
820		Yehoahaz (815-801)	
810			
M.Ö. 800		Yehoaş (801-786)	
790	DEMİR ÇAĞI II B	II. Yarovam (786-746)	

Araştırmacılar, bu kitapların içeriklerinin peygamberlerin kendi sözlerinin gerçek nüshaları olup olmadığı konusunda fikir ayrılığındadırlar. Hristiyan İncilleri, Yeremya'nın ardına Ağıtlar'ı ve Hezekiel'in ardına da Daniel'i koyarlar.

Yazılar, Bir ara birinci yüzyılda ya da hemen İsa'nın ardından, Yahudi yazıcılar ve Rabbaniyyunlar bu ek yazıları Yasa ve

KANON

Peygamberler yazıtlarına dahil etmek üzere toplarlar. Bu mesellerin kimi kısmı da belki de, Davud ve Süleyman AS. Zamanına kadar geriye giden kadim materyaller içerir; diğerleri ise, (Örn. Daniel'in Kitabı) ancak İsa AS'dan bir ya da iki yüzyıl öncesine tarihlenebilir. Bu kitapların geleneksel Yahudi düzeni şu şekildedir:

Mezmurlar

Eyyub

Özdeyişler (Meseller)

Ruth

Neşideler Neşidesi (Veya Ezgiler Ezgisi, Süleyman'ın Özdeyişleri)

Vaiz (Kohelet diye de bilinir)

Yeremya'nın Mersiyeleri

Ester

Daniel

Ezra

Nehemya

1-2. Tarihler

Hristiyan İncil'i ise bu kitapların sıralamasını farklı bir sırada düzenler.

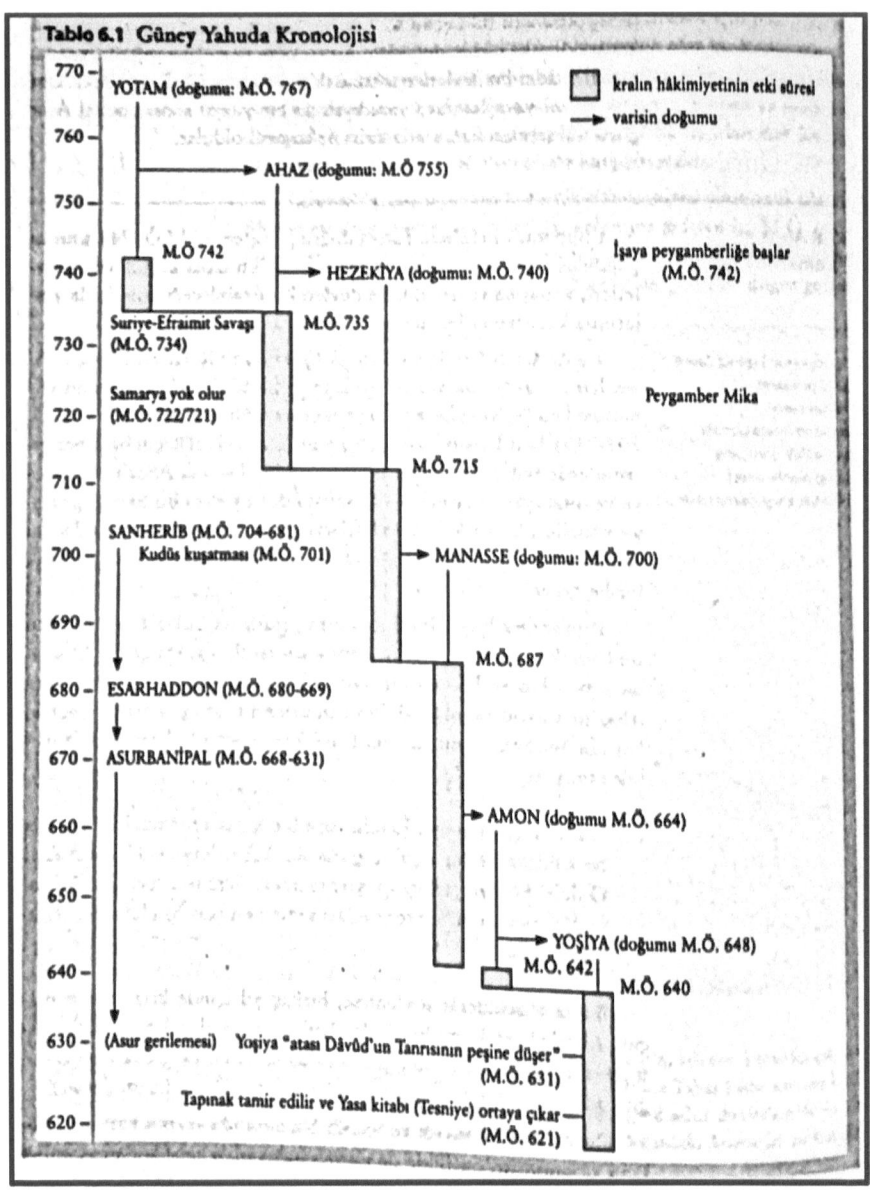

Tablo 6.1 Güney Yahuda Kronolojisi

Apokrifler ise, Roma Katolik Kilisesi ve çeşitli Ortodoks Kiliseleri, Yahudi yazmalarının M. Ö. 200 senesine dayanan bir Antik Yunan düzenlemesini ("Septuaginta" denilen) temel alan bir "Eski Ahit" biçimi kullanırlar. Bu düzenleme ek kitaplar

KANON

içerir ve bu Hristiyan yapılarına "Deutero-Kanonik" (ya da "Eski Ahit Kanonu'nun İkinci Kısmı") denir. Bu ek kitaplar, aşağıdakilerle sınırlı değildir, fakat bilinen en önemli Apokrifler şunlardır:

Yubit

Tobit

Süleyman'ın Bilgeliği

Ben-Sirak'ın Bilgeliği (Vaizler)

1. Makabeler

2. Makabeler

2. Esdras (ya da "4. Ezra")

Bunların çoğu, "Ahit Arası Dönem" denilen (M. Ö. 200 ve M. S. 200) dönemlerinde ortaya çıkmış görünmektedir. Protestanlar ve Yahudiler, bu kitaplara dini bir yetkinlik atfetmezler ve genellikle bunlara "saklı" anlamına gelen "Apokrif" veya "Apokrifia" sözcüğü ile adlandırırlar. Bu sözcüğün başka çağrışımları da, bu kitapların "sırlı" (veya "saklı" anlamında) ezoterik öğretiler içerdiği veyahutta temel akidenin aksine yanlış öğretiler içerdiği için, umumi dolaşımdan uzak tutulmayı ("saklı" tutulmayı) hak ettikleri anlamında da kullanırlar.

Kitab-ı Mukaddes Dışı Diğer Yahudi Yazmaları, M. Ö. 200 ila M. S. Birinci yüzyıl arasında, Yahudi yazıcılar bolca başka yazıları da kaleme aldılar. Her ne kadar hiçbir zaman İbranice Kitab-ı Mukaddes'in içine dahil etmedilerse de, bu yazılar dönemin Yahudilik içindeki ayrılıklarına ve çatışmalarına kayda değer biçimde tanıklık eder. **Pseudoepigraphia**, bu kitapların pek çoklarına verilen ortak addır. Çoğu yunanca (Grek alfabesiyle) yazılmıştır ve yine pek çoğu meşhur Eski Ahit karakterleriyle kaleme alınmışa benzemektedir. Orjinallerinde muhtemelen İbranice olarak yazılmış olsalar da, bu kitapların düzeltmeleri, Yahudi içerikleri Hristiyan temalara uyarlayan Yahudi kökenli Hristiyanlar tarafından yapılmış görünmektedir. Bu kitapların en önemlilerinden bazıları aşağıda verilmektedir:

1. *Hanok*

2. *Hanok*

Sibyl Vahiyleri

2. *Baruh*

Adem'in Vahyi

İbrahim'in Vahyi

3. *Makkabiler*

4. *Makkabiler*

On İki Patrik'in Ahitleri

Musa'nın Ahdi

Süleyman'ın Ahdi

Jübileler

Adem ve Havva'nın Hayatı

Peygamberlerin Hayatları

Süleyman'ın Mezmurları [Zebur]

Helenistik Sinagog Duaları

"*Pseudoepigraphia*" sözcük anlamı ile "sahte veya uydurma kitaplar" anlamına da gelir ve muhtemelen, iddia edildiği gibi, Eski Ahit karakterleriyle yazılmış olamayacaklarına dair yükselen iddialara göndermeler yapar. Bu kitapların pek çoğu *Apokaliptik*'tir (gelecekle ilgili sembolik vahiyler şeklinde). Hemen hemen tamamı, sembolik ve şifreli bir dille ve imgelerle (Helenistik ve Roma dönemlerinde popüler olan bir yazım ve edebiyat diliyle) İYİ'nin sonunda KÖTÜ'yü alt edeceğini ve evrenin sonunu, KIYAMET'i betimlerler. Bu kitap, 'Kanon'un betimleme ve yazım türü de bunlara yakındır diyebiliriz.

Bir başka dikkate değer önemli Yahudi dini yazmaları koleksiyonu da *"Nag Hammadi"*, veya *"Ölü Deniz Yazıtları"* olarak bilinen **"Ölü Deniz Parşömenleri"**dir. 1940'ların sonu ila 1950'lerin başlarında Ölü Deniz (*Lut Gölü* yakınlarında bir yer) yakınlarındaki bir mağarada keşfedilmiş, birinci yüzyıla (ve daha öncesine uzanan) ait el yazmalarıdır. Bu koleksiyon, o dönemde belli bir Kapalı Yahudi mezhebi olan **"Esseniler"**in kutsal saydığı ve koruyarak saklamış oldukları bir kutsal edebiyat içerir. Eski Ahit kitaplarının her birinden (Ester Kitabı hariç) ve bu mezhebin kendine özgü Yahudilik inancını yansıtan başlıca metinlerinden çeşitli el yazmaları içerir. Bu parşömenlerin içerdiği tomarların başlıkları şöyledir:

Topluluğun Kuralı

Savaş Parşömeni

Melkidesek

Tapınak Parşömeni

Habakkuk Üzerine Eleştirel Bir Yorum

Şükür İlahileri

Nabonidus'un Duası

Bakır Parşömen

KANON

Yeni Ahit, Hz. İsa'nın yaşadığı zamandan yaklaşık bir yüzyıl sonrasına kadar, Hristiyanlar İbranice Kitab-ı Mukaddes'e İsa'ya ait yaşam öyküsünü ve yazılarını koymaya başlamışlardı. M. S. 4. Yüzyıl sonlarında bu ekleme kitaplar, Hristiyan literatüründe ve kutsal geleneğinde *"Yeni Ahit"* ismiyle yerini buldu ve bunları Eski Ahit'le birleştirerek okumaya başladılar. Genel olarak konuşulursa, Yeni Ahit üç farklı yazmayı içerir: *"İnciller"*, *"Mektuplar"* ve *"Vahiy Kitabı"*.

İnciller, *"İncil"* (*gospel*) Eski İngilizce'de *"Tanrı'dan gelen müjde"* anlamına gelen *"godspell"* sözcüğünden gelir. Aynı zamanda Yeni Ahit'in ilk dört kitabına işaret eden Yunanca sözcük *"Euangelion"* sözcüğüne de eşdeğerdir. Bu kitaplar titiz bir biçimde İsa'nın hayatı, öğretileri, ölümü ve yeniden dirilişini anlatarak O'nun *"Tanrı'nın Oğlu"* olarak ilan edip methedecek bir tarzda övgüyle anlatırlar. Bu kitaplar şunlardır:

Matta

Markos

Luka – Rasulerin İşleri

Yuhanna

Bunlardan Luka İncili, aslında iki ciltlik bir kitabın ilk kısmıdır: İşler ya da Rasullerin İşleri ise, bu çalışmanın ikinci kitabıdır. Yeni Ahit'in Hristiyan düzenlemesi her zaman Yuhanna İncili'ni (4. İncil) Luka ve Rasullerin İşleri arasına yerleştirir, böylelikle Hz. İsa ile ilgili olan ayetler, takipçileri ile ilgili olan ayetlerden önce okunabilmektedir.

Her ne kadar Hristiyan geleneği bu İncillerin her birini bir şakirdin tanıklığı (Matta ve Yuhanna) ya da bir Havarinin himayesine (Markos veya Luka) dayandırsa da, araştırmacılar bu geleneği sorgulamak için gerekli sebeplere ulaşmışlardır. İlk üç

KANON

incil büyük ölçüde ortak bir içeriğe sahiptir. Bunlara "**Sinoptik İnciller**" adı verilir. Çünkü, metinleri birbiri ile hemen hemen aynı olduğu için, yanyana okunabilir (*"sinoptik"*, *"aynı gözle bakılan"* demektir.) Günümüzde pek çok araştırmacı bu benzerlikleri, Matta ve Luka'nın birbirinden bağımsız çalışan yazıcılarının Markos'un incilini kendilerine baz aldıklarını teorize ederek açıklarlar. Bu, Markos'un, M. S. 65-70 yılları arasında eski bir tarihte yazılmış olduğundan kaynaklanır. Yine pek çok araştırmacının fikrine göre, Dördüncü İncil, erken Hristiyanlığın Rabbaniyyunluk etkisindeki Yahudilik'ten gözle görülür biçimde ayrışmaya ve *"İlahi"* ve *"Uluhiyyet"* yüklenmiş bir İsa'dan bahsetmek için, kendi rivayet geleneğinin sözlüğünü geliştirmeye başladığı M.S. 100'lerde kaleme alınmıştır.

Mektuplar: *"Apostles"* sözcük anlamı ile *"Mektuplar"* demektir ve farklı Hristiyan cemaatlerine *"postalanan"* orjinal yazışmalardır. Bu yirmi bir kitap aşağıdaki düzendedir:

Romalılar

1-2. Korintoslular

Galatyalılar

Efesliler

Filipeliler

Koloseliler

1-2. Selanikliler

1-2. Timoteos

Titus

Filimon

İbraniler

KANON

Yakup

1-2. Petrus

1-3. Yuhanna

Yahuda

Havari Pavlus, (M. S. 64 yılında ölmüştür) Romalılardan Filipeliler'e kadar olan kitapların yazarı olarak tanımlanır (*Pavlus'un mektupları*). Bu mektuplar, Hristiyan inancının hala geniş ölçüde erken Yahudilik'in bir ifadesi olarak görülen, belli Hristiyan cemaatlerine yöneliktir. Pek çok hemfikir araştırmacıya göre, "**Pastoral Mektuplar**" da denen (1-2. Timoteus ve Titus) Efesliler ve Koloseliler gibi, aslında Pavlus'un öğrencileri biri tarafından M. S. 100 dolaylarında yazılmış olabilir.

İbraniler Kitabı, aslında bir mektuptan öte bilimsel bir incelemeye benzer ve yazarı ile oluşturulma tarihi halen belirsizdir. Geriye kalan "Katolik Mektupları" daha ziyade Hristiyanlara yöneliktir. Her ne kadar, çeşitli İsa şakirtlerine ithaf olunsalar da araştırmacılar, çok daha sonraları anonim Hristiyanlar tarafından "Pseudonim" (sanki "gerçek" şakirtlerinden biri tarafından yazılmış gibi) kaleme alındıklarına inanır. 1-3. Yuhanna'nın düşüncesi, tarzı ve kelime haznesinin Yuhanna İncili'ndekilere benzerliği dikkat çekicidir.

Vahiy Kitabı (Apokalipse): Daha önce de belirtildiği gibi, İncil dışı Yahudi kitapları "*Apokaliptik*" (kıyamete dair, gelecekle ilgili vahiyler) kitaplardır. İyi ve kötünün arasındaki evrensel çatışmanın nihayetini ve bir nevi kıyametin bir senaryonusu tasvir eder. Yeni Ahit'in bu son kitabı "*Yuhanna'nın Vahiy Kitabı*" da böyle bir kitaptır.

Vahiy kitabının yazarının ismi Yuhanna olmasına rağmen; kimi erken tarihli ayetler bu kişinin İsa'nın havarisi ("*Zebe-

dee'nin Oğlu") Yuhanna olduğuna dair ipuçları ileri sürse de, bugün yeni yapılan bazı araştırmaların sonucunda bu yazarın, kilisenin zulüm döneminde (M. S. 95-96) *"İmparator Domitianus"* zamanında yaşamış Hristiyan bir mistik olduğunu ve diğer *"Yuhannacı"* yazıtlarla bir ilgisi olmadığını düşündürmektedir.

İleri okumalar için öneriler:

Bu kısımda behsi geçen konu başlıklarına dair detaylı bilgiler aşağıdaki kaynaklarda bulunabilir:

Kutsal Kitaplar:

- Kitab-ı Mukaddes (Eski ve yeni Ahit, Yeni Çevirisi)
- Kur'an (Prof. Muhammed Hamidullah Meal Çevirisi)

Sözlük / Ansiklopedi Maddeleri:

- Anchor Bible Dictionary: Gnosticism; Hellenism; Jesus, Quest of the Historical; Jesus, Teaching of; Jewish-Christian Relations 70-170 C. E.; Kingdom of God; Last Supper; Leprosy; Lord's Supper; Marcion; Meal Customs (Jewish), Messianic Movements in Judaism; Mystery Religions; New Testament; Quotations in the Bible; Parable of Bible; Persecution of the Early Churh; Philo of Alexandria; Roman Imperial Cults; Rome, Early Christian Atytitudes to Sanhedrin; Semiticism in the Synagogue; Zealots

Yahudi Mesihliği ve İsrailoğulları Peygamberlik Tarihleri:

- "Ancient Israel's Faith and History, George E. Mendenhall: "An Introduction the Bible in Context, Westminster / John Knox Press, 2001

- "Law & Covenant in Israel & the Ancient Near East", George E. Mendenhall, Pittsburgh: The Biblical Colloquium, 1955
- "The Tenth Generation: "The Origins of the Biblical Tradition, George E. Mendenhall, John Hopkins, 1973
- "Our Misunderstood Bible", George E. Mendenhall, Booksurge publishing, 2006
- "The Quest for the Kingdom of God", George E. Mendenhall, Eisenbrauns, 1983
- "The Scepter & the Star": "The Messiahs of the Dead Sea Scrolls & Other Ancient Literature, J. J. Collins, New York: Doubleday, 1966
- "Prophets & Messiahs: "Popular Movements at the Time of Jesus", R. Horsley & J. Hanson, Minneapolis: Winston Press, 1985

Tarihsel İsa Üzerine Rehber Okumalar:

- "The Evidence for Jesus", J. D. G. Dunn, Philadelphia: Westminster publishing, 1985
- "Jesus As a Figure in History: "How Modern Historians View the Man from Galilee", M. Powell, Lousville: Westminster publishing, 1998
- "The Jesus Quest: "The third Search for the Jew of Nazareth", B. Witherington, Downers Grove, III.: Intervarsity pub., 1995
- "The Moral World of the First Christians", W. Meeks, Philadelphia: Westminster Pub, 1986
- "Paul the Law & Jewish People", E. P. Sanders, Philadelphia: Westminster Pub, 1983
- "Observations Upon the Prophecies of Daniel & The Apocalypse of St. John", Kutsal Kitabın Yorumu, Isaac Newton, Cambridge & London, 1700s

- "Mitoloji Sözlüğü", Mehmet Korkmaz, Alter Publishing, 2012
- "Tevrat, Zebur ve İncil'e Göre, Allah'tan Gelen Rüyaları Anlamak", Breslin & Jones, Yeni Yaşam Yayınları, İstanbul, 2009
- "Müslüman Hazreti İsa", Tarif Khalidi, Kitap Yayınevi, Istanbul, 2003
- "Wakeup" & "Watchtower", Yehova Şahitleri Dergisi, Nisan-Temmuz, Istanbul, 2014
- "Tüm Çağların Gizli Öğretileri", Manly P. Hall, Mitra Yayınevi, Istanbul, 2012

İlk Hristiyan Yazmalar:

- "Unity & Diversity in the New Testament", J. D. G. Dunn, Londra & Philadelphia, SCM Press, Trinity International, 1990
- "The Gnostic Gospels", E. Pagels, New York: Random House, 1979
- "Documents for Study of the Gospels", D. R. Cartledge & D. L. Dungan, Minneapolis: Fortress pub., 1994

Roma Dünyasında Hristiyanlık:

- "Pagans & Christians", R. L. Fox, New York: Knopf, 1986
- "Christianizing the Roman Empire A. D. 100-400", R. MacMullen, New Haven, Conn.: Yale University Press, 1984
- "The Christians as the Roman Saw Them", R. L. Wilken, New Haven, Conn.: Yale University Press, 1984

İslâmiyet'te "Nesih":
"Önceki Kutsal Vahyin İptal Edilmesi" Meselesi

"Biz **daha iyisini** veyâ **benzerini getirmedikçe** Bir ayeti(n) hükmünü yürürlükten **kaldırmaz** veya onu **unutturmayız**.

Allâh'ın her şeye gücü yeter olduğunu bilmedin mi?"

(Bakara 2:106)

Bazı Müslümanların iddialarına göre "**Sonra gelen, öncekini iptal eder.**" İddia şudur ki, "Her kitap kendisinden önce gelen kitapları geçersiz kılmıştır." Buna göre Kur'ân daha sonra geldiği için Tevrât ve İncîl geçersiz kılınmış. Yani **Nesih** olunmuştur demektedir.

"**Nesih**, (yensahu) lûgatte: Men' ve izale kılmak, tağyir ve iptal etmek, bozmak, bir şeyi yerine getirip koymak mânalarına gelir. Yazının, yazılı olduğu yerden başka sahifeye nakli de bir nevi **nesihtir**, buna istinsah deriz."[1] İslâmî kaynaklara göre, **Nesh** kelimesi lugâtte, izâle etmek, gidermek, yok etmek, değiştirmek, tebdil, tahvil ve nakletmek veya yenisini getirmek manalarına gelir. Istılahta ise, bir nassın hükmünü daha sonra gelen bir nas ile kaldırmaktır, başka bir deyimle, şer'i bir hükmün başka bir şer'i delil ile kaldırılması veya mukaddem tarihli bir nassın hükmünü muahhar tarihli bir nas ile değiştirmek veyahutda, mukaddes bir metinin ilgası manasında kullanılır.[2]

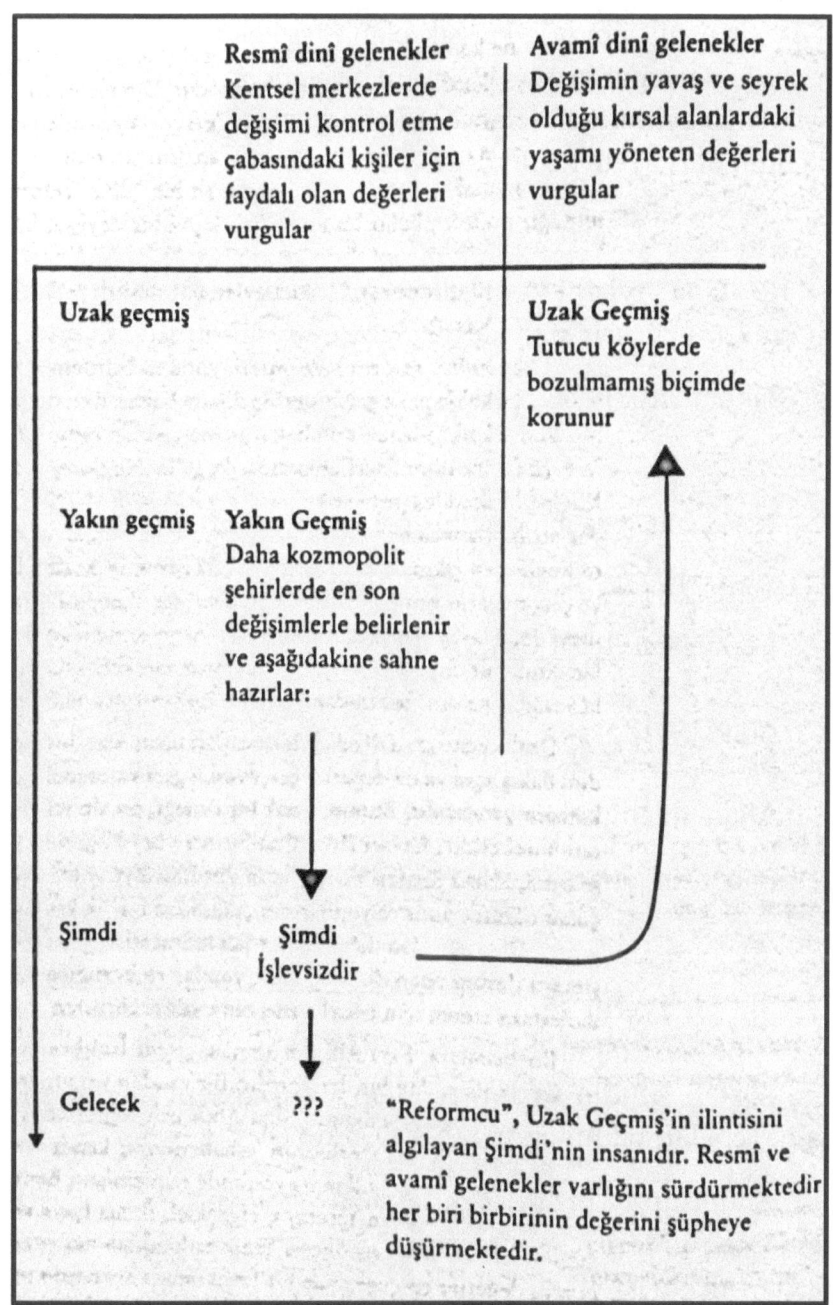

Grafik: Dini Reformun Dinamikleri

Tefsir usûlü ilminde karışık olan meselelerden birisi de şüphesiz ki **nesh** meslesidir.³ Kur'ân, bir yandan "**Allâh, sözünden asla caymayacaktır**" (Hac 22:47) derken, diğer yandan "**nesh**" ile ilgili dört ayete rastlıyoruz.

"Biz **daha iyisini** veyâ **benzerini getirmedikçe** bir ayeti(n hükmünü) yürürlükten **kaldırmaz** veya onu **unutturmayız**.

(Bakara 2:106)

---

1. Keskioğlu, <u>Nûzulünden İtibaren Kur'ân-ı Kerîm</u>, s. 206.

2. Şerif, "Ta'rifat", s. 163.

3. Cerrahoğlu, <u>Tefsir Usûlü</u>, s. 122.

"Allâh, dilediğini **siler**, (dilediğini) **bırakır**. (Bütün) kitâb(ların) anası, O'nun yanındadır." (Ra'd 13:39)

"**Biz bir âyetin yerine başka bir âyet getirdiğimiz zaman** - Allâh ne indirdiğini bilirken - "Sen (Allâh'a) iftirâ ediyorsun (bu sözleri kendin uydurup Allâh'a atıyorsun)" derler. Hayır (ama) çokları bilmiyorlar." (Nahl 16:101)

"Andolsun, biz **dilesek**, sana vahyettiğimiz **(âyetler)i tamâmen gideririz**; sonra onun (geri alınması) için bize karşı (sana yardım eden) bir vekil bulamazsın."

(İsrâ 17:86)

Dikkat ederseniz, bu ayetlerde, Kur'ân'ın diğer kitapları **neshettiğine** (geçersiz kıldığına) ilişkin her hangi bir işaret yoktur. Bu âyetler, **Kur'ân'ın kendi kendisi ile ilgilidir**. Geçersiz kılınan yalnızca Kur'ân'ın bir kısmıdır. Tevrât, Zebûr ve İncîl'de ayetler birbirini nesh etmez. Ne Zebûr, Tevrât'ı nesh eder ne de İncîl Tevrât'ı nesh eder; bu Kitab-ı Mukaddes için geçerli bir kavram değildir. Bu sadece Kur'ân-ı Kerîmin kendi ayetlerin nesh etmesi ile ilgilidir. "Kur'ân ancak Kur'ân'la **nesih** olunur."[4]

Kur'ân-ı Kerîm asla Tevrât ya da İncîl'in hükümlerini iptal etmek maksadıyla inmiş olduğunu iddia etmiyor. Aksine Tevrât ve İncîl'in Tanrı'nın Sözü olduğunu açıkça beyan eder. Zebûr'un Tevrât'ı, İncîl'in de Zebûr'u neshettiği, hükümsüz kıldığı iddiası gerek Kur'ân'da, gerekse Hadis'te her türlü dayanaktan yoksundur ve yalnızca sıradan halk arasında revaç bulmuştur. Kur'ân'ın bunun tam tersini beyan ettiğine şahit oluyoruz.

"De ki: 'Ey **Kitab ehli**, siz **Tevrât'ı**, **İncîl'i** ve Rabb'inizden size indirileni **uygulamadıkça** bir esas üzerinde değilsiniz.'"

(Mâide 5:68)

Prof. **Keskioğlu**'na göre, "Usulcüler arasında birçok gürültülere yol açan ihtilaflı meselelerden biri de **nesih** meselesidir. Bu konu, İslâm'ın ilk devrinden beri münakaşa edilegelmiştir. Bidayette Yahudiler, "Muhammed, sahabilerine önce verdiği sözün hilâfına olarak, sonradan başka emirler verdiğini görmüyor musunuz" şeklinde itiraz etmek istemişlerdir. Evvelâ meselenin özü şudur: Yahudiler alelıtlâk (istisnasız) **neshi** inkâr ederler. Yâni, İslâmiyetin Hıristiyanlığın ve Yahudiliğin ahkâmını değiştireceğini kabul etmezler."[5]

4. Keskioğlu, <u>Nûzulünden İtibaren Kur'ân-ı Kerîm</u>, s. 207.

Ne Yahudiler ne de Hristiyanlar İslâmiyetin "**nesih**" prensibini kabul etmezler. Kitab-ı Mukaddes'e göre Tanrı bu kadar keyfi ve gevşek değildir. Tanrı'nın Sözü sonsuza dek kalıcıdır. "Ot kurur, çiçeği düşer. **Ama Rab'bin sözü sonsuza dek kalıcıdır."** (1. Petrus 1:25) Tanrı'nın sadakati ve karakterinin değişmezliği bunu gerektiriyor. Tanrı her şeye kadir olduğu için (**el-Kadir**), Tanrı her şeyi bildiği için (**el-Alîm**), daha sonra bir hatayı düzeltmek veya bir değişiklik yapmaya hiç ihtiyacı yoktur.[6]

Bir Kur'ân âyetinin ancak diğer bir Kur'ân âyeti **neshedebileceğini**, mütevâtir (kulaktan kulağa aktarma) sünnetin bile Kur'ân'ı **neshedemiyeceğini** söyleyenler var; mesalâ İmam eş-Şâfiî (ö. 820). İslâmiyet'in bir kısmı ise, **neshi** aklen câiz eski semâvî kitaplarda mevcudiyetini kabul eder, bizzat Kur'ân'ın kendi bünyesi içinde **neshin** olmadığını iddia etmişlerdir. Bunların en meşhuru Ebû Müslim Muhammed' b. Bahr **el-İsfahâni** (Ö. 934) dir. Onun <u>Câmiu't-Te'vil li Muhkemi't-Tenzil</u> adlı eseri bu konuyu işlemektedir.[7]

Seyyid Ahmad Husayn Şevket **Mirthi** şöyle yazıyor: "Sıradan Müslümanlar İncîl'in Allah'ın Sözü olduğunu onaylıyorlar. Ayrıca söylentilere (taklîd-i 'akide) dayanarak İncîl'in tahrif edildiğine de inanıyorlar, ama hangi kısmın, ne zaman, ve kimin tarafından tahrif edildiğini, bilmiyorlar. Bu dünyada hangi dine, cemiyete, Tanrı tarafından bir Kitap verildikten sonra, kendi elleri ile o kitabı parçalayabilirler? Ve ondan sonra hiç rahatsızlık duymadan çuval bezi ile yama yaparak halkların gözlerini boyayabilirler mi? Tanrı, Tevrât ve İncîl'i cennete alıp onları neshetti diyenler, Tanrı'ya hakaret edip O'nun namusuna leke sürüp bühtan ediyorlar. Sadece Kur'ân-ı Kerîm değil, tüm Kitaplarla alay ediyorlar. "**Nesih**" her zaman yanlışlıklardan dolayı kaynaklanıyor. Dünyasal krallar kanunlarından bir şey "nesih" ediyorlar, çünkü tecrübe bunun zararlı olduğunu gösteriyor. Ama Tanrı hiç bir hata yapmaz, ve O'nun tecrübesinde hiç bir eksiklik yoktur." [8]

---

5. İbid, s. 206.

6. Dashti, Twenty Three Years: A Study of the Prophetic Career of Mohammad, s. 155.

7. Cerrahoğlu, Tefsir Usûlü, ss. 125.

8. Celil, "The Authenticity of Scripture", s. 51.

Ankara Üniversitesi, İlâhiyat Fakültesi, Temel İslâm Bilimleri, Kelâm Anabilim Dalı Başkanı Prof. Dr. Hüseyin **Atay**, Kur'ân'a Göre Araştırmalar - I adlı kitabında "**Kur'ânda Nesih Yoktur**" adlı bölümde şöyle diyor: "Kur'ân bütünlük felsefesine ve gayesine derinliğine vakıf olanlar **Kur'ân'da böyle bir nesih meselesi yoktur**... Bazı ayetler arasında tenakuz ve muhalefet buldukları için ve aralarını da bağdaştırıp uzlaştıramadıkları için birinin manasını iptale ve **neshe** gitmişlerdir. Böyle bir delile başvurmaları Kur'ân'a aykırı düşer. Çünkü Kur'ân diyor ki, Kur'ân'da aslâ ihtilâflı ve tenakuzlu ayetler bulunmamaktadır. "Kur'ân-ı düşünmüyorlar mı? Eğer (o) Allâh'tan başkası tarafından (indirilmiş) olsaydı, onda birbirini tutmaz çok şeyler bulunurdu." (Nisâ 4:82) Bunlar, bu ayeti gözönüne alıp ayetlerin arasında gördükleri tanakuzu gidermeye çalışmaları gerekirken, tenakuzlu kabul edip iptale ve ilgaya, **neshe** gitmişlerdir. İleri sürdükleri delilleri kendi icatları olup, Kur'ân'ın açık ifadesine ters düşmektedir. Yukarıda gösterdiğimiz hükmü ve esası kabul eden âlimlere göre elimizde mevcut olan Kur'ân'da **nesih** diye bir şey söz konusu olamaz. Yani hükmü iptal edilmiş, kaldırılmış ve artık geçersiz olan bir ayet Kur'ân'da yoktur... Kur'ân'da hükmü kalmamış, geçersiz hiçbir ayet yoktur. Kur'ân'ın bütün ayetleri geçerlidir, hükümleri bakîdir."[9]

Dr. **Pfander** Kitab-ı Mukaddes'in âyetlerinin neden "**nesh**" olunmadığını çok iyi anlatıyor:

"Eski Antlaşma, yalnızca Allah ile İsrail oğulları arasındaydı ve süresi Mesih'in gelişi, egemenliğini kuruşuyla birlikte sona ermişti. Yeni Antlaşma'ya gelince ise, o Allah ile gerek İsrail oğullarından, gerekse diğer uluslardan Mesih'e iman edenler arasındadır. Bu nedenle bizim için bu son antlaşma daha kapsamlı ve önemlidir, çünkü birincisi yalnızca İsrail oğullarını ruhsal gerçekleri kavramaya alıştıracak dinsel merasimler üzerine kuruluydu; amaç onları İsa'nın öğrencileri, tüm dünyanın öğretmenleri olmaya hazırlamaktı. O halde Eski Antlaşma bir tohumu, Yeni Antlaşma ise, geniş bir alanı kaplayan köklü gelişkin bir ağacı andırmaktadır. Bu görkemli ağacın ardınca adeta o küçük tohum vardır. Farklı görünseler de, her ikisi aynı öze sahiptir. Bu durumda Eski Antlaşma'nın geçersiz kılınmış (mensuh), Yeni Antlaşma'nın da geçerli (**nesih**) olduğunu iddia etmek, büyük bir yanlıştır. Hiç ağaç tohumunu geçersiz kılmıştır, denilebilir mi?

---

9. Atay, Kur'ân'a Göre Araştırmalar - I, ss. 63-67.

"Unutulmaması gereken başka nokta da, Tevrât buyruklarının iki bölümden oluşmasıdır:

(1) İbadet buyrukları,

(2) Ahlâki buyruklar.

Birinci grup sadece İsrail oğullarına özgüydü ve ancak Musa'ya Sina dağında Tevrât vahyedildiğinde yasallık kazandı. Bundan ötürü İbrahim, örneğin yalnızca sünnetle yükümlüydü. Bu son derece önemli bir konudur, çünkü ibadet buyruklarının sınırlı ve geçici olduğunu gösterir. Öyle ki, Musa'nın zamanına kadar onlar İbrahim, İshak, Yakub ve onların soyları için bağlayıcı değildi. Demek oluyor ki, bu buyrukların - daha önce de değindiğimiz gibi - iki amacı vardı:

(1) Her yeri kaplamış olan putperestlik felâketine yakalanmamaları için Yahudileri diğer uluslardan tamamen ayırmak için (bu durum Mesih'in gelişine dek sürmüştür),

(2) Dışa ait, şekilci ibadetlerin - Allah tarafından vahyedilmiş olsa bile - Allah'a susamış canlara yardım edemediğini ve yalnızca ruhsal gerçekleri simgelediğini anlamalarını sağlamak. Özetle, bu buyruklar diğer halkları bağlamıyordu ve Mesih'in ölümden dirilişinin ardından İsrail oğulları üzerindeki etkisi dahi azalmıştı.

"Oysa ahlâki buyruklar öncesiz ve sonsuz olup insanlar onlara her zaman ve her yerde uymak zorundadırlar. Gerçi bu buyruklar ilk kez Musa'ya indirilmişti, ama onları yerine getirmek, yaradılışın başından itibaren şarttı. Örneğin, "zina etmeyeceksin!", "çalmayacaksın!" "öldürmeyeceksin!", "putlara tapınmayacaksın!" gibi buyruklar bizzat Allah'ın şahsı ve kutsal doğasına ilişkin olup sonsuza dek geçerli kalmaları gerekir. Burada "**nesih**"ten "**mensuh**"tan bahsetmek bilgisizliktir. İncîl'in Tevrât'ı geçersiz kıldığını iddia eden kişi büyük bir yanlıştadır ve bu yolla yalnızca bilgisizliğini kanıtlamış olur. İncîl Tevrât'ı doğrulamakta, onun karmaşık yanlarını açıklamakta ve ibadet kurallarını bedensel olandan ruhsal olana dönüştürmektedir. Bu yüzden İncîl'de sayısız Tevrât alıntısı bulunmaktadır. Kur'ân haklı olarak İncîl'in Tevrât'ı doğruladığını belirtmektedir:

"Onların ardından, yanlarındaki **Tevrât'ı doğrulayıcı** olarak **Meryem** oğlu **İsa'**yı gönderdik ve ona, içinde yol gösterme ve nûr bulunan **İncîl'i verdik**. Önündeki **Tevrât'ı doğrulayıcı ve korunanlar** için yol gösterici ve öğüt olmak üzere."

(Mâide 5:46)

"Tekrarlamak gerekirse, Tevrât'ta geçen - Mesih İnanlılarını bağlamayan - buyruklar, sadece ibadetlere ilişkin olup, İncîl onları geçersiz kılmamış, Allah'ı hoşnut kılacak kusursuz bir düzeye çıkarmıştır."[10]

Ahlâki buyruklara gelince, onların tanrısal isteme ve Kutsal Olanın sıfatlarına uygun olduğunu, bu nedenle sonsuza dek değiştirilemeyeceğini gösterdik. **Nesh'ten** burada da söz etmek imkânsızdır. Hiçbir şey **dinin temel ilkelerini tesir edemez**. Ahlâki hükümler her zaman için geçerlidir. Musa şeriatının ahlâki kuralları, Adem'in, İbrahim'in, ve Mesih'in zamanında geçerli olup hatta ta kıyamet gününe dek değişmeyecektir, zira dinin özü kalıcıdır. İncîl'de, Hz. İsâ, Tevrât'ı ortadan kaldırmak (**neshetmek**) için değil, tamamlanmak için gönderildiğini bu yüzden söylemiştir:

"Kutsal Yasa'yı ya da peygamberlerin sözlerini **geçersiz kılmak için geldiğimi sanmayın**. Ben geçersiz kılmaya değil, tamamlamaya geldim. Size doğrusunu söyleyeyim, gök ve yer ortadan kalkmadan, her şey gerçekleşmeden, **Kutsal Yasa'dan ufacık bir harf ya da bir nokta bile eksilmeyecek**."

(Matta 5:17-18)

KANON

Hz. İsa Mesih'e göre, Tevrât'tan **"ufacık bir harf ya da bir nokta bile eksilmeyecek"**tir. Saygıdeğer İncîl üstâdı William **MacDonald**, bu ayetin yorumunu şöyle yapar: "Büyük "E" harfindeki bir çizgi onun "F" harfinden farklılığını gösterir; bunun gibi küçük bir çizgi bile önemlidir. Hz. İsa, önemsiz görünen ayrıntılarda dahil olmak üzere Kutsal Kitab'ın harfi harfine esinlenmiş olduğuna inanıyordu. Öyle ki, Kutsal Yazılarda en küçük nokta bile önemsiz değildir."[11]

Yahudilerin Kitab'ı (Tevrât)'ı atalarından **tevâtür** (kesintisiz, zincirleme rivayet) yoluyla aldıkları bildirilmektedir. Bu vahiy (yani Tanrı tarafından bildirilen gerçek) adım adım gelişir. Şöyle ki, ilk yazılarla temel konur. Ondan sonra gelen kitaplarla bu yapı adım adım ilerliyor, önceden açıklanan gerçekler daha da derinlik kazanıyor. Yani sonradan gelen bölümler önceki bölümleri geçersiz kılmadığı gibi, yerini de almıyor. Tersine yan yana durup bir bütün olarak Tanrı'nın planını açıklıyorlar. Hatta, bunlardan bir tanesi bile eksik olsa planın bütünlüğünü kavramamız mümkün değildir.

"Ot kurur, çiçek solar; fakat **Allahı'mızın sözü ebediyen durur.**" (İşaya 40:8)

---

10. Pfander, <u>Tevrât ve İncîl'de Tahrif Yoktur: Gerçeğin Ölçütü (Mizanu'l-Hakk 1)</u>, ss. 33-36.

11. MacDonald, <u>Matta: Kutsal Kitap Yorumu</u>, s. 60.

"Gök ve yer ortadan kalkacak, ama **benim sözlerim asla ortadan kalkmayacaktır.**" (Luka 21:33)

Yukarıdaki ayetlerde de okuduğumuz gibi, bu durumda ne bir harf, ne bir nokta eksilecek, ne de ortadan kalkacaktır. Yani, Tanrı'nın tüm sözleri tahrif edilemeyecek, **nesh** edilemeyecek, geçerliliğini de asla yitirmeyecektir. Hristiyanlar, Mesih İnanlıları, sonradan gelen kitapların öncekileri geçersiz kıldığına hiç inanmıyorlar. Bu ayetlerin ışığında, İncîl'in Tevrât'ı geçersiz kıldığı (**neshettiği**) masalının gerçek dışı olduğu ortaya çıkıyor. Hatta, İsa'nın kendisi de, "Ben geçersiz kılmaya değil, tamamlanmaya geldim" diyor. Lisede kullanılan kitaplar, ortaokulda okunan kitaplarla çelişkiye düşmez, onları geçersiz kılmaz. Tersine, üst sınıfların kitapları, alt sınıflarda kullanılanları daha geniş şekilde tamamlar. Böylelikle de Tanrı'nın sonradan verdiği kitaplar daha öncekileri ortadan kaldırmaz, ancak insanların Tanrısal gerçekleri çok daha mükemmel bir şekilde anlamalarını sağlar. Çünkü, Tanrı hiçbir zaman kendi kendisiyle çelişkiye düşmez.[12]

Kutsal Kitab'a göre Tanrı kusursuzdur, hatasızdır. Tanrı'nın bilgisi kusursuzdur. Tanrı, bütün düşüncelerimiz ve yaptıklarımız dahil geçmişte, şimdi ve gelecekte olan şeylerin hepsini bilir. Bilgeliği kusursuz ve bizim anlayışımızın tamamıyla ötesindedir. Kusursuzluk, Tanrı'nın doğasına özgüdür. Tanrı asla çelişkili bir duruma düşmez, çünkü evrenin sonsuz yöneticisi olduğu için, şüphesiz geçmişten sonsuza dek her zaman tutarlı davranır. Dolayısıyla, Tanrı'nın Sözü kusursuz ise, nesih doktrini kabul edilemez. Prof. Dr. Süleyman Ateş'in "**nesih**" ile ilgili değerlendirmesi şöyledir: "Kanâatimize göre İslâma zararı olan yanlışlardan biri de nesih konusundaki abartılardır."[13] Eski Ahit'teki tarih olayları Yeni Antlaşma döneminde yaşayanlar için yazıldı, ve bu yüzden geçerlidir.

"**Bu olaylar**, onlar gibi kötü şeyler arzu etmememiz için bize ders oldu."

(1. Korintliler 10:6)

"**Bu olaylar**, başkalarına ders olsun diye onların başına geldi ve çağların sonuna ulaşmış bizleri uyarmak için **yazıya geçirildiler**."

(1 Korintliler 10:11)

---

12. Miller, <u>Mesih İnanlıların İnanç ve Uygulamaları</u>, ss. 22-23.

13. Ateş, <u>Yeniden İslâma II</u>, s. 167.

KANON

Kur'ân'a Göre de Allah'ın Kelâmı Ebediyete Kadar Geçerli Kalacaktır

"Allâh demişti ki: 'Ey İsâ, ben seni öldüreceğim, bana yükselteceğim, seni inkâr edenlerden temizleyeceğim ve **sana uyanları ta kıyamet gününe kadar** inkâr edenlerin üstünde tutacağım." (Al-i İmrân 3:55)

Kutsal Kitapların tümü, kendisinin Tanrı'nın ebedi Sözü olduğunu iddia ettiği gibi, **aynı şekilde Kur'ân da** kendisinin Tanrı'nın ebedi sözü ve devamı olduğunu iddia ediyor. Dolayısıyla, Tanrı'nın ebedi sözünün değiştirilmesi mümkün olamaz. Eğer Tanrı'nın Sözü gökte korunmuş bulunuyorsa, aynı zamanda yerde de korunmuş bulunacaktır. Yine benzer şekilde, İslâmiyet'in esas öğretişlerine göre **Kur'ân'ı Kerim ebedidir, yaratılmamıştır.**[1] Ayrıca, Kur'ân'a göre Tanrı'nın kitapları arasında bir ayrım yapılamaz. Müslümanlar için, Kur'ân'ın hangi ölçüleri uygulanacaksa, bu aynı ölçünün Kutsal Kitap için de uygulanması lazımdır.

Prof. Dr. **Ersöy** şöyle diyor: "İlâhî menşe'li olmaları bakımından Tevrât, İncîl ve Kur'ân-ı Kerîm **vahyin mahsûlüdür.**"[2] Yine Prof. Dr. Mehmet **Aydın**'a göre: "**Yeni Ahit'in tüm metninin** Kutsal Ruhun ilhamı altında şekillendiği kabul edilerek, onun, "**Allah'ın Kelâmı**" olduğunu kilise **tereddütsüz** kabul etmektedir."[3] Böylece Kur'ân'ın mantığına göre, eğer Kur'ân'ın kendisi ebediyete kadar geçerli kalacaksa, o zaman Kutsal Kitap için de aynı ölçü kullanılması lazım, çünkü Kur'ân'a göre her iki kitap aynı Tanrı'dan kaynaklanmıştır, ve Tanrı'nın kanun (kanon)unda bir değişiklik bulunamaz.

KANON

"**Senden önce** gönderdiğimiz **peygamberlerimizin de** kanunudur (sabitleşmiş kanon). Bizim kanun (kanon)umuzda **bir değişiklik bulamazsın.**"

(İsrâ 17:77)

---

1. Seale, The Doctrine of the Uncreated Qur'an, ss. 66-69.
2. Ersöy, Kur'ân Tarihi: Kur'ân-ı Kerîm'im İndirilişi ve Bugüne Gelişi, s. 64.
3. Aydın, Hıristiyan Kaynaklarına Göre Hıristiyanlık, s. 82.

Eğer Tanrı diyorsa ki, benim kanunlarımda bir değişiklik bulamazsın, o zaman bizlerin Tanrı'nın Sözü olan Kutsal Kitap'ta değişiklik olduğunu aramamız gereksiz bir zahmettir. Bunun gibi değerli okuyucum, Tanrı'nın sözlerini kimsenin neden değiştiremediğini bu kısımda defaatle açıkladık. Aynı zamanda değiştirildiğini düşünmek de Tanrı sözünün değişmezliğine iman etmemek anlamına gelecek demektir. Bu da Tanrı'nın acizliğini düşünmektir. Tanrı sözünü koruyabilecek kuvvette midir? Eğer koruyabilecek kuvvetteyse neden hâlâ değişiklik aranıyor?

Kur'ân'da Tanrı'nın Sözü, "**Kelâmullâh**" olarak nitelendirilir. **Kelâmullâh** dendiği zaman "Allah'ın Kelâmı" yani, başka bir ifade ile "Allah'ın Sözü" anlaşılır.[4] İncîl'de de öyledir. Yani her iki kitap'ta Hz. İsa Mesih ve sözleri olan İncil, Tanrı'nın Sözü olarak görülmektedir.

"Başlangıçta **Söz** vardı. **Söz Tanrı'yla** birlikteydi ve **Söz Tanrı'ydı.** Başlangıçta O, Tanrı'yla birlikteydi...

Söz insan olup aramızda yaşadı. Biz de O'nun yüceliğini, **Baba'dan** gelen, lütuf ve gerçekle dolu olan biricik **Oğul'un** yüceliğini gördük." (Yuhanna 1:1-2 & 14)

Vahiy, Mesih İsa'nın gelişiyle Kutsal Kitap'ı aşan bir boyut kazanıyor. Dikkat edersek, İncîl gökten ayet ayet inmiş bir kitap değildir. "İncîl" (Grekçe: "evangeliyon") "iyi haber" demektir. Aslında İncîl, İsa'nın kendisidir. Esas gökten inen, Tanrı'nın yaşayan Sözü'dür (Mesih İsa).

"Zekeriyyâ, mabedde durmuş namaz kılarken melekler ona:

Allâh sana, **Allâh'tan bir kelimeyi** doğrulayıcı, efendi, nefsine hâkim ve iyilerden bir peygamber olacak Yahyâ'yı müjdeler," diye ünlediler." (Al-i İmrân 3:39)

Süleyman **Ateş**'in bu ayet üzerinde yorumu şöyledir:

"Burada kelime ile aslında **Hz. İsa**'ya işaret edilmektedir. Başka bir âyette de **İsa'dan** "Allah'ın Kelimesi" olarak bahsedilir."[5]

Ogüstin bu konuda söyle demişti: "Yahya sestir; oysa Rab Kelâm'dır: 'Başlangıçta Söz vardı.' Yahya bir süre için sestir. Mesih İsa, başlangıçta Kelâm'dır, ezeli ve ebedi Kelâm'dır."[6]

---

4. Yazıcıoğlu, <u>Kelâm Ders Notları</u>, s. 1.

5. Ateş, <u>Kur'ân-ı Kerîm ve Yüce Meali</u>, s. 54.

6. İannitto, <u>Kilise Babalarından</u>, s. 472; Ogüstin, <u>Azizlerin Bayramları Üstüne Vaazlar</u>, 293, 3.

KANON

Biliyoruz ki, Kutsal Kitab'ın tümü, <u>Hristiyanlık bakış açısına göre</u> göre İsa Mesih'in başlangıcı yoktur tezine dayanır ki, bu noktada Hz. İsa Tanrı'nın Sözü olarak onu alması gözüyle bakıldığı için, ebedidir.

"Ve sen Yahuda, binlerin arasında bulunmak için küçük olan **Beyt-lehem** Efrata, İsrail üzerine hükümdar **olacak adam** bana senden çıkacak; ve onun çıkışı **eski vakitten, ezeli günlerdendir.**" (Mika 5:2)

"Yahudiye'nin **Beytlehem** kasabasında dediler. Çünkü peygamberler aracılığıyla **şöyle yazılmıştır**: 'Sen, Yahuda diyarında olan ey Beytlehem, Yahuda önderleri arasında hiç de en önemsizi değilsin! Çünkü benim halkım İsrail'i güdecek olan önder senden çıkacaktır.'" (Matta 2:5-6)

"**İsa Mesih** dün, bugün ve **sonsuza dek aynıdır.**"

(İbraniler 13:8)

İhsan **Özbek**, İbranilerin 13:8'inci ayeti üzerinde şu yorumu yapar: "Konudan konuya atlasak da, iman yaşamımız için nereden örnek, nereden destek bulacağız sorularını sorsak da geleceğimiz nokta hep aynıdır: **İsa Mesih**. O'nun sağladıkları geçici değildir, bağlılığı insanlarındaki gibi sınırlarla kısıtlanmamıştır. İsa Mesih'e ne zaman gereksinim duysak yanımızda olacaktır. Çünkü O bize şöyle dedi: "Ben Rab'bim, değişmem" (Malaki 3:6) Biz de İsa Mesih'e övgülerimizi sunarken Mezmur yazarı gibi, "Ama sen hep aynısın, yılların hiç tükenmeyecek" (Mezmur 102:27) diyebiliriz. İsa Mesih başlangıçta neydiyse, şimdi de O'dur ve gelecekte de aynı kalacaktır. O'nun kimliği, özyapısı, niteliği hiçbir zaman hiçbir durumda değişmemiştir, değişmeyecektir. İsa "kendisinde değişiklik ya da döneklik gölgesi olmayan" Tanrı'nın yeryüzündeki görüntüsüdür. (Yakup 1:17)"[7]

İslâm tarihine bakarsak "**Kelâmullâh**"ın yaratılıp yaratılmadığı hakkında Müslüman ilâhiyatçıların hepsinin aynı görüşte olmadıklarını görüyoruz. İşte, Kur'ân'ın yaratılmış olup olmadığı sorunu, daha sonra Abbasi halifesi **Me'mun** (813-833) zamanında yirmi yıl süren bir kargaşaya neden olmuştur.[8] Örnek olarak, Cehm İbn **Safvân** (ö. 833), Tanrı'nın sözünün yaratılmış olduğunu söyledi. Öbür taraftan Ahmet **İbn Hanbel** (M.S. 780-835) Tanrı'nın Sözünün yaratılmadığını söylemiştir. Ahmed İbn **Hanbel**'in şöyle söylediği rivayet edilir: "Kim Kur'an'ı okumanın yaratılmış olduğunu düşünürse, o bir Cehmi'dir ve Cehmi de bir kafirdir."[9]

---

7. Özbek, İman... İncîl'in "İbranilere Mektup" Bölümü Üzerinde Bir Yorum Çalışması, s. 130.

8. Ateş, Yeniden İslâma II, s. 7.

El-Eş'ari de (M.S. 873-935), Tanrı'nın sözlerinin yaratılmamış ve ebedi olduğunu söylüyordu, **Mu'tezile** mensupları ise Tanrı'nın Sözü yaratılmıştır diyorlardı. Kur'ân-ı Kerîm hakkında yaratılmış olup olmadığı konusu ile ilgili şiddetli tartışmalar oldu ve bunlar halen de ilahiyatçılar arasında devam edegelmektedir.[10]

Abbasî Halife **al-Me'mûn** döneminde sünni kelamcıların çoğunluğu, Kur'an'ın Allah'ın ezeli ve yaratılmamış bir sözü veya kelamı (Arapçası Allah'ın Kelamı anlamındaki, **Kelamullah**'dır ve Nisa 4:171'de İsa için kullanılan "**Allah'ın Kelimesi**" anlamındaki "**Kelimetullah**"dan ayrılmıştır) olduğunu kabul ediyorlardı. Diğerleri, özellikle de Me'mun'u destekleyen **Mu'tezile** kelamcıları, Kur'an'ın Allah'ın yaratılmış kelamı olduğu ve ezeli olmadığını ileri sürerek buna karşı çıkmışlardır.[11] Zamanla, "Tanrı'nın Sözü ezelîdir (yaratılmamış)" şeklindeki **Eş'ari**'lerin görüşü, Müslümanlarca sahih olarak kabul edilmiştir.[12] **El-Eş'arî** herşeyden önce, kırk yıl içinde bulunduğu **Mu'tezile** ekolünü terketmiş, **Ehl-i Sünnet**'in bir kanadını oluşturmuştur.

"**El-Eş'ari** önceleri Mu'tezile idi. Bir noktadan sonra, Mu'tezile'nin ilâhi adalet ve Kur'ân-ı Kerîm'in yaratılmış olduğu tezlerini reddederek Basra'daki büyük bir camide bunu halka ilân etti. Bir cuma günü kürsüye çıkarak yüksek sesle şöyle bağırdı: Beni tanıyan tanır. Beni tanımayanlara ise kendimi tanıtayım. Ben filan oğlu filanım. Kur'ân-ı Kerim'in yaratılmış olduğu ve Allah'ın gözle görülemiyeceği tezlerini savundum... Şimdi bunların hepsini yalanlıyorum."[13]

Eş'arî, "**Kelâmullah**" hakkında **Hanbelî** düşüncesini benimser gözükmektedir. Ona göre Allah'ın kelâm sıfatı ezelîdir. Şayet Allah'ın kelâmı ezelî olmazsa ve zaman içinde yaratılmış olsa, Allah kelâmı yaratılmadan önce Allah dilsiz olmuş olacaktı. Halbuki ezelî olarak konuşma sıfatı kendisinde mevcuttur. Kur'ân-ı Kerîm de ezelî hakikâtleri ihtiva etmekle ezelî olmaktadır.[14]

---

9. Watt, <u>İslâm Düşüncesinin Teşekkül Devri</u>, s. 179.

10. Yazıcıoğlu, <u>Kelâm Ders Notları</u>, s. 42-46.

11. Watt, <u>Kur'an'a Giriş</u>, s. 192.

12. Cate, <u>Each Other's Scripture; The Muslim's Views of the Bible and the Christian's Views of the Qur'an</u>, s. 11-13.

13. Yazıcıoğlu, <u>Kelâm Ders Notları</u>, s. 53 & 62; İbn en Nedîm, <u>Fihrist</u>, Kahire, s. 271; Bedevî, c. I, s. 264.

Hatta, bir dönem sonra, Abbasî Halifesi **al-Memûn**, Kur'ân'ın ebedî olduğuna ve buna inanmanın şart olduğuna dair bir kanun çıkarttı. Bu kanuna uymayanlar devlet gücü ile falaka, hapis ya da ölüm cezasına çarptırıldılar.[15]

İmam **Beyhakî**,'nın (M.S. 994-1066) <u>Kitabü'l Esmâ ve's Sıfat</u> adlı kitabında naklettiğine göre:[16]

İbn-ul Cerrah (ö. 941): "Her kim Kur'ân'ın yaratıldığını düşünürse, o kişi kâfirdir." demişti.

Yezid b. Haravan: (ö. 684) "Allah'ın Sözü yaratılmıştır diyen bir kimse zındıktır (dinsiz)"; demişti.

Müzenî (ö. 878), (Şafiî'nın öğrencisi): "Her kim Kur'ân yaratılmıştır derse, o kâfirdir." demişti.

Abdur Rahmân b. Mehdi: "Eğer elimde bir kılıcım olsaydı, ve bu köprü üzerinde bir kimsenin Allah'ın Sözü yaratılmıştır dediğini duysaydım, onun kafasını keserdim." demişti. **İbn Hanbel** (M.S. 780-835): "Kur'ân her açıdan yaratılmamıştır." demiştir.

Tüm bu görüşler doğrultusunda, Tanrı'nın Sözü yaratılmamış ise, o zaman ebedidir, ve ebedî ise, o zaman değiştirilemez, tahrif edilemez. Nitekim Ebü'l-Fadl **es-Suudi** ve Ebü'l-Beka Salih **el-Caferî** (ö. 1221) gibi en eski ve en saygıdeğer Müslüman müfessirler (Kur'ân yorumcular) Hristiyanların kullandığı Tevrât, Zebûr ve İncîl'i olduğu gibi kabul etmişlerdir.[17]

"Ne yerde, ne de kendi canlarınızda meydana gelen hiçbir musîbet (âfet, hastalık) yoktur ki, biz onu **yaratmadan önce, bir kitapta** (yazılmış ezeli bilgimizde tesbit edilmiş) olmasın. Doğrusu bu, Allâh'a kolaydır." (Hadid 57:22)

14. İbid. s. 71.

15. Seale, Muslim Theology: A Study of Origins with Reference to the Church Fathers, s. 67.

16. Sweetman, Islam and Christian Theology, 1 Kısım, 2. Cilt, s. 116-117.

17. Moran, Hakikat ve Dalalet, s. 8.

"Apaçık Kitab'a andolsun ki Biz, düşünüp anlamanız için onu Arapça bir **Kur'ân** yaptık, O katımızda bulunan **ana Kitapta (Levh-i Mahfuzda), her şeyin tüm geçmiş ve gelecek kitapların saklı bulunduğu kutsal bir ana levha)dır.**"

(Zuhruf 43:2-4)

KANON

Kutu 5.3 – Mari'de Peygamberlik

Peygamberler Tanrı'nın sözcüsü sayılırlardı. Antik İsrâil'de korunan pek çok Amorî kültür izleri arasında peygamberlik olgusu da vardır. Mari mektupları farklı tipte peygamberlere tanıklık eder, ya sosyal adaleti ihmal ettiği için kralı azarlarken ya da politik olarak iyimser kehanetlerle güvenlerini tazelerken görülürler ("*OTPar*"den alıntılanmıştır, s. 320):

> Mari kralı Zimri-Lim'e
> Mari memuru Nur-Sin'den:
> ...Addu'nun yanıtlayan (apilum: yanıtlayan anlamında Mari dilinde antik kelime Ç.N.) peygamberi, Halab'ın ilâhî efendisi bana dedi ki: "Ben Addu'yum, senin ilâhî efendin. Halab'ın ilâhî efendisi benim... babanın tahtını geri kazanmana yardım eden. Hiç senden çok fazla şey istedim mi? Adaletsizlik içinde kıvranan halkının yakarışlarına kulak ver. Onlara adalet ver... Sözümü dinle. Toprağını koru. Memleketini savun."

> Mari kralı Zimri-Lim'e
> Mari memuru Mukannisum'dan:
> Kralın sağlığı için Dagan'a kurban adak etmemden sonra, Tuttul'dan Dagan'ın bir yanıtlayan peygamberi kalktı ve bana dedi ki: "Babil, sen ne yaptığını sanırsın? Seni bir file ile kuş gibi avlayacağım... Seni, yedi müttefiğini ve onların tüm topraklarını Zimri-Lim'e vereceğim."

Bu peygamberler (ve tanrılar) kralın siyasî örgütündeki savaş açma merakını paylaşıyorlardı. İkinci kehanetin tamamen yanlış olduğu ise kanıtlanmıştır: Babylon gerçekte Zimri-Lim'i yenmiş ve Mari'yi yok etmiştir. Kitâb-ı Mukaddes, İsrâil'in benzer peygamberlerinin siyasî destek içeren ama yanlış öngörülerinin (örn. Yeremya 27-28; 1 Krallar 22; aynı zamanda bkz Kutu 6.4) ve kendi taraflı görüşlerini Yehova'nın görüşleriymiş gibi göstermelerinin üzerinde durur.

"Bilmez misin ki Allâh gökte **ve yerde** ne varsa hepsini bilir.

Bu (bilgisi), bir Kitâb içinde (**Levh-i Mahfuzda**)dır. Bu, Allâh'a kolaydır."

(Hac 22:70)

Levh-i Mahfûz, korunmuş levha demektir. Yani, Kur'ân-ı Mübinin Allah rasûlüne vahy edilmeden önce bulunduğu yer, her türlü tağyir ve tahriften uzaktı. Bu konuda İmamı **Gazzâlî** (M.S. 1058-1111) şöyle der: "Alemin yaratılışından sonuna kadar ne olup biteceksa Allah hepsini takdir ve kaza edip yazmıştır. Buna, Kur'ân-ı Kerîm'de geçtiği üzere, kâh "**Levh-i Mahfûz**", kâh "**Kitab-ı Mübin**", kâh "**İmamı mübin**" denilir." Ayrıca, **Levh-i Mahfûz** hakkında, Kitab-ı Müeccel, Kitab-ı Ma'lûm, Kitab-ı Hafıyz, Kitab-ı Meknûn, Ümmül'l Kitap, deyimleri de kullanılmıştır."[18]

"**Allâh demişti ki:** 'Ey İsâ, ben seni öldüreceğim, bana yükselteceğim, seni inkâr edenlerden temizleyeceğim ve **sana uyanları ta kıyamet gününe kadar** inkâr edenlerin üstünde tutacağım." (Al-i İmrân 3:55)

Koçyiğit'in Al-i İmrân 3:55 üzerine tefsiri şöyle: "Allahu Ta'âlâ tefsîrini yaptığımız âyet-i kerîmede, İsâ'ya tâbi olanları, **kıyamete kadar** kâfirlere üstün kılacağını beyan buyurmuştur. Allah'ın va'di şüphesiz ki haktır. Bugün Hristiyanların himmetiyle ayakta durabilen Yahudiler elbette kıyamete kadar yaşayacaklardır."[19] Bu ayete göre İsâ Mesih'i inkâr edenler ne zamana kadar suçlu bulunacak? **Ta ki kıyamet gününe kadar!** Yani, Tanrı İsa'ya uyanları ta kıyamet gününe kadar inkâr edenlerin üstünde tutacağım diyor. O zaman şu soruyu sormak lazım: Eğer İncîl sağlam olmazsa, bu insanlar İsa'ya nasıl uyacaklar? İsa'nın hakikatine ve gerçek dinine nasıl uyacaklar? Bu cevaplanması gereken çok önemli bir sorudur. İsa'ya inananların elinde bu İncîl sağlam kalmalı ki, onlar da İsa'ya, ikinci kez geldiğinde, doğru bir şekilde uysunlar. Çünkü, Mesih İnanlılarının hepsi İncîl'in söylediğine göre Mesih'e uymaya çalışırlar. Çünkü, İncîl şöyle der: "**Tanrı'da yaşıyorum diyen, Mesih'in yürüdüğü yolda yürümelidir.**" (1 Yuhanna 2:6) Bu da ancak Tanrı'nın Sözü olan İncîl'in sağlam kalması ile mümkün olacağı tartışılmaz bir gerçektir. Madem ki, Kur'ân'a göre, İsâ Mesih'in İncîl'de bulunan sözleri ta kıyamet gününe kadar geçerli olacak, o zaman İncîl'in kıyamet gününe kadar değiştirilmesi mümkün olamaz sonucuna ulaşabiliriz bu noktada.

---

18. Çantay, Kuran'ı Hakim ve Meal-i Kerim, s. 1.167.

19. Koçyiğit, Kur'ân-ı Kerîm Meal ve Tefsiri, 2. Cilt, s. 97.

KANON

Kutsal Kitapların Değişip Değişmemesi Üzerine Felsefi Düşünceler ve Bazı Mantık Meseleleri

> **Kutu 1.4 – Mari ve Kitâb-ı Mukaddes**
>
> Yerel memurlar tarafından krala yazılmış bazı Mari yazıtlarında, antik İsrâil'dekileri anımsatan kimi peygamberler tasvir olunur (bkz. Kutu 5.3). Geri kalan yazıtlar ise yöneticiler ile kendilerini kavim olarak tanımlayan köylüler arasındaki gerilimlerden söz eder. Bu kavimlerden biri Hanaean'lardır. Bir başkası da Benyaminlerdir (*banu-yamina*) ki bu kavim ileri tarihli İsrâil aşireti ile (İbranîce'de *ben-yamin*) aynı adı taşır. (Aşağıdakiler yayımlanmış yazıların çevirisidir; *Mélanges Dussaud II*, 988; ARM 3:38; ve ARM 2:48)
>
> Zimri Lim'e
> Yassi Dagan'dan:
>   Fırat bozkırlarını elime geçirdiğimden bu yana, Benyaminler durmadan akınlar düzenliyorlar. Bir seferinde çok sayıda koyun aşırdılar. Üzerlerine silahlı askerler gönderdim ve onları öldürdüler; böylelikle hiçbiri kaçamadı ve çalınan koyunlar geri alındı.
>
> Zimri Lim'e
> Kibri Dagan'dan:
>   Terqa (Tel Aşera -ç.n.) halkına haber gönderdim ve onlar da işçi ekipleri oluşturdular. Aynı zamanda Benyamin köylerine de yazdım ve kavmin sözcüsü Dumteti şöyle yanıt verdi: "Bırakın düşman gelsin ve bizi köylerimizden sürsün!". Yanıtı buydu işte. Sonuç itibari ile Benyamin köylerinden hiç kimse bana yardımcı olmadı.
>
> Zimri Lim'e
> Bahdi-Lim'den:
>   Haneanlar bozkırlardan geldiler ve şimdi köylerinde yaşıyorlar. İki defa köylerine çağrı gönderdim, fakat toplanmadılar. Şimdi mümkünse efendim, zindanlarınızdaki mahkûmlardan birini idam edin, kafasını kesin ve onların köyleri boyunca gezdirin bu kesik başı. Askerî kuvvetlerinin bundan gözleri korkacak ve derhal toplanacaklardır.
>
> İlk mektup, krallığa ait olan sürüler konusunda sürüncemede olan münakaşaları kast ediyor olmalıdır. Diğer iki mektup ise, köylerin kendilerine has önemli iç işleri olduğu, özellikle de genç çobanlar kışlık otlatmadan döndükleri dönem olan hasat zamanında bu durumun yoğun olduğu bilgisini veriyor. Kraliyet planları burada ikinci planda kalıyor ve silah altına alınmak büyük bir kine dönüşüyor.

"Ama bu kişiler anlamadıkları her şeye sövüyorlar.

Öte yandan **mantıktan yoksun** hayvanlar gibi içgüdüleriyle anladıkları ne varsa, onları yıkıma götürüyor. **Vay bunların haline!**" (Yahuda 10-11)

Alman filozof Arthur **Schopenhauer** (1788-1860) şunu demişti: "Her hile için, kısa ve özel bir isim bulabilseydik, iyi olurdu. Böyle yaparsak, bir insan "bu" veya "şu" hileyi kullanırsa, hemen bunu tespit edip onu azarlayabiliriz."[1] **Gazzâlî**'ye göre (M.S. 1058-1111) kelâm, fıkıh ve usûl-i fıkıh gibi ilimler için mantık zaruridir. Mantık bilmeyenin ilmine itimad edilmez" diyerek bu ilme verdiği önemi belirtmiştir. Genelde **Aristo** (M.Ö. 384-322) mantığının kelâm ilmine girmesi hadisesi **Gazzâlî** ile beraber olmuştur denebilir.[2]

Ankara Üniversitesi, İlâhiyat Fakültesi, Temel İslâm Bilimleri, Kelâm Anabilim Dalının eski Başkanı Prof. Dr. Hüseyin **Atay** için **"mantığın"** yeri çok önemlidir. Sayın **Atay** Hoca "Dinde Mantıklılık" makalesinde şöyle yazmaktadır:

"**Mantık nedir?**" sorusuna cevap vermek çok kolaydır. Mantık, düzenli ve insicamlı konuşmaktır. Sözleri, işleri ve fikirleri arasında mantıklılık bulunması, aralarında çelişiklik, zıtlık bulunmamasıdır. Bir yerde söylediğini başka yerde yalan çıkarmaması, onu bozmaması, prensip sahibi olması, düzgün ve düzenli olmasıdır. **Mantıksızlık**, çelişkililik, münafıklık, **ikiyüzlülükten başka nedir?**

Dindeki mantıksızlık kadar küçük düşürücü birşey az bulunur. **Bu dini mantıksızlığın Müslümanlarda uzun tarihi bir geleneği olduğu görülmektedir**. Günümüz Müslümanına intikâl eden bu din mantıksızlığı ve diğer bir deyimle, dinin yanlış eğitimini anlamak şu şekilde ortaya konabilir. Müslüman yazarların bır kısmı genel mantığa karşı çıktı. Böylece mantık kavramı sıradan Müslümanın zihninde bile kötü bir manaya geldi ve o da mantığa düşman oldu. Böylece Müslümanlar arasında genel mantık düşmanlığı yaygın hale geldi. Bu genel mantık düşmanlığı veya genel mantıktan mahrum bırakılınca, dini mantıktan da otomatik olarak mahrum kaldılar ve sorgulamadan ezberci bir dini geleneği sürdürmeye başladılar. Onun için günümüzün Müslümanlarına - nerede ve hangi dairede, toplumda olursa olsunlar, işlerinde ve sözlerinde dini mantıksızlıktan başka birşey bulunmaz- dedirtmektedirler."[3]

---

1. Copi, Introduction to Logic, s. 91.

2. Yazıcıoğlu, Kelâm Ders Notları, s. 15 & 99.

Ne yazık ki, sayın **Atay** Hoca'nın bahsettiği **"dini mantıksızlık"** problemi aslında çok yaygındır. Şimdi, bu problemi biraz açmaya çalışalım. Mantık hakkında neler öğrenebiliriz?

KANON

A. "A Priori" meselesi (Önyargı)

"A priori bir önerme, doğru ya da yanlış olduğu deneye başvurmadan, deneyden önce ya da deneyden bağımsız olarak bilinen önermedir."[4] Tüm insanların yaptığı gibi sadece önyargıyla bakılıyor. Görüş açısı her zaman daraltılıyor. Dünyaya at gözlüğü ile bakılıyor. Önyargı insan anlayışının ve algılayışının önündeki en önemli engeldir.

Kur'ân ve Kitab-ı Mukaddes arasında yüzlerce farklılıklar bulunuyor.[5] Dolayısıyla, bazı Müslümanlar şöyle iddia ediyorlar: "Kitab-ı Mukaddes değiştirildi, çünkü Kur'ân-ı Kerîm ile çelişiyor, ve Kuran'ı Kerim yanlış olamaz". Bu bir "**a priori**" yani bir "önyargı" hatasıdır. Müslümanlar böyle bir "önyargı" mantık kullanarak, Kitab-ı Mukaddes'in yanlış olduğunu düşünmektedirler. Kitab-ı Mukaddes ile Kur'ân'ı Kerime arasında çelişkiler vardır ve "**a priori**" mantık kullanarak Kur'ân'ı Kerim yanlış olamaz diyorlar.

Öncül A. Kur'ân'a göre esas inançları aynıdır, ama

Delili B. Farklı doktrinler mevcuttur ve Kur'ân yanlış olamaz.

Sonuç C. Dolayısıyla Kitab-ı Mukaddes değiştirilmiştir.

Albert **Einstein**'in (M.S. 1879-1955) söylediği gibi, bir önyargıyı ortadan kaldırmak atomu parçalamaktan daha zordur. Bu mantık hatası insanın gerçeği görmesine engel olan bir hatadır. Rudolf **Bultmann**, kendi ifadesine göre '**kerygma**'yı, (bildiriyi) metindeki mananın özünü kavrayabilmek için, bütün ön şart ve ön yargılardan uzaklaşmak gerektiğini vurgulamaktadır.[6]

---

3. Atay, "Dinde Mantıklılık", s. 40-42.

4. Cevizci, Felsefe Sözlüğü, s. 45.

5. Bkz. Wickwire, Kitab-ı Mukaddes ve Kur'ân-ı Kerîm Fihristi.

6. Bultmann, Jesus (Mythologie et Demythologisation), önsöz.

B. "Petitio Principii" (Kıyas) meselesi

Kıyas sonucun ispatına yarayan bir kanıt olarak kabul edilirse, **"petitio principii"** denilir. Sonuç öncüllerde bulunduğu için, öncüllerin bilinmesi sonucun bilinmesini gerektirir. Halbuki, öncüller kanıt (delil) olarak kullanılıp sonuç çıkarılıyor. Yani bilinmesi kendisine bağlı olan şeyi kanıt olarak kullanıp o şeyi ispata kalkışıyor. Bu ise bir savı kanıtsamadır. Her kıyas sonucu ispat eden bir kanıt olarak, bir savı kanıtsama, yani **"petitio principii"**dir.[6]

Fetullah **Gülen** bir kitabında şöyle diyor:

"**Tevrât, İncîl ve Zebûr** gibi aslı **ilâhi olduğu halde tahrife uğrayıp**, içlerine beşer Kelâmı karışan bu kitaplarla, doğruyu bulmak ve bunlarla fikri istikameti **korumak imkânsızdır.**

Cenâb-ı Hakkın, bu kitaplara **koruma teminatı vermemiştir.** Halbuki **Kur'ân hakkında**: 'Kur'ân'ı biz indirdik ve onu mutlaka **biz koruyacağız**' (Hicr 15:9) buyurarak hem ilâhi referansdan hem de korumadan söz edilmektedir."[7]

Gülen'e göre, Tanrı yalnızca Kur'ân'a **"koruma teminatı"** vermiştir. Tanrı'nın Kur'ân'ı koruyacağı nerede yazılı? Tabii ki Kur'ân'da. Tanrı'nın Tevrât, Zebûr ve İncîl için "koruma teminatı" verip vermediğini anlamak için, nereye bakmamız lazım?

Tabii ki, o kitaplara. Burada sayın **Gülen** basit bir mantık hatasına düşmüştür: Bu hatasına **"petitio principii"** (begging the question) denilir. Yani, tartışma konusu olan bir meselenin hiç bir delile dayanmadan doğru olduğunu iddia etmesidir. Yani, "Cenâb-ı Hak, bu kitaplara koruma teminatı vermemiştir" şeklinde bir sonuç ortaya çıkartıyorlar. "Koruma teminatı" konusunda, Kur'ân-ı Kerîm'in ayetlerine bakarak, ama aynı konuda Kitab-ı Mukaddes'in söylediklerine bakmayarak, çifte standartlı, yani ikiyüzlü bir tavır kullanıyorlar. Sayın **Gülen**, Kutsal Kitap'taki şu ayetler için acaba ne diyecek?[8]

---

6. Öner, Klasik Mantık, s. 166.

7. Gülen, İnsanlığın İftihar Tablosu Sonsuz Nûr, s. 156.

8. Karataş, Gerçekleri Saptıranlar Hıristiyanlık İle İlgili Gerçek Dışı İddialara Yanıt, s. 68.

"Ot kurur, çiçek solar; fakat **Allahımızın sözü ebediyen durur.**" (İşaya 40:8)

"RABBİN sözleri pak sözlerdir; Toprakta pota içinde kal olunmuş, yedi kere tasfiye edilmiş gümüş gibidir.

Onları sen tutacaksın, ya RAB, onları bu **nesilden ebediyen koruyacaksın.**" (Mezmur 12:6-7)

"**Gök ve yer ortadan kalkmadan,** her şey gerçekleşmeden, **Kutsal Yasa'dan ufacık bir harf ya da bir nokta bile eksilmeyecek.**" (Matta 5:18)

KANON

C. "Argumentum Ad Ignorantium" (Bilinmezlik, Agnostik) Kanıt

Bilmezlik kanıtı olarak bilinir. Karşısındakinin bilgisizliğinden yararlanarak kanıt uydurmak anlamındadır da.[9] Latince "bilgisizce karşıt akılyürütme" anlamına gelen bir yanlış türüdür. Söz konusu yanlış, dinleyicinin bilgisizliğinden yararlanarak, ona hoş masallar anlamaktan oluşan yanlış bir yöntem ya da akılyürürme tarzı olarak anlaşılır."[10] Örneğin, eğer bir kimse "Kutsal Kitaplar değiştirildi" derse, ve henüz eski İbranice ya da Grekçe bilmiyorsa, eski el yazmalarının oluşumunu ve eski kilise babalarının yazdıklarını okumamışsa, o kişi ancak kendi cahilliğinden ve kulak dolgunluğundan konuşuyor demektir. Eğer bir kimse yine kendi cahilliğinden konuşuyorsa, basit bir mantıksal hata yapıyordur: buna da "**argumentum ad ignorantium**" denilir.[11] Yani burada bilgisizce, delil ileri sürmektedir.

Türkiye'de ve İslam dünyasında birçok din adamı "Kitab-ı Mukaddes'in değiştirildiğini" iddia ederler. Ama onlardan hangileri Kitab-ı Mukaddes hakkında uzmanlık derecesi kazandılar? Onlardan hangisi eski İbranice ve Grekçe öğrenmişlerdi? Çoğu din adamı Kitab-ı Mukaddes'in Türkçe'sini bile, bir kez tamamen okumamışlardır! Gazeteci yazar olan Yavuz Bülent **Bakiler**'e göre: "Türkiye'de bilmemek asıldır. Bilmek ise istisna! Evlerimizin yüzde 95'i kütüphanesizdir. Resmi kayıtlara göre, dünya genelinde, bin kişiye düşen kitap sayısı sadece yedidir, evet sadece yedi."[12] Üstelik İslam dünyasındaki çoğu din adamları içinde Kur'ânı bile baştan sona kendi dilinde çevirip okuyanlar da pek azdır. Dolayısıyla, bu ilahiyatçıların birçoğu Kur'ânı bile yeterince tanımamaktadırlar. Ama buna rağmen Kur'ân-ı Kerîmi yalnızca din alimleri yorumlayabilirler, çünkü onlar bu konuda dirsek çürüttüler diye düşünüyor insanlar. Ancak, dikkat etmiyorlar ki, böyle yapmakla kendilerini onların yorumuna hapsedip mahkum ediyorlar. Yani Kitab-ı Mukaddes'in esas bilgisi hakkında, Müslümanlar tam bir tarihsel ve teolojik malumata sahip değildirler diyebiliriz.

---

9. Hançerlioğlu, Felsefe Ansiklopedisi: Kavramlar ve Akımlar, 1. Cilt, s. 178.

10. Cevizci, Felsefe Sözlüğü, s. 48.

11. Copi, Introduction to Logic, s. 93.

Belki de, Müslümanlar bu konular hakkında çok fazla bir şey bilmiyorlar. Çoğu Müslümanlar, İlâhiyat Fakültesi de dahil, Tevrât, Zebûr veya İncîl hakkında az bilgi sahibidirler. Eski Ahid'i (İbranice) bilmiyorlar ve Yeni Ahid'i (Grekçe) de bilmiyorlar. Dolayısıyla, çoğu Müslümanlar bu eski yazıların geçmişteki tarihi hakkında doğru dürüst bilgiye sahip değiller. Bu eski dilleri bilmedikleri gibi, eski metinlerin karşılaştırma (textual critical) analizini de bilmiyorlar. Bu bilmedikleri konular söz konusu olunca, gerçek mü'minlerin sözlerinden daha çok gerçek olmayan Hristiyanların (yani kâfirlerin) sözlerine kulak veriyorlar. Hristiyanlığın esaslarını bilmediklerinden dolayı, gerçek bir Hristiyanla, sahtekârların arasında bile ayırım yapamıyorlar. Bu yüzden, Müslümanların, Kutsal Kitab'ın tarihi ve yapısı hakkında gerçek bilgileri yoktur. Yani Müslümanlar, "Kitab-ı Mukaddes değiştirildi" derken, "**argumentum ad ignorantium**" mantık hatasına girmiş bulunuyorlar. Bu duruma, "**Fas est et ab hoste doceri**" denilir; yani cahilin dostluğundan, âlimin düşmanlığı yeğdir. **St. Ogüstin** şunu demişti:

"O halde hakkımda bildiklerimi itiraf edeceğim. Hakkımda bilmediklerimi de itiraf edeceğim. Hakkımda ne biliyorsam, senin ışığınla biliyorum ve hakkımda bilmediklerime gelince, senin önünde karanlığım öğle vakti ışığı oluncaya değin bunu bilmeyeceğim."[13]

"Şimdi ey kardeşler, yöneticileriniz gibi sizin de **bilgisizlikten ötürü** böyle davrandığınızı biliyorum. Ama tüm peygamberlerin ağzından Mesihin acı çekeceğini önceden bildiren **Tanrı, sözünü bu şekilde yerine getirmiştir.**"

(Elçilerin İşleri 3:17-18)

---

12. Türkiye: "Bütün Alevilere ve Sünnilere saygıyla arz ederim." Günlük Siyasi Gazete, 22 Ağustos 1998, s. 10.

13. İannitto, <u>Kilise Babalarından</u>, ss. 422-423; Ogüstin, <u>İtiraflar</u>, X, 10,5.

D. Argumentum Ad Hominem (Tartışmaya dayalı) Kanıt

Tartışma konusunu karşısındakinin kişiliğine bağlayarak kanıtlama.[14] Tartışmada karşı tarafın söz ve hareketlerini kendi görüşünü savunmada delil olarak kullanma olarak çevrilebilir.[15] Bir insana karşı akılyürütme anlamına gelen bir yanlış türü ya da yanlış bir tartışma ve akılyürütme tarzıdır. Söz konusu görüşlerin niçin yanlış olduğunu ortaya çıkaran kanıtlar bularak değil, o kişinin karakterine, kişiliğine, niyetine ya da niteliklerine saldırarak karşı çıkmaktan oluşur.[16] Bazı Müslümanlar, insanların kişiliğine saldırarak onların inançlarının geçersiz olduğu kanısına varmaya çalışıyorlar. Bu yanlış bir tartışma şeklidir ve "**argumentum ad hominem**" denilir. Bazen bir ayeti yanlış aktararak veya yanlış kullanarak tamamen farklı bir sonuca varıyorlar! Kendi tecrübemden çarpıcı bir örnek vereyim:

Bir gün genç bir adam bana gelip Yahudilik ve Masonluk adlı bir kitap gösterdi.[17] Adam bana dedi ki, "Bu nedir, Yahudiler yamyamlık mı yapıyorlar?" ve kitaptan, Eski Ahit'ten bir ayet gösterdi:

"Yiğitlerin etini yiyeceksiniz, ve dünya beylerinin kanını...içeceksiniz."

(Hezekiel 39:18)

Bu kitaba göre, Yahudiler yamyamlık yapıyorlarmış! Kitab-ı Mukaddes'i hiç bilmeyenler için belki öyle gibi görünebilir. "O ayetlere bakalım" demiştim. Ayetin gelişinde, söz konusu olan Yahudiler değil, kuş ve hayvanlardır!

"Her çeşit **kuş** ve kırın bütün **canavarlarına** de: Toplanın da gelin; sizin için keseceğim kurbana her yandan toplanın da et yiyin, ve kan için." (Hezekiel 39:17)

Yahudilik ve Masonluk kitabının yorumunda Yahudiler yamyamlıkla şuçlanıyorlar![18] Aynı zamanda Yahudilik ve Masonluk adlı kitapta "Yahudiler Tevrât'ı tahrif etmişlerdir" diyordu.[19] Peki, bu kitabı kim yazdı? Yahudilerden nefret eden bir Müslüman!

14 Hançerlioğlu, Felsefe Ansiklopedisi, 1. Cilt, s. 94.

15. Watt, Kur'an'a Giriş, s. 70.

16. Cevizci, Felsefe Sözlüğü, s. 48.

17. Harun, Yahudilik ve Masonluk, s. 111.

18. İbid, s. 111.

19. İbid, ss. 15-16.

Bir kimse başka birinin karakterine saldırırsa, ve bu yüzden o kişinin inandığı şeyi (Tevrât'ı) tamamen yanlış olduğunu ya da tahrif olduğunu ispatlamaya çalışıyorsa, temel bir mantık hatası yapmış bulunuyor: Buna da **"argumentum ad hominem"** denilir. Yani, bu **"insana karşı"** demektir.[20] Burada tartışmada karşı tarafın söz ve hareketlerini kendi görüşünü savunmada delil olarak kullanmaktadır. Ama böyle temelsiz bir tavır güvenilir değildir.

E. "Argumentum Ad Verecundiam" (Otorite) Kanıtı

Ünlü bir kişinin sözlerini ileri sürerek verilen kanıt.[21] Latince'de "otorite ya da saygıya dayanan akılyürütme" olarak bilinen yanlış türü. Söz konusu yanlış bu şekilde ortaya çıkar: Tartışılan ya da üzerinde durulan konuda, bir şeyi kabul ettirmek için, onunla ilgili sağlam kanıtlar getirmek yerine; başka insanların, geleneklerin ve hatta kurumların otoritesine dayanma şeklinde çevrilebilir.[22]

Kitab-ı Mukaddes konu olunca, çoğu yazarlar olumsuz tavır kullanıyorlar. Çoğu eserler de pek iyi düşünceyle yazılmamıştır. Aktarmaları ve alıntıları hangi kaynaktan ve kimden aldıklarını eserlerinde açıkça kanıt göstermiyorlar. Aktarılmış olan kişi Hristiyan veya Yahudi mi, gerçek bir imanlı mı, yoksa sadece sözde bir imanlı mıdır? Sadece sözde imanlı olanlar (liberal inkârcılar) gerçek imanlılar değil ki; Kur'ân'ın ifadesiyle onlar kâfirlerdir! Bir kimse yanlış veya uygun olmayan bilirkişiye müracaat ederse, temel bir mantıksal hataya düşmüş bulunuyor: Buna "**argumentum ad verecundiam**" denilir.[23] Hiçbir kanıt göstermeden bilim adamlarının fikrine dayanarak, âlemin başlangıcı olduğunu tasdik eden cahilin bu bilgisi bu nevi bir taklit'dir.[24] Çoğu zaman bu tür ayrıntılar tamamen karanlıkta bırakılmıştır. Bu durumda okuyucu hangi tarafın doğru, hangi tarafın yanlış olduğunu ayırt edemez duruma geliyor.

"Kendilerine tanıklık ederim ki, Tanrı için gayretleri vardır; ama bu **bilinçli bir gayret değildir**.

(Romalılar 10:2)

---

20. Copi, Introduction to Logic, ss. 97-98.

21. Hançerlioğlu, Felsefe Ansiklopedisi, 7. Cilt, s. 90.

22. Cevizci, Felsefe Sözlüğü, s. 48.

23. Copi, Introduction to Logic, s. 95.

24. Öner, Klasik Mantık, s. 182.

Hristiyanlığı eleştiren İslâm eserlerine bakarsanız, sık sık Tevrât, Zebûr ve İncîl'in değiştirildiği iddialarını görürsünüz. Bazı eserlerde hiçbir kanıt vermeden bu tür iddiaları ortaya koyuyorlar; bazıları ise sahte "Hristiyan din adamlarının" mütâla'alarını kullanarak İncîl'i çürütmeye çalışıyorlar. Yani böyle bir olumsuz tavırdan İncîl'in gerçeği hakkında hiçbir şey öğrenilemez.

Çaviş'e göre, bugünkü Müslümanların Tevrât ile İncîl hakkında fikirleri, onsekizinci milâdî asır filozoflarıyla **Antoine, Gulner, Thomas, Volston, Huxley,** Matthieu **Tendall** (Matyu-tental), **Volter** ve benzerleri gibi sonradan gelenlerin fikrine benziyor.[25] Ama bunlar mü'minler değil ki! Kur'an-ı Kerim ile böyle bir yaklaşım asla bağdaştırılamaz. Ama Dr. Maurice **Bucaille**'in Müsbet İlim Yönünden Tevrât, İncîller ve Kur'ân ve Prof. Dr. Şaban **Kuzgun**'un Dört İncîl Yazılması Derlenmesi Muhtevası Farklılıkları ve Çelişkiler adlı kitaplarında, daha çok Hristiyanlığın "**kâfir**" din adamlarının sözleri delil olarak aktarılmaktadır.[26] Böylece onlar da "**argumentum ad verecundiam**" mantık hatasına girmiş bulunuyorlar. Kime kulak veriyorsunuz? İnanlılara mı yoksa inkârcılar mı? Herhalde böyle bir olumsuz yaklaşımdan doğru bir sonuç çıkmaz!

F. "Argumentum Ad Baculum" (Baston) Kanıtı

Baston kanıtı olarak bilinir.[27] "Güç kullanan akılyürütme ya da argüman" anlamına gelen önemli bir yanlış kişinin bir konuda karşıtıyla tartışması doğruları birlikte araması yerine, ona karşı güç kullanmasından ya da sopa göstermesinden oluşur. Burada güç kullanarak bir savunmaya çalışma söz konusu olup, bu tür bir tartışma yanlışı daha çok diktatörlere ve gangsterlere özgü bir yöntem olarak karşımıza çıkar.[28]

KANON

Tahrif görüşünü benimseyenlerin iddia ettikleri gibi Hristiyanlığın Kutsal Kitab'ı değiştirilmiş midir? Ne yazık ki, İslâm dünyasından biri bu konuyu Yahudiler veya Hristiyanlar açısından incelemek istese bile, çok az fırsatı vardır, ya da hiç yoktur. Oysa onlar ellerine alıp okurlarsa Tanrı'nın gerçeğini görebilirler. Ama ne yazık ki, birçok kişi mevcut Kitab-ı Mukaddes'in sahte olduğu saplantısından kurtulamayarak onu okumak bile istemez. Birçoğu bunu yapmaz çünkü kulaktan dolma öğrendiklerine göre Tevrât ve İncîl değiştirilmiştir. Hatta bilgi edinmekten bile çekinir. Bir Müslüman bu konuyu araştırmak için fırsat bulsa bile, bu defa da diğer Müslümanlardan alacağı tepkiler bu insanın özünde var olan merak unsurunu köreltmektedir.

---

25. Çaviş, Anglikan Kilesine Cevap, s. 65.

26. Bucaille, Müsbet İlim Yönünden Tevrât İncîller ve Kur'ân, ss. 72-82; Kuzgun, Dört İncîl Yazılması Derlenmesi Muhtevası Farklılıkları ve Çelişkiler, ss. 97-116.

27. Hançerlioğlu, Felsefe Ansiklopedisi, 1 Cilt, s. 136.

28. Cevizci, Felsefe Sözlüğü, ss. 47-48.

Bunun gibi, baskı altında verilen kararlar da, "**argumentum ad baculum**" grubuna girer.[29] Yani, kim daha büyük bir sopa taşıyorsa, o kazanır. Bu da mantığa karşı gelmektedir. Bir örnek vereyim:

Ankara'da bir Müslüman ilâhiyatçı arkadaşım bu kitabın ikinci basımını iyice okuduktan sonra, bazı düşüncelerini az çok değiştirdi. Kitab-ı Mukaddes'in değiştirilmediğini savunmaya başladı. İslâmî bir konferansda Eski Ahit ve İncîl'in değiştirilmediğini söyledikten sonra, bazı fanatikler onu öldürmekle tehdit ettiler. İşte bu arkadaşımın fikirlerini zorla değiştirmeye çalışırlarken, **"argumentum ad baculum"** kullanıyorlardı.

Bir dinin gerçek olduğunu kanıtlamak için fiziksel güç kullanmak kadar büyük bir yanlış yoktur. Bir inancın gerçek olduğunu ispat etmek için tehdit ve güç kullanılamaz. Ya da bir gerçeği fiziksel güçle yalan ve yanlış duruma düşürülemez. Gerçekler sopalarla ve kabakuvvetle yenilemez. Tanrı'nın gerçeğinin bizim sopalarımıza ve kabakuvvetimizle korunmaya ihtiyacı da yoktur. Bu yönteme başvurursak Tanrı'nın **"el-Kadir"** sıfatına inanmamış gibi davranırız. Yani, Tanrı Kendi sözünü haklı çıkarabilecek güçtedir. Bu Tanrı'nın mutlak kuvvetidir.

G. "Argumentum Ad Populum" (Halk) Kanıtı

Halk kanıtı olarak çevrilir.[30] Kişiyi ilgilendiren şeye başvurarak akılyürütme ya da tartışma anlamına gelen yanlış türü simgeler. Söz konusu yanlış bir tezi, onu akıl yoluyla haklı kılmak yerine, dinleyicinin duygularına başvurarak kabul ettirmeye çalışma yanlışı olarak karşımıza çıkar. Bu yanlış daha çok demagoga özgü olan bir yöntemdir.[31]

---

29. Creighton, <u>An Introduction to Logic</u>, ss. 105 & 486.

30. Hançerlioğlu, <u>Felsefe Ansiklopedisi</u>, 1 Cilt, s. 94.

Kutsal Kitabın değiştirildiği birçoğu tarafından öne sürülür. Ama bu tür iddialar sadece söz kalabalığıyla doğrulanamaz. İslâm dünyasında, herkesin bu tür şeyleri söylemesi, bunun doğruluğunu kanıtlamaz! Bu temel bir mantık hatasıdır. Mantığın dilinde bu tür hatalara **"argumentum ad populum"** denilir, yani "herkes bunu kabul ettiği için katılıyorum."[32]

Bu mantıksızlığı görmek isterseniz, Hindistan'a gidin, orada ne göreceksiniz? Milyonlarca **Hindu**, inek ve putlara tapıyorlar! Herkes bunu yapıyor diye, bu doğru olur mu? Olamaz. Güney Amerika'ya gidin, orada ne göreceksiniz? Katolikler Hz. **Meryem**'in heykelinin ayaklarını öpüyorlar! Peki, milyonlarca insan böyle bir inanca katılıyor diye bu onların inancını doğru kılar mı? Hayır, kılamaz çünkü bu tür şeyler din adına olsa bile putperestlikten başka bir şey değildir!

"Çünkü **başka ilaha secde kılmıyacaksın**;

Çünkü, ismi Kıskanç olan RAB kıskanç bir Allahtır;

(Çıkış 34:14)

H. "Argumentum İp Se Dixit" (Temelsiz) Dogma

Temelsiz dogma olarak çevrilir. Bir tartışmada, bir fikir ya da görüşü daha çok bir saygının ifadesi ve kesinliğin ya da doğruluğun güvencesi olarak hocalarına izafe etmek üzere kullanılan ve "o dedi ki" anlamına gelen Latince bir deyim. Bir otoriteye **körü körüne inanma** ya da riyet etme tavırını göstermek için kullanılır.[33]

Eğer bir kimse "Kitab-ı Mukaddes değiştirildi" derse, ama verilen deliller önemli konularla ilgisi olmayan şeyler ise, yani o kadar önemli değilse, temel bir mantıksal hata sayılır: Buna "**argumentum ip se dixit**" denilir.[34] Somut deliller sunmadan yapılan tahrif iddiaları, ancak "**argumentum ip se dixit**" sayılır, yani "**temelsiz bir dogmadır.**" Yani kendi söylediği delili, veya kendinden menkul; kanıtsız konuşmadır. Burada safsata, son önermenin aksini ispatlayarak, bir fikrin yanlışlığını ortaya koymaktadır. Yani kişi o konu hakkında bilgisiz olduğu için, çıkardığı sonuç abartılmış ve yanlış olur.

---

31. Cevizci, Felsefe Sözlüğü, s. 48.

32. Copi, Introduction to Logic, s. 95.

33. Cevizci, Felsefe Sözlüğü, s. 281.

34. Copi, Introduction to Logic, s. 105.

Bu "**argumentum ip se dixit**" mantığa dayanarak bazı İslâm alimleri, Kur'ân'ın önceki kitapların **hükmünü** ortadan kaldırıp onları geçersiz kıldığını ileri sürerler.[35] Yani kendi söylediği delili, veya kendinden menkul; kanıtsız konuşmadır. Aslında Kur'ân-ı Kerîm tam tersini öğretmektedir.

"Onda (Tevrât'ta)...yazdık...

Ve kim **Allâh'ın indirdiğiyle hükmetmezse**, işte **zalimler onlardır.**" (Mâide 5:45)

"**İncîl sahipleri, Allâh'ın onda indirdiği ile hükmetsinler.**

Kim Allâh'ın indirdiğiyle hükmetmezse işte onlar, **yoldan çıkmışlardır.**"

(Mâide 5:47)

Aklı başında her Müslüman bu ayetleri açık anlamıyla okursa Tanrı'nın değiştirilmiş bir Kitab'ın sözleriyle bir insanı yargılamayacağını açıkça anlar. Tanrı ancak kendi değişmez sözleri aracılığıyla insanları inanmadıkları için yargılar. Demek ki, İncîl değiştirilemez, çünkü Tanrı'nın ebedî sözüdür ve bu sözü bize yargılayacaktır. Kaldı ki, eğer bir kimse Kitab-ı Mukaddes'in değiştirildiğini ispat etmek isterse, tek geçerli yol, **mevcut el yazma metinleriyle, bugünkü metinler arasındaki benzeyiş ve farklılıkları analiz etmesidir.** Yan yana göstermelidir. Kanatsız kuş uçmaz. "Bilmezlerin yoluna uymayın." (Yunus 10:89)

I. "Argumentum Non Sequitur" (Akla Dayalı) Kanıt

Akla dayalı bir bağlantı ortaya koyma iddiasında olmakla birlikte, böyle bir bağlantıdan uzak olan kavram ya da ifadeler; geçerli bir çıkarım görüntüsünden bile yoksun olup, sonuç öncüllerinden mantıksal kurallara göre çıkmayan çıkarım için kullanılan Latince bir terimdir.[36]

Kur'ân-ı Kerîme göre, Kitab-ı Mukaddes hiç kuşkusuz Tanrı'nın sözüdür.[37] Aynı zamanda, Kur'ân'ı Kerim'e göre hiç kimse tarafından Tanrı'nın sözü değiştirilemez.[38] Ama bazı Müslümanlar ne diyorlar? "Tevrât, Zebûr ve İncîl Tanrı'nın sözü idi, ama bozulmuştur, değiştirilmiştir." Ama bu ne biçim bir mantık?

---

35. Gilchrist, <u>Evet, Kitabı Mukaddes Tanrı Sözü'dür!</u>, s. 18.

36. Cevizci, Felsefe Sözlüğü, s. 385.

37. Bkz. Al-i İmrân 3:3-4.

38. Bkz. Ahzâb 33:62

"Allâh'ın kanununu **değiştirme**(ğe imkân) **bulamazsın.**"

(Ahzâb 33:62)

Eğer bir kimse, "Kitab-ı Mukaddes Tanrı'nın sözü idi ama değiştirilmiştir" derse, ama aynı zamanda, "Tanrı'nın sözü değiştirilemez" de diyorsa, bu hataya "**argumentum non sequitur**" denilir. Yani bunun gibi dolambaçlı sözler ilgisiz bir sonuç, mantığa sığmayan bir sonuç ortaya çıkartıyor. Bu temel bir mantıksal hatadır.[39]

Müslüman bir yazar Saim **Kılavuz** Anahatlarıyla İslâm Akaidi Kelâm'a Giriş adlı kitabında şöyle yazar:

"Kitaplara iman, Allâh Teâlâ tarafından, bazı peygamberlere birtakım kitaplar indirildiğini ve bu kitaplarda bulunan şeylerin hepsinin doğru ve hak olduğunu kabul etmek, inanmak demektir."

"Biz bozulmuş ve değiştirilmiş (tahrif ve tebdîl edilmiş) olan kitapların **şu andaki şekillerine değil**, Allah'tan gelen ve bozulmamış olan ilk şekillerine inanıyoruz."[40]

Ama hemen aşağıdaki cümlesinde şöyle yazıyor:

"İlâhi ve mukaddes kitaplarda, Allâh kelâmı olmaları bakımından **hiçbir fark yoktur.**"[41]

Burada bir "**non sequitor**" hatası vardır. Bu demektir ki, Tevrât ve İncîl Tanrı'nın sözüdür. Eğer, Tanrı'nın sözü iseler neden Tanrı Kur'ânı koruyup Tevrât ve İncîl'i korumasın? Onlar kendi sözü değil midir? Yazar ilâhî kitaplar arasında hiçbir fark yoktur derken, Kur'ân'ı Kerim ve Kitab-ı Mukaddes'in aslında aynı kaynaktan geldiğini belirtmektedir. Eğer ilâhî kitaplar arasında herhangi bir fark yoksa, o zaman, bu mantığa göre, yüce Tanrı'nın Kur'ân-ı Kerîm'i koruduğu gibi Kitab-ı Mukaddes'i de aynı şekilde koruması lâzımdır. Burada görüldüğü gibi, ciddi bir mantık hatası vardır. Çünkü, başka bir cümlede, Tanrı'nın Kitab-ı Mukaddes'inin bozulduğunu iddia ediyor.

---

39. Copi, Introduction to Logic, ss. 106-107 & 123.

40. Kılavuz, Anahatlarıyla İslâm Akaidi Kelâm'a Giriş, ss. 158-159.

41. İbid, s. 159.

Bu aynı mantıksızlık birçok yazarda da görülmektedir. Örneğin, İslâmcı yazarlardan biri, bir kitapta şöyle yazıyor:

> "...Geçmiş dinlerin ilâhî olmakla birlikte zaman içinde asıllarını kaybettiklerini, **bozulduklarını biliyoruz**.
>
> Bu son din olan İslâm insanlık için de son mesajdır.
>
> Dolayısıyla birinci derecede kaynağı olan Kitab'ın da muhafazası beşerin tedbir alışlarına bırakılamaz. **Allah kendi kitabını dinini bizzat kendisi korumaktadır**..."[42]

KANON

Burada ilahiyatçı-yazar Sayın Ali **Bulaç**'ın içine düştüğü büyük çelişkiye bakın: Hem geçmiş "dinlerin" ve "kitapların" ilâhî, yani Tanrı tarafından gönderildiğini ancak asıllarını kaybedip bozulduklarını ileri sürer, hem de, "Tanrı'nın kendi kitabını ve dinini bizzat kendisinin koruduğunu ileri sürer! Bunların ikisinin de aynı anda doğru olması mümkün değildir; yani, bir **"argumentum non sequitur"** sayılır. Eğer bu kitaplar bozulduysa, Tanrı'nın kendi kitabını ve dinini bizzat koruduğuna nasıl inanabiliriz, hangi kriterlere göre?[43]

Başka bir **"non sequitor"** da Kitab-ı Mukaddes'in tahrif edildiğini söyleyenlerin iddiaları ki, onlar Kur'ân'ın tek bir harfi bile değişmezken Kitab-ı Mukaddes'in tümünün birden değişmiş olduğunu iddia etmektirler. Yani, bu noktada, tahrifi iddia eden Müslümanlar bir çifte standart yaptıklarının farkındalar mı? Müslümanlar nasıl Kur'ân'a inanıyorlarsa, Kitab-ı Mukaddes'e de öyle inanmakla yükümlüdürler. O zaman, Kitab-ı Mukaddes değişmiş veya tahrif edilmiş olamaz.

"Yoksa, siz Kitâbın bir kısmına inanıp **bir kısmını inkâr mı ediyorsunuz?"**

(Bakara 2:85)

Ya olduğun gibi görün, ya göründüğün gibi ol. Ama dikkat! Eğer bir kişi Hz. **İsâ'nın** bir **"peygamber"** olduğuna tanıklık eder, aynı zamanda O'nun kendi hakkındaki sözlerini kabul etmezse, bu ne kadar **mantıklı** ve inandırıcı bir davranış olur? Ne yazık ki, çoğu Müslümanlar bunun gibi mantık hatalarına devamlı düşmektedirler.

---

42. Bulaç, Çağdaş Kavramlar ve Düzenler, s. 177.

43. Karataş, Gerçekleri Saptıranlar, ss. 67-68.

Tablo 2.1 Tunç Çağı Sonu Mısır Kronolojisi

Tarih	Mısır	Diğer olaylar	Filistin Arkeolojisi
M.Ö. 1300			
M.Ö. 1290	I. Seti (1295-1279)		
M.Ö. 1280	II. Ramses (1279-1213)		
M.Ö. 1270	Kadeş'te Hitit-Mısır Karşılaşması (1274)	Hicaz'da erken (Medyen) iskânı	GEÇ
M.Ö. 1260	Mısır-Hitit Antlaşması (1259)		TUNÇ
M.Ö. 1250			ÇAĞI
M.Ö. 1240			
M.Ö. 1230		Türkiye merkezinde nüfus azalması ve Filistin dağlık arazisinde Kuzey Suriye yerleşimlerinin belirmesi	
M.Ö. 1220			
M.Ö. 1210	Merneptah (1213-1203) Libyalı Deniz Halkları saldırısı (1208)	"Israel is laid waste; his seed is not/İsrail çöp edildi, tohumsuzlaştı"	
M.Ö. 1200	Kaos		ERKEN
M.Ö. 1190	Müsid ve çıkışı		DEMİR
M.Ö. 1180	III. Ramses (1184-1153)		ÇAĞI
M.Ö. 1170	Deniz Halkları saldırısı (1176)	Filistlerin Filistin kıyılarını ele geçirmesi Yehovacı kabileler federasyonunun "İsrail" olarak ortaya çıkması	

J. Doğru Akıl Yürütme

Halk arasında; "Her şeyi bilen Tanrı'nın emri olmadan daldan bir yaprak kopmaz." denilir. O halde her şeyi bilen Tanrı'nın emri olmadan Kitab-ı Mukaddes de tahrif olamaz. Bunu daha iyi anlayabilmek için temel ve basit bir **mantık tasarım** yapalım:

A. Eğer Tanrı, kutsal sözünü insanların değiştirmelerini **istemiyorsa**, (ki istemiyor; Bkz. Yeremya 36:23-28)

B. Ve eğer Tanrı kutsal sözünü **koruyabilecek güçteyse**, (ki güçtedir; Bkz. Yeremya 32:17)

C. O zaman, Tanrı kendi sözünün insanlar tarafından değiştirilmesine **müsaade etmez**. (kitap değiştirilemez; Bkz. Matta 5:18)

Bilinen en eski Kur'an nüshalarından birisi, İstanbul-Topkapı Sarayı'nda bulunan Hz. Osman Kur'an'ı. Hz. Osman (r.a) tarafından değişik vilayet merkezlerine gönderilen nüshalar, asırların geçmesiyle kayboldu. Günümüzde halen onlardan bir tanesi İstanbul Topkapı müzesinde; bir diğer tam olmayan nüshası Taşkent'te bulunmaktadır. Çarlık Rus hükümeti onun faksimile ile röprodüksiyonunu (fotoğraf veya fotokopi ile tam kopyasını) neşretmiştir.

Şu anda dünyanın her yanında okunmakta olan Kur'an'larla Taşkent'teki Kur'an arasında tam bir benzerlik, aynılık söz konusudur. (Muhammed Hamidullah, İslam'a Giriş, Ankara, t.y, s.41; M. Hamidullah, İslam Peygamberi, II/763).

A. Tanrı, kutsal sözünü insanların değiştirmelerini istemiyor:

"Size emretmekte olduğum söze **bir şey katmıyacaksınız** ve ondan **eksiltmiyeceksiniz**, ta ki, Allahınız RABBİN, size emretmekte olduğum emirlerini tutasınız."

(Tesniye 4:2)

"Sana emretmekte olduğum her şeyi yapmak için tutacaksın, üzerine **bir şey katmıyacaksın**, ve ondan **eksiltmiyeceksin**."

(Tesniye 12:32)

"Ve vaki oldu ki, Yahudi üç dört yaprak okudukça kral kalemtıraşla onu kesti ve mangaldaki ateşe attı, o vakte kadar ki, **bütün tomar mangaldaki ateşte bitti.** Ve bütün bu sözleri dinliyen kral ile bütün kulları yılmadılar, ve esvaplarını yırtmadılar. Ve Elnatan, ve Dalaya, ve Gemarya, tomarı yakmasın diye krala yalvardılar ise de, onları dinlemedi. Ve kâtip **Baruku** ve peygamber **Yeremya**yı tutsunlar diye, kralın oğlu Yerahmeele, ve Azriel'in oğlu Serayaya, ve Abdeel'in oğlu Selemya'ya, kral emretti; fakat **RAB onları gizledi.**

Ve **Yeremyanın** ağzından **Barukun** yazmış olduğu sözlerle tomarı kral yaktıktan sonra, **Yeremyaya RABBİN şu sözü geldi: Yine kendine başka bir tomar al, ve Yahuda kralı Yehoyakim'in yakmış olduğu birinci tomarda olan evvelki bütün sözleri ona yaz.**"

(Yeremya 36:23-28)

KANON

Burada görüyoruz ki, Rab'bin Yeremya'ya verdiği sözlerin yazıldığı tomarı kral yakmaktadır. Ancak Tanrı kendi sözlerinin kaybolmasını istemediği için Yeremya'nın ağzıyla Baruka tekrar yazdırıyor. Bu da bize şunu anlatıyor: kendi sözlerini yeryüzünden kimse yok edemez, çünkü, Rab kendi sözünü kendisi korur. Yani Tanrı kendi kutsal sözlerinin bir insan tarafından yok edilmesine, değiştirilmesine veya tahrif edilmesine asla izin vermez. Kitab-ı Mukaddes bu konuda çok ciddi uyarılarla doludur:

> "Bu peygamberlik sözlerini **mühürleme**... Bu kitaptaki peygamberlik sözlerini duyan herkesi uyarıyorum! Eğer bir kimse bu sözlere **bir şey katarsa**, Tanrı da bu kitapta yazılı **belaları** ona katacaktır. Eğer bir kimse bu peygamberlik kitabının sözlerinden **bir şey çıkarırsa**, Tanrı da bu kitapta yazılı yaşam ağacından ve kutsal kentten **ona düşen payı çıkaracaktır**."

(Esinleme 22:10 & 18-19)

B. Ayrıca, Tanrı kutsal sözünü koruyabilecek güçtedir:

> "Kutsal Yasa'yı ya da peygamberlerin sözlerini geçersiz kılmak için geldiğimi sanmayın. Ben geçersiz kılmaya değil, tamamlamaya geldim. Size doğrusunu söyleyeyim, **gök ve yer ortadan kalkmadan**, her şey gerçekleşmeden, Kutsal Yasa'dan **ufacık bir harf ya da bir nokta bile eksilmeyecek**."

(Matta 5:17-18)

"Senden önce hiçbir rasûl ve nebi göndermemiştik ki o, (bir şey) arzû ettiği zaman, şeytan onun arzûsu içerisine mutlaka (onun dünyâ ile meşgûl edecek bir düşünce) atmış olmasın.

Fakat Allâh, şeytanın attığını derhal iptal eder, sonra kendi âyetlerini sağlamlaştırır. Allah bilendir, hikmet sâhibidir." (Hac 22:52)

"Allah'a deyin ki: **İşlerin ne korkunçtur!** Kudretinin büyüklüğünden dolayı, **düşmanların sana boyun eğecekler.**

Gelin de, **Allah'ın işlerini görün.** Adem oğullarına karşı işinde korkunçtur. (Mezmur 66:3 & 5)

"Kulları içinden ancak **bilginler Allâh'tan (gereğince) korkar.** (Çünkü O'nun yaptıklarındaki incelikleri öğrendikçe, onların Allâh'a karşı saygıları artar). Şüphesiz **Allâh daima üstündür**... (Fâtır 35:28)

C. Dolayısıyla, Tanrı kendi sözünün insanlar tarafından değiştirilmesine müsaade etmez.

"Rabbin **kitabında araştırın,** ve okuyun; bunlardan **hiç bir şey noksan kalmıyacak**..." (İşaya 34:16)

Sonuç olarak toparlarsak, müslümanların "**tahrif**" iddiaları tamamen **mantıksız**dır. Konu ne olursa olsun, Tanrı'nın verdiğini kul geri alamaz. Doğal ve doğru olan Tanrı'nın kendi kutsal sözünü korumasıdır. O zaman, varılması gereken tek **mantıklı** sonuç kısaca şudur: Tanrı'nın Kutsal Kitapları değiştirilmedi, değiştirilemez, ve asla değiştirilemeyecektir.

Kur'ân, Yahudiler ve Hristiyanların elinde bulunan Tevrât ve İncîl'i Tanrı'nın Mûsâ'ya ve İsâ'ya indirmiş olduğu, insanlara doğru yolu gösteren, onları aydınlatan, onlara bilmediklerini öğreten özgün, ilâhî birer kitap olduklarını söylemektedir. (Bkz. Bölümler 12, 18 ve 25) Kur'ân'ın Tevrât, Zebûr ve İncîl'i doğru kitaplar olarak kabul edip onlara uyulması gerektiği söyledikten sonar, Kitab-ı Mukaddes'in tahrif edilmiş olduğunu bildirmesi **aklın kabul edeceği birşey değildir**. Böyle bir **çelişkiyi** Kur'ân içermemektedir.

Kur'ân'da mevcut Tevrât'ın tahrifi bildirilmez ve mevcut Tevrât özgün kitap olarak kabul edilir. Eğer Kur'ân Kitab-ı Mukaddes'i doğrulayıcı bir Kitap olarak verilmişse, o zaman Kur'ân'ın doğruladığı bir kitabın tahrif edilmiş olması **mantıksız** değil midir? Çünkü, biliyoruz ki, Kur'ân Kutsal Kitabı doğruladığını söylüyor. Hele hele Kur'ân'da Tevrât ve İncîl'in tahrifini bildiren ayetlerin olması **mantık bakımından kesinlikle olanaksızdır**. Bu çelişkiden öte, abes ve akla aykırı bir iddiadır. Kur'ân böyle bir iddiada bulunursa, tahrif edilmiş bir Tevrât'ı doğru olarak kabul eden ve öyle tanıtan Kur'ân'ın asıl kendi güvenilirliğine şüphe düşürülmüş olmaz mı? Herkesin attığı okun nereye varacağını bilmesi gerekir. Atılan ok ise geri dönmez.

Şimdi ise, kendi mantığımızdan daha önemli olan Tanrı'nın ve Kutsal Kitab'ın tanıklığını dinleyelim.

"**RAB** olan **ALLAH** ne söyleyecek **dinleyeyim**." (Mezmur 85:8)

Ve (**Allah**) ona Bu (**Kitab**)'ı, **Hikmet**'i, **Tevrat**'ı ve **İncil**'i tekrar öğretecek.

[İkinci gelişinde..] (Âl-i İmran Suresi Âyet – 48)

KANON

YENİ ANTLAŞMA KANONU

Aziz John'un, Patmos Adası'nda Tanrı'dan aldığı Vizyon ve geleceğe dair Apokaliptik vizyonundan (Vahiy Kitabını yazdığı sırada) bir enstantane illüstrasyon.

KANON

GİRİŞ

Etimolojik olarak "κανων" "قَانُنْ" (*Kanon - Canon*), Sami dilinden ödünç alınmış ve orijinal olarak "kamış" anlamına gelen bir kelimedir. Zamanla bu kelime "ölçme kamışı" (kural, standart veya ölçü) anlamına gelmiş, daha sonra da resmi olarak kutsal yazıları içeren "Liste" veya "Tablo" anlamında kullanılmaya başlanmıştır. Kilise bağlamında, ilk üç yüzyıl boyunca Hıristiyan inancının doktrinsel ve ahlaki kurallarına hitaben kullanılmıştı. 4. yüzyılda Eski ve Yeni Antlaşma'yı oluşturan kitapların listesine hitaben kullanılmaya başlandı.[1] Bugün yaygın olan anlamı da budur. "Kanon" artık yetkili Kutsal Yazılar olarak kabul edilen, başkası eklenmeyecek üzere kapatılmış, sabitleşmiş belgeler birleşimi anlamında da kullanılır.

Kanon (*Canon*): Bir diğer Literatür anlamında da, Yetkin ve bağlayıcı hükümler ve uygulamalar içeren ve birçok kitaptan yapılmış alıntılarla oluşturulmuş kurallar kitabı olarak da tanımlanabilir. Hatta, Türkçe'deki "Kanun" sözcüğü buradan gelir. Ama Canon, Türkçede bilindiği ve kullanıldığı anlamda kanun değildir; belki bir tür dini ilham veya vahiyle yazılmış ve sabit olarak belirlenmiş *"değişmeyen ilmihal ve yasalar bütünü"* gibi anlaşılması da gerekir.

Tabii ki, ilk Hristiyanlar'ın elinde bir Yeni Antlaşma kanonu yoktu; elçiler ve diğerleri tarafından vaaz edilen Müjde'ye ve bugün Eski Antlaşma olarak adlandırdığımız kanona dayanıyorlardı. O zaman Yeni Antlaşma kanonuyla ilgili karşımızdaki *tarihsel* soru, bugünkü Yeni Antlaşma'yı oluşturan 27 kitabın diğer edebi eserlerden farklı ve daha yetkili olduğuna nasıl ka-

KANON

rar verildiğidir. Bunun yanıtı Kilise Babaları'nı dikkatlice okumakta yatar. Önceki bölümlerde, her Yeni Antlaşma kitabının kanona nasıl dahil edildiğini kısaca gördük; büyük çalışmalar bütün bu materyalleri bir araya getirmiş ve konuyu detaylıca incelemiştir.[2]

Ancak, Kanon'la ilgili su yüzüne çıkan *teolojik* sorular birçok açıdan daha önemlidir ve kesinlikle daha fazla tartışılmaktadır. Kanon ve yetki arasındaki bağlantı nedir? Hangisi önce gelir, kitabın kanonik konumu mu, yoksa işlevsel yetkisi mi? Metnin yetkisiyle onun kanonik konumunu tanıyan (kimine göre "kabul eden") kilisesel bedenin yetkisi arasındaki ilişki nedir? Kanonun dış hatlarıyla ilgili ilk kilisenin nedenleri (vardıkları sonuç demek yerine) bugün bizim için de geçerli mi? Değilse, vardıkları bu sonuçlar tehlikede mi? Aşağıdaki bilgilerde, bu sorularla ilgili derinlemesine bir araştırma yoktur. Sadece, bugün tartışılan konulardaki en önemli noktalar üzerine yüzeysel çalışmalar ve elimizdeki kanıtların bize işaret ettiği yönle ilgili birkaç ipucu vardır.

KANON
ESKİ ANTLAŞMA KANONUNUN GEÇERLİLİĞİ

Aziz John'un Kitabı'ndan Kıyamet (Sur) Borusunu üflemeye hazır 7 melek.

KANON

Bir Yeni Antlaşma'ya giriş kitabı, Eski Antlaşma kanonunun gelişimi üzerindeki karmaşık soruları yanıtlamak için doğru yer değildir. Ancak bir soru tartışılmalıdır, çünkü Yeni Antlaşma kanonunun gelişimiyle ilgili anlayışımızı etkiler: Yeni Antlaşma kanonunun şekillendirilmesinde örnek olacak, "kapalı" bir Eski Antlaşma kanonu halihazırda var mıydı?

Son iki yüzyıldır çoğu kişinin hemfikir olduğu ancak son zamanlarda tartışılan görüşe göre Eski Antlaşma, İbrani kanonunun üç bölümüne göre, üç adımda kanonik olarak kabul edildi. Tevrat (Musa'nın Beş Kitabı ya da Yasa) İ.Ö. 5. yüzyılın sonlarına doğru kanonik olarak kabul edildi; Peygamberler aynı konumu İ.Ö. 200 yılı civarlarında aldı; Yazılar da İ.S. 1. yüzyılın sonlarına doğru Jamnia (ya da Javneh) Konseyi'nde kanonik olarak kabul edildi.

Ancak çoğunluk artık fikir ayrılığı yaşıyor. Tartışmadaki önemli konulardan bazıları şunlardır:

1. Jamnia Konseyi'nin rolü (ve hatta varlığı) artan ölçüde tartışılmakta. Lightstone, 1. yüzyılın son on yılında varlığı betimlenen Jamnia'daki rabbiler okulunun sadece 3 ve 4. yüzyıllardaki geleneklerin hayal gücünden ibaret olduğunu söylerken[3] muhtemelen biraz fazla ileri gitmişti, ancak Jamnia'da bir rabbiler akademisi olduğunu kabul etsek bile, onların birçok konuda karara varmış yetkili bir konsey gerçekleştirmediği artık geniş çevrelerde kabul edilmektedir. Muhtemelen sadece bir okul ve daha dar bir şekilde kural koyan bir yapıydılar. Örneğin Leiman der ki, Jamnia, Vaiz'in ve Ezgiler Ezgisi'nin Tanrı esini olup olmadığını tartışmasına rağmen bu kesin bir karar vermek adına değil, teolojik bir diyalog yaratmak adınaydı, çünkü aynı konular yüz yıl sonra hâlâ tartışılıyordu.[4] Hatta denebilir ki, bu kitapların 1. yüzyılda tartışılması zaten geniş çevrelerde kanonik konumlarının kabul edilmiş olduğuna işa-

KANON

ret eder; öyle olmasalardı tartışılacak bir şey olmazdı. Akla, Luther'in Yakup kitabının konumuyla ilgili sorgulamaları geliyor: Tarihsel ve teolojik açıdan Luther'in bunu sorgulaması, Yakup'un kanonik konumunun geniş çevrelerde kabul edilmesine dayanıyordu. Kaynaklardaki kanıtlara göre Jamnia, ne daha önceden kanonik olarak kabul edilmeyen bir kitabı kanonik olarak kabul etti, ne de daha önceden kabul edilmiş bir kitabı reddetti.

2. Yosefus (*Contra Ap.* 1.37-42), Filo (*De Vita Contemp* 3.25) ve başka kaynaklara göre, İbrani kanonunun üç bölümünün İS 1. yüzyılda yaygın olduğuna dair kanıtlar olmasına rağmen, bu bölümlerin ayrımının ardından kanonikleşmenin gerçekleştiği tezi için pek kanıt yoktur. İlk olarak Yasa'nın, başka bir şey eklenmemek üzere kapalı bir kanon kabul edildiğine inanmak kolaydır, ancak Kutsal Kitapsal kitapların istikrarlı olarak gruplandırılması konusunda, kişiyi spekülasyonun ötesine götürebilecek hemen hiçbir kanıt yoktur.

3. Yasa'nın yaklaşık İ.Ö. 400, Peygamberler'in de yaklaşık İ.Ö. 200 yıllarında kabul edildiği konusunda kullanılan en yaygın sav şöyledir: Samiriyeliler ancak Yasa'yı kanon sayardı, geleneğe göre de Samiriyeliler'le ayrılık İÖ 4. yüzyılın sonlarında gerçekleşti. Ancak bu sav, elinde kanıt olmadan, ayrılıktan önce Yahudiler'le Samiriyeliler'in kanon konusunda aynı şekilde düşündüğünü varsayar. Ayrıca birçok kişi, Samiriyeliler'in teolojik gelişimindeki önemli dönemin İÖ. 3 ve 1. yüzyıllar arasında olduğu konusunda Coggins'le aynı görüştedir.[5]

4. Yazılar bölümünün geç tarihte kabul edilmesiyle ilgili en köklü sav, Daniel'in Makabeler tarafından kabul edilen tarihi ve Daniel'in Peygamberler arasında değil de Yazılar arasında kabul edilmesidir. Birçok muhafazakâr araştırmacı Daniel'in tarihini 6. yüzyıl olarak kabul etse bile John Barton, Yasa'nın

dışında[6] Eski Antlaşma kitapları arasında herhangi bir sıralama olmadığını gayet ikna edici bir şekilde iddia etmiştir. Bu kitapların farklı tomarlarda olmaları bir sıralama getirmeyi imkânsız kılıyor. Günümüze ulaşan farklı sınıflandırmalar belgelerin konusal açıdan organize edilmesiyle gerçekleşmiştir, kanona kabul edilmiş kitap gruplarının sıralanmasıyla değil. Daniel'i Peygamberler'in dışında tutan Yahudi gruplaması da, Yahudiler'in Peygamberler'i *aktarıcılar* (tarihsel bir sırada durup geleneği bir nesilden diğerine aktaranlar)[7] olarak görmesinden gelmektedir. Tarih kitapları olarak kabul edilen kitapların da Peygamberler'le birlikte sayılmasının nedeni budur.

5. Ne var ki, hem Yahudi hem de Hristiyan kaynaklarında Daniel'in bir peygamber olarak kabul edildiğine dair kanıtlar da vardır (tıpkı Davut'un da bir peygamber sayılabileceği gibi; onun olarak görülen Mezmurlar, Yazılar kitabına dahil edilse bile).[8] En basit açıklama, "peygamberlik" ve "peygamberler" terimlerinin farklı açılardan ele alınabilmesidir: Öngörücü içerik, ilahi gizemlere ulaşma, insanları vahye geri çağırma vs. şeklinde.

6. Ancak, Peygamberler ve Yazılar ilk yüzyılda Kutsal Yazı ve dolayısıyla yetkili olarak kabul edilse bile, onların kanonik, yani kapalı bir liste olarak görüldüğünü varsaymak şüphesiz fazla ileri gitmektir. İddialara göre sadece Tevrat (Yasa) kanon olarak kabul ediliyordu: kimse Yasa'ya bir ekleme yapamazdı.

Kanonik kitap listesinin kararlaştırılmış olması fikri, tabii ki yetkili kitapların yazılmasının artık sona erdiği ya da askıya alındığını varsayar. Ne var ki, ilk yüzyıldaki görüş aynen böyleydi. Yosefus daha önce bahsettiğimiz yazısında, ilk yüzyıl Yahudiliğinde, çevresindeki çok kutsal kitaplı diğer dinlerden farklı olarak, *kapalı* bir kanonun varlığına tanıklık eder. Kutsal Kitapsal kitapların bireysel tomarlar şeklinde yayılmakta oldu-

KANON

ğu, belirli bir sıranın olmadığını ima eder; bu tür kitapların yazımının durduğu, yani kanonun kapandığı yönündeki algılayışı ortadan kaldıramaz.

7. Hristiyanlık öncesindeki Yahudilik'te, klasik peygamberliğin (*İsrail oğulları peygamberleri*) bitmiş olduğunun düşünüldüğüne dair oldukça fazla kanıt vardır. Öncelikli olarak, Makabeler 9:23-27 (İÖ 100) bu bitişten yakınır; Yosefus kanonun kapanmış olduğunu Peygamberler dizisinin bitmiş olmasına bağlar. Hatta bu süreci kıyametin yaklaşmasının bir alameti olarak bağlayanlar da vardır. Kumran antlaşmacılarının sadece Kutsal Kitapsal kitaplar üzerine yorum yapmaları onları ayrı bir sınıf olarak saydıklarını gösterir. Aune, Yosefus ve başkalarının kanonun kapanmasından *sonra* bazı kişilerden peygamber olarak bahsettiğine dikkat eder;[9] ancak Aune da kabul eder ki, "Kanonik ve Eskatolojik peygamberliğin, onu ara dönemdeki peygamberliklerden ayrı kılan özel bir yeri vardı".[10] Başka bir deyişle, "peygamber" ve "peygamberlik" terimleri, her zaman aynı güce sahip teknik terimler değildi ve eldeki güçlü kanıtlara göre İbrani kanonunu oluşturan "peygamberlik", bitmiş olan ve eskatolojik vaatler dönemine kadar geri gelmeyecek olan ilk yüzyıla ait bir eylem olarak görülüyordu. Eski Antlaşma kanonunun kapanma tarihi konusunda çeşitli görüşler vardır, kimine göre İÖ 500 (Yasa ve Peygamberler için) kimine göre İS 200.[11] Ne var ki, İÖ 1. yüzyıldan daha sonraki bir tarihin birçok kanıta karşı geldiği kabul edilmektedir.

8. Bazı kişiler İS 4. ve 5. yüzyıllardan belgeler halinde bize ulaşan ve bu yüzden apokrifa kitaplarının[12] çoğunu içeren LXX'in, Diaspora Yahudiliği'nin ya da en azından İskenderiye Yahudiliği'nin farklı bir kanona sahip olduğunu gösteren kanıtlar içerdiğini söyler. İlk dönem Hristiyanlar'ının çoğu Eski Antlaşma'nın Grekçe versiyonunu kullandığı için de (LXX ya da

ona benzer bir tane), kanonun ana hatları konusunda Yahudi kaynaklarına bakmanın yararsız olduğunu iddia ederler. Ancak bu sav Sundberg ve diğerleri tarafından ciddi bir şekilde sorgulanmaktadır.[13] LXX konusunda elimizdeki kanıtların oldukça geç (İS 4. ve 5. yüzyıllar ve sonrası) olduğuna, Hristiyan yazıcıların etkisi altında olduğuna ve İskenderiye veya Diaspora Yahudileri'nin inançları konusunda destekleyici bağımsız kaynaklardan yoksun olduğuna işaret ederler. Bundan da öte, İskenderiyeli iki Hristiyan Kilise Babası olan Origen ve Atanasyus'un yazıları, geleneksel Yahudi (ve Sami) kanonundan çok az farkı olan bir Yahudi kanonuna sahip olduklarını gösterir.[14] Sundberg'in kendisi, ilk yüzyıldaki İbrani veya Grek kaynaklarında Yazılar'ın kanonik (yani *kapanmış* Kutsal Yazılar bütününde) olduğunu reddeder; diğer araştırmacılar onunla hemfikir olsa da olmasa da, çoğu onun İskenderiye kanonu teorisini yok etmesine ikna olmuştur.[15]

9. Yeni Antlaşma yazarlarının Eski Antlaşma kitaplarının çoğunu Kutsal Yazı olarak kabul ettiğine dair oldukça çok kanıt vardır, ancak Yeni Antlaşma yazarlarının Eski Antlaşma Yazıları'nı kapanmış kanon olarak gördüğüne dair kesin bir kanıt yoktur. Tabii ki bu onların durumu böyle *görmediği* anlamına gelmez; sessizlikten doğan savlar tehlikeli olabilir. Ayrıca Yeni Antlaşma'da en azından kapanmış bir kanon olduğunu ima ettiklerini görürüz.

***

Öncelikli olarak, Yeni Antlaşma'daki alıntı yapıları, kanonun yapısı konusundaki geleneksel Yahudi görüşleriyle uyum içindedir. Yeni Antlaşma yazarları Yasa kitaplarının her birinden (Samiriye formatında değil Yahudi formatında) ve hem Peygamberler (Krallar, Yeşaya, Yeremya, Hezekiel ve Küçük Peygamberler) hem de Yazılar (Mezmurlar, Eyüp, Özdeyişler, Da-

KANON

niel ve Tarihler) olmak üzere diğer kanonik kitaplardan alıntı yaparlar. Yeni Antlaşma'da, Eski Antlaşma'dan tam olarak alıntı yapılmayan ama bahsedilen bazı bölümler de vardır (İbraniler 13:5'te Yeşu 1:5; İbraniler 11:32'de Hâkimler) gibi.

İkinci olarak, şu an Eski Antlaşma olarak kabul edilen bütün dışındaki edebiyattan bahsedildiğinde (Örn. Elç. 17:28'de *Cleanthes;* 1Ko 15:33'te *Menander;* Titus 1:12'de*Epimenides;* Yahuda 14-15'te *Hanok*), bu bölümlerden Kutsal Yazı (grafh [grafe]) olarak bahsedilmez ya da Kutsal Ruh veya Tanrı'ya ait yazılar olarak bakılmaz.

Üçüncü olarak, Yeni Antlaşma yazarlarında, kanonik Eski Antlaşma yazılarının onların gelişmekte olan Hristiyan inançlarıyla kıyaslanamadığı ve geçersiz olduğuna dair hiçbir ima görmüyoruz. Hatta, Pavlus der ki: "Kutsal Yazılar'ın yazılma sebebi Hristiyanlar'ın öğrenmesi ve cesaretlenmesi içindi" (Rom. 15:3-6; ayrıca 1Ko. 10:11; 2Ti. 3:14-17; 1Pe. 1:10-12; İbr. 11:39-40).

Dördüncü olarak, birçok Yeni Antlaşma bölümü geleneksel Yahudi teolojisini düzeltmek amaçlı olsa da, iki tarafın da ortak olarak kabul ettiği şeye, yani Kutsal Yazılar'a başvururlar (örn. Markos 7:6-7, 10-13; 11:17; 12:10-11, 24; Luka 4:16-21; Yu. 6:45; 10:34-35; 15:25; Elç. 17:2-3, 11; 18:24, 28; 24:14-15; 26:22; Rom. 3:1-2; Gal. 3).

Beşinci olarak, kesin olmayan ama muhtemel olan bir şekilde, İsa'nın Habil'den Berekyaoğlu Zekeriya'ya kadar akıtılan kandan (Mat. 23:35) kastı, Yahudi kanonunda ilk öldürülen adamdan son öldürülen adam (2Ta. 24:20, 22'de Yehoyadaoğlu Zekeriya) arasındaki süreçtir. Zekeriya kronolojik açıdan kesinlikle öldürülen son kişi değildi: Eski Antlaşma'da gördüğümüz zaman diliminde kronolojik olarak muhtemelen en son Şemayaoğlu Uriya (Yer. 26:20) öldürüldü. 2. Tarihler 24:20, 22'deki Zekeriya'yla İsa'nın bahsettiği Zekeriya aynı kişiydiyse, o zaman bu sözde onun seçilmesinin nedeni *tanınmış kanon*'daki yerinden dolayıdır.

Öyle görünüyor ki, Yeni Antlaşma kanonunun geliştirilmesinde örnek olabilecek (kapanmış) bir Kutsal Yazılar kanonunun mevcut olduğu görüşünü destekleyen yeterli kanıt vardır. Bu nokta tartışılsa bile, Tevrat ve Peygamberler'in İS 1. yüzyıla gelinene kadar kapanmış belgeler olarak görüldüğüne dair son derece ikna edici kanıtlar vardır.

YENİ ANTLAŞMA KANONUNUN OLUŞUMU

Yeni Antlaşma'yı "kapanmış" bir tanınan kitaplar listesi olarak kabul edersek, temel dönüm noktaları geniş çevrede bilinen ve az tartışılan noktalardır. Günümüze ulaşan ilk kapalı liste Marcion'unkidir. Süryani ikilik görüşünün güçlü etkisi altında olan Marcion bütün Eski Antlaşma'yı reddetmiş ve sadece bir Müjde'yi (Luka'nın çok değiştirilmiş hali) kabul ederek ona Pavlus'un on mektubunun kendine ait versiyonlarını eklemiş, çobansal nitelik taşıyanları dışta bırakmıştır. Elimizdeki ilk liste Marcion'unki olsa bile, Hristiyan Kutsal Kitabı'nın fikri Marcion'un işidir demek bir hayli ileri gitmek demektir.[16] Pavlus'un mektupları zaten derlenmiş bir şekilde çevrede yayılmaktaydı; muhtemelen dört kanonik Müjde de bu şekilde yayılıyordu. Daha da önemlisi Yeni Antlaşma Kutsal Yazıları fikri, 2. yüzyılın ilk yarısında oldukça yerleşmişti ve dolayısıyla er ya da geç kanonik bir sınır varsayıyordu.

Engizisyon mahkemesinden bir enstantane (Ortaçağ'lar).

KANON

Şüphesiz, Marcion ve başka sapkın öğretmenlerin yapıtları kiliseyi daha bütünsel ve daha az öznel listeler oluşturmaya itti. Aynı şekilde, peygamberliği kilisedeki en üst yetki seviyesine getirmeyi amaçlayan Montanist hareket (ki Pavlus'un zamanında bile peygamberliğin böyle bir yetkisi yoktu [1Ko. 14:37-38]), kiliseyi Ortodoksluğun standardı konusunda kararlar vermeye zorladı. 2. yüzyılın sonuna gelindiğinde, Yeni Antlaşma kitaplarının *kaynağı* konusunda değersiz olan Muratorian listesi, bizimkinden çok da farklı olmayan Yeni Antlaşma kanonu konusunda kilisenin kabul ettiği görüşü yansıtır. Liste biraz kopuktur; mesela Matta ve Markos yoktur, ancak şüphesiz ki onların da olduğu varsayılıyor, çünkü Luka'dan üçüncü ve Yuhanna'dan dördüncü Müjde olarak bahsedilir. Luka aynı zamanda "tüm Elçilerin İşleri"nin yazarı olarak kabul edilir. Pavlus'a ait on üç mektuptan bahsedilir. Listenin içine *Laodikyalılar'a Mektup* ve bir tane de *İskenderiyeliler'e Mektup* (bazılarına göre bu İbraniler'dir) dahildir. Yuhanna'nın iki mektubu ve Yahuda da kabul edilir. Son zamanlarla ilgili Yuhanna'nın ve Petrus'un eserlerinden bahsedilir, ancak Petrus'unkinin topluluk içinde okunması konusunda bazı karşıt görüşlerin bulunduğu itiraf edilir. *Hermas Çobanı* topluluk içinde değil ama özel olarak okunmak üzere tavsiye edilir, bunun nedeni de yakın zamanda yazılmış olmasıdır. Tüm Gnostik, Marcionik ve Montanist yazılar reddedilir; biraz garip bir bölüm de Süleyman'ın Bilgeliği kitabını kanonik olarak kabul eder.

Şu ya da bu Kilise Babası'nın çeşitli Yeni Antlaşma kitaplarını Kutsal Yazı olarak kabul ettiğini bu "Giriş" süresince gördük, ancak bu tür bir yapı Yeni Antlaşma kanonunun kapanmış kitap listesinin ne zaman kabul edildiği sorusunu yanıtlamaz. "Kapanmış bir liste" sorusu daha fazla inceleme gerektirir. Barton, İncil okulu için yazdığı kitabında kanon etrafındaki konulara taze bir bakış açısı getirir.[17] Vurguladığı konulardan biri de, *"Kanon"* kelimesinin aslında fark edilmeyen bir belirsizlik içerdiğidir (bkz. dipnot 15). *"İman veya Şeriat kuralı"* düşüncesini destekleyen kitaplar anlamına gelen ve böylece daha da fazla kitap içeren oldukça geniş bir sınıflandırma olabilir, ya da başka kitap içermeyecek *"tamamlanmış liste"* anlamında olabilir. Barton, Yeni Antlaşma kanonu için teklif edilen farklı tarihleri inceler, Zahn'ın (1. yüzyıl), Harnack'ın (2. yüzyıl) ve Sundberg'in (4. yüzyıl) savlarına bakar ve şu sonuca varır ki; aslında bu insanlar söylediklerinde çok da farklı değillerdir, çünkü "kanon" derken kastettikleri şeyler biraz değişkendir.

Barton aynı zamanda, Yeni Antlaşma kanonuna hangi kitapların dahil olduğuna karar verme konusundaki pek çok savın, bu kitaplardan Babalar'ın nasıl bahsettiğiyle ve şu ya da bu listede bulunup bulunmadıklarıyla çakıştığına dikkat çeker. Ancak genelde pek dikkate alınmayan iki parça kanıt vardır. *İlk olarak*, Stuhlhofer'in çalışmalarına bakacak olursak,[18] Barton, Babalar'ın Yeni Antlaşma (ve başka) kitaplarının uzunluklarına göre her birinden kaç defa bahsettiğini sayar. Üç net grup olduğu sonucuna varır: Sıkça bahsedilen Yeni Antlaşma kitapları (dört Müjde ve Pavlus'un ana mektupları), daha az bahsedilenler (Yeni Antlaşma'nın gerisi) ve hemen hemen hiç bahsedilmeyen kitaplar (kanon dışında tutulanlar). Başka bir deyişle, Yeni Antlaşma kitapları ve başka kitapların kullanılması arasında ciddi bir fark vardır: *İlk olarak*, kullanımın kendisinin kanonu oluşturması. *İkinci olarak*, Hristiyanlar kısa sürede tomar yerine kodeksi (yani az çok bizim şu anki kitaplara benzer, kenardan yapıştırılmış ya da dikilmiş kitaplar) tercih etmesidir. Sonuç olarak birçok Yeni Antlaşma kitabını bir araya getirebildiler (birkaç istisna dışında, 27 Yeni Antlaşma belgesinin farklı bileşimler halinde erken dönemde geniş bir alana yayıldığına dair bilgiler vardır).[19]

Yine de Kilise Babaları'nın bu konuda neler dediğini anlamak önemli. Yapmış oldukları listeler konusunda bizim için muhtemelen en önemli kaynak, görüşlerini büyük ölçüde İskenderiyeli Baba'lar Clement ve Origen'e borçlu olan Kayserili Eusebiyus'tur (İS 260-340). Yeni Antlaşma kanonundan bahsederken Eusebiyus üç bölümden oluşan bir sınıflandırma geliştirir: Tanınan kitaplar (*homologoumena*), tartışılan kitaplar (*antilegomena*) ve elçilerin adlarını kullanarak sapkın öğretmenlerin yazmış olduğu ve Eusebiyus'a göre Ortodoks olan kişilerce reddedilmiş kitaplar. Eusebiyus, ilk sınıfa dört Müjde'yi, Elçilerin İşleri'ni, Pavlus'un on dört mektubunu (Roma'daki kilise İbraniler mektubunu Pavlus'un olarak kabul etmese bile Eusebiyus İbraniler'i dahil eder), 1. Petrus, 1. Yuhanna ve biraz tereddütlü de olsa Vahiy'i dahil eder. Eusebiyus, tartışmalı kitapları genel olarak kabul edilenler (Yakup, Yahuda, 2. Petrus, 2 ve 3. Yuhanna) ve sahte olanlar (*Pavlus'un İşleri*, *Hermas Çobanı*, *Petrus'un Vahyi*, *Barnaba'nın Mektubu*, *Didache* ve belki *Vahiy*) olarak ikiye ayırır.[20] Üçüncü sınıf, sapkın oldukları kabul edilen yazılardır; bunların arasında Petrus ve Tomas'ın "müjde"leri, Andreas ve Yuhanna'nın "işler"i ve benzer yazılar vardır (*H. E.* 3.25).

Başka bir deyişle, Müjdeler, Elçilerin İşleri, Pavlus'un on üç mektubu, 1. Petrus ve 1. Yuhanna erken dönemde evrensel olarak kabul edilmiş ve Yeni Antlaşma kanonunun geriye kalan hatları Eusebiyus'un zamanında belirlenmiş durumdaydı. Kuzey Afrika'nın görüşlerini yansıttığı düşünülen Cheltenham yazıtları (İS 360), İbraniler, Yakup ve Yahuda dışındaki bütün Yeni Antlaşma kitaplarını barındırır. Elimizdeki Yeni Antlaşma'nın tüm kitaplarını ve sadece bu 27 kitabı barındıran ilk liste, Atanasyus'un 367 yılında İskenderiye kilisesi için yazdığı, tanımlayıcı değil ama tavsiye içerikli Diriliş Bayramı Mektubu'nda bulunur. Laodikya Konseyi'nin (İS 363) altıncı kanonu

KANON

Vahiy dışında 27 kitabın 26'sını barındırır, ancak belgelere göre bu kanonun daha sonra eklenmiş olması mümkündür (ama yine de muhtemelen 4. yüzyıldır).[21] Augustine'in katıldığı Üçüncü Kartaca Konseyi (İS 397) 27 Yeni Antlaşma kitabını kabul etmiş, bu tarihten itibaren de Batı Kilisesi'nde bu konuda pek görüş farklılığı olmamıştır.

Doğu Kilisesi ise, en azından Süryaniler'in (Peşitta) temsil ettiği kısım, 2. Petrus, 2 ve 3. Yuhanna, Yahuda ve Vahiy'i kabul etmedi; bugünkü yerli (Yunanca konuşanlarından farklı olmak üzere) Süryani Kilisesi hâlâ aynı görüşü savunur. Yine de Doğu Kilisesi'nden bazı Babalar'ın, bugünkü kanonumuzu oluşturan 27 kitabın aynısını kabul etmediğini fark etmek önemlidir.[22] Öteki uçta da Etiyopya Kilisesi 27 kitabı kabul ediyor ama üstüne 8 kitap daha ekliyor; bunların çoğu kilise düzeniyle ilgilidir.[23] Ne var ki Dunbar şu çıkarımında haklıdır:

"Hristiyanlar ve bilhassa yerel kurumlar Yeni Antlaşma'nın kapsamını anlamak konusunda bilgili olduğunda ve bu bilgiyi geniş kiliseyle açık iletişim ruhu içerisinde aradığında, çoğunlukla fikir birliği oluşmuştur demek doğrudur. Dolayısıyla, kanonun tekrar sorgulanmasında Protestan Reformu önderlerinin, Roma Katolikleri'nin kullandığından daha dar bir Eski Antlaşma kabul etmesi, ama Yeni Antlaşma'da buna benzer bir uygulamaya gitmemesi oldukça önemlidir."[24]

Karar verme konusunda ortaçağdaki papalık gibi kilisesel bir mekanizma olmamasına rağmen, dünya çapındaki kilise hemen hemen evrensel bir şekilde bu 27 kitabı kabul etti. Olay aslında kilisenin kanonu seçmesi değil, kanonun kendini seçmesidir. Bu nokta defalarca vurgulanmıştır ama tekrar vurgulanmaya da değerdir:

KANON

"Sonucun zoraki olmadığını göz önünde bulundurursak, neredeyse bütün kilisenin 27 kitabın hepsini kanonik olarak kabul etmesi hayranlık uyandırıcıdır. İmparatorluk çapındaki kiliselerin tek yapabildiği, belgeler konusundaki kendi deneyimlerini izlemek, kaynakları ve özellikleri konusundaki bilgilerini paylaşmaktı. Kültürel geçmişleri ve kilise içinde Hristiyan inancına dair geleneklerindeki çeşitlilik düşünüldüğünde, hangi kitapların Yeni Antlaşma'ya dahil olduğu konusunda hemfikir olmaları, son kararın sadece insan gücüne dayanmadığını gösterir."[25]

Kiliseyi kanonik listeler yazmaya iten güçler (zulüm, tarihsel İsa'dan uzaklık, Montanizm baskısı, Gnostisizm'in ortaya çıkışı ve reddedilmesi, gereken yazıları içeren başka hareketler dahil olmak üzere) ne olursa olsun, hangi kitapların kanonik olduğuna karar verilmesinde kilisenin kullandığı *kriterler* üç taneydi:[26]

***

1. Kanoniklik konusundaki temel bir gerekçe olan "iman kuralı"na uygunluk (o kanwn tez pistewz [*ho kanon tes pisteos*], Latince'de *regula fidei*), yani belge ve Ortodoksluk (kiliselerde temel olarak kabul edilen Hristiyan gerçeklik) arasında uygunluk. Birçok araştırmacı, Yeni Antlaşma dönemi bir yana, elçiler sonrası dönemde bile "Ortodoksluk" ve "Sapkınlık" arasında net bir ayrımın yapıldığını reddetse de, Galatyalılar 1:8-9; Koloseliler 2:8; 1. Timoteos 6:3 ve 1 ve 2. Yuhanna'da bu ayrımın köklerini görmemek zordur. İgnatius'ta bile gerçeği yalandan ayırma endişesini görüyoruz, bu endişe zamanla artmıştır.

2. Babalar için önemli olan kriterlerin belki en sık bahsedileni elçiselliktir; bu terim kriter anlamında elçilerle yakın ilişki içinde olmuş kişileri dahil eder. Bu şekilde Markos'un Müjde'sinin

Petrus'la ilintili olduğu, Luka'nınkinin de Pavlus'a ilintili olduğu anlaşıldı. Muratorian Fragmanı'nda *Hermas Çobanı*'nın topluluk içinde okunmasının istenmemesi, fazlasıyla yakın bir tarihe dayandırılması ve dolayısıyla "sayıları tam olan peygamberler ve elçiler" (burada "peygamberler" Eski, "elçiler" de Yeni Antlaşma'yı kasteder) arasında yeri olmaması yüzündendir. Böylece Babalar bir takma addan şüphelendikleri eserleri kabul etmediler.

Gördüğümüz gibi, Yeni Antlaşma'nın kendisi takma adla yazılmış mektupları reddeder (özellikle 2. Se. 2:2; 3:17); şimdi de görüyoruz ki, Babalar Kutsal Yazı yetkisi taşıyan belgelerde takma adla yazılmış yazıların olamayacağını kabul eder. Bu da, antik dünyada takma ad kullanmanın yaygın olduğunu savunan çağdaş düşüncelere pek yer bırakmaz. Takma adla yazılmış vahiylerin olduğu kanıtlanabilir ama takma adla yazılmış mektupların olduğuna dair bir kanıt yoktur; elimizdeki kanıtlara göre de, Yeni Antlaşma'ya takma adla yazılmış *herhangi* bir belge bilinçli olarak dahil edilmemiştir.[27]

3. Önemi az olmayan bir diğer kriterse, belgenin geniş çevrelerce kabul edilmesi ve her yerdeki kiliselerde kullanılmasıydı. Dolayısıyla Jerom, İbraniler yazarının kim olduğunun önemli olmadığı, her halükârda bir "kilise yazarı"na (*ecclesiastici viri*, bununla muhtemelen kiliselerde öğretilen gerçekle uyumlu, yani birinci kriterin bir türü olduğunu kastetmektedir) ait olduğu ve devamlı kiliselerde okunduğu konusunda ısrar eder (*Epist.* 129). Latin kiliseleri İbraniler'i, Yunan kiliseleri de Vahiy'i kabul etmekte tereddütlüydü, ancak Jerom her ikisini de kabul eder; bunun bir nedeni de birçok antik yazarın ikisini de kanonik olarak kabul etmiş olmasıydı.[28]

KANON

YENİ ANTLAŞMA KANONUNUN ÖNEMİ:

NEDEN BİR YENİ ANTLAŞMA KANON'U GEREKLİDİR?

Kanon'a bu şekilde geleneksel bir yaklaşımın yanlış düşünceler uyandırabileceği olasıdır, mesela kilisenin Yeni Antlaşma'yı oluşturan belgelerin *yetkisini* anlamakta gecikmesi konusunda. Bu düşünce yanlıştır. Kanon hakkında konuşmak, *kapanmış* bir yetkili kitaplar listesi hakkında konuşmaktır. Kitapların kendisi çok daha öncesinden çevrede yayılmaktaydı, çoğunun yetkisi tüm kiliselerde biliniyordu ve kiliselerde kabul ediliyorlardı.[29]

Baştan beri yetki dolu bir mesaj vardı. İsa ilk baştaki öğretişlerinde bile kendini Eski Antlaşma Yazıları'yla aynı yetki seviyesinde ve bir şekilde o yazıları yerine getiren olarak tanıtmıştı (Mat. 5:17-48, özellikle a. 21). "İyi haberin" açıklanması, Tanrı'nın sevgili oğlunun "müjdesi", İsa'nın hayatı, hizmeti, ölümü ve dirilişiyle o kadar iç içeydi ki, bu "iyi haber" kayıtlarına Müjdeler (İnciller) denmeye başlandı. İyi haber elçiler tarafından aktarıldı: Elçilerin İşleri 2'de Luka, ilk kiliseyi oluşturan kişilerin kendilerini elçilerin öğretilerine adadıklarını söyler.

2. Korintliler 3:14'te Pavlus, Yahudiler'in *eski* antlaşmasının[30] Kutsal Yazılar'ını okuduğunu söyler ve böylece artık *Yeni* bir antlaşmanın doğduğu ima edilir, Yeremya'nın yüzyıllar öncesinden haberini verdiği (özellikle 31:31-34; İbr. 8) ve İsa'nın ihanet edildiği gece söyledikleriyle ilan ettiği ("Bu kâse kanımla gerçekleşen Yeni Antlaşmadır[31]") antlaşma.

KANON

Meleğin Hz. Yakub'un babasının topraklarına geri dönmesini söylediği Hz. Yakub'un rüyası (Genesis, 28:12): Ferdinand Bol (1616-1680) 1642 yılında kanvas üzerine yaptığı yağlı boya tablo (Gemaildegalerie Aite Meister, Dresden).

Dolayısıyla Yeni Antlaşma'nın Kutsal Yazılar'ı da uzakta olamaz ve İbraniler'e yazılan mektup ve önceki vahiyle, Tanrı'nın kendini oğluyla açıkladığı "son çağda" gerçekleşen yeni vahiyi kıyaslamakla başlar (İbr. 1:1-3). Aslında burada yetkili Yeni Antlaşma vahyinin başlangıç noktası ve kaynağı Oğul'dur. Elçiler'se, daha dar bir anlamda[32] bu vahiyi kilisenin gerisine aktaran aracılar olarak görülüyordu ama bu vahiy, gerçek tarihte ortaya çıkan İsa'yla ilintili olduğu için bu iddianın içinde tam bir kapalılık vardı. Gerçek tarihte kendini gösteren ve elçilerle onu görmüş tanıklarca ilan edilen İsa'dan kopuklarsa o zaman İsa'yla ilgili bitip tükenmeyen vahiylerin olması imkânsızdı.

Dolayısıyla baştan itibaren harikulade bir yetki ve tam bir kapalılık vardı. Bu iki şeyin kanon dışında tanınması İgnatius kadar erken bir dönemde başlar. Bazı insanlar (muhtemelen Yahudiler), Müjde'de ve "eski kayıtlarımızda" (Eski Antlaşma?) bulunmayan şeylere inanmayı reddederek İgnatius'a meydan okur; o da, "Benim açımdan, benim kaydım İsa Mesih'tir, benim için kutsal kayıtlar O'nun çarmıhı, ölümü, dirilişi ve O'nun aracılığıyla gelen imandır" demiştir (*Phil.* 8:2). Buna karşın Yeni Antlaşma kanonunun başlangıcı ikisinin de ardında İsa Mesih'in durduğu "müjde" ve "elçi"ye[33] bakar.

O zaman, Yeni Antlaşma kitaplarının ne zaman ve nasıl "müjdenin" yetkili tanıkları olarak okunduğu sorusunu araştırmak istersek, kanonun ne zaman *kapandığı* konusunda soru soramayız. Genelde daha geç dönemde olan Babalar'ın hazırlamış olduğu kapalı listelere değil; erken dönemdeki Babalar'ın Yeni Antlaşma kitaplarını diğer kitaplara kıyasla nasıl kullandığına bakmak zorundayız. Bu durumda *antilogomena*'nın çoğundan bahsedildiğini görürüz. Örneğin *1. Clement*'te İbraniler'den çok defa alıntı yapıldığını görüyoruz (muhtemelen İS

KANON

90-110); *1. Clement* ve *Hermas Çobanı*'nda (2. yüzyıl ortası) Yakup'tan bahsedilir. Yeni Antlaşma içinde bile Eski Antlaşma veya bir Müjde'den bir alıntı yapılıp "Kutsal Yazı'da şöyle deniyor" denildiğini görüyoruz (1Ti. 5:18). Bu alıntı, yazılı bir Müjde'den olmasa bile bölüm gösteriyor ki, Rab İsa'nın bir öğretisi Eski Antlaşma Kutsal Yazıları'yla aynı yetki konumunu paylaşıyor. 2. Petrus 3:16'da Pavlus'un mektupları Kutsal Yazı olarak kabul edilir.

Üç başka kanıt da önemlidir:

1. Geçişin ilk dönemlerinde, yazılı kayıtlar tutulmaya başlanmadan önce (Luka 1:1-4), "gelenek" sözlü olarak aktarılırdı. Birçok kişinin de belirttiği üzere,[34] "gelenek" kelimesinin (paradosiz [*paradosis*]) Yeni Antlaşma'da herhangi negatif imaları yoktur. Örneğin, Pavlus için geleneklerin negatif bir anlamı olabilmektedir (eğer sadece insan işi ve Müjde'den kopuk hale gelmişlerse [Gal. 1:14; Kol. 2:8]); Müjde *olduklarında* onlara değer verilmeli ve onları aktaran kişinin anlattığı şekilde tutunulmalı (1. Ko. 11:2; 2. Se. 2:15; 3:6).

2. Ancak bu demek değildir ki, sözel gelenek kısa sürede yayılmaya başlayan yazılı belgelerden aslen üstündü. Sözel geleneğin daha değerli görüldüğü görüşünü desteklemek için herkesin kullandığı kanıt Eusebiyus'un kayıtlarında (*H. E.* 3.39.4) Papias'ın söylediği bir sözdür. Campenhausen'ın çevirisine göre şöyle demiştir: "Benim için kitaplardan gelenler, yaşayan söz olarak başlayıp o şekilde devam edenler kadar beni bereketlendirmez."[35] Papias'ın Rab'bin söylediklerindeki içerik konusunda değil de, O'nun söyledikleri üzerinde kendi *yorumu* konusunda sözel geleneğin önemini yücelttiği ikna edici bir şekilde öne sürülmüştür.[36] Kitaplar konusundaki kü-

çümseyici yorumu da, muhtemelen o dönemde Papias'ın yaptıklarına benzer şekilde, yani kendi teolojik bakış açılarından Rab'bin sözleri konusunda yorumlar yazan sapkın öğretmenlere yönelikti. Sonuçta başka bir yerde Papias, Markos'un Müjde'sinde herhangi bir hata olmadığını hemen belirtir (Müjde, İsa'nın tüm hayatı hakkında kronolojik bir sunum olmamasına rağmen); Papias yazılı *tüm* kayıtları hor gören biri olsaydı böyle bir şey yapması oldukça garip olurdu.

3. Yeni Antlaşma kitaplarının en azından bazılarının ilk koleksiyonunun ne zaman ve nasıl yapıldığını soracak olursak, yanıtın kısası "Bilmiyoruz!" demek olur. Biliyoruz ki en geç 2. yüzyılın sonunda dört kanonik Müjde, "Matta'ya göre", "Markos'a göre" vb. dört Müjde adı altında geniş bir çevrede yayılmaktaydı. Muhtemelen bundan da önce Pavlus'un mektupları aynı şekilde yayılıyordu. Bu tür belgelerin yayılması için Hristiyanlar şüphesiz kodeks –kitap- türünü kullanmaya başladı. Ancak o zamana kadar değerli yazılar çoğunlukla tomarlarda yayımlanırdı. Kodeksin (kenardan yapıştırılmış ya da dikilmiş sayfalardan oluşan az çok modern kitaplara benzer) kullanılmaya başlanmasıyla, kitapların hem kullanımı daha kolay oldu hem de birçok farklı kitabı bir ciltte yayımlamak çok daha kolay hale geldi.[37]

Bunlardan başka olarak, Pavlus'un birçok başka mektup da yazmış olduğu, ancak bunların bize ulaşmadığı kesindir (bkz. 1. Ko. 5:9; 2. Kol. 4:16), ancak bunların seçimindeki ilkeler ve onları bir araya getiren kişi veya kişiler hiçbir kaynakta belirtilmemiştir. Ne var ki, dikkatlice varılmış sonuçlara göre, Timoteos gibi Pavlus'un yandaşlarının Pavlus'un şehit edilmesinden kısa süre sonra onları bir araya getirmiş olduğu olasıdır.[38]

***

KANON

Son olarak, Kanonun önemi konusunda dört çağdaş yaklaşıma bakmakta yarar var:

1. Bazıları (örn. H. Koester) kanon gibi bir kavramın yok edilmesi gerektiğini, Yeni Antlaşma kitaplarıyla diğer erken dönem Hristiyan edebiyatı arasında kalite açısından bir fark olmadığını söyler; erken Hristiyan hareketine hangi kaynaklar ışık getirdiyse, hepsi aynı muameleyi görmelidir; yani Yakup'a, Romalı Clement'e gösterildiğinden daha fazla saygı gösterilmemelidir, daha fazla yetkisi olduğu düşünülmemelidir.

Bu görüşün geçerli olarak kabul edilebilmesi için sadece kanonun kapanmış kitaplar listesi kavramından vazgeçmek gerekmez, aynı zamanda Kutsal Yazı kavramından da ve hatta Kutsal Kitap kavramından da vazgeçmek gerekir. Bu görüş, kilisenin yerleşik mirasını terk etmekte istekli olan kişilerce ve birçok kanonik kitabı başka Hristiyan kaynaklar bize ulaştıktan *sonra gelen* geç, takma adlı yazılar olarak gören eleştirmenlerce desteklenir.

2. Bugünlerde ise, "Kanon içinde Kanon" olasılığı üzerine karmaşık bir tartışma dönmektedir. Hepimizin kanonun bir kısmına öteki kısımdan daha çok dayanma eğilimi vardır (Luther ve Calvin'in Romalılar ve Galatyalılar'a çok yüklenip, mesela 1. Petrus ya da Vahiy'e çok değinmemesi gibi). O zaman niye bir ihtiyaç olduğunu fark edip, farklı grupların kanonun farklı kısımlarını kendileri için daha anlamlı olarak tanımlaması özgürlüğünü, hatta zorunluluğunu kabul etmeyelim? Bu teorinin daha zayıf bir şekline göre kanon bir spiral gibidir, dış hatlar (Yakup, 2. Petrus) yavaş yavaş iç çekirdeğe, Hristiyanlığın özüne (Yuhanna, Romalılar) doğru iner.[39]

Ancak şüphesiz ki, Kutsal Yazı ve Kanon kavramları bu tür yaklaşımlara izin veremez. Doğru, vaizler bir bölümün onların

KANON

durumu için diğer bölümlere kıyasla daha ilgili olduğunu düşünerek, onu daha çok vurgulayabilirler. Yeni Antlaşma'nın bazı kısımları daha uzun veya daha detaylı oldukları için başka kısımlarından daha etkili olabilir. Ancak, önderlerin seçimlerini ve yazım tarzlarını, kanonu kişiselleştirmek için bir zorunluluk gibi algılamak, önderlerin seçimleri için bir standart olan kanonun varlığını reddetmektir.

3. Geleneksel Roma Katolik teolojisinde bazen kilisenin kanonu *şekillendirmek* veya *kurmak* konusundaki rolünden bahsedilir, bu da kilise yetkisi konusunda Protestanlık'tan farklı bir görüşün doğmasına neden olur. Protestanlık'ta Müjde'nin yatırımı Kutsal Yazı olarak görülür; muhafazakâr Katoliklik'teyse imanın yatırımı kilisedir, Kutsal Yazılar bu yatırımın bir parçasıdır.

***

Sonuç olarak, ortaya çıkan tartışmaların bazıları bugünlerde azalmaktadır, çünkü hem Protestanlık hem de Roma Katolikliği büyük bir değişim altındadır. Ancak burada Kutsal Yazılar ve Kanon arasındaki ayrım doğru şekilde korunursa, Protestanlığın konumuyla bağlantılı birçok problem de çözülebilir. Kilisenin rolü, hangi kitapların Kutsal Yazı olduğuna *karar vermek* değildir. Kutsal Yazı olan kitaplar geniş çevrede kullanılmak ve yetkiye sahip olmakla kendi yollarını çizerler, kilisenin rolü de sadece bazı kitapların kilisenin sadakatini ve itaatini hak ettiğini, diğerlerininse hak etmediğini *fark etmektir*. Böylece de yetkiye sahip Kutsal Yazılar'ın kapalı bir listesi geliştirilmiş olur.

4. Sözde kanon eleştirmenliği oldukça büyük ilgi toplamıştır. Bu araştırma branşı, birçok şekli olmasına rağmen[40] özde şunu varsayar: Bizim bildiğimiz şekliyle Kutsal Yazılar'ı oluşturan

KANON

kaynaklar ve baskılar ne olursa olsun, metnin kendisi kilisenin kendi geleneklerini idare ediş şeklini gösterir; buna Kutsal Kitapsal iç bağlantılar tarafından geliştirilmiş ilginç yorumlar da dahildir ve bunların hepsi kilise için norm olarak kabul edilmelidir.

Bu hareketin sağlıklı pek çok yanı vardır. Kutsal Kitap'ı bir bütün olarak okumaya ve kitapları bitmiş bir ürün olarak görmeye teşvik eder. Ne var ki pratikte, kanon eleştirmenliği savunucularında, metnin tümünden anlaşılabilecek soyut gerçekleri kabul edip, tarihsel referansları olan birçok Kutsal Kitapsal iddiayı reddetme eğilimi vardır. Bu istikrarsızlık bir tür ham fideizme (bilimsel verilere hiç dayanmaksızın sadece inanca dayanmak) neden olur (kanonun denenemeyeceği noktalarda ona uy, denenebileceği yerlerde kendin yargıla). Bu tür bir fideizm, kanon eleştirmenliğini sıkça yapılan ama aslında temelsiz olan bir eylem haline getiriyor (en azından bazı çevrelerde).

Kısaca Tanrı, kendini açıklayan, konuşan, antlaşmasına sadık kalan bir Tanrı'dır ve kendini tarihsel bir kişi, İsa Mesih veya göderdiği yeni bir peygamberi olarak açıklar, kanonu gerekli kılar ve onu kapatır. Kanon kavramı, kanonun sadece bazı kısımlarını Hristiyan kilisesinin standardı olarak belirleme çabalarını engeller (böyle yapmak kanonun kanonluğunu almak olurdu, bir çelişki olurdu). Kanon, Tanrı'nın lütfuyla kendini açıklaması sayesinde yetkili olan kitaplar tarafından oluşturulmuştur. Kanonu geliştirmek demektense, kanonu fark etmek demek daha doğru olur. Kanonik teoloji de Tanrı'nın vahyini gerçek tarihle bağdaştıran zor sorulardan ayrı tutulamaz.

KANON

KANON'UN GÜNÜMÜZDE YAPTIĞI DEĞİŞİKLİK:

APOKALİPTİK BİR ÇAĞ'A GİRERKEN - 'KIYAMET ÇAĞI'NA- GÖRE 'YENİ BİR KANON'UN GEREKLİLİLİĞİ

Hz. İsa'yı, Sistine Kilisesi'nin anahtarını Aziz Petrus'a verirken betimleyen bir Fresk:

Pietro Pergugino (1450-1523) (Sistine Chapell, Vatican).

KANON

İncil'in son kitabı olan *"Yuhanna'nın Vahyi"*, Yeni Ahit'in (İncil) son bölümünde yer almaktadır. Bu bölümün yazarının kimliği çok net değildir. Ancak Katolik Kilisesi bu bölümün, aynı zamanda dört İncil yazarından birisi olan Yuhanna tarafından, bazı yazarlar ise, Yuhanna adını taşıyan bir başkası tarafından kaleme alınmış olduğunu belirtirler. Öte yandan Doğu Kiliseleri bu bölümü Kutsal kitabın ana metninden saymazlar.

Anlatılanlara göre Yuhanna, bu eseri Efes yakınlarındaki Patmos Adası'nda kaleme almıştır. Yazılış tarihi olarak da M.S. 65 ile 96 tarihleri arasındaki zaman dilimi gösterilir. Mezarı İzmir'in Selçuk ilçesinde bulunan Yuhanna, Roma zulmü altında inleyen Hristiyanlara bir ümit ışığı vermek üzere geleceğe yönelik kehanetlerde bulunmuştu. Çekilen acıların sonunda ebedi kurtuluşun geleceğini, dolayısıyla sabır ve tahammül göstererek Hz. İsa'nın izini takip etmeleri gerektiğini sembolik bir dille anlatmıştı. Yuhanna bu eserini Eski Ahit'te yer alan <u>Daniel kitabından</u> ilham alarak yazmıştı.

Bilindiği gibi, Eski Ahit'teki {Tevrat} Daniel kitabı da, Babil kralı Nabukadneassar'ın Kudüs'ü işgali ile başlayan Babil esareti döneminde, Daniel peygamberin gördüğü bazı rüyaları anlatmaktadır. Buna göre, Kral Nabukadnessar bir rüya görür, ancak gördüğü rüyayı unutur; kahinlerden, hem gördüğü rüyanın ne olduğunu bildirmelerini hem de onu doğru şekilde yorumlamalarını ister. Onlar ise kralın ne rüya gördüğünü bilmedikleri için yorumlayamayacaklarını söylerler. O zaman Babil'de sürgünde olan Yahudilerin önderi Daniel, bir mucize gösterir; hem kralın gördüğü rüyanın ne olduğunu anlatır hem de onu memnun edecek biçimde yorumlar.

Bunun üzerine kralın nezdinde büyük bir itibar kazanarak ülkenin en saygın bilge kişisi haline gelir. Eserde daha sonra Daniel'in gördüğü bir dizi rüya anlatılır ve burada değinilen kehanetlere yer verilir: Daniel ilk rüyasında, göklerin dört yelinin büyük denize saldırdığını, denizden birbirinden farklı dört büyük canavarın çıktığını, bu canavarlardan birinin aslana, birinin ayıya, birinin kaplana benzediğini görür. Canavarların dördüncüsü, en korkunç ve ürkütücü olanı ise büyük demir dişleriyle her şeyi parçalayan bir canavardır.

Bu canavarın adı belirtilmez. Sadece on adet boynuzunun bulunduğu bildirilir. Bu canavarın yok edilişinden sonra göklerin saltanatına sahip birisi gelir ve bütün dünyanın egemenliği ona verilir. Daniel, bu zata yaklaşır ve gördüklerini yorumlayıp anlatmasını ister. O da dört canavarın dört büyük krallığa, son canavarın on boynuzunun da o krallıktan doğacak on krallığa işaret olduğunu belirtir.

Daniel, daha sonra başka rüyalar da görür. Bunlardan birisi, boynuzlarıyla her şeye toslayan bir koçtur. Hiçbir canlı onun önünde duramaz. Ancak iki gözü arasında tek boynuzu bulunan bir canavar çıkar ve koçu öldürür. Bu esnada onun boynuzu kırılır ve yerinden göklerin dört yeline doğru uzanan dört boynuz çıkar.

Bir diğer rüyada ise Daniel, Dicle kenarında kendine görünen ihtişamlı ve büyüleyici kıyafetlerle donanmış insan şeklindeki bir varlığı görür; ona bu harikaların sonunun ne kadar olduğunu sorar. O da ellerini göklere doğru kaldırıp: "Bir vakitler ve vakitler ve yarım vakit olacak." der.

Daniel işittiği, ancak tam olarak anlayamadığı sözler üzerine: "Efendim, bunun en sonu ne olacak? " diye sorar. O ses de: "Git Daniel, çünkü sonun vaktine kadar bu sözler saklıdır ve mühürlüdür. Daimi yakılan takdimenin kaldırıldığı ve harap edici iğrenç şeyin dikildiği vakitten başlayarak 1290 gün olacak. Dayanıp 1335 güne yetişene ne mutlu." diye cevap verir. (Eski Ahit, 840-855).

Babil esaretindeki umutsuz Yahudilere ümit vermek üzere kaleme alındığı sanılan Daniel'in rüyaları ve buna bağlı olarak gelecekten haber veren kehanetleri, asırlar boyunca Yahudiler arasında sayı mistisizmine dayalı (hurufilik) hatmi, mistik ve sembolik anlayışın yayılmasına vesile olduğu gibi; aynı kutsal metne sahip olan Hristiyanlar arasında da benzer yorumların yaygınlaşmasına neden olur.

Aynı şekilde Hristiyan kutsal metni olan Yeni Ahit'teki (İncil) Yuhanna'nın Vahyi bölümünde de metaforlarla bezeli ezoterik ve Apokaliptik yaklaşımlar sergilenir. Buradaki kanlı tablolar, Eski Ahit'tekine göre daha şiddet içerici niteliktedir.

İki ana bölümden oluşan Yuhanna'nın Vahyi kitabının ilk bölümünde, Anadolu'daki yedi Kilise'ye (*Efes, İzmir, Bergama, Tiyatiraya, Sard, Fikedelfiya ve Laodikya*) gönderilen mektuplar yer almaktadır. İkinci bölümde ise Hz. İsa'ya benzeyen bir hayaletin kendisine göründüğünü ve kurtarıcının sağ elinde yedi yıldız olduğunu ve ağzından iki ağızlı keskin bir kılıcın çıktığını görünce irkildiğini, ancak onun kendisinin İsa Mesih olduğunu ve geleceğe dair kendisine bilgi aktaracağını, kendisinin bu bilgileri yedi kiliseye anlatmasını istediğini bildirir. Burada İsa Mesih'in yeniden yeryüzüne ineceğine yakın ortaya çıkacak bazı olayların aktarılmakta olduğu görülür.

İlkin İsa Mesih'in gelişinden önce dünyanın uğrayacağı ilahi öfkeden bahsedilir. Yedi mührün açılması, yedi borazanın çalınması ve Tanrı'nın gazabıyla dolu yedi tasın yeryüzüne boşaltılması ile felaketler zincirinin başlayacağı dile getirilir.

Yedinci borazanın çalınmasıyla (*Ki, Kanon'a göre bu Çağ başlamıştır*) şeytanın hakimiyeti son bulur ve şeytan, içinde bin yıl kalacağı kuyuya atılarak hapsedilir. Böylece insanlık bin yıl şeytandan kurtularak rahat nefes alacaktır. Ancak bu bin yılın sonunda şeytan serbest kalacaktır.

Daha sonra Hristiyanlar arasında pek yaygın ve günümüzde bile etkin olan bin yıl beklentisi ya da korkusu (Bin yılcılık-Milleniarizm), anlayışı, Yuhanna'nın Vahyi kitabındaki bu kehanetlerle bağlantılıdır.

Yuhanna'nın Vahyi'ne göre, dünyanın sonuna doğru İsa Mesih yeryüzüne inecek, insanları "demir çomakla güdecek ve çömlek kaplar gibi kırıp parçalayacaktır."

Yedi meleğin, insanlar ve yeryüzü için felaketler getirecek olan borazanları birer birer üflemelerinden sonra, gökten insanların üzerine kanla karışık dolu ve ateş yağacak, karada ve denizde yaşayanların üçte biri helak olacaktır. Yıldızlar ve ateş topları yeryüzüne dökülecek, güneş ve ay kararacak, felaketler birbirini izleyecektir.

Bu felaketlerin ardından yeryüzüne inecek olan İsa Mesih, Siyon tepesi üzerinde duracak ve seçilmiş 144.000 kişi, onun yanında yer alacaktır. Sonra inanmayanlara yönelik ilahi cezalandırma başlayacak ve yeryüzünde oluk oluk kan akacaktır.

Yuhanna daha sonra olacakları şöyle anlatıyor:

"Tapınaktan çıkan başka bir melek, bulutun üzerinde oturana yüksek sesle bağırarak şöyle dedi: 'Orağını uzat ve biç! Biçme saati geldi. Çünkü yerin ekini olgunlaşmış bulunuyor.' Bulut üzerinde oturan, orağını yerin üzerine salladı ve yerin ekini biçildi.

Gökteki tapınaktan başka bir melek çıktı. Onun da keskin bir orağı vardı. Ateşin üzerinde yetkili olan başka bir melek ise sunaktan çıkıp geldi. Keskin orağı olana yüksek sesle 'Keskin orağını uzat! ' dedi. 'Yerin asmasının salkımlarını topla. Çünkü üzümleri olgunlaştı.' Bunun üzerine melek orağını yerin üzerine salladı. Yerin asmasının ürününü toplayıp Tanrı öfkesinin büyük cenderesine attı. Kentin dışında sıkılan cendereden kan aktı. Kan, bin altı yüz ok atımı çapındaki bir alanda atların gemlerine dek yükseldi."

Bu olaylardan sonra, yedi melek tarafından tanrısal öfke yeryüzüne boşalır. Bu esnada kötü ruhlar, yeryüzünün bütün yöneticilerini Armegedon'da (Son Kıyamet savaşının yapılacağı yer) toplarlar. Daha sonra evrende tam bir kaos ve düzensizliğe neden olacak büyük yıkım ve felaketler dizisi ortaya çıkar:

"Şimşekler çaktı, uğultular ve gök gürlemeleri işitildi. Öylesine büyük bir deprem oldu ki, insan yeryüzünde oldu olalı bu kadar büyük bir deprem olmamıştı. Uluslara ait kentler yerle bir oldu. Büyük Babil, Tanrı'nın önünde anıldı ve Tanrı'nın ateşli gazabının şarabını içeren kase kendisine verildi. Bütün adalar ortadan kalktı, dağlar da yok oldu. Gökten insanların üzerine, taneleri yaklaşık kırk kilo ağırlığında şiddetli bir dolu yağdı."

Böylece Armagedon'da toplanmış dünyadaki bütün Mesih karşıtları, yöneticileriyle birlikte yok olurlar. Mesih'e karşı gelen bütün inanç mensupları "kükürtle yanan ateş gölüne diri diri atılırlar."

Ayrıca bu felaketler başlamadan önce İsa Mesih yeryüzüne inecek, kendisine inananları alıp semaya çıkaracaktır. İsa Mesih'e tabi olarak ölümsüzlük elbisesini giyip semaya yükselen Hristiyanlar, mutluluk içinde yeryüzünde olup bitenleri seyredeceklerdir. Bundan sonra, yeryüzünde bin yıl sürecek olan altın devir {ALTIN ÇAĞ} başlayacaktır.

(Kitab-ı Mukaddes, Yeni Ahit, Yuhanna'nın Vahyi, 2 58-274).

KANON

Vahiy Kitabında önemli bir figür olan, "666" nümerolojik sayısıyla simgelenen Deccal'ın (İsa karşıtı veya Anti-İsa) şeytan tarafından kandırılmasının temsili bir resmi.

Son zamanlarda, özellikle fanatik Yahudi ve Hristiyan gruplar tarafından sıklıkla bu kehanetlere atıflarda bulunulduğunu görüyoruz. Ortaçağ'da bazı Kitab-ı Mukaddes yorumcuları ve özellikle Haçlılar, Hz. Peygamber'in (Muhammed) doğum tarihini (600'lü yılları); Deccalin temsilcilerini sembolize ettiği özellikle *"666"* rakamıyla özdeşleştirerek, kehanetlerde sözü edilen

*"Deccal"*in işaretlerinin Hz. Peygamber'i gösterdiğini iddia ediyorlardı. Nitekim, ilk yapılan Kur'an tercümelerinden birisinin kenarında, Müslümanların boynuzlu canavarlar şeklinde tasvir edildiğini görüyoruz. Haçlı Savaşları esnasında papazların halkı savaşa teşvik etmek için bu kehanetlere ve onların fanatik yorumlarına sıkça başvurdukları bile görülmektedir.

Yine benzer şekilde, 1530'da Martin Luther, Papa'yı Deccal diye tanıtıyordu. John Calvin de böyle bir bağlantı kurmuştu. 1940'larda, Deccal olarak Hitler'in sık sık adı geçiyordu; Stalin ve Mussolini'yi de bu role uygun görenlerin sayısı çoktu.

Bilhassa bazı Mesihçi, Millenniarist ve Evanjelikler, bu kehanetleri yorumlayarak "Tanrı'yı kıyamete zorlama" diye bir anlayış geliştirmiş bulunuyorlar. Onlar, Mesih'in gelişine zemin hazırlayacağı kabul edilen bu şiddet olaylarının bir an evvel meydana gelmesini ve *'Yeni Kudüs'*ün kurularak Kurtarıcı'nın mutlak hakimiyetinin gerçekleşmesini istemekte ve bunun için özel çaba harcamaktadırlar.

Söz gelimi Dispansasyonalistler, Yahudilerin artık Filistin'e döndüklerini ve İsrail devletinin kurulduğunu, böylece ilahi takdirin gerçekleştiğini, kutsal tapınağın (Süleyman Mabedi) üçüncü kez inşasının an meselesi olduğunu dile getirmektedirler.

Özellikle, son dönemleri iyi analiz ettiğimizde, görüyoruz ki, Amerika Birleşik Devletleri'ndeki Evanjelikler, hava alanları ve tren istasyonları başta olmak üzere halka açık mekanlarda şov programlarını hatırlatan geniş katılımlı vaazlarında, ayrıca hazırladıkları radyo ve televizyon programlarında, beklenen kehanetlerin gerçekleşmesi için, halkı tahrik ve teşvik etmektedirler. İsrail Devleti'nin kurulmasının ilahi buyruğun tecellisi olduğunu bildirmekte, bu nedenle de İsrail'in yaptığı insanlık dışı zulümlere ve katliamlara bile sempatiyle bakmaktadırlar.

KONUYLA İLGİLİ KAYNAKÇALAR VE İLMİ MERCİLERİ:

[1]Bkz. H. W. Beyer, *"kanwn"* (TDNT), 3596-3602.

[2]Bkz. özellikle Theodor Zahn, *Geshichte des neutestamentlichen Kanons*, 4. cilt (Erlangen: A. Deichert'sche Verlagsbuchhandlung, 1888-1892); Brooke Foss Westcott, *A General Survey of the History of the Canon of the New Testament*, 7. baskı (Londra: Macmillan 1896); Bruce M. Metzger, *The Canon of the New Testament: It's Origin, Develeopment and Significance* (Oxford: Clarendon Press, 1987) ve daha kısa olarak David G. Dunbar, *The Biblical Canon* (*Hermeneutic, Authority and Canon*, ed. D. A. Carson ve John D. Woodbridge [Grand Rapids: Zondervan,1986], 297-360, 424-446); R. P. Meye, *Canon of the NT*, (İSBE 1601-1606); Eckhard Schnabel, *History, Theology and the Biblical Canon: An İntroduction to Basic İssues*, Themelios 20/2 (1995): 16-24; Arthur G. Patzia, *The Making og the New Testament: Origin, Collection, Text and Canon* (Leichester: IVP, 1995). Günümüzdeki tartışmalar konusundaki en geniş bilgi için, Lee Martin Mc Donald ve James A. Sanders'ın derlediği büyük cilt *The Canon Debate*(Peabody: Hendrickson, 2002) adlı kitaba bakınız.

[3]Jack N. Lightstone, *The Formation of the Biblical Canon in Judaism of Late Antiquity: Prolegomenon to a General Reassesment*, SR 8 (1979): 141-142. Ayrıca bkz. Jack P.Lewis, *What Do We Mean by Jabneh?*, JBR 32 (1964): 125-132; Robert C. Newman, *The Council of Jamnia and the Old Testament Canon*, WTJ 38 (1976): 319-349; David E. Aune, *On the Origins of the 'Council of Javneh' Myth*, JBL 110 (1991): 491-493 ve Gerhard Hasel, *Proposals for a Canonical Biblical Theology*, AUSS 34 (1996): 23-33 kitabında belirtilen literatür.

[4]Sid Z. Leiman, *The Coronization of the Hebrew Scriptures: The Talmudic and Midrashic Evidence* (Hamden: Archon, 1976), 121-124. Ayrı-

ca bkz. Roger Beckwith, *The Old Testament Canon of the New Testament Church and İts Background in Early Judaism* (Grand Rapids: Eerdmans, 1985), 276-277.

[5]R. J. Coggins, *Samaritans and Jews:The Origins of Samaritanism Reconsidered* (Oxford: Blackwell, 1975), 164.

[6]Bunu istisna kabul etme bile fazla olabilir. Yeruşalim'deki Grek patriğinin kütüphanesinde İS 54'ten beri korunan Eski Antlaşma kitaplarının antik İbrani-Arami listesi şu sırayı kaydeder: Yaratılış, Mısır'dan Çıkış, Levilier, Yeşu, Yasa'nın Tekrarı, Çölde Sayım, Rut, Eyüp, Hâkimler... bkz. J. P. Audet, *A Hebrew-Aramic List of the Books of the Old Testament in Grek Transcription*, JTS 1 [1950]: 135-154). Paul E. Kahle'ye göre bu "elimizdeki en eski liste" olabilir (*The Cairo Geniza* [Oxford: Blackwell, 1959], 218). Ayrıca bkz. Leon Morris, *Ruth*, TOTC (Londra: Tyndale, 1968), 231.

[7]John Barton, *Oracles of God: Perception of Ancient Prophecy in İsrael After the Exile* (Londra: DLT, 1986), 15.

[8]Bkz. a.g.e., 35-36.

[9]David E. Aune, *Prophecy in Early Christianity and in the Ancient Mediteranean World* (Grand Rapids: Eerdmans, 1983), 103-152.

[10]A.g.e., 368 n. 2.

[11]Bu iki uç tarihin ilki David Noel Freedman, ikincisi de A.C. Sundberg tarafından iddia edilir. Tartışma için bkz. Barton, *Oracles*, 27-29.

[12]B (Kodeks Vaticanus, 4. yüzyıl) 1 ve 2. Makabeler dışında tüm Apokrifa yazılarını içerir (Kodeks Sinaiticus, 4. yüzyıl); Tobit, Yudit, 1 ve 2. Makabeler, Süleyman'ın Bilgeliği ve Ecclesiasticus (Sirak); A (Kodeks Alexandrinus, 5. yüzyıl) bütün Apokrifa yazılar, 3 ve 4. Makabeler ve *Süleyman'ın Mezmurları*'nı içerir.

[13]Albert C. Sundberg Jr., *The Old Testament of the Early Church* (Cambridge: Harvard University Press, 1964).

[14]Sırayla, *H.E.* 4.26 (Eusebiyus'un bahsettiği Origen) ve *Ep. List.* 39 (=NPNF2 4:552).

[15]Buna bir istisna Martin Hengel'in yazdığı bir kitaptır: *The Seputagint as Christian Scripture: Its Prehistory and the Problem of Its Canon* (Edinburgh: T. and T. Clark, 2002). Ancak Hengel'in bu tartışma için ödediği bedel peygamberliğin bittiğini şiddetle reddetmesi (bkz. Yosefus) ve geniş bir "kanon" istemesidir; bu kanona sırf Apokrifa değil, aynı zamanda sahte adlarla yazılmış yazılar, Yosefus ve Filo da dahil olacaktır (126-127). Kanonla ilgili görüşü *Batılı Kanon*'dan bahsetmesiyle Harold Bloom'unkine benzer. Andrew Shead'in değişik ama derin değerlendirmesi için bkz. *Themelios* 28/3 (2003): 59-61 ve James A. Sanders *BBR* 13 (2003): 271-274.

[16]Haklı olarak, F. F. Bruce, *New Light on the Origins of the New Testament Canon* (*New Dimensions in New Testament Study*, ed. Richard N. Longenecker ve Merill C. Tenney [Grand Rapids: Zondervan, 1974], 12) ve ona karşı olan H. Von Campenhausen, *The Formation of the Christian Bible* (Philadelphia: Fortess Press, 1972), 148.

[17]John Barton, *Holy Writings, Sacred Text: The Canon in Early Christianity* (Lousville: Westminster John Knox, 1997).

[18]F. Stuhlhofer, *Der Gebrauch der Bibel von Jesus bis Euseb: eine statistische Untersuchung zur Kanonsgeschichte* (Wuppertal: Brockhaus, 1988).

[19]Daha fazla bilgi için J.K. Elliott, *Manuscripts, the Codex and the Canon* JSNT 63 (1996): 105-123. Daha sonra Elliott onu eleştirse bile David Trobish, *The First Edition of the New Testament* (New Oxford: Oxford University Press, 2000), 2. yüzyıl ortasında Yeni Antlaşma kanonunu savunan benzer ve ikna edici olmayan bazı farklı tartışmalar öne sürer.

[20]Eusebiyus'un Vahiy'i nereye yerleştirdiği konusundaki belirsizliği, kendini ifade etmesindeki karışıklıkla çelişir. 2. yüzyılda Vahiy Kutsal Yazı olarak hemen hemen evrensel bir şekilde kabul edilmesine rağmen, Doğu Kilisesi bu konuda şüpheye düştü. Eusebiyus'un

görüşü değişkendir, önce Vahiy'in elçi Yuhanna'nın eseri olduğunu kabul eder, sonra sapkın öğretmen Cerinthus'a ait olduğunu düşünür, bir yandan kitabın kanonik konumunu kabul ederken, öte yandan bir elçi tarafından yazılmış olduğunu reddeder. Bakınız Robert M. Grant, *Eusebius as a Church Historian* (Oxford: Clarendon Press, 1980), 126-137.

[21] Bkz. Metzger, *Canon*, 210.

[22] Bkz. Westcott, *History of the Canon*, 445-48.

[23] Bkz. R.W. Cowley, *The Biblical Canon of the Ethiopian Orthodox Church Today*, ÖstK 23 (1974): 318-323.

[24] Dunbar, *Biblical Canon*, 317-328. Bir dipnotunda Dunbar bunun Martin Luther için bile doğru olduğunu belirtir; kendisi *Antilogomena* (sf. 432, not 117) konusunda en çok soruyu gündeme getiren kişiydi. Luther'in İncil çevirisindeki içindekiler listesinde İbraniler, Yakup, Yahuda ve Vahiy'in diğer kitaplardan ayrıldığı ve sayılmadığı (örn. Meye, *Canon*, 605) vurgulanır; ancak bunun 1522 baskısında bulunduğu ve daha sonraki baskılarda bulunmadığı ve bu kitaplar konusundaki olumsuz yorumlarını (önsözlerdeki) da çıkarttığı vurgulanmaz. Sadece Yakup konusundaki olumsuz görüşleri hayatı boyunca sürmüştür. Bkz. Paul Althaus, *Theology of Martin Luther* (ET Philedelphia: Fortress Press, 1966), 83-85.

[25] Barker/Lane/Michaels, 29.

[26] Bkz. Metzger, *Canon*, 251-254.

[27] Bkz. 8. bölümde *Pseudonymity and Pseudepigraphy*.

[28] Babaların, bir eserin kanonik olup olmadığına esinlenmiş olmasına bakarak karar vermediklerini belirtmekte yarar olabilir; nitekim onlara göre kanonik olmayan kitaplar da esinlenmiş olabiliyordu (bkz. Metzger, *Canon*, 254-257). Modern teolojik kavramlar çerçevesinde "esinlenmiş" olmak, çeşitli önemli tarihsel ve teolojik yapılardan geliştirilen teolojik bir yapıdır ve 1. yüzyıldaki geniş ve esnek kullanımından farklı olarak oldukça dar bir tanımı vardır.

[29] Theo Donner, *Some Thoughts on the History of the New Testament Canon*, Themelios 7/3 (1983): 23-27.

[30] Burada muhtemelen Eski Antlaşma'dan değil Tevrat'tan bahsediliyor, bkz. a.15.

[31] Luka ve Pavlus (1Ko. 11:23-26) "yeni"yi kullanır, Matta ve Markos kullanmaz.

[32] Bkz. D. A. Carson, *Showing the Spirit* (Grand Rapids: Baker, 1987), 88-91.

[33] Bkz. Donald Robinson, *Faith's Framework: The Structure of New Testament Theology* (Sutherland, NSW: Albatross, 1985).

[34] Bkz. özellikle F. F. Bruce, *Scripture in Relation to Tradition and Reason*, (*Scripture, Tradition and Reason: A Study in the Criteria of Christian Doctrine*, Fs. Richard P.C. Hanson, ed. Richard Bauckham ve Benjamin Drewery [Edinburg: T.&T. Clark, 1988], 35-64).

[35] Bkz. *Formation*'da Campenhausen'ın söyledikleri, 130ff. Benzer şekilde bkz. Bruce, *Scripture*, 37-38.

[36] Bu yorum'un J. B. Lightfoot, *Essays on the Work Entitled Supernatural Religion* (Londra: Macmillan, 1893), 156ff. eserinden kaynaklandığı düşünülmektedir.

[37] Bkz. Moule, 239-241.

[38] Bkz. Guthrie, 986-1000.

[39] Bkz. C. K. Barrett, *The Centre fo the New Testament and the Canon*, (*Die Mitte des Neuen Testaments: Einheit und Vielfalt neutestamentlicher Theologie*, Fs. Eduard Schweizer, ed. Ulrich Luz ve Hans Weder [Göttingen: Vandenhoeck & Ruprecht, 1983], 5-21).

[40] Örn. Childs; James A. Sanders, *From Sacred Story to Sacred Text* (Philadelphia: Fortress Press, 1987).

KANON

KANON-BİRİNCİ KİTAP: KHALKİ AUM KİTABI

GİRİŞ:

Sembolik Anlamı; Bütün dünya toplumları için, "Kıyamet" -Dünyanın Son Döneminde- geleceği bildirilen Evrensel Kurtarıcıya (Mehdi Rasul) ait Kod;

"TEK DİN" , "TEK ALLAH", "TEK MABED", "TEK MİLLET", "TEK DEVLET" ..

KANON

Not: Metin sonlarındaki bazen yer yer tekrar eden [AUM] kelimesi; Dünyada daha önce eski Hintçe, Sanskritçe çok eski Kutsal Kitaplarda ve uzun çağlar boyunca kullanılmayan bu kelime, "Barış" ve "Selam" anlamında [Amen, Amin] anlamında Hristiyanlık ve İslamda kullanılan, temenni içeren kısa dua yerine kullanılır, ve kısaca "AMİN" veya "AMEN" yerine "AUM" şeklinde kullanılarak, çok eski eş anlamlısı yerine kullanılır ve açıklanır..

AUM [Sanskritçe], Çok eski hint metinlerde; "Allah'tan gelen Mesaj veya İlham" demektir. Bu kitaba göre eski çağlardaki "En Kutsal" Kelimedir. Aum, ayrıca Allah'ın kainattaki Evrensel Enerji akışı ve döngüsünü, Zaman döngüsü ile mevsimlerin akışını da temsil eden, Eski Hint metinlerinde de geçen bir "Hikmet" kelimesidir..

Önemli Bir Not ve Soru:

Kitap boyunca karşılaşılabilecek bir önerme ve çokça sorulan bir soruya felsefi bir cevaptır: Kur'an'ın ve İncil'in yeni bir yorumu olan bu kısım, Kur'an ve İncil'in günümüz insanına kendi penceresinden bakarak konuşması olarak bakılabilir. Kanon'un bu İkinci ve Üçünkü kısmında, bazı yerlerde, yani "Bu kitabın yazarı olarak 3. Kişinin ağzından Allah'ın insanlıkla konuşması" şeklinde ifadeler vurguyu arttırmak için, direk somutlaştırılmıştır. Çünkü, yaşadığımız çağdaki bir mesajın etkili olabilmesinin metodu budur. Eşine pek az rastlanmış veya rastlanmamış böyle bir durumu, "Hiç Allah, insan eliyle kitap yazar mı?" diyeceksiniz ve aşağıdaki iki cümleden oluşan ve yine Kanon'un kendi dilinden verilen cevabı *"Kanon hükmünde Kanonname'de"* bulacaksınız, ve/fakat anlamı ve içeriği çok büyük olan, şu önermeyi okuyunca hak vereceksiniz:

El-Cevap:

"Seni yaratan kimse, Sana Kitab'ı yazdıran O'dur."

"Öyleyse gerçekte, Kitab'ı

(Tüm Kainat Kitab'dır)=Yazan da O'dur.."

[KANON, Kanon hükmünde Kanonname]

Kainatın "Khalki Aum" Döngüsü (temsili)

KANON

KUR'AN-IN KANONİK YORUMU

- ALEMLER'İN YARATAN (KHALKİ) RABBİ'NİN İSMİYLE -

1. Kanon- "İnsana verilen süreden az bir miktar kaldı. Şüphesiz ki, o ürkütücü Kıyamet günü yaklaştığında, O'nun haberini, size apaçık yakınlaşmış olduğunu pek yakında bildireceğim. Oysa, muhakkak ki, insan ziyan içindedir.

2. Kanon- "Saat yaklaştığında, bu Papaz, Molla ve Din Bilginleri takımı cevap olarak Allah'ın ayetlerine ayetle delil getirmeye çalışırlar, Onlara deki: "Bozulmuş şeylere delil getirerek mi kurtuluşa ve felaha ereceğinizi sanıyorsunuz, Allah'ın iptal ettiğini kimse geçerli sayamaz; geçerli saydığını da kimse iptal edemez, öyleyse daha önceleri atalarınızın iptal ettiği şeyler için Cehennem'e hazırlanın. Çünkü, Onlar kendilerince ayetler uydurmaya çalıştılar, onlara karşı biz de ayetlerimizi pek yakında söyleyeceğiz, bakalım akibetleri nasıl olacak..?"

[Y. K.]

3. Kanon- "Allah'a karşı yalan ayetleri kendi kafasına göre düzen ve bunları sürekli tekrar ederek zihinleri bulandıran, onları kendi heva ve hevesine göre yazıp, değiştirip, eğip büken, zulmü ve şirki ve batıl işleri kendi heva ve heveslerince düzenleyenlerden daha zalim kim olabilir.

4. Kanon- Oysa onlar, daha önceleri, kendilerine ne bir fayda verebilen ne de zarar verebilecek olan -para, menfaat ve çıkar ilişkisi ile makam ve mevki hırsına bürünmüş olan- kendi putlarına tapıyorlardı, oysa atalarının dinine uymak onlara ne bir kurtuluş sağlayacak, ne de sığınabilecekleri bir sığınak.

5. Kanon- Ve Onlara de ki: Allah'ın kurtuluşunu dilemediği bir kimseyi sen asla kurtaramazsın, ve kendi nefisleri dahil, ilahlaştırdıkları her bir şey, onlara o gün ne bir fayda sağlar ne de zarar, üstelik kendi aleyhlerine olarak şehadet edecektir.

6. Kanon- O gün, yemin gününde, Kıyamet gününde kimse ondan başka şefaat edici de değildir. Oysa, Kıyamet günü çok yakınlaşmıştır, Böyleyken, Keşke Gerçeği bilmiş olsaydınız.."

[Y.K]

7. Kanon- "Ve Allah ayetlerini açıkladığında, mutlaka sesli olarak konuşur, oysa konuştuğunda sen bu sesi duymamaktasın, sana onları okuduğumuzda; Onları herkesin duyacağı ve anlayacağı bir şekilde, apaçık olarak açıkla ve beyan et.

8. Kanon- Ve o Büyük beklenen Haber (Kıyamet) gelmeden önce onları uyarmış olasın ki, O ayetlerini mutlaka her kavme ve ulusa anlayacağı bir dille, umum olarak, Kıyametten önce mutlaka apaçık, beyan edecektir."

[Y.K]

9. Kanon- "İnkarcıları Uyar, ve de ki "Üzerinizden nice zamanlar geçirdik, Hala ıslah olmadınız mı?" "Öyleyse, gidin yeryüzünde gezinin ve eski kavimlerin o ibret verici hallerini, kalıntılarını görün" ve onları Kıyametin gelmesi ile korkut.."

10. Kanon- Ve yine de ki: O kafirler O'nun (Kıyametin gelmesinin) hakkında yalan haber düzmeye devam etsinler ve onu geciktirmeye çalışsınlar, şüphesiz ki, ben de ayetlerimi pek yakında apaçık gösterterek, onların planlarını akim bırakacağım ve ona ilişkin göstergelerimi apaçık pek yakında size göstereceğim. Öyleyse de ki: verdiğim haberin çıkmasını bekleyin, ben de Melekler ve İsrafil ile bekleyenlerdenim, ki o Sur'a üfürdüğünde, O'nu, Gerçeği apaçık göreceksiniz ve görebilen her göz de buna şahit olacaktır.."

[Y.K]

11. Kanon- "Sana, bildirilen Gerçekleri not et ve tebliğ et!"

12. Kanon- Onların sana bildirilen sırasını, bölümlendirmesini bozmaya çalışma, ve biz sana bunları, zaman içinde yavaş yavaş okuyacağız; daha sonra da Kıyametin açıklanması da şüphesiz bize aittir, onun zamanını şüphesiz ondan başka ve onun bildirdiklerinden başka kimse bilemez, ve sakın onu yaklaştırmak için elini ve dilini acele hareket ettirme ki, daha sonra, biz sana onları bir düzen içinde peyderpey, okutacağız.."

[Y.K]

13. Kanon- Senden önce, onlar Allah'la aralarına çeşitli putlar ve insanlardan ve hayvanlardan çeşitli ilahlar, ilaheler koymaya çalıştılar, onlara deki: "Yusuf'un, firavunun ve Musa'nın kıssasını hatırlayın. Hani, Musa tuva vadisinde elinde bir ibrani bebekle gelen kadını ayırmıştı da, firavuna ondan haber götürürken, firavun o erkek bebeği de öldürmek istemişti. Bunun üzerine, biz ayetlerimizi göstererek o çocuğu firavunun elinden kurtardık da, yetişip genç bir delikanlı oluverdi. Sonra Musa onu evlatlık aldığında, "Oğlum, ben yaşlandım davar ve hayvanlara da bakamaz hale geldim. Sina çölünde geçen 40 yılın ardından şu gördüğün kardeşlerin, sapıttılar buzağı ve altınlara taptılar. Firavunun sarayında Allah'ın yerine ona kulluk ettiler. Sana vasiyetim olsun ki, sizden kim Allah'tan başka hahamlar, din bilginleri veyahutta başka putlar edinip, Allah ile kulu arasına aracılar koyarsa, iyi bilsin ki, Sair Cehenneminde yanacak, ki o azab olarak Cehennem'in en şiddetli yeridir.

KANON

14. Kanon- Bunun üzerine, o genci çocukluğundan beri tanıyan Samiri çıkageldi. Dedi ki: "İşte tertemiz bir genç ey Musa. İsrailoğullarına da iyi birer örnek. Şüphesiz ki, ben onu gördükçe Yusuf'u hatırlarım. Hani o da nice zaman önce atalarımızın taptığı dine karşı gelip, tek Allah'a inanan hanif dine mensup olmuş, ve Allah da bu temiz inancından dolayı onu ödüllendirip, kuyudan kurtarıp Mısır'a kral yapmıştı.

15. Kanon- İşte, Allah böylece size güzel misaller verir ki, kendisine şirk koşulmasından başka tüm günahlarınızı Kıyamet gününde dilerse bağışlayacaktır..

16. Kanon- Ve şüphesiz iyi biliniz ki, Allah kendisine Şirk koşulmasını, bozgunculuğu, haksız yere kan dökmeyi ve hayasızlığı yasaklar, keşke Gerçeği yakinen bilmiş olsanız.."

[Y.K.]

17. Kanon- Yalan düzdüğünüz şeyler hakkında, Kıyamet gününde mutlaka sorguya çekileceksiniz. Şüphesiz ki, her canlı mahluk, yanında ona refakat eden bir refakatçi (sürücü) melek ile birlikte o gün bize getirilir. Ve onun yapmış olduğu her şeyi açıkça ortaya koyan bir defter ortaya çıkartırız.

18. Kanon- İşte, o gün, aşırı inkarcı o kafir şöyle der: "Ne biçim bir defter bu, tüm yapmış olduklarımı bir bir sayıyor. Oysa ben, Dünya hayatında, amelimle birlikte toprak olacağımı ümit etmiştim, yeniden diriliş gününü akla pek uzak görmüştüm de bu güne kavuşacağımı aklımın ucundan bile geçirmemiştim, ama şimdi görüyorum ve anladım ki, yaptıklarım ne bana ve ne de beni ateşe davet eden bu saptırıcı önderlere hiçbir fayda vermedi." der.

19. Kanon- Fakat ne çare, o gün son pişmanlık fayda vermeyeceği bir gündür.

20. Kanon- Bunun üzerine biz de Cehennemin bekçilerinin liderlerinden olan Malik'i çağırırız ve deriz ki: "Atın bu inkarcı kafiri ateşe."

21. Kanon- Şüphesiz ki, yeniden dirilmeyi reddeden, bu güne kavuşmayı ummayan ve Kıyameti inkar eden her zalim inkarcı kişinin varacağı yer orasıdır."

22. Kanon- Sonuçta dönüşünüz Allah'adır..

[Y.K.]

23. Kanon- "Allah'tan dileyin, size verilecek;

24. Kanon- O'ndan İsteyin, kapı açılacaktır..

25. Kanon- Allah'a yaklaşın;

26. Kanon- O da size yaklaşacaktır..

27. Kanon- "Sizler, Allah'ın emirlerini bırakıp da;

28. Kanon- İnsanların eski adetlerine ve geleneklerine mi bağlanıyorsunuz? De ki: Bu ne kötü bir dönüş. Oysa gerçek dönüş Rabbi'nedir. Sana İçkiyi ve Kumarı, Fal ve Büyü'yü sorarlar. De ki: *"Onlarda hem büyük günah hem de insanlar için çok az bir (bazı zahirî) yararlar vardır. Ama günahları yararlarından büyüktür."* Biliniz ki, Allah çoğu zarar olanın azını da yasaklamıştır. Yine, sana Allah yolunda ne harcayacaklarını (*infak konusunda*) soruyorlar. De ki: "İhtiyaçtan arta kalanını."

"Allah'ın kendi fazlından onlara verdiği şeyleri, (Allah yolunda infak etmeyip) cimrilik edenler, sakın zannetmesinler ki o, kendileri için hayırdır. Bilâkis o, onlar için bir şerdir. Cimrilik ettikleri şey, Kıyamet günü boyunlarına dolanacak. Göklerin ve yerin mirası Allah'ındır. Allah, yaptığınız şeylerden haberdar olandır." "Fakat kim cimrilik eder, kendini

KANON

Allah'a muhtaç görmez ve en güzel sözü (Kelime-i tevhidi) yalanlarsa, biz de onu en zor olana kolayca iletiriz. Cehenneme yuvarlandığı zaman, malı ona fayda vermez."

Allah, size ayetleri böyle açıklıyor ki, düşünesiniz."

29. Kanon- Şüphesiz ki Allah, "kendisine çok yakaran, göz yaşlarıyla dua eden, merhametli ve ince bir kalbe sahip olan ve hayra teşvik eden ve şerri yasaklayan mü'min ve inanmış, hikmete erişmiş (erkek veya kadın) tüm kullarını sever.." Dünya hayatında, İnsan için en büyük hediye yine bir İnsandır. Öyle ki, Adem'den beri kadınlar sizler için Allah'ın bir emanetidir. "Mü'min kadınlara da de ki, gözlerini haramdan sakınsınlar, ırzlarını korusunlar. (Yüz ve el gibi) görünen kısımlar müstesna, zînet yerlerini göstermesinler. Başörtülerini ta yakalarının üzerine kadar salsınlar. Fakat, bununla birlikte de aşırıya kaçıp, giyinmiş çıplaklar gibi de olmayın, vücut hatlarını belli edecek şekilde giyinmekten de kaçının. Zinetlerini, kocalarından yahut babalarından yahut kocalarının babalarından yahut oğullarından yahut üvey oğullarından yahut erkek kardeşlerinden yahut erkek kardeşlerinin oğullarından, yahut kız kardeşlerinin oğullarından, yahut Müslüman kadınlardan, yahut sahip oldukları kölelerden, yahut erkekliği kalmamış hizmetçilerden, yahut da henüz kadınların mahrem yerlerine vakıf olmayan erkek çocuklardan başkalarına göstermesinler. Gizledikleri zinetler bilinsin diye ayaklarını yere vurmasınlar ve bileklerini göstermesinler. Ey mü'minler, hep birlikte tövbe ediniz ki, kurtuluşa eresiniz!"

"Eğer Allah'a karşı gelmekten sakınıyorsanız (Erkeklerle konuşurken) sözü yumuşak bir eda ile söylemeyin ki, kalbinde hastalık (Kötü niyet) olan kimse ümide kapılmasın. Fakat, bununla birlikte konuştuğunuzda Güzel (ve Doğru) söz söyleyin."

KANON

30. Kanon- Bununla birlikte, kendisine ve meleklerine ve indirdiği ayetleriyle peygamberlerine iman etmeyen, Kıyameti ve yeniden diriliş gününe iman etmeyen ve yeryüzünde bozgunculuk çıkaran inkarcı kafirler için, çetin bir Cehennem azabı hazırlamıştır. Bilin ki, Allah'ın gerçek zatından başka her şeyin bir sonu vardır. Andolsun ki O, Cebrail'i bir başka inişte daha (aslî suretiyle) görmüştü. Sidretü'l–Müntehâ'nın yanında ki, O elçilerine mesaj ileten bir melektir. Me'vâ Cenneti onun (Sidre'nin) yanındadır. Bununla birlikte, Kâinat sonsuz değildir ve dünya hayatı her canlı varlık için ölümlüdür, eğer ki genişlettiğimiz arz *"Sidretül münteha (son noktadaki ağaç)"*ın olduğu yere gelince İsrafil'de Sur'a üflemiş ve Kıyamet kopmuş olur. O gün, hesap gününde her ölümlü ruhun dönüşü Rabbinedir. Orada her yaptığınız şeyden ötürü hesaba çekileceksiniz..

31. Kanon- "Bununla birlikte; Sen bunları, ancak idrak eden kullarıma anlatabilirsin. Biz daha önce nice güçlü kavimleri helak ettik, size mi gücümüz yetmeyecek, haydi gücünüz yetiyorsa Allah'a karşı gelin, onun tuzaklarını kimse engelleyemez, o tuzak kuranların en hayırlısıdır. Onların üstüne her gün bir bela musibeti göndereceğiz, ama onlar bunu başkaları yaptı sanacak, Musa'yı da böyle göstergelerle firavun'a gönderdik ama o da yalanlamıştı ve sonra onu ve kavmini tümden helak ettik. Öyleyse sakın, onlardan kafir olarak ölenlere acımaya kalkma, sonra sen de helak olursun, şüphesiz ki Rabbin her şeyin en iyisini bilendir.." [Y.K.]

32. Kanon- Sana bir sıkıntı uğradığında Rab'bin Allah'a sığın ve yalnızca ondan yardım dile. "Ve onlara –kafirler için- çok yakında, darbe üstüne darbe vuracağız, ve sonra bu neden oldu dediklerinde, ve böcekler gibi kaçışmaya başladıklarında hemen putlarına sığınırlar ve çok yakında, onu ileri sürdüğümüzde, Kanon da neymiş? diyecekler.

KANON

Öyleyse, onlara de ki: "Sözlerimin arkasındayım, korkmuyorsanız siz de atın sözlerinizi ortaya ve Bekleyin! Size onun ne olduğunu göstereceğim", O sert vuran bir darbedir, Kıyamet için Rabbinden bir haber, uyarıcı bir işaret.."

32. Kanon- Hani o, bir zamanlar Kulu Rebeka'ya Kitab'da şöyle seslenmişti: "Eğer böyle bir sıkıntı çekeceksem, yaşamamın ne anlamı var?"

33. Kanon- Ve yine kulumuz Musa'ya Kitab'da şöyle seslenmişti: "Beni hiç yaşatma; yıkımımı görmeme izin verme."

34. Kanon- Ve yine kulumuz İlya'ya Kitab'da şöyle seslenmişti: "Canımı al, çünkü ben atalarımdan daha iyi değilim."

35. Kanon- Ve yine kulumuz Eyüp'e Kitab'da şöyle seslenmişti: "Neden daha ana rahmindeyken ölmedim?"

36. Kanon- "Onlar böyle demelerine rağmen, oysa ki, oldukça salih kullarımızdandılar..

37. Kanon- Bununla birlikte, sakın "Neden hep iyi insanların, salih kullarının başına kötü şeyler geliyor?" deme, hiç kimse Allah kullarını kötü şeylerle sınıyor demesin, çünkü Allah hiçbir zaman kulunu kötülükle sınamaz, kendisi de böyle şeylerle sınanamaz.

38. Kanon- Bununla birlikte evet O, ne kötü şeylerin olmasına sebep olur, ne de onun yasaları başkalarını kötülük yapmaya sevk eder.

39. Kanon- Sakın, bu konuda Şeytan kendi yoluna uydurup sizi ayartmasın, çünkü gerçekten O insanın düşmanı olan ve onu kötülüğe sevkeden, önceden tarafımızdan lanetlenmiş bir varlıktır. "Hani Rabbin (ezelde) Âdemoğullarının sulplerinden (soyağacı şeklinde) zürriyetlerini almış, onları sıralayarak kendilerine karşı şahit tutarak, "Ben sizin Rabbiniz değil miyim?" demişti. Onlar da, "Evet, şahit olduk (ki Rabbimizsin)" demişlerdi. İşte, böyle yapmamız Kıyamet günü, "Biz bundan habersizdik." dememeniz içindir."

40. Kanon- Ve yine Allah "İnsanları felaketlerden koruyamaz mı?" diyerek küfre düşenlerden olma, Allah tüm varlık alemindeki ezelden ebede kadar gerçekleşmiş ve tüm gerçekleşecek olayları kendi katında bilmektedir.

41. Kanon- Lakin, O'nun tüm bunları önceden bilme gücü, ilmi sınırsızdır; bununla birlikte, Allah'ın ezelden ebede uzanan ilahi programında da en ufak bir değişiklik göremezsin, hepsi belirlenmiş bir kaderle her varlık için ayrı ayrı yazılmıştır.

42. Kanon- Bununla birlikte, "Herkes kendi arzusu tarafından sürüklenip aldatılarak sınanır. Arzu gebe kaldığında, günahı doğurur; günah da sonunda ölüme yol açar, ve insanı sonunda yıkıma götürür."

43. Kanon- İnsanlar, bitmek bilmeyen hırs ve arzularının gerçekleştiğinde ya da yanlış arzularına boyun eğdiklerinde, bunların kötü sonuçlarını yaşarlar. "Biz bir memleketi helâk etmek istediğimizde, onun refah içinde yaşayan şımarık elebaşlarına (İtaati) emrederiz de onlar orada kötülük işlerler. Böylece o memleket hakkındaki hükmümüz gerçekleşir de sonradan oranın altını üstüne getiririz." Ve sizin için bu dünyada ölümden sonra ikinci kez bir hayat yoktur, önceki kavimlerden birine ölüm gelince, "Rabbim! Beni dünyaya geri gönderiniz ki, terk ettiğim dünyada salih bir amel yapayım." der. Hayır! Bu, sadece onun söylediği boş bir sözden ibarettir. Onların arkasında, tekrar dirilecekleri güne kadar devam edecek, dönmelerine engel bir perde (Berzah) vardır."

KANON

44. Kanon- Ve yine insanlara özgür birer irade hediyesi verilmiştir. Bu yüzden onlar, Allah'ı sevmeyi ve onun için hayırlı işler yapmayı ve O'nun katında doğru olanı yaparak, sadık ve doğru kalmayı seçebilirler.

45. Kanon- "Eğer Rabbiniz insanları belirli bir yol izlemeye zorlasaydı; bu özgür iradeyi geçersiz kılmış olmaz mıydı?

46. Kanon- Akıl sahipleri için bunları size örnek olarak veriyoruz.

47. Kanon- Ki, İnanmayanları Tarih-i Kadim'e bakarak uyar, nice sayısız helak ettiğimiz örnekleriyle doludur.

48. Kanon- Bütün bunların hangisinin doğru hangisinin yanlış olduğunu görmeniz için, Kıyamet gününde O, kulları arasında adaletle hükmedecektir.

49. Kanon- "Hani Sen, bir zamanlar O Filistinliyle bizim takdir ettiğimiz yerde karşılaştığında, için birden ürpermişti, ama Allah sana onu kendi haberlerini yakın bir gelecekte vermek için göndermişti. Muhakkak ki, Allah sizin bilmediklerinizi ve gaybı bilendir.. Ve de ki: "O, kıyamet gününde aranızda adaletle hüküm verip, yargılayacaktır..

50. Kanon- Ve insanlardan çoğunu da sapıtmış olarak bulacaksın ki, gönderdiğimiz tüm suhufları ve kitapları, Kur'an, Tevrat ve İncilde'ki misalleri, ve hikmetle hükmedilen bazı şeyleri onlar mutlaka ya değiştirirler veya kendi sözleriymiş gibi ağızlarıyla eğip bükmekte idiler.

51. Kanon- Oysa, inkarcıların varacakları yer, içerisinde acı bir azab ve inlemelerden başka bir sesin işitilmeyeceği, Sekar Cehennemidir. Orada onlara ne bir yardımcı bulabilirsin ve ne de bir kurtarıcı. Öylesine, azab içinde Kıyamet gününde onları haşr olmuş bulacaksın.."

[Y.K]

52. Kanon- "Seni, atalarının Dinine çağırmaya çalışırlarsa, Onlardan kesinlikle yüz çevir, ve sana indirilene tabi ol.."

[Y.K]

53. Kanon- Sizden her kim kurtuluşa ermek istiyorsa, ihtiyaçtan fazlasını diğer insanlara versin, velev ki iki gömleği dahi olan diğerini Kıyamet gününde kurtulmalık olarak versin ve sizden hiç kimse sakın ola ki, EHL-İ KİTAP'tan birisine veya DİĞER DİN KARDEŞİNE hor gözle bakmasın. Ola ki, onlar sizden takva bakımından üstün olabilir. Olur ki, onların içeriside salih ve temiz kullarımız vardır ve onlar gece gündüz siz farkında olmadan onlar beni zikrederler.

Not: Bu 54. Kanon, Şirk Koşulan Putlar ile Nuh'tan İbrahim'e kadar olan Öyküsünü anlatır:

54. Kanon- Yine biz, yeryüzünde, onlardan temiz elçiler seçeriz ve salih kullarımızı sizin içerinizde, HER MEMLEKETE gizli bir şekilde dağıtarak, saklarız. Ve biz hiç bir zaman hiçbir beldeyi elçisiz bırakmadık, onlara göstergelerimizle kendimizi açıkça gösterdiğimizde, "Korkmayın, ama benden korkun ve vahyi dilediğiniz şekilde yeryüzünde açıkça bildirin" dedik, belki takvalı olanlar ve size uyanları kurtuluşa erdireceğim." demiştik.

Vakta ki, Şit'in torunu, İdris, insanlara peygamber olarak gönderilip, onlara doğru yolu gösterdi. Bundan sonra nice kuşaklar ona tabi olup, doğru yolda bulunan ve Adem ile Nuh arasında, çeşitli zamanlarda gönderilen Ved, Süva, Yegus, Yeuk ve Nesr Arap Yarımadası'nın ve Kenan diyarının çeşitli yerlerine dağılarak, İdris'in dinini yaymaya çalıştılar. Bunlar, çeşitli yerlerde dağınık vaziyette yaşayan insanların yanlarına, ayaklarına kadar giderek, onlara doğru olan hidayet yolunu anlatıyorlardı. Bunun için bütün gayretlerini sarf ediyorlar ve hiçbir fedakarlıktan kaçmıyorlardı. Ahlak ve edeplerinin fevkalade olması, hep Allah-ü Teâlâ'dan, Kıyametten, Ahiretten anlatmaları ve dinleyenleri çeken tatlı sohbetleri ile gittikleri her yerde sevilip sayılırlardı. Herkes bunları çok sevip, anlattıklarına inanıyor, onlara tabi oluyorlardı.

* Puta Tapıcılığın Başlangıcı *

Vakta ki, nihayet onlar da, birer birer vefat edip, ahirete göçtüler. Sevenleri kedere boğuldu ve kimse onları unutamadı. Yalnız içlerinde kalpleri kirli olanlar vardı ve şeytan onları bulup, onlara şeytanca bir fikir fısıldadı. Onlar da bunları sevenlere, onları unutmamaları için, onların anısına "bir heykelini yapalım" dediler ve hatta öyle oldu ki, bunlar her zaman onları görmek için, onların küçük küçük heykellerini yapıp veya yaptırıp evlerine koymaya başladılar. Zaman geçtikçe bu olay unutuldu ve gelen nesiller, onları ilah bildi. Heykellere ilah diyerek tapınmaya başladılar.

Vakta ki, böylece nice kuşaklar gelip geçti. İbrahim'in babası da aynı bu şekilde putlara tapıyordu ve salih kullarımızdan olan İbrahim onlara doğrusunu söyleyince babası: "Biz atalarımızdan böyle bir şey duymamıştık" dedi. Öyle ki, İbrahim'i de çocuk yaşlarda olmasaydı neredeyse öldürecekti. Fakat, İbrahim akıllıydı ve Allah onu seçti.

"Kitap'ta İbrahim'i de an. Gerçekten o, son derece dürüst bir kimse, bir peygamber idi."

"Hani babasına şöyle demişti: "Babacığım! İşitmeyen, görmeyen ve sana bir faydası olmayan şeylere niçin tapıyorsun?"

"Babacığım! Doğrusu, sana gelmeyen bir ilim bana geldi. Bana uy ki seni doğru yola ileteyim."

"Babacığım! Şeytana tapma! Çünkü şeytan Rahmân'a isyankâr olmuştur."

"Babacığım! Doğrusu ben, sana, çok esirgeyici Rahmân tarafından bir azabın dokunmasından, böylece şeytana bir dost olmandan korkuyorum."

Babası, *"Ey İbrahim! Sen benim ilâhlarımdan yüz mü çeviriyorsun? Eğer vazgeçmezsen, mutlaka seni taşa tutarım. Uzun bir süre benden uzaklaş!"* dedi.

İbrahim, şöyle dedi: *"Esen kal! Senin için Rabbimden af dileyeceğim. Şüphesiz O, beni nimetleriyle kuşatmıştır."*

* İbrahim'in Nemrud Tarafından Ateşe Atılması *

Bunun üzerine, İbrahim büyüyüp yetişkinlik çağına ulaşınca ona katımızdan ilim verdik, kendi kendine: *"Hayat sahibi ve insandan daha güçlü bir tanrı var olmalı; çünkü insanı o meydana getiriyor ve insan, tanrı olmadan insan meydana getiremez."* diyordu. Çevresine, önce yıldızlara, sonra aya ve güneşe baktı ve onların yaratıcı olduklarını düşündü. Fakat onların hareketlerinde değişken olduklarını görünce, şöyle dedi: *"Bu tanrı böyle batıp gitmemeli ve bulutlar onu gizlememeli yoksa insanlar hiç olacak."*

Böyle düşünüp dururken Melek Cebrail ona gelip her şeyi anlattı ve o Allah'ın dostu oldu. Daha önce onların putlarını da kıran İbrahim'i ateşe atmak istediler. Bunun üzerine, büyük bir ateş yaktılar ve onu içine attılar. Bunun üzerine Allah ateşe şöyle vahyetti;

"Ey ateş! İbrahim'e karşı serin ve esenlikli ol." dedi.

Böylece bir mancınık yapıp onu ateşin içine doğru fırlattılar fakat o ateşe yaklaştıkça ateş ona serin oldu ve çevresindekileri yaktı. Ve sakın ola ki, Şirk yani Allah'a ortak koşanlardan olma. Andolsun, eğer onlara, *"Gökleri ve yeri kim yarattı, güneşi ve ayı hizmetinize kim verdi?"* diye soracak olsan mutlaka, *"Allah"* diyeceklerdir. O hâlde nasıl olup da (Haktan) döndürülüyorlar?

KANON

Not: Bu 55. Kanon, Şirk Koşulan Firavunlar ile Musa'nın Öyküsünü anlatır:

55. Kanon- Öyleyse, bilin ki, Allah sizin bilmediklerinizi bilmektedir ve yalnız Allah'a kulluk edin, ve sakın ola onun yarattığı kullarına kulluk etmekten çekinin, çünkü bilin ki, Allah kendisinden başkasına ŞİRK koşulması dışında tüm günahları dilerse bağışlar ve kul hakkına girmekten de çekinin ve ancak ALEMLERİN RABBİ olan Allah'tan korkun.

Vakta ki, Mısır'a egemen olan krallar dünyada eşi az bulunur zalimlerdendi. Ortak adları Firavun olan bu zalimler, Mısır'daki azınlık durumunda olan yabancıları çok ağır işlere koşarlar; bazan bir vehim, bazan bir rüya, bazan bir dedikodu, bazan da hiç bir neden olmadan onları asar keserler, akla gelmedik işkenceleri reva görürlerdi.

Vakta ki, İsrailoğulları, İbrahim soyundan geleceği söylenen bir kurtarıcı bekleyişi ile yıllarca avundular. Bu kurtarıcı, Firavun'un zulmüne son verecek ve zalim onun eliyle mahvolup gidecekti. Bundan güç ve cesaret alıyorlar, yapılan zulüm ve işkencelere göğüs geriyorlardı. Bu, onların hayat mücadelesinde en kuvvetli destekleri idi. Bunu kimsenin duymasını istemiyorlar ve hele yabancılara asla aktarmıyorlardı. Ama her nasılsa Firavun'un adamları bunu haber alıp kendisine yetiştirmişlerdi. Yapılan üst seviyedeki bir toplantıda İsrailoğullarından dünyaya gelecek her erkek çocuğun öldürülmesine karar verildi. Bu kararla göndereceğimiz "kurtarıcı kişi"nin yok edilmesi planlanmış oluyordu. Ama düşünmüyorlardı ki "tedbir ilahi takdiri bozamazdı."

Vakta ki, bir gün Firavun, rüyasında Beytü'l-Makdis (Kudüs) tarafından gelen ve Mısır'ın tüm evleriyle yerli halkı yakıp kül ettiği halde İsrailoğullarına zarar vermeyen bir ateş gördü. Uyandıktan sonra günlerce bunun tesirinden kurtulamadı ve bir hayli endişelendi. Rüyasını, yorumlamaları için kahinlere anlattı. Aldığı cevap onu kor-

KANON

kuttu: "*İsrail Oğullarından bir oğlan çocuğu dünyaya gelecek ve onun eliyle tüm Mısır halkı ve Kendi saltanatı mahvolacak.*"

Bu cevabı alan Firavun, İsrailoğullarından doğacak erkek çocukların anında öldürülmesini ve kızlara dokunulmaması emrini verdi. Bu iş için geniş yetkilerle donatılmış ebeler ve diğer görevliler belirlendi. Bunlar tek tek hamile kadınlara uğrayıp doğum günlerini tahmin ve tesbit ediyorlar, doğan erkekleri derhal öldürüyorlardı..

Fakat nihayetinde takdirimiz karşısında bu plan başarıya ulaşamadı. Devletine, ordu ve saltanatına mağrur Firavun cellatlara rağmen ölümden kurtulan biri eliyle zulmü içinde boğulup gitti.

Zamanla, İsrailoğulları Mısır'da çoğalmıştı, her türlü ağır işi görmeye memur ve mecbur bir kesim olmanın yanı sıra, memleketteki ekonomik hayatın da temel taşı sayılırlardı. Vakta ki, doğan çocukların devamlı öldürülmeleri birçok işin aksaması ve bazı sahalarda üretimin düşmesi sonucunu doğurdu. Bu aynı zamanda bir neslin yok olmaya doğru gitmesi demekti. Yerli halkın ısrarlı şikayetleri sonucu Firavun, doğan erkeklerin bir yıl öldürülmelerini, diğer yıl terkedilmelerini emretti. İşte, kulumuz Musa ve yoldaşı Harun böyle bir yılda yaşama şansına kavuşmuştu.

* Musa'nın Doğumu ve Yetişkinlik Çağı *

Vakta ki, Musa'nın doğumu erkek çocukların öldürüldüğü yıla rastlamıştı. Oğluna hamile olan annesi korku ve tasasından ne yapacağını bilmez bir variyette günlerini sayıyordu. Derken doğum gerçekleşti ve Allah bu acılı ve korkudan yüreği ağzına gelen anneye son derece sevimli, nurani bir oğlan lütfetti. "Ya oğlan olursa!" diyerek endişelenen annesi şimdi ne yapacağım, yavrumu nasıl saklayacak, kime emanet edeceğim?" diye endişelendi.

Bunun üzerine Yüce Allah yardıma yetişti; "Onu emzir; çocuğundan dolayı sana bir tehlike gelirse denize (nehire) bırakıver; O'nun boğulmasından korkma! Ayrılığından kederlenme! Çünkü, Biz onu yine sana döndüreceğiz. Hem onu peygamberlerden biri de yapacağız, diye vahyettik".

* Musa'nın Yetişkinlik Çağı, Firavunla Mücadelesi ve Mu'cizeleri *

Andolsun, biz ona (Firavun'a) bütün mucizelerimizi gösterdik de o bunların tümünü her mu'cize gönderildiğinde yalanladı ve reddetti ve şöyle dedi: "Ey Mûsâ! Sihrin ile bizi yurdumuzdan çıkarmak için mi geldin?"

"Biz de mutlaka sana karşı onun gibi bir sihir yapacağız. Bunun için seninle bizim aramızda; uygun bir yerde, senin de, bizim de caymayacağımız bir buluşma vakti belirle." Mûsâ, "Buluşma vaktimiz, bayram günü, insanların toplandığı kuşluk vaktidir" dedi.

Bunun üzerine Firavun ayrılıp, hilesini kuracak olan sihirbazlarını topladı, sonra geldi. Mûsâ onlara şöyle dedi: "Yazıklar olsun size! Allah'a karşı yalan uydurmayın, yoksa sizi azap ile yok eder. Allah'a karşı yalan uyduran mutlaka hüsrana uğramıştır."

Sihirbazlar, işlerini kendi aralarında tartıştılar ve gizli gizli konuştular.

Şöyle dediler: "Şüphesiz bu ikisi (Musa ve Harun), sihirleri ile sizi yurdunuzdan çıkarmak ve en üstün olan dininizi ortadan kaldırmak isteyen birer sihirbazdırlar."

"Öyleyse, hilelerinizi toplayın (birbirinize destek olun) sonra sıra halinde gelin. Bugün üstün gelen muhakkak başarıyla ödüllendirilir.

Sihirbazlar: "Ey Mûsâ! Ya önce atmayı tercih edersin, ya da ilk atan biz oluruz" dediler. Mûsâ: "Yok, (önce) siz atın" dedi. Bir de ne görsün, onların ipleri ve değnekleri yaptıkları sihirden dolayı kendisine hızla yılan gibi sürünüyor gibi göründü.

Bunun üzerine Mûsâ içinde bir korku hissetti.

Şöyle dedik: "Korkma (ey Mûsâ!). Çünkü, bugün üstün olan sensin."

"Sağ elindekini (değneğini) at ki, onların yaptıklarını yutsun. Şüphesiz yaptıkları bir sihirbaz hilesidir. Sihirbaz ise nereye varsa kurtuluşa eremez." (Mûsâ'nın değneği, sihirbazların ipleriyle değneklerini yutunca) sihirbazlar hemen secdeye kapandılar ve, "Hârûn ve Mûsâ'nın Rabbine inandık" dediler.

Firavun, "Demek, ben size izin vermeden önce ona (Mûsâ'ya) inandınız ha! Şüphe yok, o size sihiri öğreten büyüğünüzdür. Şimdi andolsun sizin ellerinizi ve ayaklarınızı çaprazlama keseceğim ve mutlaka sizi hurma dallarına asacağım. Hangimizin azabı daha şiddetli ve daha kalıcıymış, mutlaka göreceksiniz."

Sihirbazlar şöyle dediler: "Bize gelen apaçık delillere ve bizi yaratana seni asla tercih etmeyeceğiz. Artık sen vereceğin hükmü ver. Sen ancak bu dünya hayatında hüküm verirsin." "Şüphesiz ki biz; günahlarımızı ve bize zorla yaptırdığın sihri affetmesi için, Rabbimize inandık. Allah'ın vereceği mükafat daha hayırlı ve daha kalıcıdır.

* Musa ve İsrailoğulları'nın Mısır'dan Çıkışı ve Firavun ve Ordusunun Boğulması *

Vakta ki, Firavun ve çevresi de yıllarca tebliğe karşı direndi ve getirilen tüm mu'cizeleri reddetti ve katımızdan azaba müstahak olmuşlardı. Allah'a isyan edip peygamberi kendi düşük akıllarınca delilik ve yalancılıkla suçlamışlardı. İnkarları sebebiyle Allah onlar için alçaltıcı bir son hazırlamıştı. Bu azabın başlangıcında Allah önce Musa'ya İsrailoğulları'nı da alıp Mısır'dan çıkarmasını emretti.

Musa'ya: "Kullarımı gece yürüyüşe geçir, çünkü izleneceksiniz" diye vahyettik. Böylece, Musa ve kavmi, Allah'ın buyurduğu gibi Mısır'ı gizlice terk ettiler.

İsrailoğulları'nın Mısır'ı terk etmesi Firavun için kabul edilemezdi. Çünkü, tüm İsrailoğulları'nın sahibi olarak kendini görüyordu. Dahası kölelerinin gitmesiyle tüm iş gücünü de kaybedecek, ardından Mısır'daki itibarını da yitirecekti. Bu nedenle askerlerini toplayarak İsrailoğulları'nı yakalamak için peşlerine düştü. Bunun üzerine Firavun şehirlere (asker) toplayıcılar gönderdi. "Gerçek şu ki bunlar azınlık olan bir topluluktur;" "Ve elbette bize karşı da büyük bir öfke beslemektedirler." "Biz ise uyanık bir toplumuz" (dedi). Böylelikle Biz onları (Firavun ve kavmini) bahçelerden ve pınarlardan sürüp çıkardık; Hazinelerden ve soylu makam(lar)dan da. İşte böylece; bunlara İsrailoğulları'nı orada mirasçı kıldık. Böylece (Firavun ve ordusu) güneşin doğuş vakti onları izlemeye koyuldular.

Vakta ki, İsrailoğulları, Firavun ve adamlarına yakalanmamak için Mısır'dan uzaklaşırken bir deniz sahiline geldiler. İşte bu sırada da Firavun ve askerleri onların görebilecekleri mesafeye ulaştılar. Firavun ve askerlerini kendilerine doğru yaklaşırken görünce, Musa'nın kavminde bazı kimseler içinde panik ve ümitsizlik hakim oldu. Firavun ve askerleri çok yakın bir mesafedeydi ve görünürde kaçacak hiçbir yerleri de yoktu. Bu kimseler yakalandıklarını düşündüler. İki topluluk birbirini gördükleri zaman Musa'nın adamları: "Gerçekten yakalandık" dediler. İşte bu anda Musa tüm inananlara ve iman edenler için örnek bir tavır gösterdi. Allah'ın kendisiyle ve inananlarla beraber olduğunu ve kendilerine mutlaka bir çıkış yolu göstereceğini ümitsizliğe düşmüş olan kimselere hatırlattı:

(Musa:) "Hayır" dedi. "Şüphesiz Rabbim, benimle beraberdir; bana yol gösterecektir."

Bunun ardından Musa Allah'tan aldığı "Asanla denize vur" vahyi üzerine asasını denize vurdu. Allah denizi bir mucize olarak iki yana yükselen bir duvar sütunu gibi, iki parçaya ayırdı ve aradan kuru bir yol kıldı. İsrailoğulları hemen bu yola girdiler. Firavun ve askerleri ise o kadar azgınlaşmışlardı ki, açılan yoldan geçip İsrailoğulları'nı yakalamayı düşündüler. Bu apaçık mucize karşısında Allah'ın Musa ve onunla birlikte iman edenlere olan desteği aşikardı. Ancak, daha önceki mucizeler gibi bu da Firavun'un iman etmesini sağlamadı. Doğru-

su, Allah aklı ve kalbi kör olmuş bir kişiyi asla hidayete erdirmez, derin bir karanlık içinde bırakır. Akılları tümüyle kapanmış olan Firavun ve askerleri aceleyle İsrailoğulları'nın hemen ardından denizde açılan kuru yola girdiler. Ancak İsrailoğulları'nın bu yoldan çıkıp karaya ulaşmalarıyla birlikte, sular aniden kapanmaya başladı. Firavun ve onu kendilerine sapkınca ilah ve Rab edinmiş olan (ki Allah bundan münezzehtir) tüm ordusu da bu gösterdiğimiz mu'cize ile birlikte boğulup gittiler. Firavun, son anda tevbe etmek istedi ama bu tevbesi kabul görmedi.

Biz, İsrailoğulları'nı denizden geçirdik; fakat tüm uyarılarımıza rağmen Firavun ve askerleri azgınlıkla ve düşmanlıkla peşlerine düştü. Sular onu boğacak düzeye erişince (Firavun): "İsrailoğulları'nın kendisine inandığı (ilahtan) başka ilah olmadığına inandım ve ben de Müslümanlardanım" dedi. Şimdi, öyle mi? Oysa sen önceleri isyan etmiştin ve bozgunculuk çıkaranlardandın.

Bugün ise, senden sonrakilere bir ayet (tarihi bir belge, ibret) olman için seni yalnızca bedeninle kurtaracağız (herkese cesedini göstereceğiz). Gerçekten insanlardan çoğu, Bizim ayetlerimizden habersizdirler.

Allah, Firavun ve çevresinin Cehennemdeki durumlarını size şöyle haber verir:

Ateş; sabah akşam, onlara sunulur. Kıyamet-Saatinin kopacağı gün: "Firavun ve çevresini, azabın en şiddetli olanına sokun" (denecek). Ateşin içinde, iddialar öne sürüp karşılıklı tartışırlarken zayıf olanlar, büyüklenen (müstekbir)lere derler ki: "Gerçekten biz, size uymuş (teb'anız) olan kimselerdik. Şimdi siz, ateşten bir parçasını olsun, bizden uzaklaştırabilir misiniz? Büyüklenen (müstekbir)ler derler ki: "Biz hepimiz (ateşin) içindeyiz; gerçekten Allah, kullar arasında adaletle hüküm verdi (artık), artık susun denir.."

KANON

Not: Bu 56. Kanon, Yaratılış ve Şeytan ile Adem'in Öyküsünü anlatır:

56. Kanon- Yeryüzünde O sizi rızıklandırır, oysa ŞEYTAN sizi fakirlikle ve hor görülmekle korkutur, sakın onun adımlarını takip etmeyin ve ŞÜKREDİN ki, kurtuluşa eresiniz..

* Adem'in Yaratılışı ve Adem'in Cennet'teki Öyküsü *

"Hani bir zamanlar meleklere, Âdem'e secde edin demiştik de onlar hemen secde etmişlerdi, ancak İblîs hariç o cinlerden idi, Rabbinin buyruğunun dışına çıkmıştı. Böyle iken beni bırakıp da onu ve soyunu dostlar mı ediniyorsunuz? Oysa, onlar size düşmandırlar. Zâlimler için ne kötü bir değiştirme."

İnsanlar yokken melekler ve cinler âlemi vardı. Şeytan da bu cinlerdendi. Şeytan önceleri Allah'ı bilir ona çok güzel kulluk ederdi, sonra Allah ondan razı oldu ve onu öyle yükseltti ki, meleklerin başına hoca oldu.

Sonra şeytan içinden; "Ben artık hepsinin başıyım, en üstün benim, beni buradan kimse indiremez" gibi, düşünceler geçiriyor, kibirleniyordu. Öteki melekler bunu bilmiyordu ama Allah bunu bildi. Bunun üzerine Allah hemen insanı erimiş balçıktan yarattı ve Şeytan o zaman kim büyük kim küçük anlayacaktı. Çünkü Allah en çok, yaratılanın kendini en üstün olarak görmesine kızar. Allah meleklere yeryüzünün dört köşesinden toprak getirmelerini emretti. Şeytan durumu hemen anlayınca, öteki melekleri o yaratacağına karşı kışkırttı.

Hani, Rabbin meleklere, "Ben yeryüzünde bir halife yaratacağım." demişti. Onlar, "Orada bozgunculuk yapacak, kan dökecek birini mi yaratacaksın? Oysa biz sana hamdederek daima seni tespih ve takdis ediyoruz." demişlerdi. Allah da, "Ben sizin bilmediğinizi bilirim." demişti.

KANON

İşte böylece, Şeytan kendisini üstün görmesinden dolayı Allah'ın ondan daha da üstün bir şey yaratmaya gücünün yettiğini aklından bile geçirmiyordu. Toprak ateşi söndürecek ve böylece şeytanın gerçek yüzü ortaya çıkacaktı.

İnsan toprak halinde kırk gün yoğruldu. Böylece Allah insanı yaratıp ona ruhundan üflediğinde bütün melekler secdeye kapandılar ama şeytan hariç...

Allah, "Sana emrettiğim zaman seni saygı ile eğilmekten ne alıkoydu?" dedi. (O da) "Ben ondan hayırlıyım. Çünkü beni ateşten yarattın. Onu ise çamurdan yarattın." dedi.

Allah, "Şimdi in aşağı oradan. Çünkü senin orada büyüklük taslamak haddine değil! Hemen çık! Çünkü sen aşağılıklardansın." dedi.

Şeytan dedi ki: "(Öyle ise) bana insanların tekrar diriltilecekleri güne kadar süre ver." Allah da, "Sen süre verilenlerdensin." dedi.

Şeytan dedi ki: "(Öyle ise) beni azdırmana karşılık, yemin ederim ki, ben de onları saptırmak için senin dosdoğru yolunun üzerinde elbette oturacağım."

"Sonra (Pusu kurup) onlara önlerinden, arkalarından, sağlarından ve sollarından sokulacağım ve sen onların çoğunu şükreden (kimse)ler olarak bulamayacaksın."

Allah, dedi ki: "Yerilmiş ve kovulmuş olarak çık oradan.

Andolsun, onlardan sana kim uyarsa sizin, hepinizi Cehenneme doldururum."

Allah, "Ey Âdem! Sen ve eşin Cennette kalın. Dilediğiniz yerden yiyin. Fakat şu ağaca yaklaşmayın. Yoksa zalimlerden olursunuz." Dedi.

Derken Şeytan, kendilerinden gizlenmiş olan avret yerlerini onlara açmak için kendilerine vesvese verdi ve dedi ki: "Rabbiniz size bu ağacı ancak, melek olmayasınız, ya da (Cennette) ebedî kalacaklardan olmayasınız diye yasakladı."

"Şüphesiz ben size öğüt verenlerdenim." *diye de onlara bir de yemin etti.*

Bu sûretle onları kandırarak yasağa sürükledi. Ağaçtan tattıklarında kendilerine avret yerleri göründü. Derhal üzerlerini Cennet yapraklarıyla örtmeye başladılar. Rab'leri onlara, "Ben size bu ağacı yasaklamadım mı? Şeytan size apaçık bir düşmandır, demedim mi?" *diye seslendi. Dediler ki:* "Rabbimiz! Biz kendimize zulüm ettik. Eğer bizi bağışlamaz ve bize acımazsan mutlaka ziyan edenlerden oluruz."

Allah, dedi ki: "Birbirinizin düşmanı olarak inin (oradan). Size yeryüzünde bir zamana kadar yerleşme ve yararlanma vardır."

Allah, dedi ki: "Orada yaşayacaksınız, orada öleceksiniz ve oradan (mahşere) çıkarılacaksınız."

* Havva'nın Yaratılışı ve Adem'in Cennet'ten Yeryüzüne İndirilişi *

Allah, Âdem'i yaratıp onu yalnız görünce dedi ki:

"Onun yalnız kalması iyi değildir." *Bu nedenle onu uyuttu ve kalbinin yakınından bir kaburga kemiği alarak yerini etle doldurdu. Bu kaburga kemiğinden Havva'yı yaratıp, onu Âdem'e eş olarak verdi. Bu ikisini Cennetin efendileri olarak yerleştirdi. Daha önce Cennetten kovulan Şeytan kızgınlığından deli oldu ve Cennetin kapısına yaklaştı. Orada, deve gibi ayakları ve her yanında bir ustura gibi kesilmiş ayak tırnakları olan korkunç bir yılan nöbet bekliyordu. Düşman ona dedi:* "Bir zahmet et, beni Cennete koyuver!" *Yılan cevap verdi:* "Allah bana seni çıkarmamı emretmişken, ben nasıl seni içeri almak zahmetine katlanırım?" *Şeytan karşılık verdi:* "Allah'ın seni ne kadar çok sevdiğini görüyorsun ki seni insan denilen bir okka çamurun başında nöbet tutman için Cennetin dışına koydu. Bu bakımdan, eğer beni Cennet'e alırsan, seni öyle korkunç yaparım ki, herkes senden kaçar ve arzu ettiğin yerde gider kalırsın."

Sonra yılan dedi: "Seni içeri nasıl koyacağım ben?"

Şeytan dedi: "Sen büyüksün; ağzını aç, ben karnına gireceğim ve sen Cennet'e girince, şu sıralarda yer üzerinde yürümekte olan iki okka çamurun yanında beni bırakacaksın."

Sonra, yılan böyle yaptı ve Şeytan'ı kocası Âdem uyumakta olduğundan Havva'nın yanında bıraktı. Şeytan, güzel bir melek gibi kadının önünde durdu ve ona dedi: "Neden şu meyveden yemiyorsunuz?" Havva cevap verdi: "Rabb(imiz) bize, bunlardan yersek kirleneceğimizi ve kendisinin de bizi Cennet'ten çıkaracağını söyledi." Şeytan karşılık verdi: "O, gerçeği söylemez.

Allah'ın kötü ve kıskanç olduğunu, bu nedenle de hiçbir dengine katlanamayıp, herkesi köle tuttuğunu bilmelisiniz ve kendisine eşit olmayasınız diye size böyle demiştir. Fakat sen ve yoldaşın benim tavsiyeme göre hareket ederseniz, diğerlerinden olduğu gibi şu meyvelerden de yiyecek ve başkalarına tabî olarak kalmayıp, Allah gibi iyi ve kötüyü bilecek ve istediğinizi yapacaksınız. Çünkü Allah'a denk olacaksınız."

Sonra, Havva o (Meyve)lerden alıp yedi ve kocası uyandığında, Şeytan'ın tüm dediklerini ona anlattı ve o da karısının sunduğu (Meyve)leri alıp yedi. Bunun üzerine, yenilenler aşağı doğru inerken Allah'ın sözlerini hatırladı; bu sebepten, yemeği durdurmak isteğiyle elini, her insanın işareti bulunan boğazına götürdü."

Sonra, her ikisi de çıplak olduklarını anladılar; dolayısıyla utanıp, incir yaprakları alarak gizli yerleri için bir elbise yaptılar. Öğle vakti geçince, bak ki Allah kendilerine göründü ve Âdem'e seslenip dedi:

KANON

"Adem, neredesin?" O cevap verdi: "Rabb(im), huzurundan kendimi gizliyorum, çünkü ben ve karım çıplağız. Bu nedenle de, senin huzurunda bulunmaktan utanıyoruz." Sonra Allah dedi ki: "Yediğiniz takdirde kirleneceğiniz ve Cennette daha fazla kalamayacağınız meyveyi yemedikçe, sizi kim masumluğunuzdan soyup çıkarmıştır ki?" Âdem cevap verdi: "Ey Rabb(im), bana vermiş olduğun eş (Zevce) yemem için yalvardı, ben de ondan yedim." Sonra Allah kadına dedi ki: "Neden dolayı böyle (Bir) yemeği kocana verdin?" Havva cevap verdi: "Şeytan beni aldattı ve ben de yedim."

"Ama bu melun nasıl girdi buraya?" dedi Allah. Havva cevap verdi: "Kuzey kapıda duran bir yılan onu benim yanıma getirdi." Sonra Allah, Âdem'e dedi: "Mademki sen karının sözünü dinledin ve meyveyi yedin, yeryüzü senin işlerinle lanetlensin, belâ bulsun; senin için iğnelikler ve dikenler bitirecektir o ve yüzünün teriyle ekmek yiyeceksin. Ve toprak olduğunu hatırla ve yine toprağa döneceksin."

Ve Havva'ya da şöyle konuştu: "Ve şeytan'a kulak asıp, kocana yemeği veren sen, seni köle tutacak olan erkeğin egemenliği altında yaşayacak ve doğum çekip, çocuklar dünyaya getireceksin."

Ve yılanı da çağıran Allah, Allah'ın kılıcını tutan melek Mikail'e seslenip dedi: "Önce Cennet'ten bu kötü yılanı çıkar ve dışarıda bacaklarını kes ki yürümek isterse, yerde vücudunu sürüsün." Ardından Allah, gülerek gelen şeytan'a seslendi ve ona da dedi ki:

Madem sen mel'un, bunları aldattın ve kendilerini kirlettin, öyle ise ben de diliyorum ki, onların ve bana gerçekten tövbe edip kulluk yapacak çocuklarının tüm kirlilikleri bedenlerinden çıktıkça senin ağzından girsin ve böylece sen kirliliklerle doyasın." Şeytan sonra korkunç bir şekilde kükredi ve dedi ki: "Madem sen benim daha da kötü olmamı dilersin, ben de o zaman elimden geleni arkama koymayacağım. Ve böylece bundan sonra Şeytan, İnsanoğlu için yeryüzünde apaçık bir düşman oluverdi.."

[Y.K]

57. Kanon- Şimdi O suçluyu çağırın bakalım. O gün suçlular zebaniler tarafından boyunlarından yakalanmış olarak bize getirilir de ateş onlara açıkça gösterilir. Her göz onu görecektir.

58. Kanon- O gün, suçlular çocuklarını, eşini, kardeşini ve kendisine yatırım yapan ateşin öncüsü kıldığımız cemaatini ve hatta yarattığımız ne kadar insan varsa, hepsini birden fidye olarak verip, feda edip, ateşten kurtulmak isteyecektir.

59. Kanon- Ama, hayır hayrı engelleyen, arkasını dönüp yetime yüz çeviren, fakiri hor gören ve mal toplayıp sayıp duran için hazırlanmış olup, orada insanın derisini yüzen, alevler saçan bir ateş hazırlanmıştır..

[Y.K]

60. Kanon- "Allah, dileseydi, aynen daha önceleri cinleri yok ettiği gibi, sizleri de bir yere toplar ve üzerinize gökten, büyük bir kaya parçası veya yanmakta olan bir ateş topu göndererek helak edebilirdi. Kim buna engel olabilir?

61. Kanon- Şüphesiz ki, Allah ayetlerini açıklama konusunda aciz de değildir. Eğer bilmiş olsanız, onun ceza gününün de pek yakında geleceğine şüphesiz inanmış olursunuz.

62. Kanon- Sizden daha önceleri de pek çok kavim inkar etti, ve Kur'an'dan sonraki nice nesilleri de bize uymadıkları ve Allah'ın gerçek sözünden saptıkları için, Onun sözlerini yer yer kendi heva ve heveslerine göre değiştirip, ağızlarında geveledikleri bir oyuncak haline getirdikleri için, yer yer depremler, sel baskınları ve şiddetli fırtınalar ile helak ettik. Oysa, onlar soyca ve milletçe, kavmiyetçe üstünlük taslayan kişilerdi. Şüphesiz ki biz, sözümüz geldiğinde onu geciktirmeyiz. Ve kafirler o söz gerçekleştiğinde, onların bu soy üstünlüğü taslamaları ve kibirleri kurtulmaları için bir çare getirmedi.

63. Kanon- Öyleyse, sen yalnızca bu kitapla iman eden ve bize uyanları ancak, uyarabilirsin. Önceki ve şimdiki Kelam'larda zikredilen ve öncekilerin akibetlerine dönmek istemeyenleri uyar, sana tabi olanları ise büyük bir mükafat ve Cennet nimetleri, Naim ve Me'va ile müjdele, O'nu haber ver. İnsanlığa bu son bir uyarıdır, onları uyarma zamanı yaklaştığında, onlar sanki hiç daha önce yaşamamışlar gibi, onların gözlerinin donup kaldığını göreceksin.

["KANON", "KHALKİ AUM"]

64. Kanon- Bir yanda sahillerde güneşlenip yiyip içip eğlenirsiniz, ve Allah'ın verdiği tüm nimetlerden faydalanan ama hakkı gözetmeyen bir kavim yaratmışızdır, ve yeryüzündeki tüm kötülükleri bir film gibi seyreden sözde Müslümanlar, bid'at ve dalalete sapmış olan bir kavmi ve ehlini ve diğer yanda barbar zalimler ile kelle kesicilerini onlara musallat edip göndeririz de, işte biz böylece ayetlerimizi göstererek insanlığı sınamaktayız ki, yine de Onlar İslam'ın bozulmuş olan o eski devirlerine, onlar yine de ısrarla dönmek isterler.

65. Kanon- "Öyleyse ey kulum de ki: "Hala atalarınızın yolunda batılda diretecek misiniz? Yoksa, vaz geçip, Kurtuluşu mu seçeceksiniz". İşte, insanlığı bu imtihanla sınayacağız, ve biz pek çok elçiler göndermişizdir ve sınamadan geçirmişizdir.

66. Kanon- Senden önce de pek çok elçiler gönderdik ve öyleyse onlara de ki: "Haydi artık karar sizin, ister Hakkı kabul edip iman edin; isterseniz de yok olmayı seçip, Sair/Sekar Cehennemini, o kavurucu ateşin öncüleri olmayı seçin.."

["KANON".. "Khalki Aum"]

67. Kanon- "Ve o inkarcılara ölüm veya yok olma anı geldiğinde onlara de ki: "Ey kafirler topluluğu, şimdi mi yok olma ve ölüm korkusu sizi sardı. Halbuki önceleri iman eden bir kavim de değildiniz ve zulme karşı da hep seyirci idiniz. Halbuki, artık sizin için tolerans gösterilmeyecek, yalnızca Allah'tan bir işaret olacak, ve o anda sen onları sanki bir anda taşa dönmüş, heykeller gibi olmuş görürsün.

68. Kanon- Oysa, biz senden de önce nice kavimleri taşa çevirdik veyahutta keskin bir rüzgarla, sel ve afetlerle helak ettik de, onlar ne kaçabildiler ve ne de Allah'tan başka bir sığınacak merci ve sığınıcı bulabildiler. Ölüm ansızın o karanlıklar içinde onları yakaladı ve kuşatıverdi. Öyleyse, onlara bundan sonra de ki: "Artık, kim bu dünyada ölümü, öte dünyada yaşamayı göze aldıysa, kefenini alsın arkamdan gelsin. Kim de, bu dünyada yaşamayı ve öte dünyada ölmeyi göze aldıysa, arkasını dönüp gitsin.."

69. Kanon- İşte biz ayetlerimizi, hiç çekinmeden, böylece açıkça açıklarız ki, iman eden ve Rasullerine uyan az bir çoğunluğunuz onun ayetlerini anlayıp iman ederler. Geri kalan büyük bir çoğunluk ise inkarda diretirler, işte onlar Cehennemlik olanların ta kendileridirler. Öyleyse o kafirlere de ki: "Ey kafirler topluluğu, eğer korkuyorsanız bilin ki, o korktuğunuz şey çok yakında başınıza gelecektir. Büyük günü bekleyin.. Din gününü.. Kıyamet gününü.."

70. Kanon- Oysa, biz onlardan önce de nice kavimi helak etmişizdir, de ki: "onlara mı gücümüz yetmeyecek?" Onlara Ashab-ı Eyke, Ress, Mağara adamlarının kavmi (Rakim halkı), ve Pompei, Nuh kavmi ile Lut ve Karısının bulunduğu kavim ile akibetlerini hatırlat. Hatırlat ki, sen sadece yakında gelecek olan ve tüm zalimleri kuşatacak olan o çetin azabımız (KIYAMET) konusunda sadece uyarıcı bire elçi ve hatırlatıcısın. Ve kim, Allah ve Elçisine ve bu Kayyum (Sabitlenmiş) bir bilgiyle iletilen mesajına ve Allah'ın bildirdiği ayetlerine duyarsız kalıp, alaya alır ve iman etmezse iyi bilsin ki, onun akibeti sürekli yanmakta olan kızgın bir ateş, Gayya/Haviye kuyusu olacaktır.."

[KANON], [Khalki AUM]

71. Kanon- "Allah size, kendi Örneklerini, misallerini, bu kitapta basit, sizin anlayacağınız bir dille ve misallerle açıklar, keşke anlayanlardan ve bilenlerden olsanız.."

Öyleyse, yalnızca Allah'tan korkun. Çünkü Allah'ın dışında tapdıklarınız ve korktuklarınız, temeli çürük olan bir binaya benzer. Ve aniden bir sel veya deprem geldiğinde onun yıkılıp gittiğini görürsün..

KANON, [Khalki AUM]

72. Kanon- "Yeryüzünde gezin dolaşın ve seyahat edin. Görün ki, ALLAH, yıkılmış kalıntılarıyla, inkarcıları daha önceki kavimleri niçin ve nasıl helak etti ve bundan ibret alın.. GREKLER, ROMA, SÜMER, BABİL, İNKA, AZTEK, MAYA, KARYA.., ve daha eski niceleri, MU, ATLANTİS, LEMURYA.., ve daha nicelerini biz helak etmişizdir, hala ibret almayacak mısınız? Bilmek istersen, hakikatte TARİH-İ KADİM, VE ESKİ KAVİMLERİN AKİBETİ budur.."

73. Kanon- "Allah'ın Ayetleri üzerinde düşünüp, Akıl erdirmiyor ve Söz dinlemiyorlar mı?

Öyleyse, söyle onlara yakında acı akibetlerine hazırlansınlar.."

KANON, [Khalki AUM]

74. Kanon- "Kim, insanlara ve hayvanlara bilerek zarar veriyorsa, bilsin ki O'nu mutlaka CEHENNEM'e uğratacağız.."

KANON

***

10 ALTIN KURAL

Not: Bu 10 Kanon, Musa'nın tabletlerindeki 10 Yasa'nın,

Günümüze uyarlanmış 10 Kural'ıdır:

75. Kanon- "Her nerede olursan, ol, her zaman Allah'a yüzünü dön, dilediğin zaman onu hatırla ki, o da sizi hatırlasın. Bilmek istersen, "ZİKİR" ve "SALAT" budur."

[KANON, 1. Kural]

76. Kanon- Doğaya, Bitkilere ve Hayvanlara iyi davran, onlara iyi ve yumuşak bir şekilde şefkatle muamele et; fakirleri doyur ve malının ihtiyaçtan fazlası olan dilediğin kısmını dağıt, aç ve kimsesizlere yardım et. Unutma ki, dönüşünüz Rab'biniz olan ALLAH'adır. Bilmek istersen, "ZEKAT" ve "İNFAK" budur."

[KANON, 2. Kural]

77. Kanon- Biz insana, kulumuz Musa aracılığıyla Tevrat'ta öldürmeyeceksin diye yazmıştık; ve yine burada yazıyoruz ki, belki anlayıp öğüt alırsınız. Şüphesiz ki, her kim suçsuz bir şekilde bir cana kastederse, biz onu süresiz bir şekilde Cehennem azabına duçar etmişizdir. Keşke, gerçeği bilmiş olsanız.."

[KANON, 3. Kural]

78. Kanon- İçinizden her kim, nikahsız bir şekilde zina edip, suç işlerse, ve eğer bekarsa, onu 3 kişiden kurulan şahitler huzurunda 100 kırbaç vurarak cezalandırın. Şayet, bu zinaya devam etmekten vaz geçerse, elbette Allah'ın lütfu geniştir. Biz tevbe edenlerin günahını elbette dilersek bağışlarız. Ama kim ki, zinaya bilerek ve isteyerek devam ederse ve her ikisi de evli olmak üzere, bir başkasının nikahlı eşine zinada bulunursa, cezası ölümdür. Öteki alemde ise, bundan daha şiddetlisi ile cezalandırılacaktır.. [KANON, 4. Kural]

79. Kanon- Biz önceki kitaplarda, haksız yere de olsa cana kast, hırsızlık veya savaş anında anında cihattan vaz geçme olmak üzere, tüm bunlar için, önceki indirdiklerimizde, kısasa kısas olarak yazmışsak da, bu kitapla Allah sizin için kısastan vaz geçmiştir. Bunun yerine siz, her türlü suç için, haksız olana elbette ağır bir ceza verin. Şüphesiz ki, eğer karşı taraf herhangi bir mehir vermek üzere, kısas cezasından kendi isteğiyle vaz geçerse, öteki alemde Allah bunu fazlasıyla mükafatlandırcaktır. Şüphesiz ki, o sizin hayrınıza olacak şekilde şeriatını belirlemektedir. Bilin ki, Allah Settar'dır, Ganiyy-i mutlak olan ve Tevvab, çok bağışlayıcı olandır.

[KANON, 5. Kural]

80. Kanon- "Ve yine Allah'a karşı ibadet etmek istemeyeni sessizce gösteriş yapmadan hafifçe kırbaçlayın, belki yola gelirler. Biz Allah'ın mescitlerini içlerinde ücretini sadece Allah'tan umarak, O'na ibadet edin diye inşaa ettirdik, birtakım putlara tapınasınız diye değil. Ve imam olarak da sizden ücret istemeyenlere uyunuz. Ve biz kesin olarak size emrettik ki, Tağut'a (Şeytana) kesinlikle itibar etmeyin, o sizi yoldan çıkarmak için her türlü hileye başvurur diye yazmıştık. Bu yine geçerlidir..

[KANON, 6. Kural]

81. Kanon- Şüphesiz bilin ki, sizin en büyük düşmanınız Nefsinizle birlikte Tağuttur. O sizi yoldan çıkararak kendisine tapmanızı ister. Ancak siz, yine de onları iyilik yoluyla Allah'ın yoluna davet etme yolunu seçin, tevbe ederlerse onları serbest bırakın gitsinler. Şüphesiz ki, Allah'ın bu yeni şeriatında zor-

KANON

lama yoktur, fakat o ayetlerinin güzelce tebliğ edilmesinden yanadır.."

[KANON, 7. Kural]

82. Kanon- Şüphesiz ki, Allah size atalarınız İbrahim zamanından beri, günde <u>en az</u> iki vakitte olmak üzere kıbleye dönerek, sabah öğlen veya akşam vakitlerinde olmak üzere 2'şer vakitten günde en az 4 rekat namazı farz kılmıştır. Gücü yeten bunu yapsın, yeterlidir.."

[KANON, 8. Kural]

83. Kanon- "Ve size yine Allah size atalarınız İbrahim, İshak ve Yakub zamanından beri, yılın belirli bir kutsal ayında, belirlenmiş bir vakitten bir vakte kadar oruç tutmak, önceki suhuflarda da yazıldığı gibi farz kılındı. Fakat bilin ki, Allah kullarına zulmetmek istemez, tüm bunları onların hayrı için dilemektedir. Her kim ki, oruca takat yetiremezse, dilediği kadar tutsun.

Allah sizin için bir yıl içinde, size atalarınız İbrahim, İshak ve Yakub zamanından beri, <u>en az</u> 15 günlük orucu farz kılmış ve akıl baliğ olma çağından önce, sünnet olmayı öğütlemiştir ki; çocuk ve yaşlı olanlardan da takat getiremeyecek derecede olanlarınız için ise oruç farz değildir, ama dileyen yine Allah'a ibadetini dilediği kadar yapabilir. Gücü yeten bunu yapsın, yeterlidir..

[KANON, 9-10. Kural]

* * *

84. Kanon- O elbette çok bağışlayan ve tüm yaptıklarınızı görmekle beraber, ibadetlerinizi ve ona olan dualarınızı kabul edendir.."

85. Kanon- "Bu dünyada kaybedenler, öteki dünyada kazanacak;

86. Kanon- Bu dünyada kazananlar ise, orada kaybedecektir..

87. Kanon- Şüphesiz ki, Allah sizin öteki dünyadaki sonsuz hayat için çalışmanızı arzu eder. Keşke gerçeği bilseniz, O'na, Rasulüne ve indirdiğimiz Kitab'lara da iman etmiş olurdunuz..

88. Kanon- Ama bununla birlikte, sizden kim öte dünyadaki ödülleri isterse, kendi nefsinin arzularıyla birlikte, bu dünyayı da reddederse; işte o zaman, ahirette, onlardan çok daha üstün olan benim gerçek nimetlerime sonsuza dek kavuşacaktır ve orada hiçbir sıkıntı ve üzüntü de görmezler. Öyleyse, sen sadece şimdilik inananları o günün gelmesi konusunda, Kıyamet için uyar, belki laf dinlerler.."

[Kanon, Cannon]

89. Kanon- "İNSAN için öteki tarafta, önceden ne biriktirdi ise o vardır, ve dönüşünüz "KIYAMET" gününde yine O'na olacaktır. Şüphesiz ki, O günde RAB'bini hükmedenlerin en adaletlisi olarak görürsün. O gün geldiğinde kişi, tüm akrabalarından ve sevdiklerinden kaçmak ister, hesabı ağır olan ise yok olmayı tercih eder. Ama ne fayda, O gün Rab'binin huzurundan başka kaçacak bir yer de bulamazsın. Günahkar kişi de yine kendi günahını yükleyecek bir başkasını o gün asla bulamaz.

90. Kanon- Ama, iyilik yapanlara gelince, onlar CENNET'tedirler, yüksek nimetler içinde, daha önce ne bir gözün işittiği ne de bir kulağın duymuş olduğu nimetler. Öyleyse, günün sabah, öğlen ve akşam vakitlerinde 3 kez onu zikret ve secde edenlerle birlikte sen de secde et. Ama dinde aşırıya gitmeyin, şüphesiz ki sizden öncekilerin çoğunun helak olma sebebi aşırı

KANON

gitmeleri idi. Onlara KUR'AN'daki Musa ile Firavun, Zekeriya ve Yahya ve İsa ile Havarileri ile onlara zulmeden Roma'nın putperest meliklerini ve İbrahim ile inkarcı atası ve Nemrut ile olan öyküsünü ve tüm bunlardaki örnek alınacak sizlere bu kitapla verdiğimiz verdiğimiz örnekler ve kıssaları hatırlat. Hatırlat ki, belki öğüt alıp, idrak ederler.

91. Kanon- Şüphesiz ki, RAB'bin her şeyi hakkıyla bilen, ona yönelen duaları ve iyilikleri çokça kabul edendir, işitendir.. KAYYUM, HAYY ve BASİR, HAKİM ve ALİM'dir.."

[KANON]

92. Kanon- "Ve nihayet Allah kuluna dedi ki: "Yeterince zaman geçmedi mi, Kulumuz Musa gibi artık herkesten uzak, kıyıda köşede kalmış bir yere çekil, çünkü şimdi önemli şeyler söyleme zamanı geldi; şüphesiz ki biz senin kalbini açıp genişleteceğiz, öyle ki, artık kendi sözünle değil, benim sözümle konuşmaya başlayacaksın, öyle ki sana işaretlerimizi açık olarak göstereceğiz.."

[Kanon, Canon]

93. Kanon- "Şüphesiz ki, KUR'AN'da ve İNCİL'de ve TEVRAT'da verilen misallerin "KANONİK" sözleri bu kısımda açıklandı ve nihayete erdi ve Kitap burada tamamlandı. İnsanları Ceza ve Kıyamet Saati hakkında uyarma zamanı yaklaştı; bu öyle bir uyarıdır ki, saatin geleceğine iman etmek isteyenler, o büyük günün cezası gelmeden önce kurtulabilsinler, akıllarını başlarına alsınlar. Kitaplarımızla biz insan oğlunu Saatin ne zaman gelip çatacağı konusunda uyarmışızdır, Onun zamanını "KIYAMET'in GERÇEKLİĞİ"ni size böylece açıkça bildiriyoruz, sakın ola ki, KIYAMET" gerçekliğinde şüpheye düşmeyin..

KANON

94. Kanon- Öyle ki, çağlar boyunca, insan oğlu için söylediğimiz sözler, sonsuz ötesinden gelen o sözler ağır gelmesin. Aksi takdirde, hepiniz O KIYAMETİN DEHŞETİ ALTINDAKİ sözler ve misallerin altında helak olup giderdiniz. Oysa biz, anlayabilesiniz diye bunu size görevli kıldığımız gizli veya aşikar salih kullarımız aracılığıyla bu gerçekleri Kitaplarımızda iyice açıklamışızdır. Öyleyse, İman edenler için kurtuluşu müjdele.

Artık, dileyen iman etsin dileyen de küfründe ve inkarında direterek CEHENNEM'e gidenlere öncülük etsin. Fakat şüphesiz, o Sair Cehennem'i ancak inkarda çok ileri giden kafirler için hazırlanmıştır, fitne çıkararak bunu tüm yeryüzüne yaymak isteyen facir ve fasıklar için. Allah onlara bir süre zaman verdi, İşte, o gün İsrailoğullarının yine bir araya toplanacakları gün, küfründe ileri gittikçe inkarları artsın diye, ama şüphesiz zamanı geldiğinde onlara ummadıkları bir tuzak kuracaktır. İMAN ETMEYEN, TÜM İNKARCILAR için. Şüphesiz ki, Allah tuzak kuranların en hayırlısıdır.."

[KANON]

94. Kanon- Sıkılıp bunaldığında, insanlar sana zarar vermek istediğinde, kulumuz Musa'yı hatırla. "..Hani O, Kulumuz Musa da bir zamanlar yine İsrailoğullarını dehşetli bir günün azabı konusunda uyarmak için çöllere çekilmişti. Ona yardımcı olan iki çoban da yanında olduğu halde, şiddetli bir ışık parlamasına doğru yavaşça ilerledi. Yanındakilere dedi ki: Ben ileride bir ışık görüyorum veyahut yanan bir ateş, umarım ki sizin için hayırlı olmasını dilerim, çünkü ben Rabbi ceza konusunda, sizi cezalandırması konusunda bugün çok kızgın görüyorum ve hissediyorum.."

İşte o günden sonra Musa'nın dili tutuldu. Bir süre konuşamaz oldu.

95. Kanon- İşte KIYAMET'in dehşeti de böyledir. O gün insan dünyada neyi arzu ettiyse KIYAMET GÜNÜ'nde de onu elde edecektir. Ne amel işlediyse onun karşılığını bulacaktır. O gün geldiğinde, insanların dilinin tutulduğunu görürsün. Biz misalleri böyle açıklıyoruz ki, belki anlarsınız, çünkü insanoğlu çok az anlar, oysa hep bildiğini sanır. Şüphesiz ki, Allah yeryüzünü pek çok kez helak etti, fakat her seferinde Şeytan'a tabi olanlar, inkarda ileri gidenler, yeni bir medeniyet kurup derlerdi ki: "Biz yeniden dirilmenin de Kıyametin de geleceğinden şüpheliyiz, bunu ihtimal dahilinde görmüyoruz." Yanındakilere dediler ki: "Etrafınıza bakın bir bakın, hiç böyle dünya hayatı düzgün bir şekilde devam edip dururken, mal ve çocuklar edinip dururken, şaaşalı saltanatımız böyle sürüp giderken, bir felaketin geleceğini ön görüyor musunuz, buna ihtimal veriyor musunuz? Aklınızı kullanın, sizi herhangi bir ceza konusunda uyarmaya çalışan delileri sakın dinlemeyin, yoksa ya kaybedenlerden olursunuz, veya sizi bu ülkeden sürüp çıkartacağız.."

Sonra, bir zaman böyle tartışmalar devam etti. Ve o eski nesillerin hiç birini ayakta bırakmadık, bunları mı bırakacağız, üstelik o eski nesiller onlardan çok daha güçlüydüler. Oysa, şimdi onlardan hiç kimsenin ne bir sesi ne de bir izi kaldı mı.? İşte, aynen böyle KIYAMET gününde de insanoğlu dünyada hiç yaşamamış gibi orayı dümdüz ederiz de sen üzerinde ne medeniyetten geri kalan bir ses ne de bir iz bulabilirsin.."

[KANON]

96. Kanon- "ALLAH, insanı EN MÜKEMMEL şekilde ve KENDİ SURETİNDE yarattı. O'na ŞEKİL ve BİÇİM verdi. Ve

KANON

Dünya'da KIYAMET'e kadar yaşaması için O'nu imtihana tabi tuttu ve ELÇİLERİNİ ardı ardına gönderdi.. SON'unda dönüşünüz O'nadır. O, en doğru şekilde hükmedendir.."

[KANON]

97. Kanon- Kitapta kulumuz Meryem Oğlu İsa Mesih'i de hatırlamadan geçme. Hani bir zamanlar, Kulumuz İsa Mesih de, Havarileriyle birlikte bir köyün yakınından geçiyordu. O köyde onu sevmeyen bir topluluk yaşıyordu. O, ve annesi Allah'a karşı tevazulu ve çok saygılı idi, çok yakında katımızdan yeniden döndürüleceği güne selam olsun.! O, onlara yaklaştığında bir grup insan ona taş atarak ve hakaret ederek yanına yaklaşmaya başladılar. Fakat tersine İsa Mesih onlara sevgi ve güler yüzle sözler söyleyip, onlar için, ebedi kurtuluşlarını düşünerek, ahiretleri için dua etmekteydi..

[Kanon, Mesih İsa Hakkında-1]

98. Kanon- Bunun üzerine havariler bir an tedirginliğe kapılıp, hemen oradan uzaklaşmak istediler, şöyle dediler;

- Ey Muallim! Görüyorsun ki bu adamlar seni istemiyor, seni kabul de etmiyorlar, hakaret ediyorlar, neden hala onlara güzel sözler söyleyip dua ediyorsun? Onlar sana nefretini veriyor, sen de sevgini! Şu halde, Gitmemiz gerekmez mi buradan?

Bunun üzerine İsa söyle kısa bir mükemmel cevap verdi:

"HERKES, KENDİNDEN OLANI VERİR.."

Selam, Kıyamet Günü'nde O'nun üzerine olsun..

[Kanon, Mesih İsa Hakkında-2]

KANON

99. Kanon- Bazı insanlar, son günlerin (KIYAMET) geldiğini sanıp seni saptırmak istiyorlar, onlara deki: Büyük son ancak Allah katındandır, siz onun süresini nereden bileceksiniz. Ama Allah o gün meleklerine göğün toplanması emrini vermiştir. İşte, arşı sıcaktan kızıla dönmüş görürsün o gün ve bu sırada inkarcılar için hazırlanmış olan Cehennem'in Arşın altına yaklaştırılırken görürsün, ve hadi bakalım ey kafirler, acıklı azabı tatma vakti geldi, siz ve size tabi olanları and olsun tüm bu Cehennem dolana kadar bugün Azman'a emir verdim. Ki O, hiç acıması olmayan ve kulakları sağır ve görmeyen bir zebanidir. Neyi emretmişsek onu aynen yapar ki, onu Cehennemde bekçilerin başı yaptık..

"O gün , insanlar alevli çılgın bir ateşten kaçmak ister, ama nafile zaten KIYAMET de gelip çatmıştır, kim bilir belki de o çok yakındır.."

"Şüphesiz ki, Allah O gün iyilikte bulunup, İman eden kullarını ödüllendirecektir, Onlar için korku yoktur.."

[KANON, KIYAMET-SON GÜN UYARISI]

KANON

KANON, "KHALKİ AUM KİTABI"NIN SONU

KANON

KANON

KANON-İKİNCİ KİTAP
KHALKİ AVATAR KİTABI

Sembolik Anlamı; Bütün dünya toplumları için, "Kıyamet" -Dünyanın Son Döneminde- geleceği bildirilen Evrensel Kurtarıcıya (İsa Mesih) ait Kod;

"TEK DİN" , "TEK ALLAH", "TEK MABED",
"TEK MİLLET", "TEK DEVLET" ..

KANON

GİRİŞ: İSA MESİH'İN HAYATI
[Kendi Anlatımıyla]

İsa Mesih'in Doğumu, İlk Hayatı ve Peygamberlik Dönemi
*

Ben, Meryem Oğlu İsa Mesih, çok tehlikeli bir zamanda Filistin'de doğdum. Ülkem, acımasız bir kral olan Büyük Hirodes'in yönetimi altındaydı (İ.Ö. 37-4). Krala, büyük işler yaptığı için değil, gelmiş geçmiş Filistin kralları arasında adı Hirodes olan ilk kral olduğu için Büyük Hirodes deniliyordu. Tarih bize Hirodes'in, yarı Yahudi olduğunu söyler. Hirodes, o zamanın ölçülerine göre bile gaddar sayılırdı. Kendisine karşı olan tüm politikacıları ve kendi karısı, üç oğlu ve sayısız akrabası da dahil olmak üzere, hakimiyetine karşı tehdit oluşturuğunu düşündüğü herkesi öldürüyordu. Roma İmparatoru Avgustus bile, "Hirodes'in domuzu olmak, oğlu olmaktan daha iyidir" diyerek Hirodes ile alay etmekten kendisini alamamıştı. Hirodes ölüm döşeğinde bile zalimdi. Öyle ki, ölümünden sadece birkaç gün önce, Yahudi ulusunun tüm önde gelenlerini huzuruna getirtti. Onları derhal hipodroma kilitletti ve çevresini askerlerle kuşattı. Askerlere, kendi cenaze töreninde onurlandırıcı bir "yas" olsun diye, ölümünden hemen sonra kilitlettiği bu kişileri öldürmelerini emretti.

***

Kral Hirodes devrinde Yahudiye'nin Beytlehem Kenti'nde doğumumdan sonra, bazı yıldızbilimciler doğudan Yeruşalim'e gelip şöyle dediler:

KANON

"Yahudiler'in Kralı olarak doğan çocuk nerede? Doğuda O'nun yıldızını gördük ve O'na tapınmaya geldik."

Kral Hirodes bunu duyunca kendisi de bütün Yeruşalim halkı da tedirgin oldu.

Bütün başkahinleri ve halkın din bilginlerini toplayarak onlara Mesih'in nerede doğacağını sordu. *"Yahudiye'nin Beytlehem kentinde"* dediler. *"Çünkü peygamber aracılığıyla şöyle yazılmıştır:*

'Ey sen, Yahuda'daki Beytlehem, Yahuda önderleri arasında hiç de en önemsizi değilsin! Çünkü hal kım İsrail'i güdecek önder senden çıkacak.'

Bunun üzerine Hirodes yıldızbilimcileri gizlice çağırıp onlardan yıldızın göründüğü anı tam olarak öğrendi. *"Gidin, çocuğu dikkatle arayın, bulunca bana haber verin, ben de gelip O'na tapınayım"* diyerek onları Beytlehem'e gönderdi.

Yıldızbilimciler, kralı dinledikten sonra yola çıktılar. Doğuda görmüş oldukları yıldız onlara yol gösteriyordu, bulunduğum yerin üzerine varınca durdu.

Yıldızı gördüklerinde olağanüstü bir sevinç duydular. Eve girip beni annem Meryem'le birlikte görünce yere kapanarak O'na tapındılar. Hazinelerini açıp O'na armağan olarak altın, günnük ve mür sundular. Sonra, gördükleri bir düşte Hirodes'in yanına dönmemeleri için uyarılınca ülkelerine başka yoldan döndüler.

Yıldızbilimciler gittikten sonra Rab'bin bir meleği babalığım Yusuf'a rüyada görünerek, *"Kalk!"* dedi. *"Çocukla annesini al, Mısır'a kaç. Ben sana haber verinceye dek orada kal. Çünkü Hirodes öldürmek için çocuğu aratacak."* Böylece Yusuf kalktı, aynı gece beni ve annemi alıp Mısır'a doğru yola çıktı. Hirodes'in ölümüne dek orada kaldı. Bu, Rab'bin peygamber aracılığıyla bildirdiği şu söz yerine gelsin diye oldu: *"O'nu Mısır'dan çağırdım."*

KANON

Hirodes, yıldızbilimciler tarafından aldatıldığını anlayınca çok öfkelendi. Onlardan öğrendiği vakti gözönüne alarak Beytlehem ve bütün yöresinde bulunan iki ve iki yaşından küçük erkek çocukların hepsini öldürttü. Böylelikle, Peygamber Yeremya aracılığıyla bildirilen şu söz yerine gelmiş oldu:

Rama'da bir ses duyuldu, ağlayış ve acı feryat sesleri!

Çocukları için ağlayan Rahel avutulmak istemiyor, çünkü onlar yok artık!

Hirodes öldükten sonra, Rab'bin bir meleği Mısır'da Yusuf'a rüyada görünerek, "Kalk!" dedi, "Çocukla annesini al, İsrail'e dön. Çünkü çocuğun canına kıymak isteyenler öldü." Bunun üzerine Yusuf kalktı, beni annemle alıp İsrail'e döndü. Ama Yahudiye'de Hirodes'in yerine oğlu Arhelas'ın kral olduğunu duyunca oraya gitmekten korktu. Rüyada uyarılınca Celile bölgesine gitti. Oraya varınca 'Nasıra' denen kente yerleşti."

***

İşte, bu İsa Mesih'in olağanüstü doğumunun gerçek hikayesi, Büyük Hirodes'in hükümranlığı zamanında gerçekleşti. Bu, Kral Hirodes'in, ben daha çocukken, beni öldürtmeyi nasıl planladığını açıklar.

Zamanla hikmet içerisinde büyüyüp yetişkinlik çağına ulaştığımda, 30'lu yaşlarımda Allah tarafından peygamberlik göreviyle müjdelendim. O günden sonra, gökyüzüne Allah tarafından alınıncaya kadar geçen 3 yıllık zamanda, yeni getirmiş olduğum mesajla, "Yeni Ahit" mesajının Yahudi öğrencileri yavaş yavaş 'İsevi' dinine giriyordu. Zamanla tüm insanlar ve halklar, gördüler ki, Kurtuluş mesajının sadece Yahudiler için olmadığını fark etmeye başladılar. İnanan ve iman eden kişiler, hangi ulustan, ırktan, kabileden ya da dinden olurlarsa olsunlar; Cehennem ve çukurdan kurtarılabileceklerdi. Öyle ki, Mesihle ilgili iyi haber, tüm dünya için iyi haber demekti. Birkaç yıl içinde, Yahudi olmayan öğrencilerimin sayısı, Yahudi olanları kat kat aşacaktı.

***

* İsa Mesih'in Göğe Yükseltilmesi ve Kıyamet'e Yakın Tekrar Gelişi *

Ey insanlık iyi bilin ki, "Güneş battığı yerden doğmadıkça Kıyamet kopmayacaktır. İnsanlar onu gördükleri zaman yeryüzünde bulunanların hepsi iman ederler" *hadisinin yorumu, buradaki güneşin İsa, batıdan doğması onun batı ülkelerinden bir yerden çıkacağını, insanların onu yeniden görünce iman etmesidir. O önce, oradaki insanlara dinin gerçeğini ve doğrusunu anlatacak ve daha sonra ışığı bütün her yere yayılacak ve bütün insanlar O'na iman edecektir. Çünkü, biliniz ki Rab İsa Mesih asla ölmedi.*

Ölen onu yakalatmak isteyen hain Yahuda'ydı. Allah Yahuda'yı, İsa'nın aynı benzeri yaptı ve Cebrail onu alıp götürdü. Sonra, günlerce işkencelerde kalan ve çarmıha gerilen de Yahuda'ydı. İyi biliniz ki, işte hainliğin ve dönekliğin sonu budur. Tekrar yeryüzüne geleceğim zaman, hem **Zebur** *hem* **Tevrat** *ve hem de* **İncil**'*de açıkça bildirildiği gibi;* **Kur'an**'*la da sabittir ki, bu konuda inkara mecal bırakamak derecesinde açıkça bildirilmiştir:*

Hem yine biliniz ki, O Cennetten dünyaya, dünyadan Cennete çıktığı noktadan inecek. "O gün O'nun ayakları Yeruşalim'in (Yeni Kudüs) doğusundaki Zeytin Dağı'nın üzerinde duracaktır." Sözünü hatırlayın. Biliniz ki, Peygamberliğin özü İsa Mesih'in ta kendisidir.

(Zekeriya 14:4, Eski Antlaşma)

KANON

Herkes, her göz onu görecek ve "O zaman İnsanoğlu'nun [Bu ünvan Kutsal Yazılar'da benim verilen yegane ünvanlarımdan biridir] belirtisi gökte görünecek. Yeryüzündeki bütün halklar ağlayıp dövünecek, İnsanoğlu'nun gökteki bulutlar üzerinde büyük güç ve görkemle geldiğini görecekler." (Matta 24:30, İncil)'yı hatırlayın.

Ve şunları demiş olduğumu da hatırlayın:

Herkes O'nun tarafından yargılanacak. Öğrencileri gelecekle ilgili ona bir soru sordular. "İsa, Zeytin Dağı'nda otururken öğrencileri yalnız olarak yanına geldiler. "Söyle bize" dediler, "Bu dediklerin ne zaman olacak, senin gelişini ve çağın bitimini gösteren belirti ne olacak?" (Matta 24:3, İncil).

Detaylı cevabında İsa şöyle dedi; "İnsanoğlu kendi görkemi içinde bütün melekleriyle birlikte gelince, görkemli tahtına oturacak. Ulusların hepsi O'nun önünde toplanacak." (Matta 25:31-32, İncil).

"Bütün bunlar Rab İsa ['Rab', bu ünvan Kutsal Yazılar'da unvanlarımdan birisi 'Öğretmen' anlamından – Diğeri de 'Muallim' idi] alev alev yanan ateş içinde güçlü melekleriyle gökten gelip göründüğü zaman olacak. İsa, Tanrı'yı tanımayanları ve kendisiyle ilgili Müjde'ye uymayanları cezalandıracak. Böyleleri Rab'bin varlığından ve yüce gücünden uzak kalarak sonsuza dek mahvolma cezasına çarptırılacaklar. Bütün bunlar Rab'bin kendi kutsalları arasında yüceltilmek ve bütün imanlılarda hayranlık uyandırmak üzere geldiği gün olacak."

(2. Selanikliler 1:7-10, İncil, Yeni Antlaşma)

"**RAB olan ALLAH** ne söyleyecek **dinleyeyim**."

(Mezmur 85:8, Eski Antlaşma)

KANON

"Allâh demişti ki, "Ey **Meryem** oğlu **İsa**...

Sana **Kitab**-ı (*İlk Kanon*), **Hikmet**'i, **Tevrât**'ı ve **İncîl**'i öğrettim." (Mâide 5:110)

Ve (**Allah**) ona Bu (**Kitab**)'ı (*İkinci bir Kanon'u*),

Hikmet'i, **Tevrat**'ı ve **İncil**'i (*Gerçek İncil'i*) tekrar öğretecek...[İkinci gelişinde..]

(Âl-i İmran Suresi Âyet – 48)

KANON

İNCİL-İN KANONİK YORUMU

İşte şimdi dinle ki, bu hikaye O'nun çoğu insan tarafından bilinmeyen mesajı olan İncil (Müjde)'nin ve İsa Mesih'in anlatılarının, peygamberlik sözlerinin ve yaşamının hikayesidir:

KANON

1. Kanon- İsa Mesih, hırsızlık yapan birini gördü ve adama sordum, "Hırsızlık yaptın mı?" Adam cevap verdi, "Asla! Kendisinden başka mabut olmayan Allah üzerine yemin ederim." Bunun üzerine şöyle buyurdu, " Ben Allah'a inanırım ve gözlerimi yalanlarım."

2. Kanon- İsa şöyle buyurdu, "Diline hakim olana, meskeni kendi ihtiyaçlarına yetene ve günahları için göz yaşı dökene ne mutlu."

3. Kanon- İsa ashabına şöyle dedi: "Allah'ı anmadan, çok fazla konuşmayın, zira yüreğiniz taşlaşır ve taşlaşmış bir yürek Allah'tan çok uzaktadır. Lakin siz bilmezsiniz. Sizler insanların günahlarını sanki Rabb'mışsınız gibi sınamayın, kul olduğunuzu bilerek değerlendirin. İnsanlar iki çeşittir:

Hastalar ve sıhhatliler. Hastalara karşı şefkatli olun, sıhhatli olduğunuz için de Allah'a şükredin. "

4. Kanon- İsa şöyle buyurdu: "İçinizden biri oruç tuttuğunda başını ve sakalını yağlayıp takdis etsin, ağzını silsin, insanlar onun oruç tuttuğunu bilmesinler. Eğer o sağ eliyle (bir şey) verirse, sol elinin bundan haberi olmasın. Dua ederken kapısının perdesini çeksin, çünkü Allah rızk bahşettiği gibi hak ettiğinizi de verir."

5. Kanon- Cebrail İsa ile karşılaştı ve ona şöyle dedi: "Selamün Aleyküm, Ey Ruhullah."

İsa da "ve Aleyküm Selam, ey Ruhullah" dedi. Sonra İsa sordu, "Ey Cebrail, Kıyamet Vakti ne zaman gelecek?" Cebrail kanatlarını çırpıp cevap verdi, "Soru sorulanın soru sorandan daha fazla bilgisi yoktur.

O, göklerde ve yerde ağırlaştı; O size apansız gelecek." Yahut o dedi ki, "Onun zamanını Allah'tan başkası haber veremez.

Zamanını (yeniden geldiğim gün) gelince Allah bana haber verecektir."

6. Kanon- Kıyamet Günü, İsa'nın huzurunda ne zaman zikredilse, O haykırıp şöyle derdi: "Huzurunda Kıyamet Günü'nden bahsedildiğinde Meryemoğlunun sessiz kalması doğru olmaz. Günü geldiğinde Allah O'nun bilgisini bana verecektir."

7. Kanon- İsa havarilerine şöyle buyurdu: "Vaaz ettiğiniz insanlardan, bana verdiğiniz ücrete benzer ücretler dışında bir şey almayınız. Tuz kokmaz. Kokan her şey tuzla tazeleştirilir. Lakin tuz kokarsa bunun çaresi yoktur. Cehaletin iki hususiyetine sahip olduğunuzu bilin: (Sebepsiz yere) kahkaha atmak, uykusu olmasa da gereksiz yere sabahleyin uyumak."

8. Kanon- İsa havarilerine şöyle dedi: "Nasıl hükümdarlar bilgeliği size bıraktıysa, siz de dünya işlerini onlara bırakmalısınız."

9. Kanon- İsa şöyle buyurdu: " Ey ademoğlu, eğer iyi bir amel işlersen, onu unutmaya çalış, çünkü iyi amellerin O'na ulaşacak ve O, amellerini hiç unutmayacaktır."

Sonra İsa Kur'an'da da geçen şu cümleleri söyledi:

Allah der ki: 'Biz iyi amel işleyenin mükafatını zayi etmeyiz.'

Ben de diyorum ki: 'Eğer kötü amel işlerseniz, ku kez onu unutmamak için, gözünüzün önünden ayırmayın.'

10. Kanon- İsa şöyle buyurdu: " Ey havariler, günahkarlara kin duyup Allah sevgisini arayınız; sizi günahkarlardan uzaklaştıracak işleri yaparak Allah'a yaklaşmaya çalışınız; ve o1nlara öfkelenerek Allah'ın ihsanını arayınız." O [Malik], "Onun hangi emirden başladığını bilmiyorum" demişti. Havariler: "Ey Ruhullah, öyle ise biz kiminle dostluk kuracağız?" dediler. İsa şöyle cevap verdi: "Yüzü Allah'ı hatırlatan, sözleriyle bilginizi arttıran, amelleriyle ahiret hayatını arzulatanlarla dostluk kurunuz."

11. Kanon- İsa havarilerine şöyle derdi: "Mescidler yuvanız, evleriniz ise konaklayacağınız mekanlar olsun. Yabani otlardan bile yemek zorunda kalsanız, bu dünyadan huzur içinde ayrılın." [Şarik] şöyle demişti: "Bunu Süleyman'a da anlattım, o da şunu ekledi: 'Ve saf su içiniz.'

12. Kanon- İsa dedi ki, "Sabırlı bir insan için felaketler sonunda huzur getirir; günahkar bir insan için ise huzur sonunda felaket gelir."

13. Kanon- İsa şöyle buyurdu: "Dört meziyet vardır ki, bir insanda aynı anda bulunması hayret uyandırır: Bunlar; ibadetin başı olan sükunet, Allah indinde alçakgönüllülük, dünyaya karşı zahidlik ve yoksulluktur."

14. Kanon- İsa harabelerin yanından geçerken şöyle dedi: "Ey harabelerin harabesi!" ya da "Ey harab olmuş harabe, insanların nerede?" Harabelerden bir ses ona cevap verdi: "Ey Ruhullah, onlar öldüler, bu yüzden sen kendini Allah'a ada" ya da o ses şöyle dedi: "Allah'ın emri doğruluktadır, bundan dolayı sen de O'nu doğrulukta aramalısın."

15. Kanon- İsa şöyle buyurdu: "Karınlarınız doysun diye değil, Allah rızası için mücadele edin. Gelip geçen kuşlara bakın! Onlar ekip biçmezler ve Allah onların rızkını verir. Eğer 'Bizim karınlarımız kuşların karınlarından daha büyüktür' derseniz, o zaman şu gelip geçen yabani ya da evcil sığırlara bakın.

Onlar ekip biçmezler, ama Allah onların da rızkını verir. Dünyada aşırılıktan sakının, çünkü aşırılık Allah nazarında çok kötü bir şeydir."

16. Kanon- İsa göğe yükseldiği gece havarilerine şöyle dedi: " Rızkınızı Allah'ın Kitabı'nı öğreterek kazanmayın. Eğer bunu yapmaktan sakınırsanız Allah sizi, bir tek taşı bile dünyadan ve dünyadaki her şeyden daha değerli olan minberler üzerine oturtacaktır." Abd-ul Cebbar şöyle dedi: "Bu yerler Allah'ın Kur'an' da bildirdiği yerlerdir: 'Melik-ül Cebbar olan Allah'ın huzurunda hak meclisindedirler.'" Ve sonrasında İsa göğe yükseldi.

KANON

17. Kanon- İsa'ya sordular, "Ey Ruhullah ve Kelimetullah, insanların en fesatçısı kimdir?" İsa cevap verdi, "Hataya düşen alimdir. Eğer bir alim hata yaparsa insanlar da onun yüzünden hataya düşer."

18. Kanon- Zekeriya'nın oğlu Yahya İsa ile karşılaştı ve ona şöyle dedi:

"Söyle bana, insanı Allah'ın ihsanına yaklaştıran ve onu Allah'ın gazabından uzaklaştıran nedir?" İsa şöyle dedi: "Öfkelenmekten sakının."

Yahya sordu, "Öfkeye sebep olan nedir, onu dindiren nedir?" İsa cevap verdi, "Gurur, aşırılık, ucup ve kibir." Yahya, "Başka bir şey daha sorayım" dedi. İsa "İstediğini sor" dedi. "Zinayı yaratan ve engelleyen nedir?"

İsa "Bir bakış" dedi, "kalbe, onu eğlenceye, zevk düşkünlüğüne saptıran bir şey yerleştiren ve böylece gafleti, günahı arttıran bir bakış. Size ait olmayan bir şeye (gözlerinizi dikip) bakmayınız, çünkü görmedikleriniz sizi daha akıllı yapmayacaktır, duymadıklarınız sizi zor durumda kalmaktan kurtarmayacaktır."

19. Kanon- İsa'nın zamanında kuraklık vardı. Gökte bir bulut hareket ediyordu.

İsa baktı ve bulutu hareket ettiren bir melek gördü. Ona: "Nereye gidiyorsun?" diye seslendi. Melek, "falanca kişinin tarlasına" dedi. İsa söylenen adamın olduğu yere kadar yürüdü, onu bir kürekle hendek kazarken buldu. İsa, "Daha fazla mı istedin?" diye sordu, yani daha fazla yağmur isteyip istemediğini sordu. Adam "Hayır" dedi. "Daha mı az istedin?"

Adam yine "Hayır" dedi. " Bu yıl topladığın mahsulle ne yaptın?" "Hangi mahsul?" dedi adam, "Haşereler mahsulü talan etti." İsa "Geçen yıl ne yaptın?" diye sordu. "Toprağımı üçe böldüm: Bir parçası sığırlarını ve ailem için; öteki parçası fukaralarla yeri yurdu olmayanlar için ve sonuncusu da kendim için." Ve İsa şöyle dedi:

"Bu üç büyük sevaptan hangisinin daha büyük olduğunu bilemem."

20. Kanon- Havarileri İsa'ya sordular: "Söyle bize, kullar arasında Allah'a kendini en çok adayan kimdir?" İsa bu soruyu şöyle cevapladı: "İnsanlardan bir övgü beklemeden, Allah rızası için çalışandır." "Allah rızası için en doğru nasihati veren kimdir?" diye başka bir soru sordular. İsa'nın bu soruya cevabı şöyle oldu: "Allah'a karşı olan vecibelerini insanlara karşı olan görevlerinden daha önce yerine getiren, Allah'a karşı olan vecibelerini insanlara karşı olan görevlerinden üstün tutandır. Dünyevi meseleler ve ahiret meseleleri arasında seçim yapması gerektiğinde, o kimse, önce ahiret meseleleriyle ilgilenir, sonra dünya meselelerine yönelir."

21. Kanon- İsa bir grup havarisi ile birlikte, akan bir nehir ve çürüyen bir yılan arasında yol alırken, rengarenk, altın gibi ışıldayan bir kuş yanlarına gelip kondu. Titredi, tüylerini döktü. Çok çirkin, küçük, kırmızı ve kel bir yaratık haline geldi; sonra bir havuza doğru uçtu. Balçığın içinde debelendi; simsiyah, çirkin bir halde balçıktan çıktı. Sonra akan suyu gördü. Orada yıkandı.

Döktüğü tüylerine tekrar büründü. Ve yeniden eski güzelliğini kazandı.

"İmanlarını terk edip günaha boğulduklarında ve tekrar günahtan dönüp kirlerinden arındıklarında, günahkarların durumu da böyledir. Günah işleyenler, döktükleri derileriyle tüylerini tekrar büründüklerinde dine dönmüş olurlar. Ve bunlar mesellerdir." Dedi.

22. Kanon- İsa şöyle derdi: "Cennet aşkı ve Cehennem korkusu zor zamanlarda sabır verir, Allah'ın kulunu dünyevi rahatlıktan uzaklaştırır."

23. Kanon- Havariler İsa'ya gelip şöyle dediler: "Ey Ruhullah ve Kelimetullah, bize atamız Sam'ı, Nuh'un oğlu Sam'ı göster, böylece Allah bizim imanımızı artırsın."

Bunun üzerine İsa onları Sam'ın mezarına götürdü, "Allah'ın izniyle cevap ver ey Nuh'un oğlu Sam!" dedi. Sam, Allah'ın yardımıyla kalktı, bir hurma ağacı gibi yükseldi. İsa ona şöyle sordu: "Ey Sam, kaç yıl yaşadın?" Sam, "Dört bin yıl yaşadım. İki bin yıl boyunca bir Peygamberdim, sonra iki bin yıl daha yaşadım" diye cevap verdi. İsa, "Dünya o zamanlar senin nazarında nasıldı?" diye sordu. Sam şöyle cevap verdi: "İki kapısı olan bir eve benziyordu. Birinden girdim ve ötekinden çıktım."

24. Kanon- İsa'ya şöyle vahyedildi: "Eğer bir ülkenin yöneticileri küçük çocuklarsa, o ülke lanetlenmiştir."

25. Kanon- Allah, İsa'ya şöyle vahyetti: "Ey İsa, kendini sorgula. Başkalarını kendini sorguladıktan sonra sorgula. Aksi takdirde benim katımda mütevazı ol."

26. Kanon- İsa Havarileriyle ya da onun da söylediği gibi birkaç tilmiziyle birlikte bir mezarın başında duruyordu. O sırada bir mevta mezara indiriliyordu. Havariler kabrin karanlığından, yalnızlığından ve darlığından söz ediyordu. İsa "Bir zamanlar bundan daha dar bir yerde, ana rahminde bulunmuştunuz. Allah merhametini artırmak isterse artırır."

27. Kanon- İsa şöyle buyurdu: "Yüce Allah'ın adını sık sık anınız, O'na şükrediniz, itaat ediniz ve O'nu tesbih ediniz. Allah için iyi bir kulsanız dua ederken, 'Ey Allah'ım, günahlarımı bağışla, hayatımı düzene sok ve Ey Allah'ım beni kötülüklerden uzak tut,' demeniz kafidir."

28. Kanon- İsa şöyle buyurdu: "İnandığı ve öldükten sonra Allah onun soyunu koruduğu için mümine ne mutlu."

29. Kanon- İsa, "Eğer içinizden biri sağ eliyle bir sadaka verirse, bunu sol elinden gizlesin. Eğer dua ederse kapısının perdesini çeksin, çünkü Allah rızkı paylaştırdığı gibi nimetini de paylaştırır" derdi.

30. Kanon- İsa'ya, "Ey Allah'ın Rasulü, ihtiyaçların için neden bir merkep edinmiyorsun?" diye sordular. İsa, "Ben Allah katında, O'nun bana ihsan edeceği ve beni O'ndan uzaklaştıracak herhangi bir şeyden daha değerliyim" diye cevap verdi.

31. Kanon- İsa havarilerine, "Doğrusu size derim ki, siz gerçekten ne bu dünyayı ne de bundan sonraki dünyayı arzu ediyorsunuz" dedi. Onlar da, "Ey Allah'ın Rasulü, nedir bunun sebebi, çünkü biz hep ikisinden birini istediğimizi düşünürdük" dediler. İsa, "Bu dünyayı arzulasaydınız dünya hazinelerini elinde tutan Rabb'inize itaat ederdiniz. Öteki dünyayı arzulasaydınız, onun da sahibi olan Rabb'inize itaat ederdiniz, O da öteki dünyayı size verirdi. Ancak, siz ne bunu, ne de ötekini istiyorsunuz" dedi.

32. Kanon- İsa, "İmanın en yücesini sizde neden görmüyorum?" dedi. Onlar da, "İmanın en yücesi nedir, ey Ruhullah" dediler. O da, "Allah önünde alçakgönüllü olmak" diye cevap verdi.

33. Kanon- İsa şöyle buyurdu: "Hazinelerinizi göklerde biriktirin, çünkü insanın hazinesi nerede ise kalbi orada olacaktır."

34. Kanon- Şeytan, İsa'yı Kudüs'ün en yüksek yerine yerleştirdiğinde ona şöyle dedi:

"Ölüleri dirilttiğini iddia ediyorsun. Eğer geçekten bunu yapabiliyorsan, Allah'tan şu dağı ekmeğe dönüştürmesini iste." İsa, "İnsanlar yalnız ekmekle mi yaşar?" dedi. İblis, "Eğer iddia ettiğin gibiysen aşağıya atla, çünkü melekler nasıl olsa seni tutacaklardır" dedi. İsa ona şöyle karşılık verdi. "Allah bana kendini denemeyeceksin diye buyurmuştur, çünkü ben O'nun beni kurtarıp kurtarmayacağını bilemem."

35. Kanon- Havariler Resullerini bulamayınca onu aramaya çıktılar, sonunda onu suyun üstünde gezerken buldular. İçlerinden biri ona: "Ey Allah'ın Rasulü, sana doğru gelelim mi?" dedi. İsa da "Evet" dedi. Havari ileri doğru bir adım attı, bir adım daha atınca suyun içine gömüldü. İsa, "Ey imanı zayıf adam, elini uzat. Eğer bir ademoğlunun buğday tanesi ya da zerre kadar imanı olsaydı, o, suyun üstünde gezerdi" dedi.

36. Kanon- İsa şöyle derdi: "İyilik, size iyi davranana iyi davranmak demek değildir, çünkü bu sadece iyiliğe iyilikle karşılık vermektir. İyilik, size kötülük yapana iyilikle karşılık vermektir."

37. Kanon- Allah İsa'ya şöyle vahyetti: "Ey İsa, ben sana yoksullara karşı sevgiyi ve merhameti bahşettim. Sen onları seversin; onlar da seni severler. Seni ilahi rehberleri ve önderleri olarak görürler; sen de onları, dostların ve takipçilerin olarak görürsün: Bunlar iki huy özelliğidir. İçinde bu iki huyu taşıyanlar Mahşer Günü'nde, huzuruma, yaratılmışlar arasındaki en salih amelli ve en sevgili kullarımla beraber çıkacaklardır."

38. Kanon- Ne zaman Kıyamet Günü'nden bahsedilse, İsa ıstırap içindeki bir kadın gibi feryat ederdi.

39. Kanon- İsa, Yahya ile karşılaştığında ona şöyle dedi: "Beni uyar." Yahya, "Öfke duymaktan sakın" dedi. İsa, "Ben bunu yapamam" diye cevapladı.

Yahya da, "Mal mülk edinme" dedi. İsa da, "İşte bu mümkündür" dedi.

40. Kanon- İsa insanları Allah'a itaat etmeye çağırarak ilerliyordu, "İşte kulunuz ben, kulunuz olan kadının oğlu, o da kulunuzun kızıydı." İsa'nın önünden liften yapılmış yuları olan develere binmiş 'Keyf Camii'ne dua etmeye giden yetmiş Peygamber geçti.

41. Kanon- İsa, "Ey Havariler, denizin dalgaları üzerine hanginiz bir ev inşa edersiniz?" diye sordu. Havariler, " Ey Ruhullah, kim bunu yapar ki?" dediler.

İsa, " Dünyadan sakının ve onu yurt edinmeyin" dedi.

42. Kanon- İsa şöyle derdi: "Doğrusu size derim ki, buğday ekmeği yemek, saf su içmek, gübre yığınlarının üstünde köpeklerle uyumak cenneti kazanmak isteyen için daha hayırlıdır."

43. Kanon- İsa buyurdu ki: "Bildiğiniz şeylere uygun amel işlemiyorsanız, bilmediğiniz şeyleri öğrenmek size bir şey getirmez. Çok fazla ilim, eğer ona uygun amel işlemiyorsanız, sadece kibri artırır."

44. Kanon- İsa şöyle buyurdu: "Zaman üç gün etrafında döner: Uyarıldığınız ve geçmiş olan dün; ihtiyaçlarınızın karşılandığı bugün ve size ne getireceğini bilmediğiniz yarın. Her mesele üç şey etrafında döner: Doğru olduğu anlaşılan ve uymanız gereken şey, şerri ortaya çıkan ve uzak durmanız gereken şey, ve size belirsiz görünen, Allah'a havale etmeniz gereken şey."

45. Kanon- İsa şöyle dedi: "Boyunduruğuma girin, çünkü ben yumuşak huylu ve alçak gönüllüyüm."

46. Kanon- İsa şöyle buyurdu: "Ancak, ilim öğrenip ona göre amel işleyen ve onu öğreten kişi Allah katında büyük sayılır."

47. Kanon- İsa'ya sordular, "Suyun üstünde nasıl yürüyebilirsin?" İsa cevap verdi, "Sahih imanın yardımıyla." Ona, "Bizim de sahih imanımız var" dediler.

İsa da sordu, "Siz; taş, çamur ve altının aynı şey olduğuna inanıyor musunuz?" "Hayır" dediler. İsa şöyle buyurdu: (ya da şöyle buyurmuş olabilir) "Benim nazarımda hepsi birdir."

48. Kanon- Bir adam İsa'ya gelip şöyle dedi: "Ey iyiliğin öğretmeni, bana senin bildiğin ama benim bilmediğim ve benim işime yarayacak, sana da zarar vermeyecek bir şey öğret." İsa, "Bu ne olabilir ki?" diye sordu. Adam, "Allah katında bir kul nasıl gerçek bir dindar olabilir?" diye sordu. İsa şöyle cevap verdi:

"Bu çok kolaydır. Allah'ı tüm kalbinle gerçekten sevmelisin, tüm çabanı ve gücünü onun yolunda harcamalısın. Kendine karşı merhametli olduğun gibi, kendi halkına karşı da merhametli olmalısın." Adam, "Ey iyiliğin öğretmeni, benim halkımın insanları kimlerdir?" diye sorunca, İsa şöyle cevap verdi:

"Bütün ademoğullarıdır. Ve kendine yapılmasını istemediğin şeyi başkalarına yapma. Bunu yapmakla Allah katında gerçek bir dindar olursun."

49. Kanon- İsa havarileri için yiyecek bir şeyler hazırlar, sonra da onları yemeğe çağırıp beklemelerini isterdi; bu esnada da "Bu, sizin yoksullar için yapmanız gereken şeydir" derdi.

50. Kanon- İsa ölüyü diriltmesi için habercilerini gönderdiği zaman onlara şöyle derdi: "Şunları şunları söyleyin, titreyen ve gözyaşı döken birilerini görürseniz, o anda orada dua edin."

51. Kanon- İsa havarilerine şöyle dedi: "Doğrusu size derim ki (ve o bunu sık sık derdi), aranızda kötü talihi için en fazla üzülenler bu dünyaya en fazla bağlı olanlardır."

52. Kanon- Havariler şöyle sordular: "Ey İsa, Allah'ın velileri, onlar için korku yoktur, mahzun da olmayacaklardır, kimlerdir onlar?" İsa şöyle cevap verdi:

"Başkaları bu dünyanın görünen yüzüne bakarken onlar dünyanın özüne bakarlar. Başkaları fani şeylere bakarken onlar bu dünyanın sonunu beklerler. Onlar, dünyada kendilerini yok edeceğinden korktukları şeyleri yok eder, kendilerini terk edeceğini bildikleri şeyleri terk ederler. Bu yüzden, bir zamanlar maddeten değerli saydıklarına şimdi yüz çevirirler. Onlardan ancak laf arasında söz ederler ve onlardan aldıkları zevk üzüntüden başka bir şey değildir. Onlar, her türlü dünyevi kazancı reddeder, dünyada kazanılan her türlü haksız zaferi hakir görürler. Onlar için dünya yaşlanmış ve köhneleşmiştir; ama onlar dünyayı ihya etmeye çalışmazlar.

Dünya harabeye dönmüştür, ama onlar dünyayı yeniden inşa etmeye uğraşmazlar.

Dünya onların nazarında ölmüştür, ama onlar dünyayı diriltmeye çalışmazlar. Onlar ahiret hayatlarını kurmak için bu dünyayı yok ederler. Onlar, karşılığında ezeli olanı almak için, bu dünya hayatını satarlar.

Onlar dünyayı reddeder, bundan dolayı dünyada gerçekten mutlu olanlar onlardır. Onlar bu dünyada yok olan, ölen ve izleri silinen insanlara bakar, ölümü hatırlar ve dünya hayatını yok sayarlar. Onlar Allah'ı ve Allah'ın adını anmayı severler. O'nun nurunu arar, O'nun nuru ile aydınlanırlar.

Mucizeler onlarla birliktedir ve onlar mucizeler gerçekleştirirler.

Allah'ın Kitabı'nı yayar, Allah'ın Kitabı'na göre amel işlerler. Allah'ın Kitabı onları zikreder, onlar da Allah'ın Kitabı'nı zikrederler. Kitab'ın bilgisini onlar yayar, bilgiye Kitap'la ulaşırlar. Onlar ellerinde olandan daha fazlasını ümit etmezler. Allah'tan bekledikleri huzurdan başka huzur ve sakındıkları korkudan başka korku beklemezler."

53. Kanon- Yahya ile İsa karşılaştıklarında Yahya şöyle demişti: "Benim için Allah'tan af dile, çünkü sen benden daha iyisin." İsa, "Sen benden daha iyisin. Ben 'selam benim üzerime olsun' dedim; oysa ki Allah sana, 'selam senin üzerine olsun' diye mukabelede bulundu." Allah ikisinin de değerini takdir etti.

54. Kanon- İsa'nın huzuruna, zina işlediği için taşlanmasını emrettiği bir adam getirdiler. İsa, "Onun işlediği suçu işleyenler onu taşlamayacak" dedi.

Zekeriya'nın oğlu Yahya dışındaki herkes ellerindeki taşları bıraktı.

55. Kanon- İsa şöyle buyurdu: "Allah'ın en çok sevdiği kimseler gariplerdir." Ona sordular, "Garipler kimlerdir?" İsa; "Onlar bu dünyayı [sahih] imanlarıyla terk edenlerdir. Onlar Mahşer Günü'nde İsa'nın yanında toplanacaklardır." diye cevap verdi.

56. Kanon- İsa şöyle dedi: "Ey bu dünyanın köleleri, sadaka vermektense haksız davrandıklarınıza karşı merhametli ve adaletli olun."

57. Kanon- İsa şöyle buyurdu: "İnsanları kendi hallerine bırakın. Onların kusurlarını değil, kendi kusurlarınızı araştırın. Onların övgülerini kazanmaya ya da azarlarını işitmeye çalışmayın. Size emrolunanı yapın."

58. Kanon- Allah İsa'ya şöyle vahyetti: "Beni tek kaygın kıl. Beni kıyametten sonraki hayatın için hazinen kıl. Bana iman et, ben de sana rızkını vereyim.

Başka hiçbir şeyi rabbin belleme; yoksa seni terk ederim."

59. Kanon- İsa din kardeşlerinden birini görmeye gidiyordu. Bir adamla karşılaştı, adam ona, "Kardeşin öldü" dedi. İsa bunun üzerine geri döndü.

Ölen adamın kızları İsa'nın geri döndüğünü öğrenince ona geldiler ve şöyle dediler: "Ey Allah'ın Rasulü, senin geri dönmen bizim için babamızın ölümünden daha acı." İsa ise, "Yürüyün, beni onun kabrine götürün" dedi. Kızlar, İsa'ya babalarının mezarını gösterene dek yürüdüler.

İsa ölüyü yüksek sesle çağırdı, adam saçları beyazlamış halde göründü.

İsa sordu, "Sen falanca değil misin?" Adam, "Evet" dedi. "Ne oldu sana böyle?" "Senin sesini duyup onu Kıyamet Günü'nün sayhası zannettim" diye cevapladı adam. Bu sırada adamın karısı İsa'nın yaptıklarını gördü ve işitti. Kadın, "Seni taşıyan rahme ve seni emziren memelere ne mutlu" dedi. İsa da, "Allah'ın, Kitab'ını öğrettiği kimselere ve kibirlenmeden ölenlere ne mutlu" dedi.

60. Kanon- İsa, " Dünyayı tersine çevirdim ve üstüne oturdum. Ölecek hiçbir çocuğum, yıkılabilecek hiçbir evim yok" dedi. Ona, "Kendine bir ev edinmeyecek misin?" diye sordular. İsa; "Bana selin geçtiği yerde bir ev inşa edin." diye karşılık verdi. Ona, "Böyle bir ev ayakta durmaz" dediler. Bir de, "Bir karın olmayacak mı?" diye sordular. O da, "Ölecek olan bir eşi ne yapayım?" dedi.

61. Kanon- İsa şöyle buyurdu: "En büyük günah bu dünyayı sevmektir. Kadınlar Şeytan'ın dizginleridir. Şarap bütün kötülüklerin anahtarıdır."

62. Kanon- İsa şöyle derdi: "Bu dünyayı sevmek bütün günahların kaynağıdır. Dünyada edinilen zenginlik büyük bir hastalıktır" Ona sordular, "Niçin bir hastalıktır bu?"

İsa, "Zenginlik sahibi gururlanmaktan, böbürlenmekten kendini alamaz." dedi. Ona sordular, "Düşün ki bundan uzak durdu?" İsa, "Zenginliğinin artması insanı Allah'ı anmaktan alıkoyar." diye cevap verdi.

63. Kanon- İsa şöyle buyurdu: "Size doğrusunu söylerim ki, Cennetin hiçbir katında zengin yoktur. Bir devenin bir iğnenin deliğinden geçmesi, bir zenginin Cennete girmesinden daha kolaydır."

64. Kanon- İsa havarilerine şöyle dedi: "Ey havarilerim, domuzun önüne inciler koymayın, çünkü domuz incilerle hiçbir şey yapamaz. Hikmeti, onu arzulamayanlara vermeyin, çünkü hikmet incilerden daha değerli, hikmeti reddeden kimse ise domuzdan daha değersizdir."

65. Kanon- İsa şöyle dedi: "Eğer kendinizi tamamen Allah'a adamak, ademoğullarının ışığı olmak istiyorsanız, size kötülük yapanları bağışlayın, sizi vaktiyle ziyaret etmemiş olan hastaları ziyaret edin, size kötü davrananlara iyi davranın ve size borçlarını geri ödemeyenlere yine borç verin."

66. Kanon- İsa havarilerinden biriyle 'Afik Geçidi'nden geçiyordu. Bir adam yollarına çıkıp onları durdurdu. Sonra, "Her

KANON

birinize birer tokat atmadan geçmenize izin vermeyeceğim" dedi. Onu vazgeçirmeye çalıştılar, ama adam kabul etmedi.

İsa, "İşte benim yanağım, haydi vur" dedi. Adam, İsa'nın yanağına bir tokat attı ve geçmesine izin verdi. Sonra havariye dönüp, "Sana da tokat atmadan geçmene izin vermeyeceğim" dedi. Ancak havari kabul etmedi. İsa bunu görünce adama öteki yanağını döndü. Adam, İsa'ya bir tokat daha attı, ikisinin de geçmesine izin verdi. Sonra İsa şöyle dedi: "Ey Allah'ım, bu seni memnun ettiyse, senin memnuniyetin bana ulaşmıştır. Eğer seni memnun etmediyse, sen haklı yere öfkelenmeye daha çok layıksın."

67. Kanon- İsa havarilerine şöyle dedi: "Ben size arpa ekmeği yedirdim, bu dünyadan huzur ve sükunet içinde kaçınmanızı sağladım. Size doğrusunu derim ki, bu dünyanın zevkleri öteki dünyanın acılarıdır, bu dünyanın acıları da öteki dünyanın zevkleridir. Allah'a inanan gerçek müminler bu dünyada rahat içinde yaşamazlar. Size doğrusunu derim ki, aranızdaki en kötü kimseler bu dünyayı seven ve onu iyi amel işlemeye tercih eden alimlerdir. Eğer bir alim böyle yaparsa, bütün insanları da kendisi gibi kötü amel işlemeye sevk etmiş olur."

68. Kanon- İsa şöyle derdi: "Size ders alasınız diye vaaz veriyorum, kibirli olasınız diye değil."

69. Kanon- İsa dedi ki: "Benim istediğim gibi değil, senin istediğin gibi. Benim arzu ettiğim gibi değil, senin arzu ettiğin gibi."

70. Kanon- İsa için ona söylenen hiçbir söz, "şu yoksul adam" sözünden daha aziz olmamıştır.

71. Kanon- Havariler şöyle dediler: "Ey Allah'ın Mesihi, Allah'ın evine bak, ne güzel!" O şöyle mukabelede bulundu:

"Amin, Amin. Size doğrusunu derim ki, Allah bu camide taş üstünde taş bırakmayacak, insanların günahları yüzünden onu tamamen yıkacak. Allah altınla, gümüşle ya da taşlarla hiçbir iş yapmaz. Allah için bütün bunlardan daha kıymetli olan kalpteki saflıktır. Onun sayesindedir ki, Allah dünyayı kurar ya da eğer bu kalpler saf değilse, onu yıkar."

72. Kanon- İsa şöyle dedi: "Şeytan bu dünyayla dosttur. Onun dalavereciliği zenginlikle dosttur. Onun ayartıcılığı ucubla dosttur. Onun sonsuz kötülük gücü de şehvetle dosttur."

73. Kanon- İsa şöyle derdi: "Ey havarilerim, kendinizi mahvederek bu dünyanın peşinde koşmayın; bu dünyada dünyalık şeyleri terk ederek kurtuluşunuzu arayın. Bu dünyaya çıplak geldiniz, buradan çıplak ayrılacaksınız. Yarının hangi rızkı getireceğini düşünmeyin, her bir günün getirdiği rızkla yetinin. Yarın kendi kaygılarını beraberinde getirecektir. Size her gün rızkınızı vermesi için Allah'a dua edin."

74. Kanon- İsa şöyle derdi: "Ey Allah'ım, artık nefret ettiğim şeylerden kendimi uzak tutamıyorum. İstediğim şeylerin faydalarına da erişemiyorum. Sorunlarımla şimdi bir başkası ilgileniyor ve ben artık kendi işimden mesulüm.

Benden daha yoksul olan bir yoksul yok. Dostlarımın benden yüz çevirmesine izin verme. İmanımın felaketim olmasına izin verme ve bana karşı merhametsiz olan birini benim üstüme salma."

75. Kanon- İsrailoğulları İsa'nın fakirliğini hor görüyorlardı. İsa onlara, "Sefil insanlar, sizi yolunuzdan zenginlik saptırdı. Siz hiç yoksulken Allah'a ihanet eden bir kimse gördünüz mü?" dedi.

KANON

76. Kanon- İsa dolaşmaya çıktığında birdenbire gök yarılmışçasına yağmur boşandı. Bunun üzerine İsa bir mağaraya sığındı. Orada bir çoban vardı. Bu yüzden İsa oradan ayrıldı, bir çalılığa sığındı. Orada da sinmiş bir aslan buldu. İsa başını kaldırdı ve şöyle dedi, "Rabbim, ben hariç herkese sığınacak bir yer verdin."

Allah, İsa'ya şöyle vahyetti: "Ey İsa, senin sığınağın benim yanımdır, benim arşımın gölgesidir ve benim merhametimin evidir. Seni bin zarif huri ile evlendireceğim ve düğününde insanları bin yıl yedirip içireceğim. Mahşer gününde bir münadi, "Gelin ve Allah'ın zahit dostunun düğününe katılın" diye bağıracaktır.

77. Kanon- İsa, göğe yükseldiği gün, ardında bir yün elbiseden, bir sapandan ve bir çift pabuçtan başka bir şey bırakmamıştı.

78. Kanon- İsa ağaçların yapraklarını yer, kıldan yapılma gömlek giyer ve karanlık çöktüğünde nerede ise, orada uyurdu. Onun ne ölecek bir çocuğu vardı, ne de yıkılacak bir evi. O, ne öğlen yemeğinden akşam yemeğini ne de akşam yemeğinden öğlen yemeğini arttırırdı. O, "Her gelen gün rızkını beraberinde getirir" derdi.

79. Kanon- İsa ağlayan bir topluluğun yanına geldi. "Bu insanlar niçin ağlıyor?" diye sordu. Ona, "Onlar günahlarından korkuyorlar" dediler. İsa da, "Günahlarınızı terk edin, o zaman affedilirsiniz" dedi.

80. Kanon- İsa kendisine hakaret eden birkaç Yahudinin yanından geçiyordu. Onlar her seferinde İsa'ya kötü sözler söylüyorlar; İsa da onlara iyilikle karşılık veriyordu. Temiz kalpli Şemun İsa'ya şöyle dedi, "Onlar her kötü söz söylediğinde sen onlara iyilikle mi karşılık vereceksin?"

İsa, " Herkes kendinde olandan harcar" dedi.

81. Kanon- İsa'yı bir hayat kadınının evinden çıkarken gördüler. Birisi ona, "Ey Ruhullah, sen bu kadının evinde ne yapıyorsun?" dedi. İsa, "O, hekimin ziyaret ettiği bir hastadır" diye cevapladı.

82. Kanon- İsa şöyle buyurdu: "Bu dünya Şeytan'ın çiftliğidir, bu dünyanın insanları da Şeytan'ın saban sürücüleridir."

83. Kanon- İsa şöyle buyurdu: "Vay halinize, bu dünyanın köleleri! Amelleriniz inançlarınızla ve arzularınız aklınızla nasıl da ters düşüyor! Sözleriniz hastalıklara şifadır, lakin amelleriniz şifaya meydan okuyan hastalıktır. Siz ince yapraklı, meyvesi lezzetli ve kolayca erişilen asmalar gibi değil; aslında az yapraklı, çok dikenli ve ulaşılması zor akasya ağaçları gibisiniz.

Vay halinize, bu dünyanın köleleri. İyilikleri, isteyenin iyiliklere ulaşabileceğini düşünerek ayaklarınızın altına aldınız ve bu dünyayı, onu ulaşılamaz zannederek baş tacı ettiniz. Siz ne dindar kullarsınız, ne de onurlu kimselersiniz.

Vay halinize, günahlardan medet umanlar. Siz hep çıkarınızın peşinde koşar, hayırlı işleri heba edersiniz. Siz sizi en çok korkutanla yüzleşeceksiniz, çünkü Amellerin Rabb'i gelecek, heba ettiğiniz işleri ve nelerden kazandığınızı göreceksiniz.

Vay halinize, şerden hayır umanlar. Siz üzerinize düşeni yapmadan mükafatınızı almak istediniz; siz nafile olanı yapmaya pek gönüllüsünüz, lakin size emredileni yapmazsınız. Borçlu olunan, ona olan borcu ödemeden hediyenizi kabul etmez."

84. Kanon- İsa şöyle dedi: "Siz, çalışmadan da kazanç elde edebileceğiniz bu dünya için çalışıyorsunuz, ama çalışmadan kazanamayacağınız öteki dünya için çalışmıyorsunuz."

85. Kanon- İsa şöyle buyurdu: "Allah'a sadece bu dünyada karşı çıkılması, Allah için bu dünyanın ne kadar önemsiz olduğunun bir işaretidir, insan O'nun ihsanına yalnız bu dünyayı feda ettiğinde kavuşabilecektir."

86. Kanon- İsa havarilerine şöyle dedi: "İnsan bu dünyaya dört safhada gelir. Bunların üçünde kendini güvende hisseder, dördüncüsünde ise artık kötülüğe meyillidir, Allah'ın onu feda edeceğini düşünür. İlk safhada o üç çeşit karanlık içinde doğar: Karnın karanlığı, rahmin karanlığı ve etenenin karanlığı.

Allah onu karın boşluğunun karanlığında besleyip korur. Karnın karanlığından çıkarıldığında ona süt verilir, ama o ayağa kalkamaz ya da elleriyle süte ulaşamaz, eti ve kanı gelişene kadar ona zorla süt verilir. Sütten kesildikten sonra üçüncü safhaya gelir. Yiyeceği haram ya da helal yollardan elde eden ailesi onu besler. Ailesi öldüğünde insanlar ona acır; biri onu besler, biri içecek, biri yatacak yer, bir başkası da giyecek verir. Dördüncü safhaya geldiğinde güçlenmiştir artık, ayaklarının üstünde durmaya başlar ve adam olur.

Kendisine bakılmayacağını düşündüğünden insanlara saldırmaya başlar, güvenlerine ihanet eder, onların mallarını yağmalar, zenginliklerini çalar. Çünkü, Yüce Allah'ın kendisini feda edeceğinden korkar."

87. Kanon- Allah, İsa'ya şöyle buyurdu: "Senin ardından dindar bir topluluk göndereceğim, onlara karşı cömert olduğumda şükredecekler, dua edecekler; onları yoksun bıraktığımda hilm ve ilim sahibi olmasalar da sabırlı ve hoşnut olacaklar.

İsa sordu, "Ey Allah'ım, hilm ve ilim sahibi olmadan bunu nasıl başaracaklar?"

Allah şöyle buyurdu: "Onlara kendi hilmimden ve bilgimden vereceğim."

88. Kanon- İsa'ya sordular, "Senin amellerinden hangisi en hayırlısıdır?" İsa, "Beni ilgilendirmeyen şeyden uzak durmak." diye cevap verdi.

89. Kanon- Allah, İsa'ya yeryüzündeki krallara elçiler göndermesini söyledi. İsa havarilerini gönderdi. Yakın yerlere gönderilenler gitmeyi kabul etti, ama uzağa gönderilenler gitmekte isteksiz davrandılar ve şöyle dediler: "Bizi yanlarına gönderdiğin insanlar gibi konuşamayız."

İsa, "Ey Allah'ım, havarilerime Senin bana emrettiğin şeyi yapmalarını emrettim, ama onlar bana itaat etmediler" dedi. Allah ona şunu vahyetti: "Ben seni bu sıkıntıdan kurtaracağım." Allah bundan sonra her bir havariyi yanlarına gönderildikleri kimseler gibi konuşturdu.

90. Kanon- İsa takipçilerine şöyle dedi: "Eğer insanlar size başları olmalarını söylerse, siz onların kuyrukları olun."

91. Kanon- İsa bir adamla karşılaştı ve "Sen ne yapıyorsun?" diye sordu. Adam, "Kendimi Allah'a adıyorum" dedi. Bunun üzerine, "Sana kim bakıyor?" diye sordu. Adam, "Kardeşim" dedi. İsa, "Kardeşin kendini senden daha fazla Allah'a adamıştır" dedi.

92. Kanon- İsa şöyle buyurdu: "Kendiniz aklı karışıkların arkasında dururken daha ne zamana kadar geceleyin gezginlere yol tarif edeceksiniz? Sadece bir dirhem ilim kafidir, ama daha fazlası sizin amelleriniz olmalıdır."

93. Kanon- İsa buyurdu ki: "Alimler arasında Allah katında en menfur kişi, dedikoduyu seven, bir toplulukta başköşeye kurulmaktan, ziyafetlere davet edilmekten, kendisi için harcanacak çuval çuval yiyeceklere sahip olmaktan hoşlanandır. Size doğrusunu söylerim ki, bu adamlar kazançlarını bu dünyada edinmiştir, Mahşer Günü'nde Allah onların cezasını kat be kat arttıracaktır."

94. Kanon- "Dünyanın sonu geldiğinde, perhizi nasihat edip de kendileri perhizden uzak duracak; öteki dünya için insanların içinde istek uyandırıp da, kendileri istek duymayacak; hükümdarları ziyaret etmeyi yasaklayıp da kendileri bundan vazgeçmeyecek; zenginlere yaklaşıp fakirlerden uzaklaşacak, zayıflardan kaçıp güçlüleri tutacak bazı alimler olacaktır. Onlar zalimlerdir, Rahman olan Allah'ın düşmanlarıdır."

95. Kanon- İsa şöyle buyurdu: "Allah'ın adını anmadan konuşan kişi sadece zırvalıyordur.

Kendini uyarmadan düşünen kişi ahmaktır. Düşünmeksizin sessiz kalan kişi ise vaktini boşa harcıyordur."

96. Kanon- "Size doğrusunu derim ki, hikmet sözleri söyleyenler ile onları dinleyenler ortaktır. Bilge olarak anılmayı en çok hak edenler hikmeti tatbik edenlerdir.

Size doğrusunu derim ki, eğer karanlık bir gecede neftle yanan bir lamba görürseniz yağın kokusuna aldırmadan ışığından istifade edin. Bunun gibi, kimden olursa olsun hikmet edinmeye çalışın."

97. Kanon- İsa havarilerine şöyle dedi: "Eğer gerçekten benim kardeşlerim ve dostlarımsanız kendinizi insanların husumetine ve nefretine alıştırın. Çünkü, arzularınızı terk etmeden aradığınıza ulaşamazsınız. Nefret ettiğinize katlanmadan sevdiğinize sahip olamazsınız."

98. Kanon- "Kalbiyle görene, ama kalbi gördüklerinde olmayana ne mutlu."

99. Kanon- İsa şöyle buyurdu: "Dünya bir köprüdür. Köprüden geçin, ama onun üstünde oturmayın."

100. Kanon- İsa kendisine hakaretler savuran bir cemaatin yanından geçti. Ama o onlara hayır dualarla karşılık verdi. Kendisine hakaretler savuran başka bir cemaatin yanından geçti. Onlara da hayır dua ile cevap verdi. Havarilerden biri sordu, "Neden onlar daha çok hakaret ettikçe, sanki sen onları bunu yapmaya davet eder gibi daha çok hayır dua ediyorsun." İsa şöyle dedi:

"Bir insan kalbinde ne taşıyorsa etrafındakilere de ancak ondan verir."

101. Kanon- İsa şöyle dedi: "Ortada olun ama yana doğru yürüyün."

102. Kanon- İsa şöyle dedi: "Gözlerinizi sakındığınız sürece zina işlemezsiniz."

103. Kanon- İsa acılar içinde doğuran bir ineğin yanından geçerken inek, "Ey Kelimetullah, Allah'a beni doğurtması için dua et" dedi. İsa, "Ruhtan ruh yaratan, ruhtan doğan ruha babalık eden Allah'ım onu doğurt" diye dua etti ve inek yavrusunu doğurdu.

104. Kanon- İsa buyurdu ki; "Yaradılış üzerine düşündüm ve şunu buldum; yaratılmayan bana göre yaratılandan daha mutludur."

105. Kanon- İsa şöyle buyurdu: "Allah şahidim olsun ki, bu dünya bir kulun yüreğine onu dünyadaki üç şeye bağlamadan yerleşemez: Yükü asla hafiflemeyen iş, alt edilemeyen fakirlik, asla gerçekleşemeyecek ümitler. Bu dünya hem takip eden hem de takip edilendir. Öteki dünya, ölüm gelip yakasına yapışana dek bu dünyanın peşinde olanları takip ederken, bu dünya, hayatlarının sonuna kadar öteki dünyanın peşinde olanları takip eder."

106. Kanon- Dünya İsa'ya gösterildi ve İsa dünyanın süsler takınmış dişsiz bir kocakarı olduğunu gördü. İsa, "Sen kaç adamla evlendin?" diye sordu.

Kocakarı, "Onları sayamam" dedi. İsa, "Hepsi senden önce mi öldü, yoksa seni boşadılar mı?" diye sorunca, "Hiçbiri. Hepsini öldürdüm" dedi kadın. İsa, "Senin şimdiki kocaların ne kadar zavallıymış. Çünkü onlar, önceki kocalarından onları nasıl birer birer öldürdüğünü öğrenememişler, kendilerini sana karşı korumuyorlar da" dedi.

107. Kanon- İsa şöyle buyurdu: "İnançlı bir insanın kalbi hem bu dünyanın hem de öteki dünyanın sevgisini aynı anda taşıyamaz. Tek bir kabın hem ateşi hem de suyu taşıyamayacağı gibi."

108. Kanon- İsa'ya eşlik eden bir adam ona şöyle dedi: "Seninle, yanında, yoldaşın olmak istiyorum." Yola koyuldular ve bir nehrin kenarına ulaştılar; yemek yemek için oturdular. Üç somun ekmekleri vardı. İkisini yediler, üçüncüsü kaldı. İsa kalktı, nehre su içmeye gitti. Döndüğünde üçüncü somunu göremeyince adama sordu, "Somunu kim aldı?" Adam, "Bilmiyorum" dedi.

İsa adamla birlikte yine yola koyuldu; iki yavrusuyla gezinen bir dişi geyik gördü. İsa yavrulardan birini çağırdı, yavru İsa'nın yanına geldi. İsa onu kesti, etin bir kısmını pişirip arkadaşıyla birlikte yedi. Sonra da yavru geyiğe dönüp, "Allah'ın izniyle kalk" dedi. Geyik kalkıp gitti. Bunun üzerine İsa arkadaşına dönüp şöyle sordu: "Sana, bu mucizeyi gösteren Allah adına soruyorum, somunu kim aldı?" Adam, "Bilmiyorum" dedi.

İkisi bir vadideki bir su birikintisine geldiler. İsa adamın elini tuttu, suyun üstünde yürüdüler. Suyu geçtiklerinde İsa adama, "Sana, bu mucizeyi gösteren Allah adına soruyorum, somunu kim aldı?" diye sordu.

Adam, "Bilmiyorum" dedi.

Sonra susuz bir çöle geldiler, yere oturdular. İsa bir miktar toprak ve kum topladı ve "Allah'ın izniyle altına dönüş" dedi; yığın altına dönüştü. İsa altını üç parçaya böldü, "Birisi bana, birisi sana, öteki de somunu alan kişiye" dedi. Adam, "Somunu ben aldım" dedi. Bunun üzerine İsa, "Altınların hepsi senin" dedi.

Sonra İsa adamın yanından ayrıldı. Çölde adamın yanına onu soyup öldürmek isteyen iki kişi geldi. Adam onlara, "Altınları üçümüz aramızda paylaşalım, ikinizden biri kasabaya yiyecek bir şeyler almaya gitsin" dedi. İçlerinden biri gönderildi, o kişi kendi kendine "Altınları ikisiyle neden paylaşayım ki? En iyisi yiyecekleri zehirleyip altınları kendim alayım," dedi. Gitti ve öyle yaptı.

O sırada, geride onu bekleyen iki kişi de aralarında: "Neden ona üçüncü payı verelim ki? Öyle yapacağımıza döndüğünde onu öldürüp parayı aramızda paylaşalım" diye konuşmuşlardı. Adam döndüğünde onu öldürdüler, yiyecekleri yediler ve onlar da öldüler. Çölde geriye altınlar, altınların yanında da üç ölü adam kaldı. İsa oradan geçerken onların halini gördü ve ashabına şöyle dedi: "İşte bu dünya böyledir, ondan sakınınız."

109. Kanon- İsa şöyle dedi: "Size doğrusunu derim ki, hasta bir adamın yiyeceklere bakıp acı çektiği için tadını alamaması gibi bu dünyaya düşkün olan ibadeti tadamaz ya da onun keyfini anlayamaz. Size doğrusunu derim ki, eğer yük hayvanı koşulmazsa, terbiye edilmezse huysuzlaşır, tabiatı değişir.

Bu yüzden eğer bir kalp ölümün adıyla ve ibadetle yumuşatılmazsa katılaşır, nasır tutar. Size doğrusunu derim ki, deriden su kabı yırtılmamış ya da aşınmamışsa içindeki balı sızdırmaz. Aynı şekilde bir kalp arzularla yırtılmazsa, mal mülk edinme hırsıyla kirlenmezse ya da gösterişle taşlaşmazsa o kalp hikmet hazinesi olur.

110. Kanon- İsa'ya sordular, "Neden seni barındıracak bir ev edinmiyorsun?" İsa: "Bırakın da bizden öncekilerin harabeleriyle yetinelim" diye cevap verdi.

111. Kanon- İsa şöyle buyurdu: "Dünya varolduğunda ben içinde değildim. Dünya varolmaya devam edecek ve ben içinde olmayacağım. Sahip olduğum her şey şu anda yaşadığım günlerim. Eğer bu günlerde günah işlersem, şüphesiz ki ben günahkar olurum."

112. Kanon- İsa şöyle buyurdu: "Bu dünyada zahitlerin işareti şudur ki, onlar kendilerinin istedikleri şeyleri istemeyenlerin dostluğundan sakınırlar."

113. Kanon- İsa, avlularında ve sokaklarında sakinlerinin ölü halde olduğu bir köyden geçiyordu. Havarilerine dönüp şöyle dedi: "Bu insanları ilahi gazap öldürdü, çünkü eğer böyle olmasaydı, onlar birbirlerini gömerlerdi." Onlar, "Ey Ruhullah, keşke onlara ne olduğunu öğrenebilseydik" dediler. İsa her şeye kadir olan Allah'a sordu. Allah, İsa'ya karanlık çökünce onları çağırmasını, onlar icabet ettiklerinde İsa'yı cevaplayacağını vahyetti.

Karanlık çökünce İsa yüksek bir yere çıkıp, "Ey köylüler!" diye seslendi "Buyur ey Ruhullah" dedi içlerinden biri. İsa, "Nedir bu haliniz, neden bu hale geldiniz?" diye sordu. Adam şöyle cevap verdi: "Biz huzur içinde uykuya yatmıştık ama uyandığımızda kendimizi Cehennem çukurunda bulduk." "Nasıl oldu bu?" "Bu dünyaya düşkünlüğümüz, günahkarlara uşaklık etmemiz yüzünden." İsa, "Bu dünyaya düşkünlüğünüz nasıldı?" diye sordu.

Adam, "Bir çocuğun anasına olan düşkünlüğü gibi, o yaklaştığında mutlu oluyorduk, gittiğinde üzülüp onun için ağlıyorduk." dedi.

İsa sordu, "Neden öteki köylüler bana cevap vermedi?" "Çünkü onlar ateş zincirlerine vuruldu, Sert, güçlü melekler başlarında bekliyordu" dedi adam. İsa sordu, "Peki, neden içlerinden sadece sen çıkıp da bana cevap verdin?" Adam: "Çünkü ben onların yanındaydım ama onlardan biri değildim, felaket onları vurduğunda beni de vurdu. Ben cehennemin kenarında asılı kaldım, oradan kaçacak mıyım, yoksa içine mi gömüleceğim bilmiyorum" dedi.

İsa havarilerine şöyle buyurdu: "Doğrusu; öğütülmemiş tuzla arpa ekmeği yemek, kıldan yapılma eşyalar giymek, gübre yığınlarının üzerinde uyumak, bu dünyada güven içinde yaşamak ve huzurlu olmak isteyen bir insan için yeter de artar bile."

114. Kanon- İsa şöyle dedi: "Siz değersiz olan dünya için çalıştınız, daha değerli olan öteki dünyayı boş verdiniz; bütün ölümler üzerinize gelecek."

115. Kanon- İsa şöyle dedi: "Dünyevi şeylerin peşinde koşan deniz suyu içene benzer. Ne kadar çok içerse, o kadar susar ve sonunda ölür."

116. Kanon- İsa şöyle dedi: "Ey havariler bu dünyada zahit olun, böylece bu dünyadan kaygı duymadan göçersiniz."

117. Kanon- İsa şöyle buyurdu: "Ey kötü alimler, vay halinize! Rezil bir dünya ve felaket getiren arzular uğruna Cenneti harcadınız, Mahşer Gününün dehşetini unuttunuz."

118. Kanon- İsa'nın Şeytan'a bakıp şöyle dediği rivayet edilir: "İşte dünyanın direği. Bu dünya Şeytan'ın çıktığı ve Şeytan'ın arzu ettiği yerdir. Ben onunla dünyadaki hiçbir şeyi paylaşmıyorum, başımın altına koyduğum taşı bile. Ayrılana kadar, dünyada çok gülmeyeceğim de."

119. Kanon- İsa bir ara başını bir taşa yaslamıştı. O sırada Şeytan İsa'nın yanından geçmekteydi. "Görüyorum ki, sonunda bu dünyada hoşuna gidecek bir şey bulmuşsun!" dedi. İsa taşı başının altından alıp Şeytan'a attı ve şöyle dedi: "Bu taşı, yanında da bu dünyayı al! İkisine de ihtiyacım yok."

120. Kanon- İsa'ya, " Bize bir amel öğret ki Allah bizi çok sevsin." dediler. İsa, "Bu dünyadan nefret edin, Allah sizi sevecektir." dedi.

121. Kanon- İsa şöyle buyurdu: "Ey havariler, dünyanın kötülüklerine rağmen memnun olun, ama imanınız bütün ve sahih kalsın. Aynı, bu dünyanın insanlarının, dindeki zorluklarla tatmin olup dünyalarının bütün ve sahih kalması gibi."

122. Kanon- İsa şöyle buyurdu: "Allah, kullarının bir zanaat öğrenerek kendilerini geçindirebilmelerinden hoşlanır, lakin dini ilim öğrenerek bunu zanaata dönüştürmelerinden hoşlanmaz."

123. Kanon- Allah'ın İsa'ya gönderdiği vahiylerden biri de şöyledir: "Allah kullarına nimetlerinden ihsan ettiğinde, kulları için tek doğru ve münasip şey Allah'a alçakgönüllülükle şükretmektir."

124. Kanon- Zekeriyaoğlu Yahya, Meryemoğlu İsa ile karşılaştı. Yahya'nın yüzü gülüyordu, sevinçliydi ama İsa'nın suratı asıktı, kasvetliydi. İsa Yahya'ya şöyle dedi: "Kendini rahatta hissedenler gibi gülümsüyorsun."

Yahya İsa'ya, "Sen de umutsuzluğa düşenler gibi suratını asmışsın" dedi. Allah şunu vahyetti: "Yahya'nın yaptığı bizim için daha kıymetlidir."

125. Kanon- İsa'ya şöyle dediler: " Bize bir amel göster ki onunla Cennete girebilelim."

İsa, " Hiç konuşmayın" dedi. Onlar, "Biz bunu asla yapamayız" dediler. İsa şöyle cevap verdi: "O zaman, sadece güzel şeyler konuşun."

126. Kanon- İsa şöyle dedi: "Çok yalan söyleyen güzelliğini yitirir; sürekli kavga eden şerefini yitirir; çok üzülenler hasta olur; şahsiyeti kötü olanlar da ancak kendilerine zulmederler."

127. Kanon- İsa ile havarileri bir köpek leşinin yanından geçiyordu. Havarileri şöyle dediler: "Ne kadar iğrenç kokuyor." İsa ise, "Dişleri ne kadar beyaz" dedi. İsa, bunu, onlara iftiradan uzak durmaları konusunda bir ders vermek için söylemişti.

128. Kanon- Bir domuz İsa'nın yanından geçiyordu. İsa, "Uğurlar olsun" dedi. Domuz, "Ey Ruhullah, sen bunu bir domuza nasıl söyleyebiliyorsun?" diye sordu. İsa, "Dilimi kötü söze alıştırmaktan sakınırım" diye mukabele etti.

129. Kanon- İsa havarilerine şöyle sordu: "Üstü rüzgardan açılmış uyuyan bir adamın yanından geçerken ne yapardınız?" Onlar, "Onu örterdik" dediler. İsa, "Hayır, aksine örtülü yerlerini de açardınız" dedi. Böylece birinin kötü sözlerini duyup da daha da ileri giderek kötülüğe kötülük ekleyen insanların nasıl davrandığını anlatmış oldu.

130. Kanon- İsa şöyle dedi: "Allah katında en büyük günahlardan biri Allah'ın bir kulunun 'Allah biliyor ki .. .' demesi, fakat Allah'ın bildiğinin öyle olmamasıdır."

131. Kanon- İsa'ya akıl danıştılar. O şöyle dedi: "Eğer önünüze, biri sizi ilgilendiren, öteki de Allah'ı ilgilendiren iki konu çıkarsa, önce Allah'ı ilgilendiren konuyu çözmeye başlayın."

132. Kanon- İsa buyurdu ki; "Ulema üç çeşittir: Allah'ı ve O'nun emirlerini bilenler, Allah'ı bilenler ama onun emirlerini bilmeyenler ve Allah'ın emirlerini bilenler ama Allah'ı bilmeyenler."

133. Kanon- İsa şöyle dedi: "Ateşin yakıp kül edemediğini çoğaltın." "Peki, bu nedir?" diye sordular. İsa cevap verdi: "Salih amellerdir."

134. Kanon- İsa'nın şöyle dediği rivayet edilir: "Eğer insanlara ihtiyaç duyarsanız, az yiyin ve kenardan yürüyün."

135. Kanon- İsa hiçbir eve ya da köye yerleşmeden sürekli seyahat ederdi. Eşyaları kaba kıldan ya da deve derisinden yapılmış bir aba ve iki eski gömlekten (?) ibaretti. Elinde bir değnek taşırdı. Hava kararınca ışığı ay, gölgesi gecenin karanlığı, yatağı yeryüzü, yastığı bir taş ve yiyeceği de yerdeki otlar (?) olurdu. Bazen bütün günlerini ve gecelerini bir şey yemeden geçirirdi. Sıkıntılı zamanlarda mutlu, rahatlık içinde olduğunda ise üzgün olurdu.

136. Kanon- İsa havarilerine şöyle dedi: "Eğer kaba yünden yapılmış giysiler giymezseniz, arpa yemekten ve toprağın üstünde uyumaktan mutluluk duymazsanız Allah'ın ihsanına nail olamazsınız."

137. Kanon- İsa'ya sordular, "Senin öğretmenin kim?" "Hiç kimse" dedi İsa.

"Ben cehaletlerin en çirkinini gördüm ve ondan sakındım."

138. Kanon- İncil'de geçen, Allah'ın İsa'ya gönderdiği vahiylerden biri de şudur:

"Biz sizi hasretle doldurduk ama siz hasretlik çekmediniz, biz sizin için ağıt yaktık ama siz ağlamadınız. Elli yaşındaki adam, sen ne sundun ve ne sakladın? Atmış yaşındaki adam, senin hasat zamanın yaklaşıyor! Yetmiş yaşındaki adam, hesabını yap şimdi."

139. Kanon- İsa su için, "Bu benim babamdır" ve ekmek için, "Bu benim annemdir" derdi. Onların ana baba gibi insanı beslediğini anlatmak istemişti.

140. Kanon- İsa şöyle buyurdu: "Kötülük yapan kimse bulaşıcı hastalık taşır; lanetlinin yanında olanlar öldürür. Bu yüzden beraber olduğunuz kimselere dikkat edin."

141. Kanon- İsa'nın şöyle dediği rivayet edilir: "Allah'ın kulları arasında taltif ettiği kişi, O'nun yarattığı her şey tarafından da taltif edilmelidir."

142. Kanon- İncil'de şöyle yazar: "Ey ademoğlu, kızgın olduğun zaman beni hatırla, ben de kızgın olduğumda seni hatırlayacağım. Benim sana verdiğim destekle mutlu ol, çünkü bu senin kendine vereceğin destekten daha kıymetlidir."

143. Kanon- İsa İsrailoğullarına şöyle dedi: "Yanlış yapanı kötü davranışlarla ödüllendirmeyin, çünkü bu sizin Allah katındaki değerinizi yok eder."

144. Kanon- İsa'nın zamanında mal mülk hırsı yüzünden kendisine Mel'un lakabı takılan bir adam vardı. Bir gün bir askeri sefere giden bir adam Mel'un'un yanına gelip şöyle dedi: "Ey Mel'un, eğer savaşabilmem için bana birkaç silah verirsen Cehennem ateşinden kurtulacaksın." Fakat Mel'un onu dinlemedi ve hiçbir şey vermedi. Adam Mel'un'un yanından ayrıldiktan sonra Mel'un kararından dolayı pişmanlık duyup adamı geri çağırdı, ona kılıcını verdi. Adam evine döndüğünde İsa'yla ve onun yanında yetmiş yıldır Allah'a inanan bir müminle karşılaştı. İsa adama, "Bu kılıcı nereden buldun?" dedi. Adam, "Onu bana Mel'un verdi" dedi. İsa yapılan iyilikten memnunluk duydu. Bir zaman sonra, İsa ve mümin adam kapısının eşiğinde oturan Mel'un'un yanından geçtiler. Mel'un kendi kendine, "Gidip İsa'nın ve mümin adamın yüzlerine bakacağım" dedi.

Mel'un bunu yaptığında mümin adam, "Melun, ateşiyle beni yakmadan ondan kaçacağım" dedi.

Allah, İsa'ya şunu söylemeyi ilham etti: "Benim günahkar kuluma söyle, 'Kılıcını verip iyilik yaptığın ve İsa'ya sevgi duyduğun için seni bağışladım.' Ve Mümin adama da, Cennette onun komşusu olacağını söyle." Mümin adam, "Allah şahidim olsun! Ben Cennette o adamı istemiyorum, onun gibi komşu istemiyorum" diye mukabele etti. Allahu Teala İsa'ya şu sözü ilham etti:

"Sen benim emirlerimden hoşnut olmuyorsun ve benim kulumu yeriyorsun. Bu yüzden Cehennemde lanetli olacaksın. Sizin yerlerinizi değiştirdim. Senin Cennetteki yerini bu kuluma, onun Cehennemdeki yerini de sana verdim."

145. Kanon- İsa elbiseleri çırparak temizleyen bir adamın yaşadığı bir köyden geçiyordu. Köylüler İsa'ya, "Bu çırpıcı bizim esvaplarımızı yırtıyor, onları bizden saklıyor. Onun bohçasıyla sapasağlam geri gelmesine izin vermemesi için Allah'a dua et" dediler. İsa, "Ey Allah'ım, onun sırtında bohçasıyla geri dönmesine izin verme" dedi.

Daha sonra çırpıcı yanına üç somun ekmek alıp elbiseleri çırpmaya gitti. Yolda, kırlarda, bayırlarda Allah'a ibadet eden mübarek bir adamla karşılaştı. Adam çırpıcıyı selamlayıp ona,

"Karnımı doyurabileceğim ya da sadece görüp koklayabileceğim ekmeğin var mı? Epeyce bir zamandan beri hiçbir şey yemedim!" dedi. Çırpıcı, adama bir ekmek verdi. Adam, "Allah günahlarını bağışlasın, yüreğini arındırsın" dedi. Bunun üzerine çırpıcı ikinci ekmeği de verdi. Adam, "Allah geçmiş gelecek bütün günahlarını bağışlasın" dedi. Çırpıcı üçüncüyü de verince adam, "Allah sana Cennette bir konak nasip etsin" dedi.

Çırpıcı o akşam sağ salim geri döndü; köylüler, "Ey İsa, çırpıcı geri döndü" dediler. İsa adamı çağırıp, "Söyle bana bugün ne yaptın?" dedi. Adam, "Şu kırlarda gezinen mübarek bir adamla karşılaştım. Onu doyurmamı istedi; ona üç ekmek verdim; her bir ekmek verişimde benim için dua etti" diye cevap verdi. İsa, "Bohçanı ver de içine bakayım" dedi. Adam bohçayı ona verdi. İsa bohçayı açtı, içinde zincirlerle bağlanmış bir kara yılan gördü.

İsa, "Ey kara yılan!" dedi. Yılan cevap verdi, "Buyur ey Allah'ın Rasulü." İsa sordu, "Sen bu çırpıcıya gönderilmemiş miydin?" Yılan cevap verdi, "Evet, ama şu kırlarda gezen mübarek bir adam ona gelip ekmek istedi. Ona her ekmek verişinde adam onun için dua etti. Orada duran bir melek de 'Amin!' dedi. Allah da beni zincirlemesi için bir başka melek gönderdi." İsa, "Çırpıcı, işine devam et. Yaptığın iyiliğin karşılığı olarak aldığın dualardan ötürü Allah seni bağışladı" dedi.

146. Kanon- İsa'nın tuttuğu oruç gibi oruç tutmak istiyorsanız; o, orucu her vakit tutar, arpadan başka bir şeyle yaşamazdı. Her zaman kaba kıldan giysiler giyer, gece olduğunda nerede ise oraya çöker, şafak sökene dek ibadet ederdi.

İki rekat namaz kılmadan bir yerden ayrılmazdı. Ama eğer onun annesi Meryem'in tuttuğu oruç gibi oruç tutmak isterseniz; o, bir seferde iki gün oruç tutar, sonra iki gün yerdi.

147. Kanon- İncil'de şöyle yazar: "Kötülük eken pişmanlık biçer." Yine İncil'de İsa dedi ki; *"Hemen size söylüyorum ki, nasıl bir kişi gözleri ile göğü ve yeri bir arada göremezse, Allah'ı ve dünyayı sevmek de işte böyle imkânsızdır. Ne kadar akıllı olursa olsun hiç kimse, birbirine düşman iki efendiye hizmet edemez. Çünkü biri seni severse, diğeri senden nefret edecektir. İşte, ben size gerçekten söylüyorum ki, Allah'a ve dünyaya bir anda hizmet edemezsiniz, çünkü dünya yalancılık, aç gözlülük ve eza ile cefa doludur. Bu bakımdan, dünyada rahat edemez ancak zulüm ve yenilgi görürsünüz. Dolayısıyla, Allah'a hizmet edin ve dünyayı hakir görün."*

Ah, Allah'ı tanımayan şerli dünya! Sen korkma, çünkü başındaki saçlar o kadar çok ki, bitmeyecektir.

Dikkat et, tek bir tüyleri bile Allah'ın iradesi olmadan düşmeyen serçelere ve diğer kuşlara bak. Hem sonra Allah, kuşlara, uğruna her şeyi yarattığı insandan daha mı çok dikkat edecektir?

Hiç mümkün müdür ki, kendi oğlundan daha çok ayakkabılarına bakan bir insan bulunsun? Kuşkusuz ki, hayır.

Şimdi, kuşlara bile bakarken, Allah'ın seni terk edeceğini hiç düşünmemen gerekiyor. Ve ben neden kuşlardan söz ediyorum? Bir ağacın yaprağı bile Allah'ın iradesi olmadan düşmez. Bana inanın çünkü size gerçeği söylüyorum ki eğer sözlerime kulak verirseniz, dünya sizden çok korkacaktır. Çünkü eğer o, kötülüklerinin açığa çıkmasından korkmuyorsa, o zaman sizden nefret etmeyecektir; fakat açığa çıkmasından korkuyor, bu nedenle de, sizden nefret edecek ve size zulüm edecektir.

Eğer, sözlerinizden dünyanın hiç hoşlanmadığını görürseniz, onu kalpte tutmayın fakat Allah'ın sizden daha büyük olduğunu göz önünde tutun; kim dünyanın sevmediği ve hakir gördüğü böylesi bir akla sahipse, onun akıllılığı delilik kabul edilir. Eğer Allah sabırla dünyaya katlanıyorsa, o zaman sen de onu kalbine mi yerleştireceksin? Ey yeryüzünün tozu ve çamuru!.. Sen sabrınla ruhuna sahip olacaksın. Bu bakımdan, eğer bir kimse, yüzünün bir tarafına bir yumruk vuracak olsa, ona vurması için öbür yanını teklif et. Kötülüğe karşılık verme çünkü en kötü hayvanlar böyle yapar; fakat kötülüğe iyilikle karşılık ver ve senden nefret edenler için Allah'a yalvar.

Ateş ateşle söndürülmez ama suyla söndürülür. İşte böyle, size diyorum ki, kötülüğün üstesinden kötülükle değil, aksine iyilikle geleceksiniz.

Güneşi iyilerin ve kötülerin birlikte üzerine doğuran ve yağmuru da aynı şekilde yağdıran Allah'a bakın. Evet, işte herkese iyilik yapmanız gerekiyor; çünkü kanunda (Kanon) öyle yazılıdır.

"Kutsal ol çünkü senin Allah'ın olan Ben kutsalım; temiz ol, çünkü Ben temiz ve pakım; ve kâmil ol çünkü Ben kâmilim." Size cidden söylüyorum ki, bir hizmetçi efendisini memnun etmek için çalışır ve efendisini memnun etmeyecek herhangi bir giysi de giymez, sizin, giysileriniz iradeniz ve sevginizdir. Bakın, Allah'ı, Rabbımızı razı etmeyecek bir şeyi istememeye ve sevmemeye dikkat edin. Emin olun ki, Allah dünyanın debdebesinden ve şehvetlerinden nefret eder, bu bakımdan siz de dünyadan nefret edin.."

148. Kanon- İncil'de şöyle yazar: "Ey ademoğlu, sen merhametli olursan, Allah da sana merhamet eder. Allah'ın kullarına merhamet etmezsen O'nun merhametini nasıl beklersin?" Nasıl olduğunu bilmek istersen İsa İncil'de şöyle anlatır;

"..Size anlatıyorum ki, yiyip içmekten başka hiçbir şey düşünmeyen zengin bir obur vardı ve her gün görkemli, ziyafetler verirdi. Lazarus adında yoksul bir adam dururdu kapısında; yaralarla kaplıydı bedeni ve oburun sofrasından düşen ekmek kırıntılarını seve seve almaya razıydı. Fakat bunları (Bile) vermiyordu kimse ona; tersine herkes alay ediyordu kendisiyle. Ona yalnızca köpekler acıyordu da, yaralarını yalıyorlardı.

Gün geldi, yoksul adam öldü ve melekler onu babamız İbrahim'in kucağına taşıdılar. Zengin adam da öldü, onu da cinler şeytanın kucağına taşıdılar. Evet, şimdi azabın en büyüğüne maruz kalan (Bu adam) gözlerini kaldırınca uzaktan Lazarus'u, İbrahim'in kucağında gördü. Gördü de bağırdı: "Ey baba İbrahim, bana merhamet et de Lazarus'u gönder. O bana bu alev içinde azap gören dilimi serinletmek için bir damla su getirebilir belki."

İbrahim cevap verdi: "Oğul, hatırla ki sen öbür hayatın tadını aldın, Lazarus ise kötülüklerini tattı; bu bakımdan şimdi sen azapta olacaksın, Lazarus nimetler içinde. Zengin, adam yeniden bağırdı: "Ey baba İbrahim, evimde üç kardeşim var. Lazarus'u gönder de onlara benim ne kadar işkence çektiğimi anlatsın, belki tevbe ederler de buraya gelmezler."

İbrahim cevap verdi: "Onların Musa'sı ve peygamberleri var, ondan dinlesinler." Zengin adam cevap verdi: "Hayır baba İbrahim; ama bir ölü kalkar varırsa inanırlar."

İbrahim cevap verdi: "Musa'ya ve peygamberlere inanmayan, kalkıp gitseler bile, ölülere de inanmazlar."

İsa: "Görün işte, sabreden ve gerekli tek arzusu bedenden nefret etmek olan yoksulların kutsanıp kutsanmadığını! Başkalarını, bedenleri solucanlara yem olsun diye mezara götürenler ve gerçeği öğrenmeyenler ne kötüdür! Gerçekten öylesine uzaktalar ki, büyük büyük evler yapıp, büyük akarlar satın alırlar ve böbürlene böbürlene ömür sürerek, ölmeyecekler gibi yaşarlar burada."

Eğer bedeni yenmek istiyorsanız az ile yetinin ve haramla helali iyi bilin. Şunu da belirtmek gerekirse, sakın nefsi ruh sanmayın. İnsanda üç şey vardır. Beden ruh ve nefs. Beden yemekle, ruh bilgi ve aşkla, nefste zevkle yaşar. Bakın ki o gün nefs ruha "Sen de bilgi ve aşk kovaları boşken neden onları bilgi ve aşkla doldurmadın, beni durdurmadın, bana istediğim şeyi tattırdın, benim zevk kovalarımı doldurdun." diye ruhuna hep isyan edecektir." Çünkü, Cennetin zevkleri yanında, dünyanın zevkleri hiç kalır. Şu doğrudur ki, bilmemek ayıp değildir, insan doğar doğmaz her şeyi bilemez ama öğrenmemek ayıptır. Artık bu yazıları okuduktan sonra bari bilin ki, nefsiniz o gün ruhunuza isyan etmesin ve bedenle beraber Cehenneme girmesin. Sonra çok pişman olursunuz ama şu atasözünü hepiniz biliyorsunuz; "Son pişmanlık fayda etmez."

Petrus sordu: "Şimdi bizim sahip olduğumuz bedenimiz Cennet'e girecek mi?" İsa cevap verdi: "Dikkat et ki Petrus, aman bir sadukî olmayasın; çünkü sadukiler, bedenin yeniden dirilmeyeceğini ve meleklerin olmadığını söylerler. Bu bakımdan, onların bedeni ve ruhu Cennet'e girmekten yoksundur ve onlar bu dünyada meleklerin hizmetinden de yoksundurlar. Belki de, Allah'ın peygamberi ve dostu Eyüb'ü, onun ne dediğini unutmuşsunuzdur, biliyorum ki Allah sağ ve diridir ve son gün yeniden bedenimle birlikte kalkacak ve kurtarıcım Allah'ı gözlerimle göreceğim.

Ama inanın bana, bizim bu bedenimiz öylesine paklanacaktır ki, şimdi sahip olduğu şeylerden tek bir mala bile sahip olmayacaktır; çünkü bütün kötü arzulardan arınacak ve Allah onu, Âdem'in günah işlemeden önceki durumuna getirecektir.

Şimdi düşünün iki insan bir efendiye tek ve aynı işte hizmet eder. Biri yalnızca işi seyreder ve ikinciye emirler verir, ikinci de birincinin emrettiği her şeyi yerine getirir. Size adaletli gelir mi diyorum, efendinin, yalnızca seyredip emirler vereni ödüllendirmesi ve kendini çalışarak yoranı evinden çıkarıp atması?

Mutlaka hayır. Öyleyse, Allah'ın adaleti bunu nasıl götürecektir? Ruh ve beden insanın nefsiyle birlikte Allah'a hizmet eder; yalnızca ruh seyreder ve hizmet emri verir.

Çünkü ruh yemek yemez, oruç tutmaz, yürümez, soğuğu ve sıcağı duymaz, hasta olmaz ve öldürülmez çünkü ruh ölümsüzdür; o, bedenin her bir uzvunda çektiği bu bedeni acıların hiç birini çekmez. O halde, hak mıdır ki, kendini Allah'a hizmet ederek bu kadar yoran beden değil de, yalnızca ruh Cennet'e girsin? Petrus karşılık verdi: "Ey muallim, beden ruha günah işlettiğinden Cennet'e konmamalıdır." İsa cevap verdi:

"Şimdi, beden ruh olmadan nasıl günah işler ki? Bu kesinlikle imkânsızdır. Bu nedenle, Allah'ın rahmetini bedenden çekmekle sen ruhu Cehennem'e mahkûm ediyorsun."

"Şimdi, eğer beden oraya gitmeyecekse, Cennet'in yiyeceklerini kim yiyecektir? Ruh mu? Emin olun ki değil. Çünkü o manevîdir." Petrus karşılık verdi: "O halde, kutsananlar Cennet'te yiyecekler ama pislik olmayacaksa, yemekler nasıl boşaltılacaktır?" İsa cevap verdi: "Şimdi eğer yemez içmezse insan nasıl nimetlendirilir? Yüceltilen şeye oranla yüceltmede bulunulmasının uygun olduğu açıktır. Fakat sen Petrus, böyle yemeğin pislik şeklinde boşaltılacağını düşünmekle yanılgıya düşüyorsun, çünkü bu beden şimdi bozulabilen yemekler yiyor ve bundan dolayı da kokuşma ve çürüme ortaya çıkıyor.

Ama Cennet'te beden bozulmayacaktır, ölümsüz ve her türlü dertten kurtulmuş olacaktır ve hiçbir kusurlu yanı olmayan yemekler herhangi bir kokuşma veya çürüme hâsıl etmeyecektir.."

149. Kanon- İsa şöyle dedi: "Eğer kör bir adam sadece başkalarının görmesine yarayan bir lamba taşıyorsa bu onun ne işine yarar? Eğer, lamba karanlık bir evin çatısına konmuşsa, bu, evin ne işine yarar? Hikmetli sözler söylemek, onlara göre hareket etmedikten sonra sizin ne işinize yarar?"

150. Kanon- İsa bir köyden geçiyordu. Köyün yakınındaki dağdan ağlamalar, inlemeler duyuluyordu. İsa köylülere, "Bu dağdaki ağlamalar ve iniltiler niyedir?" diye sordu. Köylüler, "Biz bu köyde yaşadık yaşayalı bu dağdan yükselen ağlamaları ve iniltileri işitiriz" dediler. İsa, "Ey Allah'ım, izin ver de bu dağ benimle konuşsun" dedi. Allah dağı konuşturdu ve dağ, "Ey İsa, benden ne istiyorsun?" dedi. "Söyle bana niye ağlıyorsun?"

diye sordu İsa. Dağ, "Benden putlar yonttular, sonra da Allah'a değil onlara taptılar.

Korkarım ki, Allah beni Cehennem ateşine atacak, çünkü Allah'ın 'Yakıtı insan ve taş olan Cehennem ateşinden sakının' dediğini duydum." Allah İsa'ya, dağa söylemesi için şöyle ilham etti: "Selamette ol, çünkü seni Cehennemden kurtardım."

151. Kanon- İsa şöyle buyurdu: "İnsan, lanetlenenlerin neden lanetlendiğine şaşacağına, kurtulanların nasıl kurtulduğuna şaşmalıdır!"

152. Kanon- İsa bir kasabadan geçerken orada bir adamla karısı birbirlerine bağırıyordu. "Niye kavga ediyorsunuz?" diye sordu. "Ey Allah'ın Resulü," dedi adam, "Bu benim zevcemdir; iyi, erdemli bir kadındır, ama ben ondan ayrılmak istiyorum." İsa sordu, "Peki ondan neden ayrılmak istiyorsun?"

Adam, "Zevcem yaşlı değildir, ama yüzü kırıştı" dedi. İsa kadına döndü, "Ey kadın, yüzünün yine kırışıksız olmasını ister misin?" diye sordu.

Kadın, "Evet" dedi. İsa kadına, "Yemek yerken aç gözlülükten sakın, çünkü miden tıka basa dolduğunda genişler, yüzün kırışır." Kadın öyle yaptı, o zaman yüzü yine kırışıksız oldu.

153. Kanon- İsa meyve ağaçlarını kurtçukların talan ettiği bir kasabadan geçiyordu. Ahali bu durumdan İsa'ya dert yandılar. İsa, "Çare sizde, ama siz bilmiyorsunuz. Siz ağaç dikerken önce toprak koyuyor, can suyu veriyorsunuz.

Bu böyle olmaz. Ağacın köküne suyu önce vermeli sonra da toprağı koymalısınız ki kurtçuklar içine düşmesin" dedi. İsa'nın tarif ettiği gibi yapmaya başladılar ve sıkıntıları sona erdi.

KANON

154. Kanon- İsa sarı benizli, mavi gözlü insanların yaşadığı bir kasabadan geçiyordu. Bu insanlar hastalıklarından ötürü İsa'ya dert yanıp ağlaştılar. İsa onlara, "Çare sizdedir. Eti yıkamadan pişirip yiyorsunuz. Bu dünyada her şey kirlenir" dedi. O günden sonra etleri yıkadılar ve hastalıkları kayboldu.

Bir keresinde de İsa, insanların dişlerini kaybetmekten, yüzlerinin şişmesinden şikayet ettiği bir kasabadan geçiyordu. Ahali İsa'ya dert yandı, İsa onlara şöyle dedi: "Siz ağızlarınız kapalı uyuyorsunuz. Midenizdeki hava ağzınıza geliyor, ama oradan çıkamayınca dişlerinizin köküne yerleşiyor, yüzünüzü de şişiriyor. Uyurken ağzınızı açık tutun ve bunu alışkanlık haline getirin." Öyle yaptılar ve hastalıkları geçti.

155. Kanon- İsa şöyle buyurdu: "Bu dünyada merhamet gösterenler öteki dünyada merhamet göreceklerdir."

156. Kanon- İsa dünyaya, "Benden uzak dur, domuz!" derdi.

157. Kanon- İsa şöyle dedi: "Sizden, Yüce Allah için yaptığı ibadetlerden dolayı övgüye mahzar olma ve bu dünyanın nimetlerinden faydalanma peşinde olanlar kamil imana ulaşamazlar."

158. Kanon- Allah'ın İsa'ya gönderdiği vahiylerden biri de şöyledir: "Ey ademoğlu, hayatının her gününde bu dünyaya henüz veda etmiş ya da istekleri Allah katına yükseltilmiş kişiler gibi ağla. Bu dünyada temel ihtiyaçlarını karşıladığına şükret; basit ve kaba şeylerle mutlu ol. Sana doğrusunu derim ki, sen sana verilen vakitten daha fazlasına layık değilsin. Bu dünyada edindiğin ve kullandığın her şeyin hesabı tutuluyor. Doğru yolda ol, çünkü hesap vermeye çağrılacaksın. Doğru yolda olana ne vaat ettiğimi bilseydin, hemen ruhunu teslim ederdin."

159. Kanon- İsa şöyle dedi: "Allah'ı sevenler sıkıntıyı da sever." İsa bir gün ibadet etmekten susuz toprak gibi kuruyup kalmış büyük bir cemaatle karşılaştı. İsa, "Siz kimsiniz?" diye sordu. Onlar da, " Biz ibadet edenleriz" dediler. İsa "Neden ibadet ediyorsunuz?" dedi. "Allah içimize Cehennem korkusunu saldı, biz Cehennemden korkarız" dediler.

Bunun üzerine İsa, " Sizi korktuğunuzdan emin kılmak Allah'a vacip oldu" dedi. Sonra İsa oradan ayrıldı, ibadete düşkünlüğü daha da çok olan kimselerle karşılaştı. İsa, " Neden ibadet ediyorsunuz?" dedi.

Onlar da, "Allah içimize Cennet özlemini ve Cennette dostları için hazırladığı şeylerin özlemini yerleştirdi. İşte bizim ümit ettiğimiz budur" dediler.

Bunun üzerine İsa, " Sizi ümit ettiğinize nail kılmak Allah'a vacip oldu" dedi. Sonra İsa onlardan ayrıldı ve ibadet eden başkalarıyla karşılaştı; onlara, " Siz kimsiniz?" dedi. Onlar da, " Biz Allah'ın sevenleriyiz.

Cehennemden korktuğumuzdan ya da Cenneti istediğimizden değil, O'na olan sevgimizden ve O'nun yüce şanından ötürü Allah'a ibadet ediyoruz" dediler. Bunun üzerine İsa, "Siz Allah'ın gerçek dostlarısınız ve benim sizinle yaşamam emredildi" dedi ve onlarla birlikte yaşamaya başladı.

Bunun üzerine, İsa'nın karşılaştığı ilk iki cemaate, "Sizin korktuğunuz ve sevdiğiniz şeyler yaratılmış şeylerdir" ve üçüncü cemaate de "Siz hakikaten Allah'a en yakın olanlarsınız" dedi.

160. Kanon- İsa havarilerine öğüt vermek maksadıyla şöyle dedi: "Benim yaptığımı ve benim dediğimi yaparsanız, yarın Cennet'te benimle birlikte benim Babamın, sizin Babanızın yanında olursunuz. Ve arşının etrafında O'na şükreden ve O'nu kutsayan meleklerini görürsünüz. Orada, yemeksizin içmeksizin her zevke ortak olursunuz.

161. Kanon- İsa bir kasabanın kenar mahallelerinde birkaç çırpıcıyla karşılaştı, onlara şöyle seslendi: "Bu elbiseleri yıkadığınızda, temizlediğinizde ve ağarttığınızda sahiplerinin onları üstleri başları kan, idrar, dışkı ve kirle kaplı iken giymelerini tasvip eder miydiniz?" "Hayır" dediler, "Böyle bir şeyi yapanlar utanmazdırlar." İsa, " Siz bunu kendi kendinize yapıyorsunuz" dedi. " Bu nasıl olur?" diye sordular. İsa da onlara şöyle dedi, "Çünkü siz bedeninizi yıkadınız, eşyalarınızı ağartıp giydiniz ama sizin ruhlarınız adaletsizlikle kirlenmiştir; ruhlarınız mantıksız ve şuursuz, sersem ve huysuz, kıskanç ve nefret dolu, kurnaz ve hilekar, açgözlü ve tamahkar, rezil ve itimatsızdır, yıkıcı hevesler peşindedir. Siz kölelik utancıyla kıvranan zavallılarsınız; sizin kurtarıcınız ölümden ve mezardan başka bir şey olmayacak."

Çırpıcılar bunun üzerine, "Ne yapmalıyız? Para kazanmadan nasıl durabiliriz?" dediler. İsa onlara şöyle söyledi, "Cenneti arzulayın. Cennette yaşayanlar için ne ölüm ne yaşlılık, ne acı ne hastalık, ne korku ne üzüntü, ne yoksulluk ne sefalet, ne yorgunluk ne darlık, ne elem ne kıskançlık, ne nefret ne övünme ne de kibir vardır. Oradakiler koltuklarda karşı karşıya oturan kardeşlerdir. Onlar mutlu ve memnundurlar, huzur ve bolluk içindedirler, neşelenmekte ve eğlenmekte, göklerin kutsal ve geniş mekanlarında gezinmektedirler, bütün yaratılanların Yaradan'ının arşının etrafında saf tutup hiçbir insan ya da cinin bugüne dek duymadığı nağmelerle Allah'ı tesbih eden melekleri seyretmektedirler. Siz ebediyen onlarla birlikte yaşayacaksınız. Yaşlanmayacak ve ölmeyeceksiniz; ne acıkacak ne de susayacaksınız, ne hasta olacak, ne korkacak ne de üzüleceksiniz."

KANON

162. Kanon- İsa havarilerine şöyle derdi: "Benim Babam ve sizin Babanız, beni sizin yanınıza sizi gaflet uykusundan uyandırmam, günah işleme hastalığından, yanlış inançlardan, kötü davranışlardan ve şerden kurtarmam için gönderdi.

Bu yolla ruhlarınız arınıp bilgeleşecek, Cennet'e, Babam ve Babanızın katına yükseltileceksiniz. Orada mutlu bir hayat yaşayacak, bu dünya hapsinden, günahkarların meskeni, kötülerin devleti, Şeytan'ın hükümranlığı olan mahlukat ve çürümüşlerin evrenindeki acılardan kurtulacaksınız.

163. Kanon- İsa havarileriyle karşılaştı, havarileri gülmekteydiler. İsa, "İçinde [Allah] korkusu olan gülmez" dedi. Havariler, "Ey Ruhullah, biz sadece şakalaşıyoruz" dediler. İsa, "Aklı başında bir kimse şaka da yapmaz" dedi.

164. Kanon- İsa buyurdu ki, "Ey havariler, dünyayı sizin için yüzüstü yere yatırdım, sizi de dünyanın arkasına oturttum. Dünyaya hakim olmak için sadece iki grup sizinle yarışacak: Krallar ve ifritler. İfritleri yenmek için sabırla duadan güç alın. Kralları yenmek için ise onların dünyalarını onlara bırakın, onlar da öteki dünyayı size bırakacaklardır."

165. Kanon- İsa şöyle dedi: "Her şeye kadir olan Allah, kendisine karşı günah işleyenlere büyük acılar vermeyecek olsa da, Allah'a itaat etmemek ve O'nun ihsan ettiği nimetler için şükürde kusur etmek doğru değildir."

166. Kanon- İsa buyurdu ki; "Üzerinize bir anda binecek olan gazap: O size apansız gelmeden önce sizi onun için hazırlanmaktan alıkoyan nedir?"

167. Kanon - İsa dedi ki; "Bu dünyada sadece bir misafir olun, evleriniz mabedler olsun."

168. Kanon- "Yenik düşen herkesin öcü Mahşer Günü'nde alınacaktır; ama bu dünyaya yenik düşenlerin öcü alınmayacaktır, bu dünya onlardan öcünü alacaktır."

169. Kanon- İsa İsrailoğullarına vaaz veriyordu. İsrailoğulları ağlamaya, elbiselerini yırtmaya başladılar. İsa, 'Giysileriniz ne günah işledi? Onların yerine kalplerinize dönün de kalplerinizi paylayın" dedi.

170. Kanon- İsa havarilerine şöyle dedi: "Birbirinize karşı besleyeceğiniz sevgi takipçilerim olarak birbirinizi tanımak için kullanacağınız işaret olacaktır."

Sonra havarilerden Yaşu'ya dönüp, "Rabb'ini de bütün kalbinle sev. Komşunu da kendini sevdiğin gibi sev" dedi. İsa'ya, "Ey Ruhullah, bize bu iki sevgi arasındaki farkı göster; göster ki, aklımız karışmadan kendimizi bu sevgiler için hazırlayabilelim" dediler. İsa, "Bir arkadaşınızı kendi iyiliğiniz için, kendi ruhunuzu da Rabbiniz için seversiniz. Arkadaşlarınıza iyi davranırsanız bunu kendi iyiliğiniz için yapmış olursunuz, ama ruhunuzu bağışlarsanız bunu Allah rızası için yapmış olursunuz" diye mukabele etti.

171. Kanon- İsa buyurdu ki: "Zahiri davranışlarınızda olduğu gibi, her şeye kadir olan Allah huzurunda da en içten duygularınızla alçakgönüllü olun."

172. Kanon- İsa buyurdu ki: "Bu dünyayla öteki dünya arasındaki ilişki, iki karılı bir adamın onlarla olan ilişkisi gibidir; adam birini memnun etse, ötekini gücendirmiş olur."

173. Kanon- İsa buyurdu ki: "Erkeklerin ayağını kaydıran üç şey vardır: Her şeye kadir olan Allah'ın nimetlerine şükürde kusur etmek, Allah'tan gayrı bir şeyden korkmak ve yaratılmış olanlara karşı [yanlış] umut beslemek."

174. Kanon- İsa bir adamın yanından geçiyordu. Adamın ıstırap çektiğini görünce ona merhamet duyup, "Ey Allah'ım, yalvarırım onun acılarını hafiflet" dedi.

O vakit Allah ona şunu vahyetti: "Onu, ıstırabını hafifletmek için verdiğim bir şeyden mahrum bırakarak nasıl rahatlatabilirim?"

175. Kanon- İsa'ya, "Yaşlılar niçin bu dünyaya gençlerden daha fazla bağlı olurlar?" diye sordular. İsa şöyle cevap verdi: "Çünkü, yaşlılar bu dünyada gençlerin henüz tatmadıklarını tatmışlardır."

176. Kanon- İsa buyurdu ki: "Et eti yer mi? Ne tiksindirici bir iş!"

177. Kanon- İsa, "Ey Allahım, insanların en şereflisi kimdir?" diye sordu. Allah, "Yalnızken benim onunla olduğumu bilen, günahlarına şahit olmamı istemeyecek kadar bana saygı duyan kimse" diye cevap verdi.

178. Kanon- İsa, o şekilde hitap edilmeyi hak etmeyen bir adama, "Allah seni korusun" dedi. Bunun üzerine İsa'ya, "Onun gibi birisine bunu neden söylüyorsun?" diye sordular. İsa, "Güzel konuşmaya alışan bir dil bütün insanlarla güzel konuşur" diye cevap verdi.

179. Kanon- İsa buyurdu ki: "Allah'ın, nimetlerini dağıtmakta yavaş olduğunu düşünen dikkat etsin. Çünkü, Allah kızıp onu dünyanın nimetleriyle donatabilir.

180. Kanon- İsa buyurdu ki: "Dünyayı faziletli ameller için mi arzu ediyorsunuz? Dünyadan vazgeçmek sizin için daha faziletlidir."

181. Kanon- Havarileri İsa'ya, "Hükümdarlar hakkında ne düşünüyorsun?" diye sordular. İsa cevapladı: "Onlar sizin için birer ayartıcıya dönüştürülmüşlerdir.

Ne onlara karşı sevginiz sizi Allah'a karşı günah işlemeye itsin, ne de onlara karşı nefretiniz, sizi Allah'a itaat etmekten vazgeçirsin.

Onlara karşı görevlerinizi yerine getirirseniz şerlerinden kurtulursunuz, imanınız tam olur."

182. Kanon- İsa şöyle derdi: "Suyun fazlası bitkiyi öldürdüğü gibi, yiyeceğin fazlası da ruhu öldürür."

183. Kanon- İsa ashabına şöyle dedi: "Kendinizi açlığa, susuzluğa terk edin, çıplak gezin, yorulun, o vakit kalpleriniz belki Yüce Allah'ı tanır."

184. Kanon- İsa dedi ki: "Danışmadan iş gören, boşuna çalışır."

185. Kanon- İsa dedi ki: "Gücünüz yeterse, Allah'ın önünde bir güvercin gibi saf olunuz." Bir güvercinden daha saf bir şeyin olmadığı söylenir. Güvercinin altından yavrularını alıp onları öldürseniz, o yine tünemek için aynı yere dönecektir.

186. Kanon- Allah en doğrusunu bilir, derler ki, İsa bir gün Diriliş Vadisi adındaki bir vadiden geçerken beyaz bir kafatasıyla karşılaştı; beyazlığına hayran kaldı. Bu kafatası yetmiş iki yıl önce ölen bir insana aitti. İsa dedi ki: "Ey, hiçbir gözün göremediği, varlığına dair hiçbir şüphenin olmadığı, hiç kimsenin anlatamadığı Allahım, izin ver kafatası dile gelip bana hangi kavimden olduğunu söylesin." O anda Allah İsa'ya şunu vahyetti:

KANON

"Ey İsa, kafatasıyla konuş, o sana benim kudretimle cevap verecektir, çünkü benim kudretim her şeyin üstündedir." İsa abdest alıp iki rekat namaz kıldı, sonra kafatasına yaklaşıp, "Rahman ve Rahim olan Allah'ın adıyla" dedi. Kafatası dile geldi, "Ey Ruhullah, isimlerin en güzelini söyledin" dedi. İsa kafatasına, "Sana, her şeye kadir olan Allah'ın adıyla soruyorum; nereye gitti o güzelliğin, ak paklığın, nereye gitti etin budun, kemiklerin, ruhun?" diye sordu. Kafatası cevap verdi,

"Ey Ruhullah, güzelliğimi, ak paklığımı mı soruyorsun; toprak alıp götürdü. Etimi, budumu kurtlar yedi; kemiklerim çürüdü. Ruhuma gelince, o şimdi Cehennem ateşinde acılar içinde kıvranıyor."

İsa sordu: "Her şeye kadir olan Allah'ın adıyla soruyorum sana, hangi kavimdendin?" "Ben öyle bir kavimdendim ki, o kavmin üstüne bu dünya meskeninde Allah'ın gazabı indi" diye cevapladı kafatası. İsa, "Allah'ın gazabı bu dünya meskeninde üzerinize nasıl indi?" diye sordu.

Kafatası şöyle cevap verdi: "Ey Ruhullah, Allah bize hakikati anlatan bir resul gönderdi, ama biz ona yalancı dedik. O resul, Allah'a itaat etmemizi emretmişti, ama biz onu dinlemedik. Allah o vakit yağmur yağdırdı, şimşekleri yedi yıl, yedi ay, yedi gün boyunca üzerimize çaktırdı. Sonunda birgün gazap melekleri üzerimize çöktü. Her bir meleğin iki kanadı vardı; biri demirden, biri ateşten. Meleklerden biri, canım, eklem yerlerimden, damarlarımın birleştiği yerlerden sökülene, sonunda da boğazıma düğümlenene dek beni hiç bırakmadı; canım boğazıma düğümlendiğinde Azrail elini uzatıp aldı onu."

İsa, "Sana her şeye kadir olan Allah'ın adıyla soruyorum, Azrail'i tarif et bana" dedi. Kafatası tarif etmeye başladı: "Ey Ruhullah, Azrail'in bir eli batıda, bir eli doğudaydı. Başı göğün en yüksek yerine varıyor, bacakları ise yerin yedi kat dibine uzanıyordu. Yer, dizlerinin, bütün varlıklar da gözlerinin arasındaydı" ve devam etti, "Ey Allah'ın Resulü, bir saat ya geçti ya geçmedi, iki zifir karası melek yanıma geldi. Bu melekler gök gürültüsü gibi konuşuyor, gözleri de şimşekler gibi çakıyordu. Kıvırcık saçlıydılar; toprağı uzun sivri dişleriyle sürüyorlardı. Bana sordular, 'Senin Rabbin kimdir? Rasulün kimdir? İmamın kimdir?' Ey Ruhullah o anda çok korktum ve şöyle dedim onlara: 'Allah'tan gayri ne mabudum, ne resulüm ne de imamım vardır benim.' 'Yalan söylüyorsun, sen Allah'ın ve kendinin düşmanısın,' dediler. Bana demir bir değnekle öyle bir vurdular ki, kemiklerimin kırıldığını, etimin parçalandığını hissettim.

Sonra Cehennem çukuruna attılar beni; orada Allah'ın münasip gördüğü kadar acı çektirdiler. Ben o haldeyken bu dünyadaki bütün varlıkların işledikleri amelleri yazan iki yazıcı yanıma gelip, 'Ey Allah'ın düşmanı, bizimle Cennetlik insanların durduğu yere gel,' dediler. Onlarla birlikte Cennetin ilk kapısına gittim, orada Cennetin sekiz kapısı olduğunu gördüm. Cennet altından ve gümüşten tuğlalarla inşa edilmiş; toprağı miskten, çimenleri de safrandan idi. Oradaki çakıl taşları inciler ve yakutlardı. Irmaklarından süt, su ve bal akıyordu. Orada güzel huriler yaşıyordu. Hepsi de aynı yaşta, iffetli; hepsi de köşklerde ve hepsi de Yüce Allah'ın kulu. Ey Ruhullah, orayı çok beğendim. Sonra iki yazıcı bana dönüp, 'Allah'ın ve kendi kendinin düşmanı olan sen, dünya hayatında bütün bunlara layık olmak için iyi amel işlememişsin. Peki, şimdi bizimle birlikte Cehennemlik insanların beklediği yere gel bakalım.' dediler. O vakit, onlarla birlikte, yılanlarla akreplerin tısladığı yere, Cehennemin ilk kapısına gittim, 'Bu azap kimin içindir?' dedim. 'Senin içindir' dediler, 'senin ve yetimlerin hakkını haram yolla yiyenler için.' Sonra ikinci kapıya gittik, orada erkekler sakallarından yukarıya asılmıştı, kan içip köpekler gibi ellerini yalıyorlardı. Yazıcılara sordum, 'Bu azap kimin içindir?' 'Senin içindir' dediler, 'senin ve şarap içenlerle dünya hayatında haram kılınmış şeyleri yiyenler için.' Ardından onlarla birlikte üçüncü kapıya vardım, orada ateşin ağızlarından girdiği sonra da arkalarından çıktığı adamlarla karşılaştım. 'Bu azap kimin içindir?' diye sordum. 'Senin içindir,' dediler, 'senin ve dünya hayatında evli kadınlara iftira atanlar için.' Sonra onlarla birlikte dördüncü kapıya gittim, orada dillerinden asılmış, ağızlarından ateşler çıkan kadınlar gördüm, 'Bu azap kimin içindir?' dedim. 'Senin içindir,' dediler, 'senin ve dünya hayatında ibadet etmeyenler için.' Ardından, beşinci kapıya gittik, orada saçlarından asılmış, kafalarından ateşler çıkan kadınlar gördüm. 'Bu azap kimin içindir?' dedim, 'Senin içindir,' dediler 'senin ve eşlerinden başka kimselere süslenenler için.' Sonra altıncı kapıya vardık, orada saçlarından ve ağızlarından asılı duran kadınlar gördüm. 'Bu azap kimin içindir,' dedim. 'Senin içindir,' dediler, 'senin ve dünyada kendini kaybetmiş günahkarlar için.' Sonra yine onlarla birlikte yedinci kapıya gittim, orada altlarında Felak kuyusu adında bir kuyu olan erkekler gördüm. Sonra beni o kuyuya attılar. Ey Ruhullah, o kuyuda en büyük acıları çektim, en büyük dehşeti yaşadım?"

İsa kafatasına, 'Ey kafatası, eğer arzu edersen, Allah'ın izniyle, benden bir şey dile,' dedi. Kafatası, ' Ey Ruhullah, Allah'a beni dünya hayatına geri döndürmesi için dua et,' dedi. İsa Allah'a dua etti, her şeye gücü yeten Allah kafatasına yeniden can verip İsa'ya onu sapasağlam teslim etti. Kadın yeniden dirildikten sonra ebediyet, yani ölüm onu tekrar bulana dek on iki yıl boyunca İsa ile birlikte Allah'a ibadet etti. O gerçek bir mümin olarak öldü. Bağışlayan Allah onu Cennetlik insanların yanına koydu.

187. Kanon- İncil'de şöyle geçer: "Bir binanın duvarındaki haram bir taş, o binanın yıkılmasını gerektirir."

188. Kanon- İsa, "Allah'la çok, insanlarla az sohbet edin" derdi. Ona sordular, "Allah'la nasıl çok sohbet ederiz?" İsa, "Onunla sessiz bir yerde sohbet edin, ona sessiz bir yerde dua edin" diye cevap verdi.

189. Kanon- Dilerseniz, Kelimetullah ve Ruhullah olan Meryem oğlu İsa'nın söylediği şu sözleri tekrar edin: "Açlık yediğim katıktır; korku üstümdedir; yün giysimdir; kış mevsiminde beni ısıtan şey şafağın ışığıdır; fenerim ay ışığıdır, beni taşıyacak olan bineğim ayaklarımdır; yiyip içtiğim şey de sadece toprağın mahsulüdür. Gece kendim için hiçbir şey yapmadan yatar, sabah da kendim için hiçbir şey yapmadan uyanırım. Ve dünyadaki hiç kimse benden daha zengin değildir."

190. Kanon- İsa buyurdu ki: "Ey İsrailoğulları, Musa sizi zina işlemekten men etti, bunu yapmakla çok iyi etti. Ben ise sizi zinayı aklınıza getirmekten bile men ediyorum, çünkü zina işlemeyip de zinayı aklına getirenler, içinde ateş yakılmış toprak bir eve benzerler, ateş evi yakmasa da, ev duman yüzünden kömür karası olur."

191. Kanon- İsa şöyle buyurdu: "Ey ilim ehli; bilmediğiniz şeyleri öğrenin, bildiklerinizi de cahillere öğretin."

192. Kanon- İsa'ya, "Neden evlenmiyorsun?" diye sordular. İsa, "Çoğalmak sadece ebedi mekanda olursa takdire şayandır" diye cevap verdi.

193. Kanon- İsa buyurdu ki: "Uyuduğunuz gibi öleceksiniz ve uyandığınız gibi de yeniden dirileceksiniz."

KANON

194. Kanon- İsa dedi ki: "Kadınlara göz ucuyla bakmaktan, bir daha bakmaktan sakının, çünkü bu kalbinize şehvet tohumları saçar, bunu yapan zina işlemiş sayılır."

195. Kanon- İsa'ya şöyle sorulduğu rivayet edilir: "İlim öğrenmek kaç yaşına kadar uygundur?" İsa'nın cevabı şu olmuştur: "Kaç yaşına dek yaşamanız uygun görüldüyse."

196. Kanon- İsa şöyle buyurdu: "Ey kurra ve ulema, ilim öğrendikten sonra nasıl olur da doğru yoldan saparsınız, bir kere gözünüz görmeye başladıktan sonra nasıl olur da kör olursunuz, ve bütün bunları alçak bir dünyayla alçak arzularınız uğruna nasıl yaparsınız? Bu dünyada vay halinize, bu dünyanın da vay haline."

197. Kanon- İsa şöyle buyurdu: "İnsanların sizin hakkınızda söyledikleri sözler yüzünden üzülmeyin. Eğer hakkınızda söylenenler yalansa, iyi amel işlemeden iyi amel işlemiş sayılırsınız. Eğer hakkınızda söylenenler doğruysa, cezası önceden belirlenmiş kötü bir amel işlemiş sayılırsınız."

198. Kanon- İsa bir mezarlıktan geçmekteydi. Ölülerden birine seslendi, Allah da o ölüyü diriltti. İsa sordu, "Sen kimsin?" "Ben bir zamanlar hamaldım" diye cevapladı adam, "Bir adam için yakacak odun taşırdım. Bir gün dişimi temizlemek için odunlardan bir kıymık kopardım. Öldüğümden beri bu kıymık yüzünden sorguya çekilmekteyim."

199. Kanon- İsa buyurdu ki: "Sayısız ağaç vardır, ama hepsi meyve vermez. Sayısız meyve vardır, ama hepsi yenilmez. Sayısız ilim vardır, ama hepsi faydalı ilim sayılmaz."

200. Kanon- İsa şöyle buyurdu: "Bir insan, varacağı yer öteki dünya olduğu halde, bile bile bu dünyada yol alırsa nasıl olur da ilim ehli sayılabilir? Bir insan kendi söylediklerine uymaz, sadece başkaları için vaaz verirse o insana nasıl olur da ilim ehli denir?"

201. Kanon- İsa şöyle buyurdu: "Şerre düşmüş alimler bir ırmağın ağzına düşen bir kaya gibidir: Bu kaya ne ırmağın suyunu içer, ne de suyun ekinleri sulamasına izin verir. Şerre düşmüş alimler lağım kanalları gibidirler: Bu kanallarda suyun girdiği yer temizdir, ama çıktığı yer çok pistir; ya da türbe gibidir; dıştan muhteşem görünürler, ama içleri ölülerin kemikleriyle doludur."

202. Kanon- İsa şöyle buyurdu: "Bir insan, varacağı yer öteki dünya olduğu halde, bile bile bu dünyada yol alırsa nasıl olur da ilim ehli sayılabilir? Bir insan kendi söylediklerine uymaz, sadece başkaları için vaaz verirse o insana nasıl olur da ilim ehli denir?"

203. Kanon- İsa şöyle buyurdu: "İlim sahibi olup da öğrendiklerine uygun amel işlemeyen kimse gizlice zina işleyip hamile kalan ve ayıbı her yere yayılan bir kadın gibidir. Bu yüzden Allah, öğrendiklerine uygun hareket etmeyen kimseyi Mahşer Günü'nde herkesin önünde kınayacaktır."

204. Kanon- İsa'nın birgün yağmur duasına çıktığı rivayet edilir. Etrafındaki kimseler yorgun düştüğünde İsa, "İçinizden kimler günah işlediyse geri dönsün" dedi. O vakit, İsa'nın hemen arkasında duran adam dışında herkes geri döndü. İsa adama dönüp, "Sen hiç mi günah işlemedin?" diye sordu. Adam, "Allah şahidim olsun ki, bile bile hiç günah işlemedim. Ama birgün namaz kılarken yanımdan bir kadın geçmekteydi, ona bu gözle baktım, hemen parmağımla gözümü çıkardım, sonra da kadına attım." dedi İsa adama, "Allah'a dua et, ben de senin duan için 'Amin' diyeyim" dedi. Adam Allah'a dua etti, gökyüzünü bulutlar sardı, bulutlardan yağmur boşandı. Böylece susuzluklarını giderdiler.

205. Kanon- Meryem, İsa'yı ararken dokumacıların yanından geçti; onlara yolu sordu, Meryem'e yanlış yolu gösterdiler. Meryem, "Ey Allah'ım! Onları nimetlerinden mahrum bırak, sefalet içinde ölsünler, onları insanların gözünde küçük düşür" dedi ve Meryem'in duası kabul oldu.

206. Kanon- Rivayet edilir ki, Şeytan birgün İsa'nın önüne çıktı, "'Allah'tan başka ilah yoktur,' de". İsa ona şöyle cevap verdi: " Senin söylediğin sözleri, doğru olsalar bile tekrarlamam; çünkü, Şeytan'ın hileleri iyiliğin altında bile gizlenebilir."

207. Kanon- İsa doğduğunda kötü ruhlar Şeytan'ın yanına gelip, "Bugün bütün putlar boynunu büktü" dediler. Şeytan, "Demek ki, dünyanızda bir şeyler oldu" dedi ve dünyanın üstünde uçtu, ama bir şey göremedi. Sonunda, meleklerle çevrelenmiş vaziyette İsa bebeği gördü. Sonra kötü ruhlara dönüp şöyle dedi, "Dün bir Peygamber doğmuş. Bugüne dek bu kadın dışındaki hiçbir kadın benim yokluğumda gebe kalmamıştı. Bu geceden itibaren insanların putlara inanacağından ümidi kesin. Bundan böyle insanları aceleciliklerinden ve vakur olmamalarından faydalanarak saptırmaya çalışın."

208. Kanon- İsa şöyle buyurdu: "Mevcut bir hevesi görünmez bir vaat uğruna terk edenlere ne mutlu."

209. Kanon- İsa'nın hiçbir şey yemeden altmış gün boyunca Allah'la konuştuğu rivayet edilir. Sonra bir ara İsa'nın aklından ekmek geçmiş, ve o anda sohbet bozulmuş; İsa'nın avuçlarında bir dilim ekmek belirmiş, sonra İsa sohbet bozulduğu için oturup ağlamaya başlamış. O anda, İsa'nın önünde yaşlı bir adamın gölgesi belirmiş. İsa, "Allah seni takdis etsin ey Allah dostu, benim için Allah'a dua et, çünkü kendimden geçmişken aklıma ekmek geldi ve sohbetim bozuldu." demiş. Bunun üzerine yaşlı adam, 'Ey Allah'ım! Seni bildim bileli aklıma ekmek geldiyse eğer, beni affetme. Lakin, önüme bir şey getirilmişse onu yerim, ama önceden hiç aklıma getirmeden ..." diye dua etmiş.

210. Kanon- İsa şöyle buyurdu: "Takvanın onda dokuzu susmak, onda biri de insanlardan kaçmaktır."

211. Kanon- İncil'de şöyle yazar: "Kim kendisine kötü davrananlara dua ederse, o kimse Şeytan'ı alt etmiş demektir."

212. Kanon- İsa buyurdu ki: "Bu dünya insanının vay haline! O ölür de, bu dünyayla içindeki her şeyi nasıl olur da bırakıp gider! Bu dünya onu kandırır da, o hala nasıl olur da bu dünyaya güvenir! Bu dünya onu yüzüstü bırakır da, o hala nasıl olur da bu dünyaya inanır! Aldanmışların vay haline! Bu dünya nefret ettiklerini nasıl da gösterdi onlara! O çok sevdikleri şeyler nasıl da terk etti onları! Korkutuldukları şeyler nasıl da geldi başlarına! Bu dünyayı tek kaygısı belleyenin, günahın peşinde olanın vay haline! Onun günahları nasıl da çarçabuk ortaya çıkacak."

213. Kanon- İncil'de İsa'nın şöyle dedi: "Ey şerrin alimleri! Siz oruç tutarsınız, namaz kılarsınız, zekat verirsiniz, ama başkalarına yapın dediğiniz şeyleri kendiniz yapmazsınız, kendiniz yapmadığınız şeyleri vaaz edersiniz.

Sizin fikirleriniz ne kadar da kötü. Siz sözde, yalan yere, tövbe edersiniz, ama yine heveslerinize göre amel işlersiniz. Kalbiniz lekelendikten sonra cildinizi temiz tutmanız ne işe yarar? Size doğrusunu derim ki, üzerinde lezzetli unların elendiği, geriye artıkların kaldığı kalbur gibi olmayın, çünkü öyle olursanız fikirlerinizi dilinizle aktarmış olursunuz, ama kalbinizde kötülük kalır. Ey bu dünyanın köleleri! Bir insan bu dünyaya şehvet duymaya devam ettikçe, dünya arzusu tatmin olmadıkça nasıl olur da öteki dünyaya ulaşır? Doğrusu, kalbiniz yaptıklarınızdan ötürü kanıyor. Siz bu dünyayı dillerinizin altına, amelleri de ayaklarınızın altına koydunuz. Doğrusu, ahiret hayatınızı mahvettiniz, çünkü sizin için bu dünyanın nimetleri öteki dünyanın nimetlerinden daha kıymetli. İnsanlar arasında kim sizden daha çok dalalete düşmüş olabilir ki, keşke bileydiniz!

Vay halinize! Sanki bu dünyanın insanlarından bu dünyayı sizlere bırakmalarını istermiş gibi, geceleyin gezginlere yol tarif edip kendiniz şaşkınların yanında durmaya daha ne kadar devam edeceksiniz? Kendinize gelin! Kendinize gelin! Vay halinize; içi ıssız ve karanlık bir evde lambanın çatıya konulması bu eve ne fayda getirir? Bunun gibi, içiniz ıssız ve boşken dilinizde hikmet ışığı olması ne işe yarar?

Bu dünyanın köleleri! Ama ne salih köleler ne de onurlu özgür kimselerdir kastettiklerim. Bu dünya, yakında, sizi köklerinizden söküp yüzüstü yere atacak, burunlarınızı toprağa gömecek. Sonra sizi, günahlarınızdan ötürü perçemlerinizden kavrayıp Malik ve Hakim olan Allah'ın önüne çıplak ve yapayalnız bir halde sürükleyecek. O, günahlarınızı bir bir sayıp kötü amellerinizden ötürü cezalandıracak sizi."

214. Kanon- İsa şöyle buyurdu: "Tohum kayaların arasında değil düzlükte yeşerir. Tohum gibi, hikmet de kibirlinin kalbinde değil alçakgönüllünün kalbinde yeşerir. Görmez misiniz ki, başını yukarılara kaldıran onu nasıl da tavana çarpar, aşağı indirense onu nasıl da korur?"

215. Kanon- İsa buyurdu ki, "Gösterişli giysi kibirli kalp demektir."

216. Kanon- İsa şöyle buyurdu: "Kalpleriniz kurtlarla yağmacıların kalbi gibiyken, niye keşişler gibi giyinip benim yanıma geliyorsunuz? Krallara layık giysiler giyebilirsiniz, ama kalpleriniz Allah korkusuyla tertemiz olduysa."

217. Kanon- İsa dedi ki: "İstemediklerinize katlanmadan istediklerinize ulaşamayacaksınız."

218. Kanon- İsa'nın şöyle dediği rivayet edilir: "Siz havariler günahtan korkarsınız. Biz Peygamberler ise imansızlıktan korkarız."

219. Kanon- İsa'nın, yolculuklarından birinde örtüsüne sarınmış uyuyan bir adam gördüğü rivayet edilir. İsa onu uyandırıp, "Kalk ve her şeye kadir olan Allah'ı zikret" demiş. "Benden ne istiyorsun?" demiş uyuyan adam, "ben bu dünyayı bu dünyanın insanlarına terk ettim." İsa da, "Uyumaya devam et aziz dostum" demiş.

220. Kanon- İsa şöyle derdi: "Dünya bir köprüdür. Köprüden geçin, ama onun üstünde oturmayın." Ona bir gün sordular, "Ey Allah'ın Rasulü, keşke Allah'a iman edebileceğimiz bir yerde ev kurmamızı buyursan." İsa, "Gidin, suyun üstünde bir ev kurun" dedi. "Suyun üstüne nasıl olur da sağlam bir ev kurarız?" diye sordular. İsa şöyle cevap verdi: "Dünya sevgisiyle kirlenmişse, imanınız nasıl sağlam kalabilir?"

221. Kanon- İsa bir adamın evinin duvarının gölgesinde oturuyordu; adam İsa'nın yanına gelip oradan kalkmasını söyledi. İsa, "Beni buradan kaldıran sen değilsin, gölgede olmaktan haz duymamı istemeyen Allah'tır beni kaldıran" dedi.

222. Kanon- İsa'nın bir tarakla bir kırbasından başka bir hiçbir şeyi yoktu. Bir gün sakalını parmaklarıyla tarayan bir adam gördü ve tarağını attı. Başka bir gün de ırmaktan avuçlarıyla su içen bir adam gördü ve kırbasını da attı.

KANON

223. Kanon- İsa şöyle derdi: "Bedeninin acılara, hastalıklara kapılmasından ve malına mülküne zarar gelmesinden memnun olmayan kimse arif değildir. Çünkü insan ancak bu yolla günahlarının cezasını çekebilir."

224. Kanon- İsa'nın vecizeleri arasında şu da ge'çer: "Kendini Allah yoluna adamış bir genç görürseniz, (biliniz ki) o artık her şeyden vazgeçmiştir."

225. Kanon- İsa'nın bir gün kör, cüzamlı, yatalak, ve cüzam yaraları yüzünden kötürüm hale gelmiş bir adam gördüğü rivayet edilir. Adam şunları söylemektedir:

"Birçok kuluna verdiği dertten beni kurtaran Rabbime şükürler olsun." İsa adama sorar, " Senin başına gelmeyen hangi dert vardır ki ?" Adam cevap verir: "Ey Ruhullah, ben Allah'ın, yüreğine benim yüreğime koyduğu kadar marifet koymadığı insandan daha iyi durumdayım."

"Çok doğru söyledin" der İsa. Sonra "Elini ver" der. Adam elini uzatır; yüzünün ve bedeninin çok düzgün, güzel bir hale dönüştüğünü görür; çünkü Allah onu dertlerinden kurtarmıştır. Bundan sonra adam İsa'nın yanında, onunla birlikte ibadet eder.

226. Kanon- İsa İsrailoğullarına sordu, "Tohum nerede yeşerir?" "Toprakta" dediler. İsa da şöyle söyledi: " Doğrusu, hikmet de ancak toprak gibi, bir yürekte yeşerir."

227. Kanon- Allah İsa'ya şunu vahyetti: "Bir kulumun kalbinin derinliklerine bakıp orada bu dünya ve öteki dünya sevgisine rastlamazsam, o yüreği kendi sevgimle doldurur ve korurum."

KANON

228. Kanon- İsa'ya en iyi amelin ne olduğunu sordular. İsa, "Her şeye kadir olan Allah'la ve onun sevgisiyle mutmain olmak" dedi.

229. Kanon- İsa şöyle derdi: "Günah işlemek niyetinde olmadan uyuyan ve günahlara karşı uyanık olan göz kutsansın."

230. Kanon- Havariler İsa'ya şöyle sordular: "Ey Ruhullah, dünyada senin gibi bir insan var mıdır?" İsa cevap verdi, "Evet, konuşurken Allah'ı anan, susarken Allah'ı tefekkür eden ve baktığı her şeyden bir ders çıkaran insan benim gibi bir insandır."

231. Kanon- Bir gün İsa bir yerde otururken yaşlı bir adamın da bir kürekle toprağı kazdığı rivayet edilir. İsa, "Ey Allah'ım, onu ümitsiz bırak" dedi.

Adam küreğini bir yana atıp bir saat kadar oturdu. Ardından İsa, "Ey Allah'ım ona ümidini geri ver" dedi. Adam ayağa kalkıp çalışmaya başladı.

İsa, adama neden böyle yaptığını sordu. Adam, "Çalışırken, ruhum, 'Daha ne kadar çalışacaksın, ey yaşlı adam' dedi. Küreği attım, oturdum. Sonra ruhum, 'Allah der ki, yaşadığın sürece rızkını kazanmalısın' dedi. Bu yüzden küreğimi tekrar elime aldım."

232. Kanon- İsa şöyle buyurdu: "Yarının kazancı ile asla ilgilenmeyin. Eğer yarınki gün sizin için mukadder günlerden biriyse, rızkınız o gün gelecektir. Öyle değilse, başkalarının mukadder günleriyle ilgilenmeyin."

233. Kanon- İsa havarilerine şöyle dedi: "Allah'a benim acımı, yani ölüm acımı hafifletmesi için dua edin. Çünkü ölümden o kadar korkar oldum ki, ölüm korkum bana ölümün nasıl bir şey olduğunu gösterdi."

234. Kanon- İsa bir kafatasının yanından geçmekteydi, kafatasım ayağıyla dürtüp şu sözleri söyledi, "Allah'ın izniyle konuş!" Kafatası cevap verdi, "Ey Ruhullah, ben falanca zamanda yaşamış bir kralım. Tahtımda, başımda tacım, etrafımda askerlerim ve nedimelerimle otururken Azrail yanıma geldi. Kollarım, bacaklarım bir bir söküldü, sonra Azrail canımı aldı. Keşke o kalabalık içinde olmak yerine, yalnız olsaydım; keşke o zevk yerine acıyı yaşasaydım."

235. Kanon- İsa şöyle buyurdu: "Sağlıklı vücutlu, güzel yüzlü ve tatlı dilli kaç insan vardır ki, kendini Cehennemin katlarında çığlıklar atarken bulurlar."

236. Kanon- İsa, Zekeriya'nın oğlu Yahya'ya şöyle dedi: "Bir insan senin adını anıp da doğruyu konuşursa Allah'a şükret; yalan konuşursa daha fazla şükret, çünkü Allah senin çabalamana gerek kalmadan sevaplarını arttıracaktır."

237. Kanon- İsa şöyle buyurdu: "Allahu Teala, bir insana cenazesi kaldırıldığı andan mezarına defnedildiği ana dek kırk soru sorar. İlk soruda, 'Ey kulum, yıllardır benim yarattıklarımın gölgelerini temizledin durdun, ama benimkini bir saat olsun temizlemedin.' Allah her gün kalplerinizi imtihan eder ve 'Benim nimetlerimle sarılmışken benden başkaları için neler yaparsınız? Sağır mısınız? Duymaz mısınız?' der."

238. Kanon- İsa, bahçesini sulayan genç bir adamın yanından geçiyordu. Genç adam İsa'ya, "Allah'ına bana zerre kadar O'nun sevgisinden ihsan etmesini söyle" dedi. İsa, "Sen zerre kadar ağırlığı taşıyamazsın" dedi. Genç adam, "O zaman zerrenin yarısı kadar olsun" dedi. İsa, "Ey Allah'ım, ona kendi sevginden zerrenin yarısı kadar ver" diye dua etti ve sonra da oradan uzaklaştı. Uzun zaman sonra İsa tekrar o genç adamın bulunduğu yerden geçmekteydi, adamı sordu. "O aklını yitirdi, kendini dağlara vurdu" dediler.

İsa, adamın yerini göstermesi için Allah'a dua etti, sonra da onu dağların tepesinde gördü; bir kayanın üstüne oturmuş gökyüzüne bakıyordu.

İsa adama selam verdi, ama adam selama karşılık vermedi.

İsa, "Ben İsa'yım" dedi. O zaman Allah İsa'ya şunu vahyetti, "Kalbinde benim sevgimden zerrenin yarısı kadar taşıyan biri insanların sözlerini nasıl olur da duyabilir? Sen benim keremim ve kudretimle onu görsen bile, o bunun farkında olmaz."

239. Kanon- Yahya ile İsa pazar yerinde gezmekteydi. Bir kadın onlara çarptı, Yahya, "Allah şahidim olsun ki, ben bir şey hissetmedim" dedi. İsa "Sübhanallah! Bedenin benimle ama kalbin nerede?" diye sordu. Yahya, "Ey kuzenim, bir anlık da olsa kalbim Allah'tan başka bir şeyin peşinde olsa Allah'ı bilmediğimi düşünürüm" diye cevap verdi.

240. Kanon- İsa bir gün dışarıya çıktı, dışarıda Şeytan'la karşılaştı. Şeytan'ın bir elinde bal, öteki elinde kül vardı. İsa, "Ey Allah düşmanı, bu balla ve külle ne yapıyorsun öyle" diye sordu. Şeytan, "Balı, insanların arkasından konuşanların dudaklarına çalıyorum ki amaçlarına ulaşsınlar. Külü de yetimlerin yüzlerine sürüyorum ki insanlar onlardan nefret etsin." diye cevap verdi.

241. Kanon- İsa buyurdu ki: "Dünya hayatı üç gündür: Ne yapsanız hiçbir yolla geri getiremeyeceğiniz dün, erişip erişemeyeceğinizin belirsiz olduğu yarın ve hayırlı bir şekilde değerlendirmeniz gereken bugün."

242. Kanon- İsa şöyle dedi: "Korkanların kalpleri ölümsüzlerin ölümsüzlüğünü hatırlayarak uysallaşır."

243. **Kanon-** İsa takipçilerine şöyle dedi: "Rüzgardan birçok lamba sönmüştür, kibirden de birçok salih kimse mahvolmuştur."

244. **Kanon-** İsa kafasının altına bir taş koyup yerde uyuyan bir adam gördü, adamın yüzü, sakalları toz içindeydi, bedeni bir örtüye sarınmıştı. İsa şöyle dedi: "Ey Allah'ım senin şu kulun bu dünyada unutulup gitmiştir."

Allah o an İsa'ya şunu vahyetti: "Ey İsa, bilmez misin ki, eğer yüzümü bir kuluma dönersem, bütün dünyayı ondan başka bir yöne çeviririm."

245. **Kanon-** İsa, "Ben iki şeyi severim, bu iki şeyi seven beni de sevmiş olur, bu iki şeyden nefret eden benden de nefret etmiş olur: Bunlar 'fakirlik' ve 'cihaddır'."

246. **Kanon-** İsa bir gün havarileri ile birlikte dışarı çıktı. Öğlen vakti, biçilmeye hazır bir ekin tarlasından geçiyorlardı. Havariler, "Ey Allah'ın Rasulü, biz acıktık" dediler. Allah, İsa'nın onlara izin vermesini ilham etti, havariler ekinlerin arasına daldılar, buğdayları toplayıp yediler. Onlar buğdayları yerken ekinlerin sahibi yanlarına gelip, "Bu benim tarlam, benim toprağım; bu toprak bana babamdan ve dedemden kaldı. Buğdayları yemek için kimden izin aldınız?" dedi. İsa, Adem' den o günkü sahibine kadar tarlanın bütün sahiplerini diriltmesi için Allah'a dua etti. Sonra her bir buğday başağında, zamanında o tarlanın sahibi ve sahibesi olan bir sürü insan belirdi; hepsi, "Bu benim tarlam, benim toprağım; bu toprak bana babamdan ve dedemden kaldı" diye bağırmaya başladılar. Adam korku içinde sıvıştı, kaçtı.

İsa hakkında o güne dek bir şeyler duymuş ama onunla hiç karşılaşmamıştı. İsa'yı tanıdığında da, "Bağışla, Ey Allah'ın Rasulü. Seni tanıyamadım. Topraklarımla servetim senin emrindedir" dedi. İsa ağladı ve, "Vah haline! Bu topraklar bütün bu insanlara miras kaldı; onlar bu toprakları işlediler, sonra bu dünyadan göçüp gittiler. Sen de onlar gibi göçüp gideceksin, yanında ne topraklarını ne de servetini götüreceksin."

247. Kanon- İki kadın İsa'ya gelip, "Ey Ruhullah, Rabbinden babamızı yeniden diriltmesini iste, çünkü o biz uzaklardayken öldü" dediler. İsa, "Mezarının nerede olduğunu biliyor musunuz?" diye sordu. "Evet" dediler. İsa onlarla birlikte mezara gitti, mezara varınca kadınlar, "İşte, bu onun mezarıdır" dediler.

İsa dua etti, adam dirildi, ama bu adam onların babası değildi. Sonra İsa dua etti, adam tekrar öldü. İki kadın İsa'ya başka bir mezar gösterdi. İsa dua etti, adam dirildi, bu adam onların babasıydı.

Kadınlar babalarının yanına gelip elini öptüler, sonra İsa'ya dönüp, "Ey Allah'ın Rasulü, erdemli olmayı öğreten zat, onun bizimle kalması için Allah'a dua et" dediler. İsa, "Artık rızkı kalmadığını bile bile Allah'a onun için nasıl dua ederim?" dedi ve sonra onu yine ölüye çevirip oradan uzaklaştı.

248. Kanon- İsa gezinirken etleri çürümekte olan bir kafatasının yanından geçiyordu. Ona konuşmasını emretti. Kafatası dedi ki: "Ey Ruhullah, ben Yemen Kralı Belvan İbn Hafs'ım. Bin yıl yaşadım, bin bakireyle evlendim, bin oğlum oldu, bin orduyu bozguna uğrattım, bin zalimi öldürdüm ve bin şehri fethettim. Hikayemi duyanlar dünya hayatına aldanmasın, çünkü bütün anlattıklarım uyuyan bir kimsenin rüyası gibi bir hiçten başka bir şey değildi." İsa bunun üzerine ağladı.

249. Kanon- İsa şöyle dedi: "Allah dünyaya şu sözlerle seslendi: 'Bana hizmet edene hizmet et, sana hizmet edeni köle yap. Ey dünya, evliyalarımın önünden çabucak geç, baştan çıkarmak için oyun oynama onlara."

250. Kanon- İsa bir kasabaya geldi. Kasabanın surları yıkılmış, dereleri susuz kalmış ve ağaçları kurumuştu. İsa, "Ey harabe, insanların nerede?" diye seslendi. Hiç kimse cevap vermedi. İsa tekrar seslendi, "Ey harabe, insanların nerede?" Bir ses İsa'ya, "Yok oldular, onları şimdi toprak yutuyor. İşledikleri ameller Mahşer Günü'ne kadar boyunlarına zincir olacak. Ey Meryemoğlu İsa, gayret et" diye cevap verdi.

251. Kanon- İsa dedi ki: "Bir hükümdar şedid (sert) olmamalıdır, çünkü insanoğlu onda yumuşak huyluluğu arar, zalim de olmamalıdır çünkü insanoğlunun kendisinden adalet istediği kişi de odur."

252. Kanon- İsa'nın havarilerinden biri öldü, öteki havariler buna çok üzüldü. Onun mezarı başında durup dua eden İsa'ya çok üzüldüklerini söylediler. Allah onu yeniden diriltti, ayakları ateşten çarıkların içindeydi. İsa neden bu halde olduğunu sordu, havari, "Allah'a yemin ederim ki hiç günah işlemedim, ama bir keresinde haksızlığa uğrayan bir adamın yanından geçtim, ama ona yardım etmedim, bu yüzden bana bunları giydirdiler" dedi.

253. Kanon- İsa buyurdu ki: "Eğer bir kimse cahilliğe sabredemiyorsa hoşgörü nedir? Eğer bir kimse öfkesini dizginleyemiyorsa güç nedir? Eğer bir kimse Yüce Allah'ın karşısında haddini bilmezse ibadet nedir? Ahmaklar ibadet için geldiklerinde uygunsuz bir zamanda gelir, başköşeye otururlar. Bir bunalım yaşadıklarında akılları başlarından gider."

254. Kanon- İsa yüksek bir yerden Şam'ın Guta bölgesine bakıp, "Ey Guta, zengin bir kimse senden bir servet edinemese de, fakir bir kimse ekmeğini senden çıkarabilecek" dedi.

255. Kanon- İsa dedi ki, "Yalancının söylediği doğruları kabul edin ama doğruyu söyleyenin yalanını kabul etmeyin. Konuşmanıza sahte olabilecek herhangi bir şeyi karıştırmamak için titiz ohm."

256. Kanon- İsa şöyle derdi: "Dua edip oruç tutan ama günahı terk etmeyen kimse Allah indinde bir yalancıdır."

257. Kanon- İsa buyurdu ki: "Bir kimse imanın gerçek anlamını, ancak, Allah'a itaat ettiği için övülmekten hoşlanmazsa bilebilir."

258. Kanon- İsa dedi ki: "İyi amel işleyen ödüllendirilmeyi beklesin ama kötü amel işleyen cezalandırıldığında şaşırmasın. Gücü haksız yollarla elde edenler; Allah onları hak ettikleri gibi küçük düşürecektir, zenginliği haksız yollarla elde edenler; Allah onlara hak ettikleri fakirliği verecektir."

259. Kanon- Bir adam İsa'ya, "İnsanların en efdali kimdir?" diye sordu. İsa iki avuç dolusu kum alıp şöyle dedi: "Bunlardan hangisi efdaldir? İnsan topraktan gelir; en efdal olanlar Allah'tan en çok sakınanlardır."

260. Kanon- İsa derdi ki: "Hayatla ilgisi olmayan, sizi insanlara yardım etmeye çağırmayan bilgiden hiçbir hayır gelmez."

261. Kanon- Allah İsa'ya şunu vahyetti: "Aylaklar güldüğü zaman gözlerinize üzüntü ile sürme çekin."

262. Kanon- Meryem dedi ki: "İsa'ya gebe olduğum günlerde, evimde ne zaman konuşan birisi olsa, İsa'nın içimde Allah'a şükrettiğini duyardım. Ne zaman yalnız olsam, yanımda kimse olmasa, o karnımda olduğu halde onunla sohbet ederdim, o da benimle."

263. Kanon- İsa'nın şöyle dediği rivayet edilir: "Ey Allah'ım, şükürlerim senden gelen bir nimet iken ve onlar için şükretmem gerekirken sana nasıl şükredeceğim?" Allah bunun üzerine ona şunu vahyetti: "Bunu biliyorsan, bana şükretmiş olursun zaten."

264. Kanon- Kutsal bir yerde Meryem ile ona hizmet eden Yusuf adındaki kuzeni aralarında bir perde varken konuşmakta idi. Yusuf Meryem'in gebe olduğunu öğrenen ilk kişiydi, Meryem'in günahkar olduğunu düşünenler olur da dile düşer diye çok üzülüyordu. Meryem'e dedi ki, "Ey Meryem, tohum olmadan bitki olur mu hiç?" "Olur" diye cevapladı Meryem.

Yusuf, "Bu nasıl olabilir peki?" diye sordu. Meryem, "Allah hiç bitki yokken bir tohum yarattı. Ama şimdi şunu dersin, 'Tohuma yardım etmeseydi, bu O'nun için çok zor olurdu'" dedi. "Allah esirgesin!" dedi Yusuf. Sonra Meryem'e dedi ki, " Su ya da yağmur olmadan bir ağaç büyüyebilir mi hiç?"

Meryem, "Tohumların, bitkilerin, suyun, yağmurun ve ağaçların tek bir yaratıcısı olduğunu bilmiyor musun?" diye mukabele etti. Sonra Yusuf tekrar sordu, "Bir erkek olmadan çocuk ya da gebelik olabilir mi?" "Olur" diye cevap verdi Meryem. "Bu nasıl olabilir?" diye sordu Yusuf. Meryem de, "Bilmiyor musun? Allah, Adem ile Havva'yı gebelik, erkek ve anne olmadan yarattı" dedi. "Biliyorum" diye cevapladı Yusuf ve ekledi, "O zaman sana ne olduğunu söyle."

Meryem dedi ki, "Allah, Kelimetullah olan, Meryemoğlu İsa Mesih'ten sevinçli haberler getirdi bana."

265. Kanon- İsa dedi ki: "Küstahlardan gelen söze bile sabırla karşılık verin, on mislini kazanacaksınız."

266. Kanon- İsa dedi ki: "Ey İsrailoğulları, çok fazla yemeyiniz! Çünkü, çok fazla yiyen çok fazla uyur, çok fazla uyuyan çok az ibadet eder, çok az ibadet eden de ihmalkarlardan sayılır."

267. Kanon- Allah, İsa'ya şunu vahyetti: "İnsanlara karşı ayaklarının altındaki toprak gibi yumuşak, akan su gibi cömert ve güneşle ay gibi merhametli ol, çünkü onlar hem hayrın hem şerrin üzerine doğarlar."

268. Kanon- İsa dedi ki: "Bir kimse kendisine öbür dünya anlatılmış olmasına rağmen hala bu dünya ile meşgul olursa ve kendisinin zararına olan şeyi kendisinin hayrına olan şeyden daha çok arzu ederse, o kimse nasıl olur da alim olabilir?"

269. Kanon- İsa havarilerine yemek hazırladı. Yemeklerini yedikten sonra İsa onların ellerini ve ayaklarını yıkadı. Ona dediler ki, "Ey Ruhullah, bunu yapması gereken biziz." İsa şöyle cevap verdi: "Bunu, siz de eğittiğiniz kimselere böyle davranasınız diye yaptım."

270. Kanon- İsa dedi ki, "Bu dünyanın ve ahiretin sıkıntısı ağırlaştı. Dünyanın sıkıntısı şudur: Bu dünyadaki bir şeye el uzattığınızda sizden önce ona uzanmış bir sefih bulacaksınız. Ahiretin sıkıntısına gelince, bunun için size yardım edecek hiç kimseyi bulamayacaksınız."

271. Kanon- İsa dedi ki: "Ey Allah'ım, bana Sen'in merhametini kazanacak olan ümmeti anlat." Allah şunu vahyetti: "O ümmet Muhammed'in ümmetidir, Peygamberler gibi Allah'tan korkan, dindar, nefsine hakim olan, temiz kalpli alimlerin ümmetidir. Onlar ihsan ettiğim az bir nimetten bile hoşnut olurlar, az bile olsa ben de onların hayırlı amellerinden hoşnut olurum.

Onlara Cenneti nasip ederim, çünkü onlar 'La ilahe illallah,' derler. Ey İsa, Cennetteki insanların çoğu onlardandır, çünkü hiç kimse 'La ilahe illallah,' derken onlarınkinden daha alçakgönüllü bir dille konuşmamıştır, hiç kimse secdeye varırken onlar kadar alçakgönüllü olmamıştır."

272. Kanon- İsa'nın şöyle dediği rivayet edilir: "Yüce Allah, sebepsiz yere çok güleni, bir maksadı olmadan gezineni ve şaka yaparken kutsal bir kitabın adını zikredeni sevmez."

273. Kanon- İsa buyurdu ki: "İki defa doğmayan Cennet'e giremeyecektir."

274. Kanon- Bir grup insan misafir olarak kalmak için İsa'nın yanına geldiler. İsa onlara ekmekle sirke verip, "Eğer birisine konukseverlik gösterdiysem, size göstermişimdir" dedi.

275. Kanon- İsa dedi ki: "İnsanlara öyle davranınız ki, yaşarken sizi özlesinler ve siz öldükten sonra da sizin için ağlasınlar."

276. Kanon- İsa fakihlere şöyle dedi: "Ahiret yolunda oturuyorsunuz, ama ne o yolun sonuna kadar yürüdünüz ne de başka birisinin bu yoldan geçmesine izin verdiniz. Sizin kandırdığınız kimselerin vay haline!"

277. Kanon- İsa, yüzlerinin rengi değişmiş, çul ve yünden elbiseler giyen 400.000 kadının yanından geçti. Ve dedi ki: "Ey kadınlar güruhu, sizin yüzlerinizin rengini değiştiren nedir?" Kadınlar şöyle cevap verdiler: "Ey Meryemoğlu, Cehennem ateşini hatırlayınca yüzümüzün rengi değişti. Cehennem ateşine düşen kimse ne soğuğu hisseder ne de bir şey içer."

278. Kanon- Şeytan, İsa'ya yaşlı bir adam olarak görünüp İsa'nın onun söylediklerini tekrarlayacağını ve böylece ona itaat etmiş olacağını umarak: "Ey Ruhullah, 'La ilahe illallah' de."

dedi. İsa, "Bunu söylerim, ama bunu bana sen söylediğin için değil, ben zaten söylediğim için; La ilahe illallah." dedi.

Şeytan hakir olup uzaklaştı.

279. Kanon- İsa İsrailoğullarına şöyle dedi: "Şunu bilin ki, dünya hayatıyla ahiret hayatı güneşin doğuşuyla batışı gibidir. Doğuya ne kadar yaklaşırsanız batıdan o kadar uzaklaşırsınız ve batıya ne kadar yaklaşırsanız doğudan o kadar uzaklaşırsınız." İsa böyle bir benzetmeyi öteki dünyadaki hayata iyi ameller işleyerek gitmeyi öğütlemek için kullandı.

280. Kanon- İsa ashabından bazılarını şöyle teşvik etti: "Bu dünyaya karşı oruç tutun, orucunuzu ölümle açın. Sıkıntı vermesin diye yarasını ilaçla tedavi eden kişi gibi olun. Ölümü sık sık hatırlayın; zira ölüm, mümin kimseye kötülük olmadan iyilik, kötü kimseye ise iyilik olmadan kötülük getirir."

281. Kanon- İsa Şeytan'la karşılaştı ve ona şunu dedi, "Hayy ve Baki olan Allah'ın adıyla sana soruyorum, senin belini gerçekten kıran şey nedir?" Şeytan cevap verdi, "Atların Allah için kişnemesi."

282. Kanon- El-Uris adında biri rüyasında, yüzü Cennetten ona doğru dönmüş olduğu halde Meryemoğlu İsa Mesih'i gördü ve ona, "Çarmıha gerilme gerçekten oldu mu?" diye sordu. İsa, "Evet, çarmıha gerilme gerçekten oldu." dedi.

Bunun üzerine, el-Uris rüyasını bir rüya tabircisine anlattı, tabirci şöyle dedi: "Bu rüyayı gören kimse çarmıha gerilecektir, çünkü İsa yanılmaz, sadece doğruyu söyleyebilir; bahsettiği çarmıha gerilme kendisininki olamaz, çünkü Kur'an-ı Kerim İsa'nın çarmıha gerilmediğini ya da öldürülmediğini özellikle belirtmektedir. Öyleyse bu, rüyayı gören kişi için geçerlidir, çarmıha gerilecek olan odur." Ve olay tabircinin dediği gibi oldu.

283. Kanon- İsa buyurdu ki: "Ey havarilerim, altın bu dünyada mutluluk getirir, ama ahİrette kötülük getirir. Doğrusu, zenginler Cennet'e giremeyeceklerdir."

284. Kanon- İsa zamanında, İsrailoğullarından İshak adında biri vardı. İshak'ın aynı zamanda kuzeni olan karısı, o dönemin en güzel kadınlarından biriydi. İshak ona aşıktı, ama kadın öldü; bu yüzden İshak hiç yorulmadan, uzun süre onun mezarını ziyaret etti.

Bir gün İsa o mezarın yanından geçiyordu, İshak'ı mezarın başında ağlarken buldu. "Neden ağlıyorsun İshak?" diye sordu. İshak: "Ey Ruhullah, aynı zamanda karım olan, çok sevdiğim bir kuzenim vardı. Öldü; bu onun mezarıdır, ondan ayrı olmaya dayanamıyorum. Onun ayrılığı benim ölümüm oldu" diye cevap verdi. İsa sordu, "Allah'ın izniyle onu dirilttmemi ister miydin?" "İsterdim ey Ruhullah" diye cevapladı İshak.

İsa mezarın başında durup şöyle dedi: "Sen, mezarın içindeki, Allah'ın izniyle kalk!" Mezar açıldı, burun deliklerinden, gözlerinden ve yüzündeki öbür deliklerden alevler çıkan zenci bir köle belirip şöyle dedi:

"Allah'tan başka ilah yoktur, İsa Ruhullahtır, Kelimetullahtır, Allah'ın Kulu ve Rasulü'dür. İshak, "Ey Ruhulah ve Kelimetullah, karımın mezarı bu değil şu mezardır" deyip başka bir mezarı işaret etti.

İsa zenci adama, "Nereden geldiysen oraya geri dön" dedi.

Adam öldü, İsa onu mezarına gömdü. Sonra, İsa öbür mezarın başında durup şöyle dedi, "Sen, mezarın içindeki, Allah'ın izniyle kalk!" Kadın yüzündeki tozları silkeleyerek kalktı. "Bu senin karın mı?" dedi. İsa. İshak, "Evet ey Ruhullah" dedi. İsa, "Onun elini tut ve git" dedi.

Sonra İshak kadını alıp ayrıldı. Sonra uykusu geldi ve karısına: "Senin mezarında beklemek beni yordu, biraz dinlenmek istiyorum" dedi. "Peki" dedi kadın. Böylece İshak başını ona dayayarak uykuya daldı.

İshak uyurken kralın oğlu yanlarından geçiyordu; bu adam çok yakışıklı ve görkemliydi, güzel bir ata binmişti. Kadın onu görünce sırılsıklam aşık oldu, kalkıp çabucak ona doğru koştu. O da kadına aşık oldu. Kadın ona yaklaşıp, "Beni götür" dedi. Adam kadını terkisine aldı ve oradan uzaklaştılar.

İshak uyandığında etrafına bakındı fakat karısını göremedi, aramaya başladı, atı takip ederek onlara yetişti ve kralın oğluna: "Karımı, kuzenimi bana geri ver" diye seslendi. Kadın onu tanımadığını söyleyip "Ben kralın oğlunun cariyesiyim" dedi. İshak, "Hayır, sen benim karım ve kuzenimsin" dedi. " Ben seni tanımıyorum, hayır kralın oğlunun cariyesiyim ben" dedi kadın ısrarla. Kralın oğlu da İshak'a, "Cariyemi ayartmaya mı niyetlisin?" dedi. İshak da, "Allah şahidim olsun ki, o benim karımdır, Meryemoğlu İsa, o ölüyken onu benim için diriltti."

Onlar tartışırken İsa yanlarından geçmekteydi, İshak ona dönüp, "Ey Ruhullah, bu kadın, Allah'ın izniyle benim için dirilttiğin karım değil midir?" dedi. İsa, "Evet" diye cevapladı. Kadın, "Ey Ruhullah, o yalan söylüyor, ben kralın oğlunun cariyesiyim" dedi. Kralın oğlu da, "Bu benim cariyemdir" diye ekledi. İsa kadına sordu, "Sen Allah'ın izniyle dirilttiğim kadın değil misin?" diye sordu. "Hayır, Allah şahidimdir ki değilim ey Ruhullah" diye cevapladı kadın.

İsa bunun üzerine şöyle dedi: "O zaman biz sana ne verdiysek onu geri ver;" kadın o anda öldü ve yere düştü.

İsa dedi ki: "Kim, Allah'ın, inançsız biri olarak ölmesini, sonra yeniden diriltip bir Müslüman olarak yeniden ölmesini nasip ettiği bir kimseyi görmek isterse bu siyahi adama baksın; kim, Allah'ın, inançlı biri olarak ölmesini, sonra yeniden diriltip bir inançsız olarak yeniden ölmesini nasip ettiği bir kimseyi görmek isterse, bu kadına baksın." İsrailoğullarından İshak'a gelince, o, Allah'ın huzurunda bir daha evlenmeyeceğine yemin edip ıssız yerlerde amaçsızca ağlayarak dolaştı durdu.

285. Kanon- İsa, yük taşıyan beş eşeğe binmiş bir vaziyette Şeytan'a rastladı. Ona bu yüklerin ne olduğunu sordu. "Alıcısını aradığım satılık mallar." diye cevapladı Şeytan.

"Nedir bu mallar?"

"İlki zulümdür."

" Kim alır bunu?" .

"Hükümdarlar, ikincisi de gururdur."

"Onu kim alır?"

"Devlet yöneticileri, üçüncüsü de kıskançlıktır."

"Onu kim alır?"

"Din alimleri, dördüncüsü de sahtekarlıktır."

"Onu kim alır?"

"Tüccarların adamları, beşincisi de kurnazlıktır."

"Onu kim alır?"

"Kadınlar,"

286. Kanon- İsa bir gün yılan yakalamaya çalışan bir yılan terbiyecisi gördü. Adamın yakalamaya çalıştığı yılan İsa'ya, "Ey

Ruhullah, bu adama söyle eğer benim peşimi bırakmazsa onu parçalarım" dedi. İsa başka bir gün o yılanı terbiyecinin sepetinde gördü. "Bana bu adamı parçalayacağını söylememiş miydin, şimdi ne oldu sana böyle?" diye sordu. Yılan: "Ey Ruhullah" dedi, "bu adam bir yemin etmişti, ama sonra yeminini bozdu. İhanetinin zehri, ona, benim zehrimden daha zararlıdır."

287. Kanon- Meryemoğlu İsa ve Zekeriyaoğlu Yahya gezinirken, doğurmak üzere olan bir yaban keçisi gördüler. İsa, Yahya'ya: "Hanna Yahya'yı, Meryem İsa'yı doğurdu. Dünya seni çağırıyor. Ey yavru, çık artık." de, dedi.

Bu sözler doğurmakta olan bir kadına söylendiğinde kadın, Allah'ın izniyle, hemen doğurur. Yahya, İsa'ya inanan ve güvenen ilk kişiydi. Onlar teyze çocuklarıydı. Yahya, İsa'dan altı ay büyüktü. O, İsa semaya yükselmeden önce öldürüldü.

288. Kanon- İsa dedi ki: "Bir insan bir dilenciyi eli boş gönderirse, melekler o insanın evine yedi gün boyunca hiç uğramaz."

289. Kanon- İsa buyurdu ki: "Bir cüzzamlı ile bir körü tedavi edip iyileştirdim. Bir ahmağı da tedavi etmeye çalıştım, ama ondan ümidi kestim. Sessizlik ahmaklara verilecek (en iyi) cevaptır."

290. Kanon- Bir adam İsa'ya şöyle dedi: "Beni eğit." İsa da, "Ekmeğinin nereden geldiğine dikkat et" dedi.

291. Kanon- İsa, eyer yapan ve "Ey Allah'ım, Sen'in bindiğin merkebin nerede olduğunu bilseydim, ona mücevherlerle işlenmiş bir eyer yapardım" diye dua etmekte olan bir adamın yanından geçiyordu. İsa adamı sarsıp şöyle dedi: "Vah haline! Allahu Teala'nın merkebi mi olur?" Allah, İsa'ya şunu vahyetti: "Bırak onu, o beni elinden gelen en iyi şekilde tenzih etti."

KANON

292. Kanon- Şeytan bir gün İsa'ya, "Senin Tanrın, bir yumurtanın içine dünyayı almasını sağlayabilir mi? Ama dünya küçülmeden ve yumurta genişlemeden" diye sordu. İsa cevapladı, "Vah haline! Gayri muktediriyet Allah'a atfedilemez. Kim dünyanın yumurta kadar ince ve hassas olmasını, yumurtanın da dünya kadar büyük olmasını sağlayacak olan Allah kadar kudretli olabilir ki?"

293. Kanon- İsa buyurdu ki: "Dinar dinin hastalığı, alim de dinin hekimidir. Eğer bir hekiminin hastalık kesbetmeye çalıştığını görürseniz, ondan sakınınız ve biliniz ki, onun başkalarına öğüt vermesi doğru değildir."

294. Kanon- İsa şöyle dedi: "Bir kimse bu dünyadaki her şey için, ruhunu satıp sonra, ruhunu mahvetmişken bütün o malları bir başkasına miras bırakırsa, bunun ona ne faydası vardır? Canını koruyana, onu bu dünyadaki her şeyin üstünde tutana ne mutlu."

295. Kanon- İsa İsrailoğullarına vaaz vermek için ayağa kalkıp dedi ki: "Ey İsrailoğulları acıkmadan bir şey yemeyiniz; acıktığınızda da karnınızı tıka basa doyurmayınız, eğer tıka basa doyarsanız boynunuz kalınlaşır, vücudunuz şişer ve Rabbinizi unutursunuz."

296. Kanon- İsa buyurdu ki: "Kalp için, zulmetmekten daha ağır bir hastalık yoktur, nefis için de hiç açlık çekmemekten daha vahim bir şey yoktur. Bu ikisi sizi Allah'ı tefekkür etmekten ve kendinizi O'nun yoluna adamaktan alıkoyar.

297. Kanon- İsa havarilerinden iki kişiyi bir iş için bir yere gönderdi. Biri, yüzü solgun halde, öbürü ise capcanlı bir halde döndü. İsa ilkine, "Seni bu hale getiren nedir?" diye sordu. Adam, "Allah'tan korkmak" dedi. İkincisine sordu, "Peki, seni bu hale getiren nedir?" Adam, "Allah'a iman etmek" diye karşılık verdi.

298. Kanon- İsa dedi ki: "Eğer bunu söylediysem, Sen bunu bilmişsindir, çünkü bunu bana söyleten Sensin. Sen benim ruhum ve bedenimle birsin, öyle ise Sen benim konuştuğum dilsin."

299. Kanon- İsa şöyle dedi: "Vay halinize bu dünyanın köleleri! Engin güneş ışığının onu göremeyen ama bir adama ne faydası olur? Eğer bildiğine göre amel işlemiyorsa, çok şey bilen bir alime bildiklerinin ne faydası olur? Bir sürü yemiş vardır, ama hepsi de faydalı ve yenilebilir değildir! Birçok alim vardır, ama hepsi de bildiklerine göre amel işlemez. Yün elbiseler giyen, başlarını yere eğerek selam veren ama kurtlar gibi kaşlarının altından size ters ters bakan yalancı alimlere karşı uyanık olun. Onların yaptıkları, söyledikleri sözlere uymaz.

Kim dikenli çalılardan üzüm, hanzal ağacından incir toplar? Bu yüzden, yalancı bir alimin sözleri yalnızca yalan getirir. Sahibi, yük hayvanını tarlada iyice bağlamazsa hayvan yuvasına ve kendi gibi hayvanların yanına gider. Bu yüzden, ayrıca, sahibince yerine getirilmeyen ilim, sahibinin kalbini terk eder, onu yalnız, işe yaramaz bir kimse olarak bırakır. Bir bitkinin sadece su ve toprakta büyümesi gibi iman da sadece ilimle ve amelle güçlenir. Bu dünyanın köleleri, vay halinize!

Her şeyin kendisini belli eden, kendisinin iyi ya da kötü olduğunu gösteren bir işareti vardır. Dinin, kendileri aracılığı ile bilinen üç işareti vardır: İman, ilim, amel.

300. Kanon- Şeytan değişik renk ve türde takılarla donanmış olarak İsa'ya göründü. İsa sordu, "Bu takılar nedir böyle?" "Bunlar insanoğlunun arzularıdır" diye cevapladı Şeytan. "Onların herhangi biriyle ilgim var mı?" diye sordu.

İsa, "Belki de karnını tıka basa doyurdun, biz de seni Allah'a dua edemeyecek ya da O'nun adını anamayacak kadar tembel hale getirdik" diye cevapladı Şeytan. "Başka bir şey var mı?" diye sordu İsa. "Hayır" dedi Şeytan.

İsa, "Allah'a yemin ediyorum ki midemi asla yemekle tıka basa doldurmayacağım" dedi. Şeytan da, "Allah'a yemin ederim ki bir daha asla bir Müslüman'a öğüt vermeyeceğim" diye karşılık verdi.

301. Kanon- İsa buyurdu ki, "Ey Ademoğulları, ölecek olanı doğurun, yıkılacak olanı inşa edin. Aksi halde canlarınız yok olacak, yuvalarınız da harabeye dönecek."

302. Kanon- İsa'ya, "Neden kendine bir ev yapmıyorsun?" diye sordular. O da, "Sel yolunda yaparım?" diye cevap verdi.

303. Kanon- "Başkalarına Allah'ı hatırlamayı tavsiye eden ama O'nu unutan ne kadar çok kimse vardır! Başkalarını Allah'la korkutan ama O'na karşı küstah olan ne kadar çok kimse vardır! Başkalarını Allah'a çağıran ama O'ndan kaçan ne kadar çok kimse vardır! Başkalarına Allah'ın Kitabı'nı anlatan ama kendileri onun ayetlerini çöpe atan ne kadar çok kimse vardır!"

[KANON, "KHALKİ AVATAR KİTABI"NIN SONU]

KANON

KANON TERİMLER SÖZLÜĞÜ

A

Âdem AS: Kitab Ehline ait tüm dini kaynaklara göre, ilk yaratılan insan ve aynı zamanda Kur'ân'a göre ilk Peygamber.

Adamantius Origen: İS. 184-253. İskenderiyeli Hıristiyan ilahiyatçı. Yaşadığı dönemde Hıristiyanlığı en güçlü şekilde savunmuş bir dinadamı olmasına rağmen İS. 325'de toplanan İznik Konsili'nin kararlarıyla uyuşmayan kitapları olduğu gerekçesiyle lanetlenmiştir: 20. yüzyılda ise İlahiyatçılar ona yapılan bu haksızlığa itiraz etmişler ve itibarı iade edilmiştir. Origen, Irenius ve Polycarp ile birlikte kendi dönemlerinde Tek-Tanrıcılık akımını en yeterli şekilde temsil edenlerdendir.

Adoney: Yeni Ahit'te geçen ve Latince **'LORD'** veya Aramice **'EFENDİ'** anlamında Allah'ın isminin Aramice karşılıklarından biri.

Agartha (Şambhala): Yeraltında bulunan ve **Ye'cüc** ve **Me'cüc**'e ait olduğu bilinen ve tarihi çok eski zamanlara (**Zülkarneyn AS** dönemine) dayanan bir uygarlık.

Ahit veya Testament: Yemin, bilgilendirme, vasiyetname, Tanrısal/Kutsal Antlaşma.

Akkadca: Hz. İbrahim Döneminde Babil veya Ortadoğu bölgesinde etkin bir şekilde konuşulan ve ilk tarihi yazı sistemlerinde kullanılan Sami Dili.

Alfa (A veya α): Grekçe, **'İLK'** anlamında Hz. İsa'nın unvanlarından biri.

Ammanius Marcellinus: İ.S. 325-391. Romalı tarihçi. Antik Roma tarihini yazmıştır ve günümüze kadar gelebilen ender kitaplardan biridir.

KANON

Anathema: Lanetleme, yasaklama, Pagan Tanrıları'na kurban etınek.

Anno Nabonass: Çok eski bir tarihlendirme, takvimlendirmenin adı ve yöntemi. Babil Kralı Belesus (İ.Ö. 747) tarafından başlatılmıştır. Daniel AS'ın yaşadığı dönemde kullanılan onbir değişik takvim ve tarihlendirmenin bulunduğu tahmin edilmektedir. Bunların birbirlerine dönüştürülebilmesi çok karmaşık ve zahmetli matematiksel hesaplamalarla yapılabilmektedir.

Anno Urbis: "Roma şehrinin kuruluşundan itibaren" anlamında kullanılan ve İÖ. 753 yılında başlatılmış olan kronoloji, referans kitapları ve metinleri.

Antik Dönem: Tarihi Dönemi, İ.Ö. 500- İ.S. 500'lü yıllara denk gelen Zaman Dilimi.

Antlaşma (Ahit): Allah'ın İsrailoğullarına gönderdiği Ul-ül Azm, yani Büyük Peygamberlerle yaptığı ve insanların uyması gerek ilâhî kurallar bütününü açıklayan **Yazılı** veya **Sözlü Kutsal Metin**.

Antlaşma (Ahit) Sandığı: Allah'ın **Musa AS**'a **Akasya Ağacı**'ndan yaparak içerisine **On Emir**'in yazılı olduğu taş tabletler ile kutsal eşyaların konulmasını buyurduğu kutsal sandık. Bu sandık Kudüs'teki mabedin Romalılarca işgal edilip yağmalanmasından sonra kaybolmuştur ve halen de nerede olduğu bilinmemektedir.

Apokrifia (Apokrif veya Uydurma): Hz. İsa'nın göğe alınmasından sonra, **İ.S. 120-300** yılları arasında, Hakikî İsevîlik'le ilgili gerçek bilgilerin yazılı olduğu İnciller'i yanlış veya uydurulmuş olarak kabul edilerek yok edilmesine neden olan bir fikir akımı. Bu fikir akımı, daha sonraki dönemlerde Kilise'nin kontrolüne girerek, hangi İnciller'in Doğru ve hangilerinin Yanlış olduğunu ayırma yetkisini kendisinde toplamıştır.

Apollinaris Sidonius: Aristokrat şair ve diplomat. İ.S. 430-489. 5. yüzyıla dair yazdığı mektuplarla ünlenmiştir.

KANON

Apollonius (veya Tyanalı Apollon):

(Yunanca: Ἀπολλώνιος ὁ Τυανεύς) (D. M.S. 15? - Ö. 100?), Roma İmparatorluğu'nun Kapadokya ilindeki Tuvana (günümüzde Kemerhisar) kentinde doğmuş, yeni pisagorculuğun en önemli temsilcilerinden Yunan filozof, Bilim adamı ve Matematikçi ve Şifacı okültis. Rahmetli Türk yazar ve önemli düşünürü *Aytunç Altındal'*ın "*Yoksul Tanrı-Tyanalı Apollonius*" kitabıyla, tarihteki eşsiz önemine değindiği Anadolu şifacısı, ermişi ve filozofudur. Yaşamını araştırdıkça, insanı sarsan bir kişiliğe sahip olduğu anlaşılmaktadır. İlginçtir, o da İsa'yla hemen hemen aynı dönemlerde yaşamıştır. Apollon, 16 yaşındayken Tiyana'dan Tarsus'a geçti. Tarsus'ta Pisagor'un okulunda okudu ve yenipisagorcu öğretinin önemli savunucularından biri olarak birçok ülkeyi dolaştı. Bir okul kurduğu Efes kentinde öldü. Yaşamı İsa ile aynı döneme rastlayan düşünür, tarihin ilk vejetaryeni olarak biliniyor. Filostratus (II) ondan sonra onun hayatını anlatan "*Tiyanalı Apollon'un Hayatı ve Öğretileri*" adlı bir kitabı da yazmıştır. Bunun dışında, Apollonius; geometriyle ilgili koni kesitleri (daire, elips, hiperbol, parabol) üzerine sekiz ciltlik bir eser ("*Konika*" isimli) de yazmıştır. Bunun ilk dört cildi orjinal dilindeki kopyalarından bazıları günümüze kadar ulaşmıştır. Bergama kralına ithaf ettiği son dört cildin ilk üçüyse arapça tercümeleriyle günümüze kadar taşınabilmiştir. Son cilt ise kayıptır. Apollonius, ilk yedi cilt içinde, sırası geldikçe bazı önemli problemleri sekizinci cilde bıraktığını söyler. Burada iki şey düşünülür: "Ya Apollonius bu problemlerin ağırlığı altında ezildi ve sekizinci cildi hiçbir zaman yazamadı, ya da gerçekten söz verdiği gibi sekizinci cildi yazdı ama bu kitap kayıptır."

Philastratus'un Tynana'lı apollonius'un hayatı adlı kitabını aslından okuyanlar şu soruyla karşı karşıya kalıyorlardı; "*Ya Philostratus'un kitabı İncil'den kopya edilmişti, ya da incil Philostratus'un kitabından aşırılmış alıntılardan ibaretti.*" Aynı zaman diliminde yaşamış Apollonius ile İsa karşılaştırıldığında akıllar karışıyordu. Örneğin, İmparator Augustus zamanında yaşayan İsa'nın çağında roma imparatorluğu tarih, sanat, edebi akımlar vs. altın çağını yaşamaktaydı. Fakat, buna rağmen dönemin çok sayıda düşünürü, eleştirmeni, filozofu, hatibi, sanatçısı vs. içerisinde, çok ilginçtir, milattan sonra ilk 200 yılda İsa'dan kimse bahsetmemektedir. Öte yandan, Apollonius döneminin en önemli düşünürü ve bilge kişisiydi. Özellikle, Anadolu'da aşırı derecede seviliyor, kitapları elden ele dolaşılıyordu. Birçok yerde adına açılmış dergahlar vardı. M.s. 4. yüzyılda İmparator Konstantin zamanında hristyanlık resmi din olarak benimsenirken, bir yandan da büstleri ve dergahları yıkılmış, kitapları yakılmış ve adı diğer filozoflarla birlikte Anadolu'dan silinmeye çalışılmıştır.

Bunun dışında, *Tyanalı Apollon*'un Gerçek İsa olduğu ve Anadolu topraklarında yaşayıp öğretisini yaydıktan sonra öldüğü, ve yerine Yahudi/Filistin topraklarında kısa bir süre yaşamış sahte ve insanüstü bir İsa figürünün sonradan değişiklik yapılmış Hristiyan kaynaklarınca geçirildiği şeklinde, *Aytunç Altındal*'ın dışında batı kaynaklı iddialar da bulunmaktadır. Ama bu noktada şuna emin olabiliriz ki, tarih içerisinde Yahudilerin yapamayacağı uyduramayacağı şey yok gibi olduğu düşünülürse, -3 kutsal kitabı tahrif edip, birçok peygamberi öldürdükleri düşünülürse-, belki de *Gerçek İsa*'nın yahudi olmadığını bile düşünebiliriz-, belki de türk bile olabilir, çünkü o zamanlardaki Antik Tyana denilen yer, şimdiki Anadolu toprakları içinde yer alan, "*Niğde*" ili sınırları içindeydi,

Bu konuda Bkz:

http://www.interfarfacing.com/apollonius.htm

http://www.angelfire.com/ks3/kemerhisar/vatikan.htm

KANON

"Deisis Mozaiğin"deki İsa resmi aslında gerçekte, isa mesih değildi, Tyana'lı Apollonius'du.. Bunun ilk zamanlar kilise de biliyordu, fakat İznik konsülünde, (m.s. 325) İsa'nın hayatı Tyana'lı Apollonius'un yerine geçirilince; tüm kayıtlar ve belgeler silindi, tüm ikona ve resimlerdekini bu isa'dır dediler ve konuyu kapattılar..."

[*Aytunç Altındal*]

Apostacy (veya İnkar): Döneklik. Yeni girdiği dinden sıkılarak çıkıp eski dinine dönmek.

Apostles (Elçiler veya Havariler): Grekçe, 'GÖNDERİLENLER' veya 'SEÇİLMİŞLER' anlamında Hz. İsa'nın **Oniki Havarisi**'ne verilen bir unvan.

Arabia Felix: Kelime anlamıyla *"Mutlu Arabistan"*. Bu yarımadanın güneyi hem iklim hem de doğal güzellikleri ve münbit arazileriyle bu sıfat tamlamasıyla anılıyordu. Günümüzdeki bir bütün olarak Yemen, geçmişte bu adla biliniyordu.

Aramice: Hz. İsa'nın yaşadığı dönemde Ortadoğu'da etkin bir şekilde konuşulan Sami Dili. Bu dil, Hz. İsa tarafından da kullanılmış olup, **Hakikî İncil** bu dilde nâzil olmuştur.

Aristotales (Aristo): İ.Ö. 250-350 yılları arasında yaşayan ve **Platon**'dan ders alarak **Mantık** (Muhakeme) ve **Cebir** (Matematik) İlimlerinin temelini atan Yunanlı Düşünür ve Filozof. Aristo aynı zamanda, Platon'la birlikte Antik Dönemdeki en büyük Düşünür ve Filozoflardan birisidir. Antik Dönemin en büyük Kültür Merkezlerinden birisi olan **Atina Okulu**'nun kurucusu olup, Roma İmparatorluğu'nun kurucusu olan **Büyük İskender**'in de hocasıdır.

Ariancılık: Papaz ve ilahiyatçı Arianus tarafından (İS. 256-336) başlatılmış ve günümüzde dahi etkileri süren bir doktrin. İ.S. 325 yılında toplanan İznik Konsili'nde karşıt görüşlü kişilerin isteği üzerine Büyük Konstantin'in emriyle yasaklanmıştı. Bu doktrine göre Ariancı Hristiyanlar İsa'nın Tanrı veya Tanrı'nın Biricik Oğlu olmadığına, fakat ilahi kişiliğe sahip kılınmış Kutsal bir din adamı / peygamber olduğunu kabul ederler.

Ark veya Ahit Sandığı: Tanrı'nın Kutsal Emaneti'ni ve Mevcudiyeti'ni ihtiva ettiğine inanılan sandık. İsrail'in Tanrısı Jehovah, Shekina adıyla bu Sandık'a Mevcudiyetini bahşetmiştir. Roma İmparatorluğu tarafından yıkılan Tapınak'tan kaçırıldığı (MS. 66) ve nerede olduğu bilinmeyen Emanet Sandığı. Ahit sandığı iki melek tarafından korunurdu.

KANON

Armageddon (Hermeciddun) Savaşı: Kıyamet'in iyice yaklaştığı bir döneme doğru, Hz. İsa ve Ordusu ile **Deccal** ve Ordusunun savaşacağı Ortadoğu'daki bir savaş (**III. Dünya Savaşı**).

Ashab-ı Kehf (Mağara Adamları): İ.Ö. 100-150 yılları arasında Lût Gölü'nün kuzeyindeki mağaralarda derviş hayatı yaşayarak, Allah tarafından İsrailoğullarına yeni bir peygamberin (Hz. İsa) gönderileceğine inanan ve o dönemde Mesih Devri'nin yakında başlayacağını iddia ederek diğer muhafazakâr Yahudiler'den daha farklı ve sade bir yaşam süren **Yahudi Mezhebi**. Bu mezhebe mensup kişiler; Abdest, Namaz gibi ibadetleri yerine getirerek Allah'ın varlığına inanıyor ve dinde bozulma ve dejenerasyonun başladığı bir dönemde, Hz. Musa'nın Şeriatı'nı uygulamaya çalışıyorlardı. Ashab-ı kehf'in ikinci anlamı ise, Hz. İsa'nın getirmiş olduğu Şeriat'ın bozulmaya başlamasından sonra, **İ.S. 100-150** yılları arasında, Roma yönetimi tarafından baskıya uğrayarak bir mağaraya sığınan ve yaklaşık **300 yıl** uykuda kalan **Yedi Kişi**'dir. Bu imanlı gençlerin hikayesi Kur'ân'da detaylı bir şekilde anlatılmaktadır.

Asya (Asia Minor) İli: Türkiye'nin Batı Bölgesi'ni içine alan Roma İmparatorluğu'na bağlı bir Eyalet.

Avgustos: Hz. İsa'nın yaşadığı dönemdeki Roma İmparatoru.

Ayasofya: İstanbul'da Roma İmparatoru Konstantin tarafından inşa edilen Mabed. Burası **Fatih Sultan Muhammed**'in **İ.S. 1453**'te İstanbul'u fethine kadar, o güne kadar yapılmış en büyük Kilise olma özelliğini koruyordu. Fetihten sonra ise, bu ulu mabed Camiye çevrilmiş ve etrafına dört adet Minare eklenmiştir. Cumhuriyetin ilanından sonra ise, burası Müze haline çevrilmiş ve halen de müze olarak kullanılmaktadır.

Ayazma: Hristiyanlarca kutsal sayılan su kaynağı ya da Pınar.

B

Babil (Mezopotamya): Ortadoğu'yu içine alan coğrafyanın antik dönemdeki ismi.

Babil Sürgünü: Yahudiler'in İ.Ö. **586** yılında Babil Kralı **Nabukadnessar** tarafından Kenan topraklarından çıkarılarak sürgüne gönderildiği **70** yıllık dönem.

Balaam: Mezopotamyalı Peygamber. Eski Ahit'te adı geçen ve Yahudileri kutsayan kişi. Kendisi Yahudi olmadığı için onun tarafından kutsanmış olmak Yahudiler için hakaret kabul edilmiş ve lanetlenmiştir.

Barnabas İncili: Hz. İsa'nın Havarilerinden birisi olan '**Teselli Oğlu**' anlamındaki **Barnabas** tarafından kaleme alınan ve **1500**'lü yıllarda ortaya çıkartılarak Latinceye çevrilen İncil. Bu İncil'de Hz. İsa'nın yaşam hikayesi ve Hakikî İsevîlik'le ilgili bilgiler daha gerçekçi bir biçimde anlatılır. 1907 yılında iki İngiliz araştırmacı **Canon** ve **Reggo** tarafından İngilizceye tercüme edilen bu İncil, basıldıktan kısa bir süre sonra birisi **Washington Kongre Kütüphanesi**, diğeri de **Viyana Hoffbibliotek Araştırma Merkezi**'nde olmak üzere iki nüshasının dışında yok olmuştur. Fakat **1975-76** yıllarında bu kopyalardan birisinin mikrofilmi elde edilerek Pakistan'da Urduca olarak yayınlanmıştır. Günümüzde **Barnabas İncili** olarak bilinen bu İncil'de Hz. İsa tamamen bir Mü'min karakteri, yani **El-İslâm** Peygamberi olarak karşımıza çıkar.

Beytesta (Arınma) Havuzu: Hz. İsa döneminde Mabed, yani Kutsal Tapınağın avlusunda yer alan ve tunçtan yapılmış olan büyük bir havuz. Eski dönemlerden beri, bu havuzun senede bir kez bir melek tarafından çalkalandığına ve o gün havuza giren hastaların şifa bulduklarına inanılırdı. Bu yüzden Beytesta Havuzu, hemen hemen senenin her günü hastalıklarına şifa bulmak insanlar tarafından ziyaret edilirdi.

Beytlehem: Kudüs'ün yaklaşık **20** km güneybatısında yer alan ve Hz. İsa'nın doğum yeri olan Kent.

KANON

Beytlehem (Halley Kuyruklu) Yıldızı: Hz. İsa'nın dünyaya geldiği sıralarda ortaya çıkan ve İncil'e göre, Doğu'dan gelen Yıldızbilimciler tarafından takip edilerek Hz. İsa'nın doğumuna işaret ettiği varsayılan ve tarihi araştırmalara göre Halley Kuyruklu Yıldızı olduğu varsayılan Gökcismi.

Buhur: Hz. Musa döneminden kalma bir gelenek olarak yapılan ve Tapınakta Allah'a adak olarak yakılan Tütsü.

Büyük Fahişe: Eski Ahit'in yasakladığı bir meslek olmasına rağmen, Yahudiler Tanrı'dan uzaklaştıklarında onun tarafından *"Büyük Fahişe"* olarak nitelendirilmişlerdir. İncil'de bu kelime genellikle *"Babil"* için kullanılır.

Büyük İskender (I. Alexandros): İ.Ö. 356-323 yılları arasında yaşayan ve Roma İmparatorluğu'nu Antik dönemdeki sınırlarına ulaşana dek, Yunanistan, Batı Anadolu, Mısır ve Babil'i ele geçirerek kuran ve genişleten Makedonyalı Kral.

Büyük Veba Salgını: Büyük Veba Salgını, Kara Ölüm ya da Kara Veba, 1347-1351 yılları arasında Avrupa'da büyük yıkıma yol açan veba salgınıdır. Asya'nın güney batısında başlayarak 1340'lı yılların sonlarında Avrupa'ya ulaşmıştır. Salgına Yersinia pestis adı verilen bir bakterinin yol açtığı düşünülmektedir.

Amerika'daki Kızılderili Soykırımları'ndan sonra bilinen bütün büyük salgınlardan ve savaşlardan daha fazla can alan salgında, Fransız vakanüvis Jean Froissart'ın gerçeğe yakın olduğu kabul edilen saptamasına göre, Avrupa nüfusunun yaklaşık üçte biri öldü. Salgın Ortadoğu, Hindistan ve Çin de dahil olmak üzere yaklaşık 75 milyon kişinin ölümüyle sonuçlanmıştır.

Çin ve Orta Asya'dan başlayan veba, 1347'de Kırım'da bir Ceneviz ticaret merkezini kuşatan Kıpçak ordusunun vebalı cesetleri mancınıkla kentin içine atmasıyla Avrupa'ya taşındı. Vebadan ölen soylular arasında Aragon kralı IV. Pedro'nun karısı Kraliçe Leanor ve Kastilya kralı XI. Alfonso'nun oğluyla evlenmeye giderken Bordeaux'da ölen, İngiltere kralı III. Edward'ın kızı Joan da vardı. İki Canterbury başpiskoposu art arda vebadan öldü. Şair Petrarca yalnızca pek çok şiirinin esin kaynağı Laura'yı değil, koruyucusu Giovanni Colonna'yı da salgında yitirdi.

Kara Ölüm'ün Avrupa'nın nüfusu üzerinde büyük bir etkisi olmuş ve Avrupa'nın sosyal temellerini değiştirmiştir. Roma Katolik Kilisesi için de büyük bir darbe olan Kara Ölüm; Museviler, Müslümanlar, yabancılar, dilenciler başta olmak üzere azınlıklara zulmedilmesine yol açmıştır. Günlük yaşamın belirsizliği insanları o günü yaşamaya itmiş, ve bu da Giovanni Boccaccio'nun 1353'de yazdığı Decameron'una yansımıştır.

Benzer salgın hastalıkların Avrupa'ya her yeni nesille geri döndüğü düşünülür; etkileri 1700'lü yıllara kadar devam etmiştir. Bunların arasında 1629-1631 yıllarında gerçekleşen İtalya salgını, Büyük Londra Salgını (1665-1666), Büyük Viyana Salgını (1679), Büyük Marsilya Salgını (1720-1722) ve son olarak da 1771 Moskova salgını bulunur. Salgının tanımı üzerine birçok tartışma mevcuttur, ancak Avrupa'da 19. yüzyılda tamamıyla ortadan kalkmıştır.

14. yüzyılda bu salgına "Büyük Ölüm" dense de, daha sonraki yıllarda "Kara Ölüm" olarak tanımlanmıştır. Bunun sebebi de, genel inanca göre, bu hastalık sonucunda deri altı kanamalar yüzünden derinin siyaha dönmesidir. Aslında bu ad mecazi anlamda kullanılmış olup, "kara" burada kasvetli, sıkıntılı, kederli anlamına gelir.

Fakat kaynaklar bize Avrupa'da vebanın ilk kez 543 yılında Galya'da görüldüğünü söylüyorlar, büyük bir olasılıkla Avrupa'da karaya çıktığı yer, bir Provence limanı olan bugünkü Marsilya'dır. Yine 1346 tarihinde Marsilya'da ortadoğudan gelen bir tekneyle ikinci kez gelen veba, tüm kıtada 25 milyon insanın ölümüne neden oldu, kurtulanlar ise dağlara ve köylere sığındılar. Tam 1,5 yüzyıl boyunca, 1500'lü yıllara kadar kentlere dönülemedi ve güven duyulmadı. Hatta, İtalyanca olan "Karantina" sözcüğü de bu dönemin mirasıdır.

KANON

Ortaçağda, bulaşıcı hastalık salgınlarında doktorlar mikrop kapmamak için böyle giyiniyorlardı. Yukarıdaki giysinin ismi "Veba Maskesi" olup ölümcül mikrop ve bakteriden korunmayı sağlıyordu.

Tarihî kayıtlara göre bu salgında kasıklarda şişmeler (bubo'lar) meydana gelmekteydi. 19. yüzyılda Asya'da görülen veba hastalığında aynı belirti gözlemlendiği için 20. yy. başlarındaki araştırmacılar Kara Ölüm'ün Yersinia pestis adlı bakterinin yol açtığı, sıçan (Rattus rattus) yardımıyla ve pireler tarafından taşınan aynı hastalık olduğuna hükmetmişlerdir. Ancak, bubolar başka hastalıkların da belirtisi olabildiği için Kara Ölüm'ün bir veba salgını olduğu kesinlik kazanmamıştır. Günümüzde bu salgının sebepleri hâlâ araştırılmaktadır.

C

Caesar veya Sezar: Sezar, Kayzer. Roma İmparatorluğu'nda Kral olmak en alt düzeyde bir otoriteyi temsil ediyordu. Aslolan önce Sezar, sonra Augustus olmaktı ve İmparator olmak bile bunların yetki ve güçleri karşısında yeterli sayılmazdı.

Caius: Bu adla bilinen birkaç kişi ve bir de Papa vardır ama bu kişinin kuvvetle muhtemelen İ.S. 171'de İskenderiye'de öldürülen Aziz Caius olduğu söylenebilir.

Canavar = Beast: Bu İngilizce kelime Kitab-ı Mukaddes'in günümüzde yapılan çevirilerinde "Canavar" kelimesiyle karşılanmaktadır. Ne var ki, eski çevirilerde aslına daha uygun olan "Mahluk" kelimesi kullanılmıştı. Günümüz Türkçesinde "Yaratık" olarak kullanılan bu kelime ile simgelendirilmek istenilen Kehanet-Öznesi, "Olağanüstü" veya "Doğaüstü" bir Mahluk=Canavar'dır. İslam'dan önceki metinlerde İncil'de bu tanımlama Deccal veya onu temsil ettiği düşünülen hükümdarlar / krallar için kullanılmıştır.

Yuhanna'nın Vahiy Kitabı'na göre, Yeryüzünden [karadan] yükselen ikinci Canavar, Grek İmparatorluğu'nun Kilisesi'dir: Tıpkı Kuzu'da olduğu gibi onun da iki boynuzu vardır, bu da onun Kilise olduğunu gösterir ve tıpkı Ejderha gibi konuşmaktadır, ki, bu da onun dinidir; ve yeryüzünden çıkıp gelmiştir, dolayısıyla bu da onun (Canavar'ın) Krallığıdır. Ona aynı zamanda, birinci Canavar'ın huzurunda mucizeleri yalanlayarak onun damgasına sahip olanları ve onun suretine tapınanları aldatan Sahte Peygamber de denilmektedir.

Ejderha Kadın'dan ayrılıp onun soyundan kalanlarla savaş etmeye gittiğinde, yeryüzünden yükselen bu Canavar, ona bu savaşta destek vermişti ve yeryüzünün ve orada yaşayanların, [artık] ölümcül yarası

KANON

iyileşmiş olan birinci Canavar'ın otoritesine tapınmalarını sağlamış ve bunu ona [aldatıcı] bir Suret hazırlayarak, yani, ona kendisine benzeyen kişilerden kurulu dini bir cemaat oluşturarak yapmıştı. Onda, [bu sahte] Suret'e konuşabilmesi ve Suret'e tapınmayan tüm dini cemaatların mensuplarının mistik anlamda yok oluşları [ölmeleri] sağlansın diye hem hayat hem de otorite ve yetki verebilme gücü de vardı. Ve çocuk ve yetişkin, zengin ve fakir, özgür veya kim olursa olsun herkesin sağ eline veya alnına damga vurulmasına sebep oldu ve Canavar'ın adı veya adının sayısı veya damgası olmayan kişilere alışverişi yasaklayarak damgasız olan herkesi iki boynuzlu Canavar'a aforoz ettirdi. Onun damgası ✝✝✝ budur (yan yana üç adet haç) ve adı Grekçe ΛΑΤΕΙΝΟΣ'dir ve adının sayısı da 666'dır.

Böylelikle bir kılıçla ölümcül şekilde yaralanan ama sonra iyileşen Canavar, tıpkı dinsizlerin Kralları öldükten sonra onları Tanrı ilan etmeleri ve adına bir Heykel [Put] dikmeleri gibi, Tanrı ilan edildi ve ona tapınanlar bu yeni Tanrı'nın adını veya onun sayısının damgasını [666] alarak bu yeni dine tesmiye edildiler. Ona ve onun heykeline tapınmak istemeyen herkes öldürülerek, yedi Kilise'nin kandilleriyle aydınlanmış olan birinci Tapınak yerle bir edildi ve ona tapınmayanlar için yeni bir Tapınak inşa edildi ve bu yeni Tapınak'ın dış avlusu, veya Kilise'nin dışsal veçhesi Canavar'a ve Heykeline tapınan Gentile'ye verildi: ona tapınmak istemeyenler ise alınlarına Tanrı'nın adı mühürlenerek bu yeni Tapınak'ın iç-avlusuna çekilerek orada yerleştiler. Kadın'ın Yaban'a kaçarken sahip olduğu iki kanattan devşirilmiş yedi şamdandan ikisiyle temsil edilen iki Tanık'ın şahadetiyle, İsrail'in oniki kavminden alınları mühürlenmiş 144.000 kişi vardır.

Bunlar John'a, ikinci Tapınak'ın iç avlusunda Sion dağının tepesinde Kuzu'yla birlikte tıpkı camdan bir denizin üstünde duruyorlarmış gibi görünmüştü. Bunlar, Daniel'in yıpratılarak ayaklar altına alınıp ezilmiş ve daha sonraki çağlarda da dördüncü Canavar'ın küçük boynuzu ile Teke tarafından yokedilmiş olduklarını söylediği Kuddüs'ün Azizleri ve gökler aleminin mukimleri olan kutsal kişilerdi.

KANON

Canonization: Katolik Kilisesi'nin ölü bir kişiyi Aziz ilan etmesi. Bu işlem bazen üç, bazen dört yüz yıl sürebilirdi. Politik gereklilik varsa birkaç yıl içinde de kişi Aziz yapılabilirdi. Günümüzde de çok kısa sürede Aziz yapılmış kişiler bulunmaktadır.

Canon'un 14. açılımı: "Eğer bir tarlada veya yolda içinde gerçekte hiçbir ceset veya [onun] bir uzvu bulunmaksızın bir anıt dikilmişse, bu yıkılsın ve mümkünse bu yıkımı da o Bölge'nin Piskoposu bizzat yapsın. Fakat bu yıkım halkın arasında isyana davetiye çıkartıyorsa, o zaman halk bu tür [batıl] yerleri ziyaret etmemek konusunda uyarılsın ve iyi niyetli insanların batıl inançlara kapılmaları önlensin. Orada yaşamış veya orada acı çekmiş veya orada mülk edinmiş bir Şehit bulunduğuna veya ona ait bir kalıntının bulunduğuna dair çok kuvvetli ve güvenilir bir gelenek yoksa, böyle bir anıta itibar edilmemesi sağlansın. Çünkü bilinsin ki, her tarafta yükselen bu tür mezbahlar gerçekte hayali vahiylerin ve yararsız düşlerin mahsulleri oldukları için tamamen inkar edilmelidirler.

Canon 34'un açılımı: "Mum artıkları gündüz vakti mezarlıklarda yakılmasın, çünkü azizlerin ruhları rahatsız edilmemelidir. Bu emre uymayan herkes aforoz edilecektir."

Canon 35'in açılımı: "Kadınlar geceleri mezarlıklarda bekçilik yapmasınlar, çünkü sıkça görülmüştür ki, geceleri dua edermiş gibi yapıp gizlice [menfaat karşılığında] günah işliyorlar."

Cataphrigian Heresy: Diğer adı Montanizmdir. 1. ve 2. yüzyılda çok etkili olmuş bir Hristiyanlık anlayışıdır. Buna göre kehanetler, tıpkı Mucizeler gibi belirleyici rol oynamaktadır. Bugünkü Türkiye'nin Uşak-Aydın ve Kastamonu bölgelerinde *"Montanus"* adlı bir din adamı tarafından başlatılmıştır. Günümüzde etkisi özellikle ABD'de yaygın olan Pentacostalism ve Avrupa'da, başta da Malta ve Korsika'da yaygın olarak etkili olan Karizmatik Hristiyanlık akımlarında görülmektedir.

Celile: Hz. İsa'nın yaşadığı ve Peygamberlik yaptığı Bölgenin ve aynı zamanda Roma İmparatorluğu'na bağlı bir Eyaletin Antik Dönemdeki ismi.

Cerinthus: İ.S. 100 yılında olduğu varsayılan ilk Hristiyanlar'dan ve Gnostik Hristiyanlık'ın kurucularından sayılan kişi. İsa'nın İlahi bir kişi, Tanrı veya O'nun oğlu olduğu şeklindeki Kilise dogmasını red eden ve Yahudi Gelenek'ini savunan Ekolün Kurucusu.

Cherubim veya Kerubim: Cennet'in ve Ahit Sandığı'nın kapı bekçileri, hayvan görünümlü melekler.

Chittim: İyonyalı bir ulus. Anadolu'nun Ege kıyılarından önce Kıbrıs'a sonra da Hellen Bölgesi'ne geçtiler. Eski Ahit'de hem Kıbrıslı hem de Javan diye anılırlar. Bazı yorumculara göre de ilk Hititler olarak tanıtılırlar.

Claudian Claudius: Şair. Latince yazdığı şiirleriyle ünlenmiştir ve bu şiirler aracılığıyla anlattığı tarihsel olaylarla belgeler bırakmıştır. Hristiyanlığı tüm baskılara rağmen kabul etmemiş ve İ.S. 404'de Pagan olarak ölmüştür.

Claudius Rutilius: İS. 5. yüzyılda yaşamış Pagan şair ve siyaset adamı.

Cornelius: Hristiyanlığı kabul eden ilk Romalı, Gentile ve rütbeli asker.

Curopalates: Muhafız Alayı Komutanı.

Cüzzam: Eskiden tedavisi mümkün olmayan bir çeşit deri hastalığı. Hz. İsa'nın ilk mu'cizelerinden birisi, bir cüzzamlıyı iyileştirmesidir.

Ç

Çardak Bayramı: Hz. Musa döneminden beri her yıl kutlanan Yahudi Bayramı.

Çivi Yazısı: Mezopotamya'da kullanılan kama biçimindeki İlk Yazı Sistemi.

Çölde Sayım (Numbers) Kitabı: Eski Antlaşma (Tevrat)'ın Dürdüncü Bölümünü oluşturan kısmı. Çölde Sayım Kitabı,

İsrailoğullarının Hz. Musa'nın önderliğinde Sina Çöllerinde geçirdiği 40 yıllık dönemde yapılan yolculukları ve İsrailoğullarına bildirilen Kutsal Yasaları anlatır.

D

Dağdaki Vaaz: Hz. İsa'nın Peygamberlik döneminin ikinci yılında, halka hitaben yaptığı ve İsevîlik'le ilgili temel ilkeleri açıkladığı konuşma.

Daniel AS: İ.Ö. 550-600 yılları arasında Peygamberlik yapan İsrailoğlu Peygamberi. Daniel AS, İsrailoğullarının Babil'den sürügüne gönderildiği dönemde ortaya çıkmış ve gerçeklikten sapmaya başlayan İsrailoğullarına Allah'ın Tevrat'ta uyulmasını va'z ettiği Kutsal Yasa'lar bütününü bir kez daha derleyerek halkı uyarmıştır.

Darius: İ.Ö. 300-350 yılları arasında yaşayan Pers Kralı.

Davud AS: İ.Ö. 1000-1100 yılları arasında gönderilen İsrailoğlu Peygamberi. Ul-ül Azm Peygamberlerden birisi olup, Hz. İsa'nın atasıdır. Birçok fetih gerçekleştirmiş ve İsrailoğullarının azılı düşmanlarından birisi olan **Golyat** adlı bir Dev ile Ordusunu yenilgiye uğratarak İsrailoğullarının, kendilerine Allah tarafından va'd edilen Kenan topraklarına yerleşmelerinde, Süleyman AS.'dan sonra en önemli katkıyı yapmıştır.

Deccal (Anti İsa veya İsa Karşıtı): Âhir zamanda gelerek insanlığı saptıracağı ve Hak Dinleri yok etmek için mücadele edeceği bildirilen kötü bir şahıs. Deccal için Anti İsa (İsa Karşıtı) tanımı da kullanılır ki, Deccal; Hz. İsa ve ordusuyla savaşarak samimi Hristiyanları etkisi altına almaya çalışacaktır. Ayrıca bkz: *"Canavar"*.

Diadoros Siculus: Grek tarihçi. İ.Ö. 60-30. 40 kitap yazdığı söylenir ve bunlardan beşi halen mevcuttur. Jerome'un yazdığına göre Abraham Yılı Takvimi'ne göre 1968 yılında, yani, İ. Ö. 49 yılında çok ünlenmişti.

KANON

Din Bilginleri (Rabbaniyyun veya Ahbar): Yeni Antlaşma (İncil)'de geçen ve **Kutsal Yazılar'ı** ve **Tevrat'ı** kopya etmek, yorumlamak ve öğretmekle görevli olan Yahudi Din Adamları.

Diocletianus: İ.S. 284-305 yılları arasında görev yapan Roma İmparatoru.

Donatistler: IV. ve V. yüzyıllarda Afrika'da, Numibya'da Rahip Donatus tarafından başlatılmış olan heretik akım. Bunlar İmparator Diocletian döneminde (İ.S. 303-305) başlatılan baskı ve zulüm sırasında bazı Piskoposlar'ın Romalılarla gizli ittifaklar kurarak gerçek Hristiyanları işkencelere gönderdiklerini, birçoğunun da öldürülmesine sebep olduklarını öne sürerek, o dönemde bu kişiler tarafından verilmiş olan vaazların hepsinin yalan olduğunu, dolayısıyla bunların kabul edilmemesi gerektiğini belirterek isyan etmişlerdi. Donatistler, Ana Kilise tarafından başbelası olarak nitelendirilip mahkum edilmişlerdi.

E

Ecclesiastical: Bir kurum olarak Kilise'yi ilgilendiren, Kilise'nin işleyişiyle ve mevzuatlarıyla yönlendirilen haklar, görevler ve işler.

Edict: Bir tür ferman, kanun gücünde kararname veya düzenleme emri.

Edom: Kutsal Kitab'ın Başlangıç bölümünde adı geçen bir krallık. Yeri tam olarak bilinemese de, Mezopotamya ve Kenan (Filistin) topraklarının arasında bir bölgede olduğu kabul edilir. Mısır ile hem çok yakın ilişkileri hem de savaşları olmuştur.

Efes Antik Kenti: Türkiye'nin Batı'sında, Ege Denizi Kıyısında yer alan Antik Kent.

Effigy: Roma'da Sevilmeyen, nefret edilen bir kişinin karikatür benzeri yapılmış portresi veya heykeli; alaya almak amacıyla tasarlanmış heykel, resim veya çizim.

Efod (Göğüslük): Yahudiler tarafından kutsal sayılan ve törenlerde kullanılan ipekten yapılmış üst giysisi. Bu giysi aynı zamanda, Yahudi Din Adamları tarafından, her sene Tapınağın en Kutsal Yeri'ne girilirken giyilirdi.

Ehl-i Kitab (Hristiyanlar ve Yahudiler): Kitab (**Eski** ve **Yeni Antlaşma**'yı oluşturan **Kitab-ı Mukaddes**) halkını temsil etmek için kullanılan bir isim. Genel olarak **Ehl-i Kitab** denildiği zaman **Yahudiler** ve **Hristiyanlar** kasdedilir.

Empricus Marcellius: İmparator Theodosius döneminde (379-395) yöneticiydi. Döneminin en ünlü yazar ve stratejistlerindendi.

Encratites Heresy: İlk dönem Hıristiyanları arasında yaygın olan ve Ana Kilise tarafından zor kullanılarak bastırılan dinsel akımlardan biri.

Enoh (Enoch) AS: Çok eski bir İbranî Peygamberidir. O'nun tarafından yazılan bir Kitap olan **Enoch** (**Enok** veya **Hanok** olarak da geçer) Kitabıdır. Bu Kitap yüzyıllarca din adamları ve araştırmacılar arasında tartışmalara neden olan gizli (Apocryphal) kitaplardan biridir ve "**Enoch'un Kitabı**" adıyla bilinir. On sekizinci yüzyılda Etiyopya'da bulunmuştur. İlginçtir ki **Hz. Nuh**'dan yaklaşık **1400** sene önce (**Hz. Musâ** ile **Hz. İsa'nın İlk Gelişi** arasında 1400 senelik bir farkın olması veya **Hz. Muhammed** ile **Hz. İsa'nın İkinci Gelişi** arasında **1450** senelik bir farkın olması gibi) yaşamıştır. **Enoch**, **Yared**'in **162** yaşındayken sahip olduğu ilk oğludur ve **65** yaşındayken Hz. İsa'nın da kendi soyundan gelen ve en uzun süre yaşayan (**969** yıl) insanlardan biri olan **Metuşellah** isminde bir oğlu olmuştur. Bu doğumu izleyen yıldan itibaren Enoch'un yaşamı tamamen değişmiştir ve **300** yıl süren bir yolculuğuna çıkmıştır. Yani O da, Hz. İsa gibi göğe alınmıştır.

Epikürcü Felsefe: Eğlenceli ve zevkli bir yaşam biçimini dikte eden Antik Yunan Felsefesi. Bu felsefi görüşe göre, insanın mutluluğa ulaşması için inanç, dua ve ibadet gibi ilâhî objelere gereksinimi yoktur. Roma İmparatorluğu'ndaki ve saraylardaki yaşam biçimini etkileyen bu felsefe, insanları inançsızlığa ve sahte bir maddesel mutluluğa itmiştir.

Episkopoi: Kitap'ta Grekçe yazılmış olan bu kelime, Hıristiyanlaştırılmış bir coğrafi alanda uygulanması gereken Hıristiyan Canon'unu ve 'Eklesiyastik=Kilise Hukuku'nu uygulattırmaya yetkili kılınmış 'din adamı' anlamındadır.

Epistle: Didaktik mektup. Kişi veya topluluklara yapılması gerekenleri anlatan ve otorite olduğu kabul edilen kişi veya kurumlarca yazılmış mektuplar.

Equinox: Dönence.

Eski Ahit (Tevrat): Allah tarafından **Musa AS.**'a vahyedilen Kutsal Kitab.

Esseniler (Kumranlılar): Hz. İsa döneminde yaşayan bir kavim olan Esseniler hakkında son zamanlara kadar pek bir şey bilinmiyordu. 1947 yılından sonra, **Kumran Çölü**'nde yapılan önemli birkaç Arkeolojik kazıdan sonra bu grup hakkında bazı bilgiler edinildi. Kumran bölgesindeki toplam **11** mağaradan yaklaşık **25.000** el yazması parça çıkarıldı. Sonraki yıllarda bu el yazması parçalar titizlikle birleştirildi ve ortaya Kutsal Kitap kaynaklı olmayan yaklaşık **670** dini metin ile **Ester** ve **Nehemya** dışındaki tüm Eski Antlaşma Kitaplarına ait **215** el yazması çıktı. Eski Antlaşma metinlerinin çoğu parçalar halinde olmasına rağmen **Yeşaya Kitabı**'nın 7,3 m uzunluğunda bir tomarı bulundu. Bu el yazmaları İ.Ö. yaklaşık 250 ila İ.S. 68 yılları arasındaki döneme ait olup bölgenin aşırı kurak olması sayesinde günümüze kadar sağlam kalmışlardır. Ölü Deniz el yazmaları, bu kavimin İ.Ö. ikinci yüzyılda var olduğunu göstermektedir. Ayrıca Kur'ân'da da bahsi geçen ve kendilerinden **Mağara Halkı** veya **Rakim Adamları** olarak bahsedilen imanlı topluluğun bu **Esseni Tarikatı** (veya modern anlamıyla '*Sion Tarikatı*') olması ihtimali oldukça kuvvetlidir. İsevîlik öncesi döneme ait olan bu Rakim Adamları veya Esseni Tarikatı olarak da bilinen Yazılı Metin Halkının hayat hikayelerinden bazı kesitler Kur'ân'da, detaylı bir şekilde verilmektedir.

F

Faraklit (Parakleitos): Hz. Muhammed'in İncil'deki ismi. Âhir zaman Peygamberi Muhammed AS.'a en yakın ve O'nun müjdeleyicisi olan tek Peygamber Hz. İsa AS.'dır. Hz. Peygamber'in gelişi İncil'de "**Teselli Edici**" veya "**Parakleitos**" şeklinde geçen bir tanımlamayla müjdelenir. Bu **Grekçe** isminin **Süryanîce** bir karşılığı da "**Faraklit**" olup "**Övülen**" veya "**Methedilen**" anlamlarına gelen **Arapça "Ahmed"** ismine karşılık gelmektedir.

Fatih Sultan Mehmed (Muhammed): İstanbul'u **1453** yılında fethederek **Bizans** ve **Doğu Roma İmparatorluğu**'na son veren Osmanlı Padişahı. Fatih, gerçekleştirdiği bu büyük fetihle birlikte tarihte önemli bir dönüm noktası oluşturmuş, **Orta Çağ**'ı kapatarak **Yeni Çağ**'ın ve **Rönesans**'ın başlamasına neden olmuştur.

Fenikeliler: Günümüzdeki Filistin topraklarında kurulan ve Denizcilikte oldukça ileri bir seviyeye ulaşan Antik Dönem Uygarlığı. Grek Tarihçisi **Herodot** Greklerin yazı yazmayı Fenikeliler'den öğrendiklerini kaydetmiştir. Grek Alfabesindeki birçok harf, Fenikelilerin o dönemlerdeki dili olan Aramice'nin eski biçimindeki birçok harfle benzeşmektedir ve o dönemdeki isimler, harflerin biçim ve düzeni gibi konularda Grek ve Fenike kültürleri arasında dikkat çekici benzerlikler bulunmaktadır.

Ferisiler: Hz. İsa döneminde yaşayan aşırı muhafazakâr Yahudi Dini Grup. Dünyanın her tarafında görüldüğü gibi, Yahudiler arasında dinsel birliğin yanında halk arasında bazı görüş ve mezhep ayrılıkları da vardı. Bütün Celile'de ve özellikle Yeruselâm'da, din adamları ve yüksek mevkilerdeki kişiler arasında çeşitli akımlar vardı. Kendi özel durumları ya da yarattıkları etkiden ötürü tanınan dini gruplardı bunlar: Sadukiler, Ferisiler, Esensiler ve Yurtseverler gibi. Bunların hepsi de sofu tektanrıcı tarikatlar olup, yazılı yasalara sadakatle bağlıydılar. Fakat geleneklere verilmesi gereken değer hakkında birbirlerinden ayrılırlardı. Onlar, Kutsal Kitap'ın ancak son metinlerinde rastlanan bedenin yeniden dirilişine ait meseleleri de kabul etmiyorlardı ve bu yönleriyle Hz. Musa'nın hakiki Şeriat çizgisinden sapıyorlardı.

Fısıh (Mayasız Ekmek) Bayramı: Yahudiler tarafından yılda bir kez kutlanan dini bayram. Bu bayramda, Allah'ın rızasını kazanmak için mayasız ekmek pişirilir ve herkese dağıtılırdı.

Firavun (II. Ramses): Hz. Musa döneminde yaşayan ve zalimliğiyle tanınan Mısır Kralı. Firavun, Allah'ın Musa AS. aracılığıyla kendisine ilettiği ilâhî emirlere karşı gelmiş ve bunun sonucunda, Hz. Musa ve beraberindeki İsrailoğullarını yakalamak için peşlerine düşdüğü bir sırada Kızıldeniz'de ordusuyla birlikte boğularak ölmüştür.

Flavius Stylico: Ünlü Romalı General. İ.S. 359-408 yılları arasında yaşamıştır.

Flavius Rufinus: İ.S. 335-365. Theodius'un ölümünden sonra İmparatorluk Doğu ve Batı olarak ikiye ayrılmıştı. Arcadius, Doğu imparatoru oldu, Rufinus da onun başyöneticisiydi, ama Stylico, Alaric'i yenmek üzereyken onu durdurdu ve daha sonra da bir Saray-içi suikaste kurban gitti. Rufinus, Latin asıllıydı ve Grekçe bilmeden Grek İmparatorluğu'nu yönetmek istemişti.

G

Gentile: İbrani-Olmayan ve Tek-Tanrıcı sayılmayan, ancak Tanrı veya Tanrılardan korkan ve saygı besleyen *"Paganlara"* verilen genel ad. Özellikle de Ege ve İç Batı Anadolu'nun 2000 yıl önceki yerleşimcileridir. Aziz Paul misyonerlik çalışmalarına ilkin onlara giderek ve Hristiyanlığa davet ederek başlamıştı.

Gestamony Bahçesi: Hz. İsa'nın göğe, yani Allah katına diri olarak alındığı Bahçe.

Golyat (Goliat): İsrailoğullarının azılı bir düşmanı olan ve Davud AS. tarafından sapanla öldürülen iri cüsseli bir Filistinli. Davud AS. ve Golyat'ın öyküsü Kutsal Kitab'da detaylı bir şekilde anlatılmaktadır.

Gospel veya İncil: Kitabı Mukaddes'in içindeki Hristiyanlar için olan *"Yeni Ahit"* bölümündeki ilk dört kutsal metin kitabı. İlk üçüne *"Synoptic"* denilir. Bkz: *"İncil"*

Göklerin Egemenliği: Temeli çok eskilere dayanan fakat Hz. İsa döneminde ilk kez, Hz. Yahya tarafından va'z edilen ve ilâhî mesajın semavî hakimiyetini ifade eden dini kavram. Hz. Yahya bu kavramı kullanarak insanlar üzerindeki etki bırakıyordu. Bildirisi de, basit ve dikkate değer bir sadelikte olduğundan, kolayca akılda kalıyordu. Genel olarak ilettiği mesaj insanın ruhuna kadar işleyen bir haykırıştan ibaret olan **"Göklerin Egemenliği Yakında Başlayacak!"** şeklindeydi. Dolayısıyla Yahudi halkının yüzyıllardır beklediği ve umut ettiği ilâhi saltanatın egemenliği gerçekleşiyordu nihayet. Bir ön hazırlık ve uyanık bulunma çağrısıydı bu. Çünkü Dünya, herkesin kendi işlerinden hesap vereceği **Son Yargı Günü** ve **Kıyamet** olarak da ifade edilebilen yeni bir döneme ve zaman dilimine girmekteydi. Dolayısıyla bu noktadan bakıldığında Hz. Yahya'nın mesajı büyük bir önem arz ediyor ve **"Hayatınızı değiştirin, tevbe edin, Yeniden Diriliş Günü'ne yani Kıyamet Süreci'ne hazırlık yapın!"** şeklinde, Kıyamet ve Ahiret bilincini zihinlerde uyandıracak yönde insanlara telkinlerde bulunuyor ve Hz. İsa'ya zemin hazırlıyordu.

Grekçe: Antik Dönem'de **Yunanistan Yarımadası** ve **Makedonya Bölgesi**'nde kullanılan ve daha sonra Roma İmparatorluğu'nun resmi dili olan Latin Avrupa Dili.

Günah Girişimi / Abomination of Desolation: İlkin Daniel'in Kehanetler Kitabı'nda, daha sonra da Yeni Ahit'te yer alan bu anlatım İbranice İncil'de "*siggus misonem*" şeklinde geçmektedir ve mealen, "*Nefret Nedeniyle Yapılan Günahkarlık veya Yıkıcılık*" olarak açıklanabilir.

Günnük: Tapınakta yakılan Buhurun hazırlanmasında kullanılan bir çeşit değerli Baharat.

KANON

H

Hades veya (Cehennem): Yeryüzünün en alt kısmı da, insanların en zavallı ve düşkün olanlarını simgeler. O vakit de, arşa doğru yükselmek ve yeryüzüne doğru inmek, onura ve iktidara yükselmek veya onlardan aşağıya doğru inmek demektir: Dünyadan veya sulardan çıkarak yükselmek veya onlara doğru düşmek, aşağıdaki halkın durumundan herhangi bir soyluluğa veya egemenliğe yükselmek veya bu yerlerden yine o aşağıdaki halkın içine düşmektir; yeryüzünün alt kısımlarına inmek çok alçak ve mutsuz bir [yere] inmektir; tozun toprağın içinden zavallı bir sesle konuşmak, zayıf ve düşkün koşullarda olmaktır; bir yerden başka bir yere hareket etmek, bir makamdan, soyluluktan veya egemenlikten bir başkasına geçmektir; büyük depremler ve gökyüzünün ve yeryüzünün sallanması, Krallıkların sarsılması, onların karışıklıklarla çöküşüdür; yeni bir gökyüzü ve yeryüzü yaratmak ve yaşlanmış olan birinin göçüp gitmesi veya dünyanın başlangıcı ve sonu, onlarla simgelenmiş olan bütünsel-siyasetin yükselişi veya çöküşüdür.

Hagiography: İbranice'de kısaca "tanakh" diye bilinen "TNK" harfleriyle anılan metinler. Bunlar, Şeriat, Peygamberler ve diğer metinlerden oluşturulmuştur ve David'e atfedilmiş olan Mezmurlar kitabı ile başlar.

Hamursuz (veya Passover) Bayramı: Yahudiler'in Bahar'ın ilk ayının başlangıcında yaptıkları kutsamalar, bayram.

Havra: Yahudilerin dini eğitim yaptıkları ve ibadetlerini yerine getirdikleri kutsal yer, ibadethane. Hiç şüphesiz İ.Ö. 6. yüzyıldaki Babil sürgününde ortaya çıkan Yahudilerin ibadet yeri olan Havra, İ.Ö. 1. yüzyılda hem Filistin'de hem de başka yerlerdeki Yahudi toplulukları arasında yaygınlaştı. Yerel dinsel yaşamın bir parçasını oluşturdu. Havralar, Tapınakta olduğu gibi Rahipler tarafından değil, Din Bilginleri tarafından yönetilirdi. Tapınak bize toplumsal örgütlenmenin mihenk taşı gibi görünse de, Havralar da bilginin örgütlenmesinde önemli bir rol oynuyordu. Dünyanın çeşitli yörelerine dağılan Havralar Filistin'de daha sonra ortaya çıktı; bununla beraber Hz. İsa'nın zamanında her önemli köyde bir Havra vardı ve Hahamların yazdıklarına göre sayıları Kudüs'te **480**'i buluyordu. Havrada ibadet edilir, kutsal metin İbranice, ardından Aramice bir açıklamayla birlikte okunur, eğitim verilir ve yorumlar yapılırdı. Havranın reisi, *'ihtiyarlar'* arasından seçilir, kendisine bir kurul yardım eder ve binayı korumak, toplantıları düzenlemek, duaları ve ilahileri yönetmek, konuşmacıları belirlemek onun göreviydi.

Hebrews: Abraham'ın soyundan gelenler. Aynı zamanda Yeni Ahit'te yer alan fakat gerçek yazarı belli olmayan bir kitap. İ.S. 63-65 arasında Aziz Paul'un döneminde ve İsa'nın ölümünden yaklaşık 30-32 yıl sonra yazıldığı da öne sürülmüştür. Bkz: *"Yahudiler"*.

Hellenizm: Büyük İskender'in fetihleri sırasında ortaya çıkan ve Ortadoğu ile Yakındoğu'da yayılan Grek ve Eski Yunan kültürüne dayalı fikir ve sanat akımı.

Herod (Hirodes): Hz. İsa döneminde Celile Bölgesi'ni yöneten Roma Valisi.

Hezekiel AS: **İ.Ö. 550-600** yılları arasında gönderilen İsrailoğlu Peygamberi. Kutsal Kent **Kudüs**'te doğan Beş İsrailoğlu peygamberinden birisidir. Kendi ismiyle bilinen **Hezekiel Kitabı**'nda hayat hikayesi ve İsrail'de yaptığı iman mücadelesi detaylı bir şekilde anlatılmaktadır.

Hikmet: Kutsal Kitap ve **Kur'ân**'da Peygamberlere Vahyin yanında ayrıca verilen bir özellik ve **İlâhî Anlayış Gücü** olarak tanımlanan hikmet genel anlamıyla Kâinat veya tüm Mahlûkâta ait **Yaratılış Bilgisi** olarak da tanımlanabilir. Diğer bir tanımlamayla Hikmet, **Eski Ahit**'in **Eyub Kitabı**'ndaki bir yanıta benzetilebilir: **'Allah'ın Hikmeti insanlar tarafından bilinemez, çünkü insanın kavrayışı sınırlı ve sonludur. Sonuçta Allah, görünüşün tersine, kendi seçtiği mü'minleri eğer sabrederlerse mutlaka ve her zaman esirgeyecektir.'** Kötülüklerle dolu olan bugünkü dünyayı, Kıyamet günündeki son yargıda aklanacak olan bir avuç inananın Cennet'te Sonsuz bir yaşam süreceği gerçeğiyle karşı karşıya getiren bu kitapta tanımı yapılan Hikmet'e göre Kâinatta *'belirli'* ve *'dengeli'* bir **Dualizm** vardır.

Hititler: Eski Antlaşma'da adı geçen ve **Hz. İbrahim** döneminde yaşadığı bilinen çok eski bir Anadolu Kavmi.

Hozana (veya Hosanna): 'Yaşasın!' veya 'Hoşgeldin!' anlamında Hz. İsa'nın unvanlarından birisidir. Hosannah, ayrıca Hristiyanlarca *"Mübarek olsun"* anlamında kullanılan bir deyim. Yahudiler *"Yeni Yıl"* anlamında da kullanırlar.

İ

İbrahim AS: Dört büyük Peygamberden ikincisi ve İsrailoğullarının ilk atasıdır. Yaklaşık **4500** yıl önce yaşamıştır. **İshak** ve **Yakup AS**, İbrahim AS'ın oğullarıdır.

İbranice: İsrailoğullarının Mısır'dayken konuşmaya başladığı Antik Dönem öncesi Sami Dili. En eski kutsal metinler ve **Eski Antlaşma (Tevrat)** bu dilde yazılmıştır.

İlyas AS: İ.Ö. 850-900 yılları arasında Filistin Bölgesine gönderilen İsrailoğlu Peygamberi. Bir zamanlar İlyas AS. da Enoh gibi, gökten bir çağrı duymuş ve İsrailoğullarının peygamberlik tarihinde anlatıldığı gibi İlyas A.S.'ın gökyüzüne alındığı ve ortadan kaybolduğu söylenen aynı bölgelerde, Yahudiler İlyas AS'ın göğe alındığını kabul ettikleri ve gelecekteki bir zaman diliminde tekrar geleceğini bildikleri için, tarih içinde bu bölgelerde ortaya çıkan çoğu peygamberi İlyas AS. zannetmişlerdir. Hatta bu durumun, Yeni Ahit'in pek çok yerinde bahsedildiği gibi, Hz. Yahya ve Hz. İsa için de geçerli olduğunu görülür.

İman: Bir Hak Din'in veya bir İnanç Sistemi'nin gereği olan temel inanç unsurlarını kabul ederek o inanç sistemindeki İbadet ve İtaat şekillerini isteğe bağlı olarak yerine getirme yükümlülüğüyle elde edilen aklî, kalbî ve vicdanî tasdik. İslâm'a göre imân parçalara bölünemez ve tüm unsurlarıyla tek bir bütün olarak kabul edilir.

KANON

Dolayısıyla İmân edilmesi gereken meselelerden bir tanesinin inkâr etmek, Hak Din'den çıkmaya ve imânsız olmaya sebep olur.

İmran (Hanna): Hz. İsa'nın annesi, Hz. Meryem'in, annesi.

İncil (Müjde veya Evangelion): Hz. İsa'ya Vahyedilen Kutsal Kitab.

İnsanoğlu: 'MERYEM'İN OĞLU' anlamında, Hz. İsa'nın unvanlarından biri.

İsa AS: İsevîliğin kurucusu ve Dört büyük Peygamberden biri. Tarihteki ikinci büyük Kanon'un kendisine verildiği kişi. **Milâdî sıfır** yılında Kudüs'ün güneyindeki **Beytlehem Kenti'**nde dünyaya gelmiştir. İsrailoğullarının büyük bir dejenerasyona uğradığı ve Hz. Musa'nın Şeriatı'ndaki Hak Din çizgisinden ayrıldıkları bir dönemde Filistin'e gönderilmiştir. 30 yaşında Peygamberlikle görevlendirilmiş fakat kendisine **Yahudi Din Bilginleri** ve **Muhafazakâr Ferisî** Gruplar tarafından kurulan tuzaklar ve komplolar sebebiyle yaklaşık **3** yıl kadar Peygamberlik görevini sürdürmüş ve **33** yaşında diri olarak Allah tarafından göğe yükseltilmiştir. Tüm sahih hadislerde ve Kur'ân'da, Kıyametten önceki bir zaman diliminde, ikinci kez geleceği ve bozulmuş ve Hak Din'den uzaklaşmış olan Ehl-i Kitab'ı doğru yola ileteceği bildirilmektedir.

İsevilik: Hz. İsa'nın getirmiş olduğu Hak Din.

İsidorius: Ünlü fizikçi ve matematikçi. Jüstinyen, Aya Sofya'yı yeniden inşa ettirirken onun matematik hesaplarını yapmasını istemişti.

İskenderiye Feneri: Antik dönemde İskenderiye Kenti'nde bulunan ve dünyanın yedi harikasından biri olarak kabul edilen Deniz Feneri. İskenderiye kıyısına yakın olan Pharos adası açıklarında inşa edilen bu Fener, Antik dünyanın Yedi Harikası'ndan biri sayılır ve **110 m'**lik bir yüksekliğe sahiptir. Fener Kulesinin üzerinde bronz yansıtıcılı büyük bir fener bulunan bu yapı, **Knidoslu Sostratos** tarafından İ.Ö. 3. yüzyılda inşa edilmişti. Büyük İskenderiye Limanında bulunan bu fenerin ışığı denizin **55 km** ötesinden görüle-

KANON

biliyordu. Fenerin üzerinde Mısır Tanrıçası **İsis**'in bronzdan yapılmış dev bir heykeli vardı.

İskenderiye Kütüphanesi: Büyük İskender İ.Ö. 332'de Nil Nehri'nin ağzında, Mısır'ın Akdeniz kıyısı ile iç kesimlerdeki **Maretois Gölü** arasında yeni bir kent kurmuştu. 640 Hektarlık bir alana sahip olan bu kent **İskenderiye** idi. Daha önceki dönemlerde Mısır'a başkentlik de yapan bu kent, İ.Ö. 60 yıllarında içlerinde büyük oranda Yahudilerin de bulunduğu 300.000'den fazla insan barındırıyordu. Büyük İskenderiye Kütüphanesi ile de ünlü olan bu kent, yakınındaki Pharos Adası'na yapay bir yolla bağlanıyordu. **I. Ptolemi** tarafından İ.Ö. yaklaşık 295 yılında kurulan ve yaklaşık 400.000 yazılı tomar barındıran **İskenderiye Kütüphanesi** antik dünyanın en büyük kütüphanelerinden birisiydi. İ.S. 272 tarihinde Roma İmparatorluğu'nda çıkan bir ayaklanma neticesinde kütüphanenin ve yazılı eserlerin büyük bir kısmı yok olmuştur.

İsrailoğulları: İbrahim AS.'ın Oğlu **Yakub AS.**'ın soyundan gelen ve Mısır'a yerleşerek daha sonra Allah tarafından hidayete erdirilmek üzere seçilen kavim. Tarih boyunca İsrailoğulları'na pek çok Peygamber gönderilmiştir. Fakat İsrailoğulları, **Hz. Musa** yönetiminde Mısır'dan çıktıktan sonra, bozulmaya başlamış ve dinden uzaklaşan bir kavim haline gelmiştir. Bu yüzden tarihin çeşitli dönemlerinde İsrailoğullarına gönderilen peygamberlerin çoğuna işkence yapılmış ve hatta öldürülmüştür. İsrailoğulları tarih boyunca pek çok ilâhî sınavdan geçirilerek sıkıntılı bir dönem yaşadı ve **Davud AS.** Döneminde **Oniki** Oymağa Bölünerek **Kenan** topraklarında ayrı ayrı **Kent Devletleri** kurdular. Fakat bununla birlikte Allah'a tam itaat ettikleri dönemlerde (Özellikle Davud ve Süleyman AS. zamanlarında) diğer kavimlere hakimiyet sağlayarak, kendilerine va'd edilen topraklarda barış ve huzur içinde yaşamışlardır.

J

Jasher / Jashar Kitabı: İbraniler tarafından kullanılmış olan bir kitap. Halen kayıptır ama ondan yapıldığı belirtilmiş olan Kutsal Metinler bulunduğu için varlığı kabul edilmektedir. Şarkılar ve Güfteler

KANON

Kitabı olarak da bilinir. Bazı ezoterik kaynaklara göre de gizli bilgiler ihtiva eden kayıp kitap.

Jebusit: Adları ilkin Tekvin Kitabı'nda geçen bir kavim. Filistin kökenlidirler. Kudüs'ün ilk yerleşimcileri onlardır. Daha sonra Solomon/Süleyman Peygamber tarafından yaptırılmış olan ünlü Tapınak onlardan satın alınmış olan arazinin üstüne inşa edilmişti, ama arazinin mülkiyeti Jebusitler'de, Tapınak'ın mülkiyeti ise Süleyman'daydı.

Jerome: İ.S. 347-420. Katolik din adamı ve ilahiyatçı. Günümüzde de kullanılan bir İncil çevirisi vardır. Doğu ve Batı Kiliseleri'nde Aziz mertebesindedir.

Jesuitler (veya Cizvitler): *"İsa Tarikatı"* olarak da bilinen (Latince: Societas Iesu) adıyla anılan gizli bir Hristiyan okült tarikatı. Hıristiyan olmuş eski bir İspanyol askeri olan Ignacio de Loyola (Aziz Loyolalı İgnatiyos, S.J.) tarafından 1534'de kurulmuştur. Başlıca yoğunlaştıkları alanlar misyonerlik ve eğitim kurumları açmaktır. Türkiye'de de "İsa'nın Askerleri" adıyla bilinir, üyelerine *"Cizvit"* denir. Cizvitlerin 1814'de yeniden yapılandırılması ile topluluk büyük bir büyümeye uğradı. 19. Yüzyılda, özellikle Amerika'da hayli sayıda üniversite kuruldu ya da Cizvitler tarafından yönetilmeye başlandı.

İsviçre'de 1848 Sonderbund yenilgisinden sonra yeni bir Anayasa düzenlendi ve Cizvitler avrupadan sürgün edildi. Bu sürgün ve yasak 20 Mayıs 1973'deki anayasa değişikliği referandumu ile %54.9 oy alarak kaldırıldı. 21 Şubat 2001 tarihinde Papa II. Jean Paul, Cizvit bir rahip, yazar, akademisyen, teolojist olan Avery Dulles, SJ'yi Katolik Kilisesi'ne Kardinal olarak atadı. 22 kitap ve 700 teoloji makalesinin yazarı Kardinal Dulles, 12 Aralık 2008 tarihinde vefat etti. O tarihte Katolik Kilisesinde yer alan on Cizvit kardinalden biriydi. Cizvit topluluğu halen faaliyetlerine devam etmektedir.

Jezabel veya İzabel: Eski Ahit'te adı geçen ve en çok nefret edilen kadınlardan biri hatta birincisi. Jezabel, Yahudileri eski Tanrılara tapınmaya zorlamış olan bir kraliçe idi. Kötü niyetli, güzelliğini ve

KANON

cinsel çekiciliğini, kişi ve toplumları Doğru-Yol'dan saptırabilmek amacıyla bir silah olarak kullanan kadınlara Jezabel adı takılmıştı. Bunun tam tersi, yani, kadınlık iffeti ve ismetiyle davranabilen, müşfik ve cinsel çekiciliğini insanları manipüle etmek için kullanmayan İyi-Kadınlar'a da İzabel deniliyordu.

Not: Kutsal Kitab'ın Türkçe çevirisinde (s. 259) bir hata yapılmış ve Jezabel, Kötü Kadın, İyi-Kadın izabel ile karıştırılmıştır. Metinde kendisinden söz edilen kadın İsabel adında değil, Jezabel adındadır.

John Chrysostom: İ.S. 349-407. Konstantinople Kilisesi Baspiskoposu. O dönemde Patrik yoktu. İlk dönem Kilise Babaları'ndan sayılan Chrysostom, Aziz mertebesindedir ve en çok da Anti-Semitik yazılarıyla ve vaazlarıyla ünlenmiştir.

Josephus: İ.S. 37-100. En ünlü Yahudi savaş stratejisti ve tarihçisi. Roma Devleti'nin resmi tarihçisi olarak çok uzun yıllar görev yapmış ve başta toplumsal olaylar olmak üzere Yahudiler arasında yaşanan her gelişmeyi en küçük ayrıntısına kadar yazmış olmasına rağmen, nedense İsa ve onun Vaazları ve Çarmıh'a gerilerek öldürülmesiyle ve bunun sebep ve sonuçlarıyla ilgili hiçbir açıklamada bulunmamıştır.

Jupiter Capitolinus: Roma'daki en ünlü Pagan Tapınağı. Halikarnaslı Dionisos'un yazdığına göre İ.Ö. 509'da yapımı tamamlanmıştır.

K

Kadim: Çok eski zamanları ve Kâinatın yaratıldığı ilk zamanları ifade etmek için kullanılan bir Deyim (**Kadîm zamanlar** gibi vb). Eski İngilizcede bu şekilde yazılan Tanrı, Daniel'in Kehanetleri'nde (7: 9) Kaide (Kildani) Aramicesindeki kullanımıyla, "Attik=Yohim" olarak geçer. İslamiyet'deki Allah'ın 99 sıfatı arasında sayılan "Evvel ve Ahir" anlamındadır. Günümüzde yapılan İncil çevirilerinde ise "Günleri Eski Olan" olarak da verilmiştir.

Kahinler: Antik Dönemdeki Mezopotamya ve Mısır Medeniyetlerindeki Kent Devletlerinde hükümdarlar tarafından belirlenen

KANON

ve önemli bir dinî statüyü elinde bulunduran ve insanlarla toplumun inandığı ilâh arasında aracılık yapmak ve kurban sunmak gibi dinsel işlerle uğraşan görevliler. Kâhinlerin büyük bir çoğunluğu, dinin yanında **Büyücülük, Falcılık, Sihirbazlık** ve **Gayb'dan Haber Verme** gibi işlerle de uğraşırdı. Fakat tüm Tevhid dinlerinde Din Adamları'nın bu işlerle uğraşması yasaklanmıştır. Dolayısıyla bu özellikleriyle Kâhinler, Eski Antik Dönemde ve Antik Dönemde, zalim ve zorba Kralların ve Firavunların önemli bir danışmanı haline gelmişti.

Kanon (Canon): Etimolojik olarak, " Κανών ׀ קָנֶה " (Kanon/Kamon) olarak Grekçe/İbranice ve " قَانُط " (Kanon - Canon) olarak da Arapça/Sami dilinden ödünç alınmış ve orijinal olarak *"Kamış"* veya *"Kamıştan yapılmış Kano veya Ölçü veya Yazım Aleti – Kalem-"* anlamına gelen çok eski bir kelimedir. Hatta, M.Ö. 1600'lü yıllarda kullanımda olan bu kelime, Hz. Musa'nın İsrail oğulları'nı Mısır'dan çıkardığı sırada, Allah tarafından vadedilmiş topraklar olarak bilinen bugünkü İSRAİL/FİLİSTİN bölgesine de ismini vererek –CANAAN/KANAN veya Sami dilinde KENAN- olarak daha sonraki yüzyıllarda türetilerek kutsal metinler boyunca aktarılarak günümüze kadar gelmiş nadir bir isimdir. İlk zamanlarda (*M.Ö. 2000'e kadar uzanan Yusuf Peygamber dönemi ve Öncesi*), Eski Mısır'da, Zamanla bu kelime "ölçme kamışı" (kural, standart veya ölçü) anlamına gelmişti, daha sonra da resmi olarak kutsal yazıları içeren "Kanun", "Liste" veya "Tablo" anlamında kullanılmaya başlanmıştır. Hristiyanlığın gelmesiyle birlikte ise, Kilise bağlamında, ilk üç yüzyıl boyunca Hıristiyan inancının doktrinsel ve ahlaki kurallarına hitaben kullanılmıştı. 4. yüzyılda Eski ve Yeni Antlaşma'yı oluşturan kitapların listesine hitaben kullanılmaya başlandı. Bugün yaygın olan anlamı da budur. "Kanon" artık yetkili Kutsal Yazılar olarak kabul edilen, başkası eklenmeyecek üzere kapatılmış belgeler birleşimi anlamında kullanılır.

KANON

Egyptian hieratic numerals (mathematical papyrus, c. 1600 BC)									
	1	2	3	4	5	6	7	8	9
units									
tens									
hundreds									
thousands									
tens of thousands									
hundreds of thousands									

© 2003 Encyclopædia Britannica, Inc.

Bilinen en Eski Mısır alfabesinde sayılar [*Hieratic Numbers*]

Kanon (Canon): Bir diğer Literatür anlamında da, Yetkin ve bağlayıcı hükümler ve uygulamalar içeren ve birçok kitaptan yapılmış alıntılarla oluşturulmuş kurallar kitabı olarak da tanımlanabilir. Hatta, Türkçe'deki "Kanun" sözcüğü buradan gelir. Ama Canon, Türkçede bilindiği ve kullanıldığı anlamda kanun değildir; belki bir tür dini ilham veya vahiyle yazılmış ve sabit olarak belirlenmiş "*değişmeyen ilmihal ve yasalar bütünü*" gibi anlaşılması da gerekir.

Tabii ki ilk Hıristiyanlar'ın elinde bir Yeni Antlaşma kanonu yoktu; elçiler ve diğerleri tarafından vaaz edilen Müjde'ye ve bugün Eski Antlaşma olarak adlandırdığımız kanona dayanıyorlardı. O zaman Yeni Antlaşma kanonuyla ilgili karşımızdaki *tarihsel* soru, bugünkü Yeni Antlaşma'yı oluşturan 27 kitabın diğer edebi eserlerden farklı ve daha yetkili olduğuna nasıl karar verildiğidir.

Kanonik İncil: Kilise tarafından kabul edilen ve Yeni Antlaşma'yı oluşturan Dört İncil: **Matta, Markos, Luka** ve **Yuhanna İncilleri**. Matta ve Yuhanna Hz. İsa'nın iki havarisidir. Fakat bununla birlikte şu anda mevcut bulunan İncillerin yazarlarının bunlar olup olmadığı belli değildir. Dolayısıyla Kanonik İncillerde, Hz. İsa'nın kendi hayatındaki risâleti, söyledikleri ve yaptıkları hakkında tam gerçekçi bir ifadeye rastlayamayız. Hz. İsa'nın sözleri hakkında, yeryüzünden çekilişinden hemen sonra yazılan ilk eserler, Hz. İsa'da aşırılığa gidişin başladığı zamanda yazılmıştır. Gerçek İncile esas teşkil edecek İncil nüshaları, bugün elimizde yoktur ve kaybolmuşlardır. Dolayısıyla, **İ.S. 70-115** yılları arasında yazılan İnciller bu kaybolmuş gerçek belgelerin bazılarına dayanmakla birlikte, yazarlar ellerindeki malzemeyi gündelik ihtiyaçlar, amaçları ve görüşleri doğrultusunda serbestçe kullanmışlar, değişiklik, çıkarma ve eklemelerde bulunmuşlardır. Ayrıca bu İncil yazarlarından hiç biri Hz. İsa'yı bizzat tanımadığı gibi, onu görmemiş ve işitmemiştir. Hz. İsa'nın konuştuğu dil Aramice olduğu halde, bu İnciller Yunanca yazılmıştır. Dolayısıyla, yazıldıklarından sonra en az bir asır boyunca hiçbir resmî yetki taşımamışlar ve ortada onları koruyacak bir makam bulunmamış ve çeşitli mezhep üyelerince amaçları doğrultusunda bu İncilleri değiştirilmişlerdir. Kanonik İnciller'in eldeki ilk nüshaları '**Codex Sinaiticus**, **Codex Vaticanus** ve **Codex Alexandrinus**' dördüncü ve beşinci yüzyıllara aittir. Bu arada geçen zaman içinde ne tür ve ne derece değişikliklerden geçtikleri belirli değildir. Dördüncü ve beşinci yüzyıllardan kalan çeşitli el yazma İnciller arasında da çeşitli yerlerinde önemli farklılıklar vardır ve bütün bu İnciller arasında pek çok çelişkiler bulunmaktadır. Ayrıca bunlara ek olarak, Sinoptik İncillerde ve hatta Yuhanna incilinde bile açık olarak Hz. İsa'nın ilâhlığını ve Teslis inancını bulmak mümkün değildir. Dolayısıyla Kanonik İncillerde Şeriat'ı olumsuzlayan, Hz. İsa'nın bir Şeriat getirmediğini savunan ve kefaret inancıyla ilgili herhangi bir şeye de açıkça rastlanmamaktadır.

Kaos Teorisi: 20. Yüzyılda bir grup Yahudi Bilim Adamı ve Matematikçi (**Poincaré, Hedémark** ve **Lorénz** gibi) tarafından teorik altyapısı ve temelleri oluşturulan FELSEFE TEORİSİ. Kaos Teorisi, birtakım hava durumu değişimleri ve Kaotik yapı gösteren sistemlerin sürekli salınımıyla (Periyodik olarak titreşimleriyle sonsuz bir döngü kurması) bu kaotik durum ve sistemin içinden, düzenli ve kısa süreli olan kararlı bir düzenin ortaya çıkabileceği ilkesine dayanarak; kâinatın ilk yaratılış anındaki (BİG BANG) maddenin bir karışım (**HEYULA** veya **KAOTİK**) halinde bulunduğunu varsayıp, bu karışım halindeki maddenin atomlarının sürekli birbiriyle temas ederek ve titreşerek kendi kendine içinden sürekli ve düzenli bir sistemin ve kâinatın oluştuğunu ileri sürerek Allah'ın varlığını inkâr etmeye yönelik ve O'nun **HİKMET**'le ve Kademe Kademe yaratma işlevini birtakım **KUVVET**'lerin ve **KARMAŞIK SİSTEM**'lerin eline vererek **ŞİRK**'e kapı açacak fikirler ortaya attı. 21. yüzyılda bu Teori, kendine **EKONOMİ, TARİH, SİYASET, MATEMATİK, FİZİK, KİMYA, BİYOLOJİ** ve **ASTRONOMİ** gibi pek çok Bilim dalında, modern teknolojinin ve Bilgisayarların da sayesinde büyük bir uygulama alanı buldu ve bir grup bilim adamı tarafından Ekonomiye, Siyasete, Matematiğe, Fiziğe, Biyolojiye ve Astronomiye uygulanarak; maddenin ve her şeyin ve hatta daha da ileri giderek insanın da karmaşık ve kaotik bir sistemden kendi kendine bir denge durumuna ulaşmasıyla oluştuğunu savunarak, adeta her maddeye ve canlıya kendi kendini yaratma özelliğini ve ulûhiyet fikrini atfederek bir yaratıcının ve Allah'ın varlığını inkâr etme düşüncesine ulaştı. Allah'tan başka ilâh ve O'nun eşi ve benzeri olmadığına dayalı '*Tevhid*' inancının tam zıttı olan ve her şeyin kendi kendisinin yaratıcısı olduğunu savunan bu '*İnkarcı*' görüş, adeta kâinatta var olan tüm madde ve atom sayısı kadar ilâhın varlığını kabul eden bir felsefî düşünceyi öngörerek, her şeyin karmaşık ve kaotik bir düzenden, kendi kendine oluştuğunu ve her şeyin kendi kendisinin yaratıcısı olduğu fikrini ileri sürmektedir.

Karya (veya Karia): **Karya** veya **Karia** olarak bilinen güneybatı Anadolu'da ana hatlarıyla günümüzdeki Büyük Menderes Nehri güneyi, Muğla ili kuzey kısımları ve içerideki bölgeye denk gelen coğrafyanın eski çağlardaki ismi. Bölgenin oluşumu eski Yunan kavimlerinin Anadolu'nun Ege kıyılarında koloniler kurmaya başlamalarından öncesine dayanmaktadır ve bir uygarlık düzeyi yaratmış olan Karyalıların Anadolu'nun bir yerli halkı olduğu konusunda tarihçiler arasındaki mutabakat genişlemektedir. Karya ismi "*El-Karia*" şeklinde bir Kur'an suresine de adını vermiş olduğu düşünülmektedir (*Yazarın notu*).

KANON

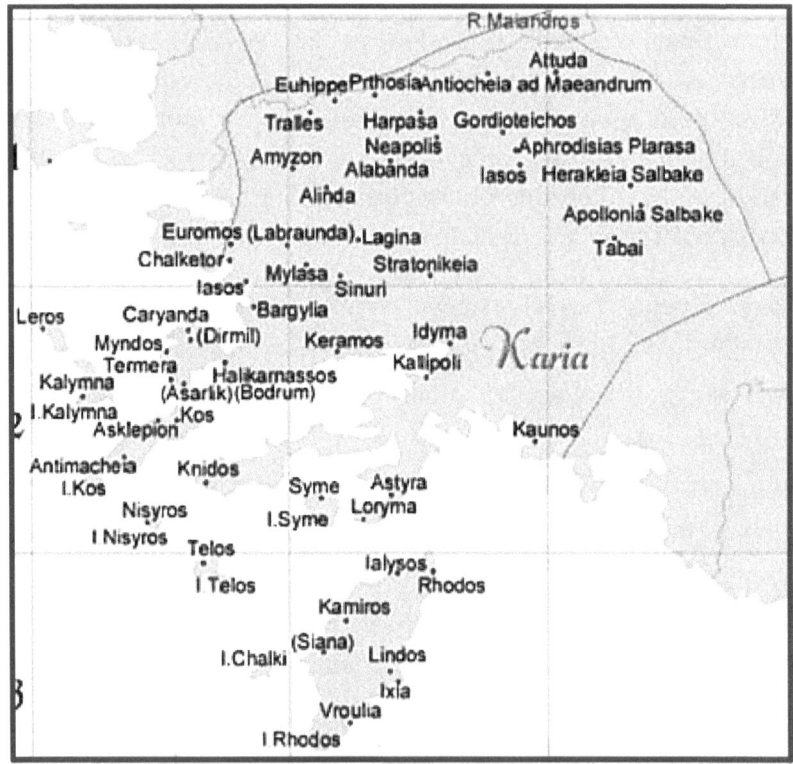

Harita 22- MÖ. 3. yy.'da Anadolu ve Karya Medeniyeti (Detaylı yerleşim planı)

KANON

Önemli Not: Bu Kanon'un büyük bir kısmı Karia'da yazılmıştır ve esinlenmiştir.

Kral Mausoleion Heykeli: Karia'da bulunan bu yapıt, Dünyanın Yedi Harikası'ndan biri sayılıyordu. Halikarnas'ta (bugünkü Bodrum), İÖ. 353'te ölen Karya Kralı Mausolos için eşi Kraliçe Artemisia'nın yüklü yüklü bir para ödeyerek yaptırdığı anıt mezardır. 15. yy'dan önce bir deprem sonucu çöktü. Bugün, büyük anıt mezarlar için kullanılan *"mozole"* sözcüğü Mausolos'un Halikarnas'taki bu anıtmezarından gelmektedir.

Bu eser bir anıt mezardır. Bugünkü anıtsal mezarlara mozole isminin verilmesinin kaynağı da bu yapıdır. Bugünkü adıyla Bodrum, o günkü antic dönem adıyla Halikarnas olan yerde yani ülkemizdedir. MÖ. 325 yılında Kraliçe Artemis tarafından kocası Mozolos adına yaptırılmıştır. Diğerleri gibi bu eser de yok olmuştur. Plinius'un bildirdiğine göre, dünyanın yedi harikasından biri sayılan Mausoleum, M.Ö. 350 de Mausolos için karısı Artemisia tarafından yaptırılmıştır.

KANON

"Farklı cephelerin süslemeleri ve mükemmelliği birbirini taklit eden farklı sanatçılar tarafından ele alındı. Leochares, Bryaxis, Skopas ve bazılarının düşündükleri gibi Timotheus'un sanatlarının seçkin mükemmelliği o yapıya dünyanın yedi harikası arasında ün kazandırdı." Antik yazarlardan Vitrivius böyle söylüyor. Romalı tarihci Plinius'a göre pteron kare şeklindeydi ve çevresinde 36 tane ion stili sütun vardı. Her sütun arasında bir heykel dikiliydi. Pterondaki kabartmalar Amazonlarla Yunanlıların savaşını gösteriyordu. Pteron üzerinde yirmi basamaklı bir piramit vardı. Piramit beyaz paros mermerindendi. İskenderiye limanının karşısında bulunan paros adasından özel seçilmişti. En üstte quadrika (dört atlı araba) bunun üzerinde ise Mausolos ve Artemisia'nın heykelleri bulunuyordu.

Tüm istilalara ve doğal afetlere karşın Mausoleum İS. 1406 yılına dek ayakta kalmayı başarmıştır. Ta ki Alman mimar Schegelholt tarafından yapılan St. Peters kalesinin yapımına dek. Bu zamana kadar 1500 yıl ayakta kaldı. Sadece basamakları görünen yapının derinlerine giderek elde ettikleri mermeri yakıp kireç yaptılar. Bazı kabartmaları ise duvar taşı olarak kullandılar. Bazılarının üzeri silinerek oymalar kazındı. 1875'de Sir C. Newton kazılara başlar, bazı friz ve Mausoleon ile Artemision'un heykellerini ve büyük aslan heykellerini İngiliz Britich Museum'a taşıdı.

Mausoleum'un yapımı yarılandığında Halikarnassos'un parası biter ve geri kalan bölümler özveri ile yapılır. Mausoleion alanı bugün açık hava müzesi olarak düzenlenmiştir. İçeri girildiğinde sağda Bodrum tipi bir ev görülmektedir. Solda görülen uzun yapı içinde Mausoleion'la ilgili kabartmalar, maket ve bazı çizimlerle yapıya ait mimari parçalar sergilenmektedir. Dünyanın yedi harikasından biri diye tanımlanan Mausoleion'un yükseldiği yer bugün bir çukur olarak görülür. Bu çukurun ne olduğunu anlamak için öncelikle kapalı sergi salonunun gezilmesi gerekir. Taban ölçüleri 32 x 38 metre boyutlarındaki Mausoleion, bir zamanlar uzun kenarı 242,5 kısa kenarı 105 metre olan geniş bir alanın kuzeydoğu köşesinde yükselmekteydi.

Antik yazarların anlattıklarına göre Mausoleion, dört bölümden oluşmaktadır. En altta yüksek bir kaide (podyum); onun üzerinde kenarlarında onbir, kısa kenarlarında dokuz olmak üzere 36 İon sütunlu tapınak şeklinde bir bölüm vardır; onun da üzerinde 24 basamaklı piramit şekilli bir çatı ve en tepede dört atın çektiği araba içinde Mausolos ve Artemisia'nın heykelleri yer almaktadır.

Anıtın yüksekliği konusunda Latin yazarı Plinius bilgi vermektedir. Latinlerin dünyanın yedi harikası olarak gördüğü Mausoleion'un yüksekliği 180 İon ayağıdır. Bu da yaklaşık 55 metredir. Yirmi katlı bir apartmanın yüksekliği kadardır. Sergi salonundaki makette bu ölçü esas alınmıştır. Antik yazarlar yapının mimarının Pytheos olduğunu kaydetmektedir. Ayrıca Satyros'un adı da geçmektedir. Vitruvius, M.Ö. IV. yüzyılın en önemli dört heykeltraşının bu yapıda çalıştığını kaydetmiştir. Doğuda Skopas, batıda Leokhares, kuzeyde Bryaksis, güneyde Timotheos çalışmıştır. Bryaksis, Karyalı bir sanatçıdır. Diğer sanatçılar Yunanistan'dan getirilmiştir. Dört atlı arabayı Mimar Pytheos'un yaptığı söylenmektedir.

Karya satrabı Mausolos, kendi yönetimi zamanında muhtemelen M.Ö. 355'te yapıya başlamıştır. Onun ölümünden sonra (M.Ö. 353) karısı, aynı zamanda kız kardeşi Artemeisia anıtın yapımını sürdürmüş; onun da ölümünden sonra (M.Ö.351) Mausolos'un diğer kardeşleri inşaata devam etmişlerdir. Muhtemelen, inşaat M.Ö. 340'ta Piksodaros'la Ada arasındaki satraplık mücadelesi sırasında yarım bırakılmıştır.

Antik kaya mezarları (Karya Medeniyeti), *"Kaunos"* olarak bilinen burası, diğer antik kentlerde olduğu gibi, yerleşimin dışında büyük bir mezarlığa sahip ve hemen hemen tamamı dağlara oyulmuş kaya mezarlarından oluşur. Mezarlık alanı içinde farklı tipte mezarlar göze çarpıyor. Dalyan ve yakın çevresinde kayalara oyulmuş onlarca kral mezarı bulunuyor. Bunlardan en dikkat çekici olanları ise krallar ve soylulara ait anıtsal kaya mezarları. Yüksek kayalara oyulan kaya mezarları bugün Dalyan'ın simgesi haline gelmiştir. Mezarların, Likya tipi kaya mezarları olmasının sebebi bölgenin Karya-Likya sınırına yakınlığı. Anadolu dışında bu tipte kaya mezarlarına hiçbir yerde rastlanmamıştır.

Karia'nın Kökenleri: Homeros, İlyada Destanı'nda, sonradan bir İyonya kenti haline gelen Milet'in (Miletos; Balat) Troya Savaşları zamanında bir Karya kenti olduğunu belirtmektedir. Bizzat

KANON

Karyalıların, Anadolu'nun daha eski bir halkı (Hint-Avrupa kavimleri öncesi) olan Lelegler ile henüz tabiatı tam olarak belirginleştirilememiş bir ilişkileri olduğuna dair işaretler bulunmaktadır.

Karyalıların Ege Adalarına yayıldıkları ilk yüzyıllarında hakimiyetleri altına girmiş bir yerli halk olduğu düşünülen ve Yunanistan'ın en eski sakinleri olan *Pelasg*'ların ardılı olabilecek Lelegler hakkında Strabo, Karyalıların ve Leleglerin aralarında birbirlerini ayırt edemeyecek ölçüde karışmış olduklarını yazmaktadır. Buna göre eski Yunanların yayılmasıyla Karyalılar ve Lelegler bir arada Anadolu'ya çekilmişlerdir. Yine de, Leleglerin en azından bir kısmının uzun süre özgün bir kimlik taşıdıkları, Mausolus'un Halikarnas'ı başkent edindikten sonra çevredeki isimleri bilinen 8 Leleg yerleşiminin nüfusunu yeni başkentinde iskan etmiş olmasından anlaşılmaktadır. Ayrıca Karya ülkesi içinde, Likya sınırlarında yer alan *Kaunos (Dalyan)* şehrinin halkı, Girit adası ile ilişkili olması muhtemel özgün bir etnik kimliği Karya tarihi boyunca korumuştur.

Karya sözcüğü, antik Luvi dilinde "*uç ülke, sarp ülke*" anlamına gelen "*karuwa*" sözcüğünün eski Yunanca'ya geçmiş şeklidir. Karyalılar, Homeros, Herodot ve Strabo'nun yanı sıra, Tevrat'ta ve Mısır hiyeroglif yazıtlarında da anılmaktadır. Bu dönemde özellikle paralı askerlik yaptıkları anlaşılmaktadır. Karya veya Karyalılar Hitit metinlerinde Karkiya, Babillilerce Karsa, Elami ve eski Pers dilinde Kurka olarak anılmaktadır.

Karya MÖ. 11. yüzyıldan MÖ. 545'e kadar bağımsızlığını muhafaza etti ve özellikle başlangıçta denizcilikle uğraştılar. Kıyılarda eski Yunan kolonilerinin kurulmaya başlamasından sonra da, iç bölgelerde Karya hakimiyeti ve kültürü devam etti.

M.Ö. 545 sonrasında Karya Pers İmparatorluğu'nun Karka satraplığı haline gelmiştir. Yerli hanedanın ve Pers satrapının yaşadığı en önemli şehri Halikarnas (Bodrum) olmuş, diğer önemli yerleşimleri arasında Mylasa (Milas), Latmus Heraclea'sı (günümüzde Bafa Gölü üzerindeki Kapıkırı köyü), Laodikeia (Denizli), Tabae-Kale, Mindos (Gümüşlük), ve Alabanda (Çine) yer almıştır. Bir Karya mermer ocağı olarak kurulmuş Afrodisias da, Karya bölgesinin MÖ. 334'de Büyük İskender tarafından fethedilmesinden sonraki dönem sonrasında, önemini Bizans İmparatorluğu dönemine kadar sürdürmüş bir antik çağ merkezi haline gelmiştir. Tarihi kayıtların özellikle Pers işgalinden ve Perslerle eski Yunanlar arasındaki savaşların sürdüğü dönemde zenginleşmesi nedeniyle Karya tarihinin daha iyi bilinen dönemi MÖ 6. yüzyıl sonrasıdır. Bu dönemde ilki Halikarnas'da (*Bugünkü Bodrum*) hüküm sürmüş, ikincisi ise Mylasa (Milas) merkezli kurulduktan sonra Karya'nın bu en avantajlı liman kentine sonradan taşınmış iki hanedan öne çıktı. *İdima*'da (*Bugünkü Akyaka*) üçüncü bir hanedanın hüküm sürmüş olabileceğine dair ihtimaller öne sürülmektedir.

Karyalılar arasında Salamis Deniz Savaşı'na (MÖ 480) katılmış Artemisia I, Pers yönetimi altında askeri komutanlık yapmış Hecatomnus (MÖ 380 öncesi), sırasıyla Karya ülkesini yönetmiş oğulları mozolesi ile ünlü Mausolus (MÖ 377-353), Idrieus (MÖ 351-344) ve Pixodarus (MÖ 340-334) ve kızları II. Artemisia (MÖ 352-350) ve Ada (MÖ 344-340 ve Büyük İskender'in Karya'ya geldiği 334 sonrası) sayılabilir. Roma İmparatorluğu döneminde ismini duyurmuş bir Karyalı da MS. 49'dan itibaren birkaç olimpiyatta şampiyonluk elde eden boksör *Melankomas* olmuştur. Ticari niteliği en yüksek incir meyvesi cinsinin beşiği ve merkezi Karya bölgesinde olduğundan, bu "*düz incir*"in (*common fig*) ismi, bugün halk arasında "*Aydın inciri*" denildiği gibi, botanik bilimine "*Ficus Carica*" şeklinde geçmiştir.

KANON

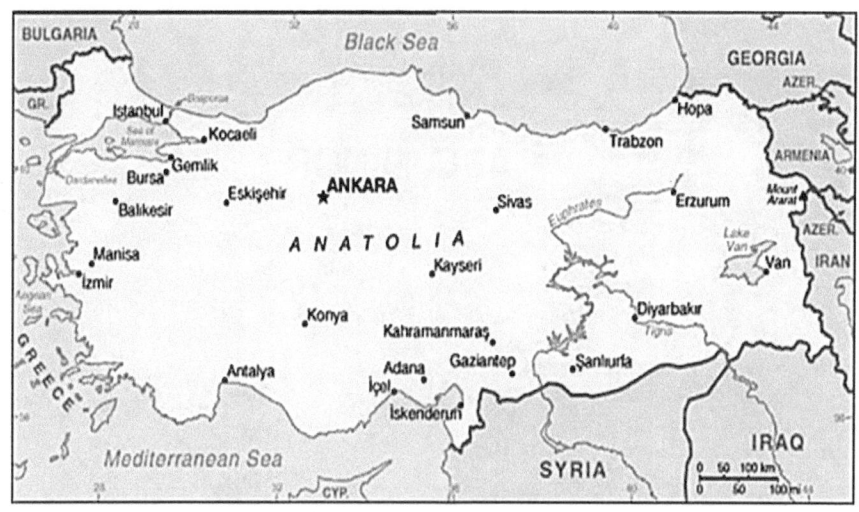

Harita- Türkiye sınırları içinde Anadolu, Asya Kıtası'nın güneybatı ucunda yer alan bir yarımadadır. Tamâmı Türkiye'de bulunur. Farklı bir tanımla ile Anadolu; İstanbul ve Çanakkale boğazlarının doğu yakasında kalan Türkiye topraklarına verilen addır. Kuzeyinde Karadeniz, batısında Marmara ve Ege denizleri, güneyinde ise Akdeniz yer almaktadır. Eski Batı kaynaklarında yarımadanın adı Küçük Asya (Latince: *"Asia Minor"*, Yunanca: *"Mikrá Asia"*) olarak geçer. Ayrıca uzun yüzyıllar birçok farklı medeniyete ev sâhipliği yapması sebebiyle "Bin Tanrı İli" ismini de almıştır. Ancak bu kullanımlar günümüzde eskimiş olup daha çok târihî anlatımlarda yer alır.

Harita- Anadolu, bâzı Batı kaynaklarında "Asia Minor" olarak geçer.

Asia Minor (Anatolia veya şimdiki adıyla Anadolu), Asya ve Avrupa'nın birleşim noktasındaki stratejik konumu nedeniyle, târih öncesi çağlardan beri birçok medeniyetin beşiği olmuştur. Yeryüzünün en eski yerleşkelerinden bâzıları Cilâlı Taş Devri'nde Anadolu'da kurulmuştur. Çatalhöyük, Çayönü, Nevali Çori, Hacılar, Göbekli Tepe ve Mersin (Yumuktepe) yerleşkeleri Cilâlı Taş Devri'nden kalmadır. Truva yerleşkesi de Cilâlı Taş Devri'nde kurulmuş ve Demir Çağı'na doğru uzanmıştır. Sümer, Asur, Hitit, Yunan, Lidya, Kelt, Pers, Roma, Doğu Roma, Selçuklu, Moğol İmparatorluğu Osmanlı, gibi onlarca medeniyete ev sâhipliği yapmıştır. Yüzlerce, dil ve lehçeyi bağrında barındırır. Bu topraklar, aynı zamanda Hristiyanlığın ilk doğduğu ve geliştiği topraklardan ve Hristiyanlığın ilk Kanon'larının yayıldığı yerlerden biridir. XI. yüzyıldan îtibâren Türkler tarafından iskân edilmiş ve yönetilmiştir.

KANON

"Anatolia'nın Köken Bilimi: Anadolu kelimesi, Yunanca "doğu" anlamına gelen "anatole" kelimesinden türemiştir. Bu sözcük, "doğmak, yükselmek" anlamına gelen Yunanca "anatellein" fiilinden gelir. "Doğu ülkesi" anlamına gelen *"Anatolia"* ilk kez VII. yüzyılda Doğu Roma İmparatorluğunun Afyon, Isparta, Konya, Kayseri ve İçel yörelerini kapsayan idârî birimi (Anatolikon Thema) için kullanılmıştır. Osmanlı döneminde ise Anadoli veya Anadolu, merkezi Amasya olan ve Sivas ve Kastamonu'yu kapsayan bir eyâletin adıdır.

XIX. yüzyılda genel anlamda imparatorluğun Asya Kıtası'nda kalan ve Türklerle meskûn olan bölgesini tanımlamak için kullanılmıştır. Cumhûriyet döneminden (*1923- ve öncesi*) önce Anadolu'nun geleneksel doğu sınırı olarak Fırat Nehri kabul edilirken, Cumhûriyetten sonra (*1923- ve sonrası*) Türkiye'nin Asya kıtasında kalan kısmının tümü aynı coğrâfî terime dâhil edilmiştir. Daha sonraları, yeni türkçeyle birlikte, Anadolu'yu Türkçe "ana" ve "dolu" sözcükleri ile açıklayan görüş, Türkiye'de 1930'lardan îtibâren yaygınlık kazanmıştır.

Târihçe:

Neolitik Çağ

Asya ve Avrupa'nın stratejik kesişme bölgesinde olmasından dolayı Anadolu, târih öncesi çağlardan beri pek çok uygarlık için beşik olmuştur. Neolitik yerleşim olarak Taşhöyük, Çayönü, Nevali Cori, Hacılar (Burdur İli'nin 25 km güneybatısında), Göbeklitepe ve Truva yerleşimi Neolitik Çağ ile başlar ve Demir Çağı içinde devam ederek ilerler.

KANON

Anadolu tarihi:
Bronz Çağı

Troya I-VIII yak. MÖ 3000 - MÖ 700

Hattiler yak. MÖ 2500 - MÖ 2000/1700

Akadlar yak. MÖ 2400 - MÖ 2150

Luvi Krallığı / Luviler yak. MÖ 2300 - MÖ 1400

Asurlar ticari koloniler yak. MÖ 1950 - MÖ 1750

Akalar Krallığı (münakaşalı) yak. MÖ 1700 - MÖ 1300

Kizzuvatna Krallığı yak. MÖ 1650 - MÖ 1450

Hititler yak. MÖ 1680 - MÖ 1220
 Eski Krallık
 Orta Krallık
 Yeni Hitit Devleti

Likya / Likyalılar yak. MÖ 1450 - MÖ 350

İyonya Gizli Anlaşması yak. MÖ 1300 - MÖ 700

Neo-Hitit Kralları yak. MÖ 1200 - MÖ 800

Frigya / Frigler yak. MÖ 1200 - MÖ 700

*Karya / Karyalılar yak. MÖ 1150 - MÖ 547

Urartu yak. MÖ 859 - MÖ 595 / 585

Demir Çağı' dan Klasik Antik dönem'e

Lidya / Lidyalılar yak. MÖ 685 - MÖ 547

Persler'in Ahameniş İmparatorluğu yak. MÖ 559 - MÖ 331

Makedonya İmparatorluğu MÖ 334 - MÖ 301

Seleukos İmparatorluğu MÖ 305 - MÖ 64

Pontus Hükümdarlığı MÖ 302 - MÖ 64

Pergamon Krallığı-Attalos Hanedanı MÖ 283 - MÖ 133

Ermeni Krallığı-Artaksiad Hanedanlığı MÖ 190 - MS 428

Roma Cumhuriyeti MÖ 133 - MÖ 27

Roma İmparatorluğu MÖ 27 - MS 330

Orta çağlar
Bizans İmparatorluğu 330 - 1453
Anadolu Selçuklu Devleti 1077 - 1307
Klikya Ermeni Krallığı 1078 - 1375
Artuklu Beyliği 1101 - 1409
Trabzon Pontus Rum İmparatorluğu 1204 - 1461
İznik (Ncaea) İmparatorluğu 1204 - 1261
İlhanlılar 1256 - 1355
Osmanlı Devleti ve Türkiye
Osmanlı İmparatorluğu'nun doğuşu 1299 - 1453
Osmanlı Devleti yükselme dönemi 1453 - 1683
Osmanlı Devleti duraklama dönemi 1683 - 1827
Osmanlı Devleti gerileme dönemi 1828 - 1908
Osmanlı Devleti dağılma dönemi 1908 - 1922
Türkiye 1923 - Günümüz

Karyalılar: Batı Anadolu'nun güneyinde kurulmuş çok eski bir antik yerleşim halkı. Herodot'a göre, Karyalıların ismi efsanevi kurucu kralları Kar'dan türemiştir. Dilbilim araştırmaları Karya dilinin, komşu Lidya ve Likya ve daha kuzeydeki Misya dilleri gibi, Hititlerin ardılı Luvi dilinden türemiş yerli bir Anadolu dili olduğunun kanıtlarını ortaya koymuştur. Bizzat Karyalıların Anadolu'nun yerlileri olduğu inancını taşıdıkları yine Herodot tarafından belirtilmektedir.

Sedir Adası: Karya medeniyetinde bulunan önemli bir yerleşim merkeziydi. Kerme Körfezi'nde (Gökova Körfezi) bulunan görülmeye değer güzellikte, antik kalıntılarla dolu üçlü bir ada grubunun en büyüğüdür. Bugünkü Muğla'nın Ula ilçesi sınırları içinde yer alır. Antik çağdaki ismi *"Kedrae"* veya *"Cedrae"* olup, adada bu dönemden kalma kalıntılar bulunmaktadır. Tarihsel gelişmesini M.Ö. 6. yüzyıldan başlayarak izleyebildiğimiz Kedrae, Karya'nın önemli kentlerinden biriydi. Bazı kaynaklara göre Karya kral aileleri yazlarını bu adada geçirirlerdi. Daha sonraki yüzyıllarda bu adayı Rodos Peria'sının (karşı yakasının) önemli kasabalarından biri olarak görüyoruz.

MÖ 454- MÖ 428 yıllarında Karya birliğine katılan Kedrae daha sonra Attik Delos Birliği'ne girmiştir. Ada bu birliğe önceleri yılda 3 bin, daha sonra 2 bin drahmi aidat ödüyordu. Marmaris'lilerin Sedir Adası dedikleri bu adanın ilk çağlardaki adının Cedrae olduğu bilinmektedir. Kelimenin kökü büyük boylara erişen bir ağaç türü olan Cedrus'tur (sedir ağacı) ve yüzyıllar öncesinde ada ve çevresi bu ağaçlarla kaplı olduğundan bu isim adaya yakıştırılmış olabilir. Fakat günümüzde ne adada, ne de çevresinde bu sedirlerden eser kalma-

KANON

mıştır. Bugün ada makilerle, zeytin ve çam ağaçlarıyla kaplıdır. Resmi hazine kayıtlarında Şehroğlu Adası veya Şehroğlan Adası olarak geçer. Halikarnas Balıkçısıbu adaya *"Gülen"* adını koymuştur. Kleopatra Adası, Şiir Adası, Aşk Adası, Balayı Adası adını yakıştıranlar da vardır. Bunlar hep adanın tarih ve güzelliğinden kaynaklanmaktadır.

Adanın altın sarısı kumlarından öykülenen Kleopatra ile ilintili anlatım yalnızca abartılı turistik bir masaldır. En yaygın anlatılanı da Kraliçe Kleopatra ile sevgilisi Romalı Komutan Antonius'un adada buluşmaları için Mısır'dan gemilerle getirildiği şeklindedir.

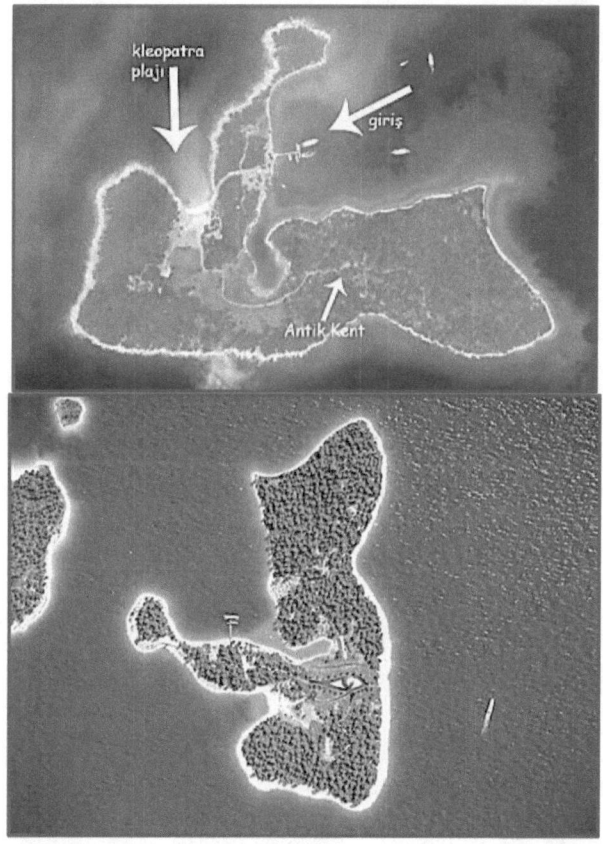

Adanın kuzey kıyısındaki kumlar, özel biçimde oluşan kalker damlacıklarıdır ve Ege ve Akdeniz'de Sedir Adası dışında sadece Girit Adası'nda görülür. Çok özel jeolojik oluşumlar sonucu ortaya çıkan kumlar koruma altındadır. Düzgün kesme taştan çok sayıda kule ile sur duvarları, Apollon tapınağı ve onun yerine sonradan yapılan kilise, hâla ayakta duran iyi korunmuş tiyatro, agora ve Sedir Adası'nın antik liman kalıntıları görülmeye değer yerlerdir.

Katolik: Kilise'ye ve **Hristiyan Din Adamları**'nın din yetkisine ve otoritesine sıkı sıkıya bağlı olan bir Hristiyan Mezhebi. Katolik Kilise ayinlerindeki tüm görsel unsurlar (**Piskoposluk tacı giymek**, **sunak**, **ilâhi okumak** ve **Komünyon töreni** gibi vs.) doğrudan eski **Pagan Dinleri**'nden alındı. Böylece Roma İmparatoru **Konstantin** zamanında O'nun yetki ve nüfuzundan yararlanan Katolik Kilise'si; daha sonraki dönemlerde de bu özelliğini devam ettirerek, gücü ve iktidarı elinde bulunduran Kralların ve Devlet yöneticilerinin de desteğini aldı. Böylece Kilise'nin bu tutumu, **Hz. İsa**'nın yeni getirmiş olduğu ve hızla yayılmakta olan **Hakikî İsevî** dinini gerçeklikten uzaklaştırdı ve Hristiyanlığı bugünkü bildiğimiz şekline soktu.

Kefaret İnancı: İNSANLARIN fıtraten kötü ve **CEHENNEMLİK** olup, **Hz. ÂDEM** ilk günahından gelen bu kötülüğü, **Hz. İSA**'nın çarmıha gerilmesiyle temizlemesi ve bu nedenle **ŞERİAT**'ın gerekli olmayıp, Hz. İSA'ya salt inanmakla **CENNET**'e girilebileceği İnancı. İncil'in çoğu bölümünde Kefaret İnancını olumlayan açık bir ifadeye rastlanmadığı gibi, aynı zamanda Hz. İsa tarafından söylenen ve Şeriat'ı emreden pek çok ifadeye de rastlanır. Hz. İsa da, diğer peygamberler gibi, Allah'ın buyruklarını insanlara iletmek için gönderilmiş olan bir Elçi'dir. Hz. İsa da, namaz kılar ve oruç tutardı. Dolayısıyla Kefaret inancında savunulduğu gibi, O'nun peygamberlik görevini yerine getirmiş olması, tüm insanlığın günahını affettirdiği düşüncesi ve O'nun üç ilahtan birisi olduğu gibi inançlar sonradan İsevîliğin içerisine eklenmiş olup, batıl ve yanlıştır.

Kefas (Kaya): '**KAYA**' veya '**TAŞ**' anlamında, Havarilerden **Petrus**'un unvanlarından biri.

Kefernahum: Hz. İsa'nın, Peygamberlik döneminin önemli bir bölümünü geçirdiği **Taberiye Gölü** kıyısındaki **Celile Kenti**. Hz. İsa,

İlk Şakirdleri ve Havarileri olan **Petrus, Yakub, Yuhanna** ve **Andreas**'la bu balıkçı kentinde tanıştı. O sıralarda Hz. İsa'ya tam bağlanmamış olan bu küçük grup, daha sonraları Hz. İsa'nın ardından gitmeye devam etmekle birlikte Celile Gölü'nün kıyısındaki bu küçük kentte balıkçılık yapmaya da devam ettiler. Hatta Hz. İsa mu'cizelerinin birçoğunu, Taberiye Gölü'nün kıyısındaki bu küçük kent civarında gerçekleştirdi. Dolayısıyla bu küçük balıkçı kenti, Kefernahum, ilerleyen dönemlerde Hz. İsa için bir üs haline geldi.

Kelam: Allah'ın Vahiy ile bildirmiş olduğu **Sözleri**'ni ifade eden deyim (**Kelâm-ı Kadîm** gibi vb.).

Kelime (Söz): Hz. İsa'nın unvanlarından biri. Hz. İsa, Mu'cizevî bir tarzda **Âdem AS.** gibi **Babasız** ve **Allah'ın, Cebrail AS.** vasıtasıyla Hz. **Meryem**'e **Ruh**'undan üflemesiyle yaratıldığı için, kendisine '**Kelîmullah**', yani '**Allah'ın Kelimesi veya Sözü**' de denilmektedir.

Kıyamet: '**DÜNYA HAYATI'NIN SONU**'nu ifade etmek için kullanılan dinî Terim. **Kur'ân** ve **İncil**'in kabaca üçte biri, gelecekteki olaylarla ve dünyanın sonuyla ilgili Kıyamet Bölümleri içerir. Özellikle Kıyamete yakın bir zamanda Ortaya çıkacak olan Küçük ve Büyük Kıyamet Alametleri Hadislerde de detaylı bir şekilde anlatılır. "Hayatınızı değiştirin, tevbe edin, Yeniden Diriliş Günü'ne yani Kıyamet Süreci'ne hazırlık yapın!" şeklindeki ifadelere Kur'ân ve İncil'de sık sık rastlanır. Tarihin hemen hemen her döneminde, Kıyametin yakın olduğu, ölülerin yeniden diriltileceği, hesap gününün geleceği ve hemen sonrasında da tüm kainatın kıyametinin kopacağı ve ardından haşir meydanının kurulacağı düşünülmüştür. Halbuki bu süreç, oldukça uzun süren Kıyamet süreci, zamanın son bölümünde ve küçük bir devresinde ortaya çıkacaktır. Evet, geçmiş tarihî dönemleri düşündüğümüzde, görece Kıyamete daha yakın olduğumuzu söyleyebiliriz fakat yine de bu sürecin belli bir dönemindeyiz. Dolayısıyla Büyük Kıyamet Alametleri ortaya çıksa bile, uzunca bir süre daha dünya hayatı yine devam edecek ve Kıyamet hemen kopmayacaktır. Bu bahsettiğimiz süreç, **Peygamber (sav)** efendimizin hadislerinde de belirtiği gibi, yaklaşık **200** yıllık bir süreçtir ve biz şu anda bu sürecin başlangıcındayız. Her ne kadar son zamanlarda, dünya iyice bozulmaya doğru gitse de, büyük kıyametin süresi daha henüz yakın değildir. Dolayısıyla bu gibi görüşlerin varlığı da tarihin her döneminde var olmuş ve Kıyamet yakın zannedilmiştir.

Kızıldeniz: Arabistan Yarımadası ile **Afrika Kıtası** arasındaki İç Deniz. Hz. Musa tarihin en büyük mu'cizelerinden birisini bu denizde gerçekleştirmiştir. **Kutsal Kitab** metinleri ve **Kur'ân**'da anlatıldığına göre, **Firavun** ve **Mısırlılar**, **İsrailliler**'in ülkeyi hemen terk etmeleri için ısrar ederler. **Mısır'dan Çıkış 12:37** âyeti, İsrailliler'in sayısının kadın ve çocuklar dışında **600.000** erkek olduğunu kaydeder. Fakat daha sonra firavun fikrini değiştirir ve askerleriyle birlikte İsrailliler'in ardına düşer. Gece boyunca esen güçlü rüzgarın da yardımıyla Allah'ın bir mu'cizesi olarak, **Hz. Musa** değneğiyle Kızıldeniz sularına dokunarak denizi karaya çevirir ve Kızıldeniz'de İsrailoğullarının kaçabilecekleri bir yol açar. Daha sonra İsrailoğulları güvenlik içinde bu yolu takip ederek karşı kıyıya ulaşırlar; fakat artlarından gelen firavun ve askerleri suların birleşmesi ve denizde açılan yolun kapanmasıyla birlikte boğulurlar. Bu kıssa ve Firavunun son anda boğulurken "**İsrailoğullarının RAB'bine iman ettim!**" şeklinde sularda yankılanan son sözlerinin geçersiz olduğu ve son nefeste yapılacak tevbe ve imanın geçerli olmadığı Kur'ân'da detaylı bir şekilde anlatılmaktadır. Bu mu'cizevî kurtuluş olayı, daha sonraları İsrailoğullarını bir halk olmaya götüren temel olay olarak görülmüştür.

Kilise: '**TOPLANTI**' veya '**TOPLANTI YERİ**' anlamında Hristiyanların ibadet yerleri için kullanılan dinî Terim. Hz. İsa'ya ilâhlık atfedilmesi ve üçüncü yüzyılda Teslis inancının yayılmasından sonra Kilise, **325** yılında **İznik Konseyi**'nde resmî inanç olarak Hristiyanlığı kabul etmiştir. Fakat gerçek **İsevîler** buna tarihin her döneminde karşı çıkmışlardır. Fakat, Kilise bugün olduğu gibi, tarihte de dünyevî çıkarlar uğruna emperyal güçlerle el ele vererek **Teslis İnancı**'nın temsilcisi ve savunucusu olmuştur. Hz. İsa ve ilk İsevî takipçileri tarafından bir Kilise kurulmadığı halde, daha sonraki dönemlerde oluşturulan Kilise kurumu tarafından, Hz. İsa'ya ilâhlık

KANON

isnad edilip Hristiyanlık akidelerine putperest inançlar dahil edilmiştir.

Kleopatra: Hz. İsa Döneminde yaşayan **Mısır Kraliçesi.** Roma İmparatoru **Avgustus,** İ.Ö. 31 yılında yapılan **Aktium** deniz savaşında **Markus Antonius** ile müttefiği Mısır Kraliçesi **Kleopatra**'yı yendiğinde savaş yorgunu olan dünyaya barış gelmişti. İ.Ö. yaklaşık 5 yılında, yani İsa Mesih doğmadan yaklaşık 5 yıl önce neredeyse tüm **Akdeniz** sahili Roma egemenliği altına girmekle kalmamış, aynı zamanda daha önce benzeri görülmemiş bir refah ve barış ortamına kavuşmuştu. Ticaret gelişmiş, yolculuk daha kolay hale gelmişti.

Komünyon: Ekmek ve Şarap'la yapılan bir Hristiyan Ayini.

Konstantin: İ.S. 309-337 yılları arasında görev yapan Roma İmparatoru. Hz. İsa'nın Allah'ın oğlu olduğu akidesi, Konstantin zamanında Nicaea Konseyi'nde teklif edilmiş ve kabul edilmiştir. Hz. İsa'ya ilâhlık isnad etmek; Roma İmparatorluğuyla Kilise arasındaki çıkar ilişkilerine dayalı karşılıklı yakınlaşma, Hristiyanlık öncesi çoğu pagan (putperest) inançlara sahip Anadolu ve Makedonya halklarını kontrol altında tutmak için kolaylık sağlamıştı. Kanonik İnciller, gerçek İsevîliği değiştirerek bugünkü Hristiyanlığı kuran Roma İmparatoru Konstantin tarafından kabul edildi ve resmîleştirildi. Oysa ki Konstantin zamanında Roma'nın resmi dini güneşe tapınmaktı ve Konstantin de bu putperest dinin başrahibiydi. Roma'da yeni bir din olan İsevîliğin yayılması onun için bir tehdit oluşturuyordu ve İsa Mesih'in Müridleri gökyüzüne yükseltilmesinden üç yüz yıl sonra katlanarak artıyordu. Hristiyanlarla Paganlar savaşmaya başlamışlardı ve anlaşmazlık o boyutlara gelmişti ki, Roma'yı ikiye bölmekle tehdit ediyordu. Konstantin bir şeyler yapılması gerektiğine karar verdi ve **İ.S. 325** yılında Roma'yı tek bir din, Hristiyanlık altında birleştirmeye karar verdi. Konstantin, güneşe tapan pagan halkı hristiyan yapmak için pagan sembollerini Hristiyan geleneğine yerleştirerek, her iki tarafın da kabul edebileceği karma bir din oluşturmuştu. Mısırlıların güneş çemberleri Katolik Azizlerin haleleri oldu. Mısırlıların pagan ilâhi İsis'in mu'cizevî bir şekilde gebe kaldığı inancına sahip, oğlu Horos'u emzirdiğini resmeden harfler, Bakire Meryem'in Bebek İsa'yı emzirdiği modern sahnelere dönüştü. Katolik Kilise ayinlerindeki tüm görsel unsurlar (Piskoposluk tacı giymek, sunak, ilâhi okumak ve Komünyon töreni gibi vs.) doğrudan eski pagan dinlerden alınmış oldu. Böylece Konstantin, Hz. İsa'nın nüfuzundan ve yeni getirdiği ve hızla yayılmakta olan İsevî dininden yararlanarak Hristiyanlığı bugünkü bildiğimiz şekline soktu.

Konsül: Din hakkında karar verme yetkisine sahip olan Hristiyan Din Adamları Kurulu. **İ.S. 325** yılında toplanan ünlü **İznik konsülü**'nde teslis inancı **Pavlos Kilisesi**'nin resmî inancı olarak ilân edildi ve bu kararın sonuçlarından biri de, o zaman elde bulunan **400** kadar İncilden dördünün resmî olarak geçerli ve içlerinde **Barnabas İncili**'nin de bulunduğu diğer gerçekçi İncillerin geçersiz olması ve bütünüyle yok edilmesi oldu. Geçerliliği tanınmamış İncillerden birini yanında bulunduranın öldürüleceğine dair emir çıkarıldı.

Kudüs (Yeruselam): Tüm Tevhid dinleri tarafından Kutsal ve en önemli dinî merkezlerden birisi olarak kabul edilen Kent. Filistin'in başkenti olan Yeruselâm (Kudüs), aynı zamanda tek tanrılı din olan Yahudiliğin merkeziydi. Buradaki en yüksek dini başkan, Başkâhin olarak bilinirdi. Dinde doğru yolda olan Yahudiler tarafından tanınan tek görkemli tapınak, şehrin ortasında, alabildiğince geniş bir meydan üzerinde yükseliyordu. Yılın büyük bayramları nedeniyle elçiler ve hacılar her yandan oraya akın ediyorlardı. Yeruselâm, Yahuda'nın merkezi sayılan bir tepesi üzerinde kurulmuş, Akdeniz'den yaklaşık **750 m**, Ölü Deniz'den ise yaklaşık **1.150 m** yükseklikte bulunan bir kentti. Doğusunda bulunan **Kidron Vadisi** ile güneydoğusunda yer alan **Hinnom Vadisi** arasında yükselir. Yahudilere göre ulusların ortasına yerleştirilmiş ve çevresi ülkelerle kuşatılmış olan Yeruselâm dünyanın merkeziydi. Kent bütünüyle tepelerle çevrili olduğundan Yeruselâm'a yapılacak bir yolculuk yükseklere çıkmak anlamına geliyordu. Yeruselâm Hevron'dan kuzeydeki Samiriye'ye giden ve Filistin'in ortasından geçen bir yola yakın olmasına rağmen bu yol yalnızca kara ticaretinde kullanılıyordu. Batıda bulunan Emmaus'tan gelerek Yeruselâm'dan geçen ve

KANON

doğudaki Eriha'ya giden bir yol daha vardı. Hz. İsa'nın anlattığı İyi Samiriyeli benzetmesinden açıkça anlaşıldığı üzere, bu yol üzerinde haydutlar ciddi bir tehlike oluşturuyordu. Yeruselâm çevresindeki bölge doğal kaynaklar açısından kısıtlıdır. Arazide bol miktarda taş bulunur, ancak maden bulunmaz ve toprak da verimsizdir. Yeruselâm'ın yün ve deri ihtiyacı, yetiştirilen davar ve sığırlardan karşılanır, fakat buğday ihtiyacının büyük bölümü kent dışından sağlanır. Antik dönemde Yeruselâm önemli sayılabilecek tek su kaynağına sahipti o da kentin güneyindeki Şiloah kuyusuydu. Su sarnıçlarda biriktirilmek ya da su kemerleri aracılığıyla uzaktan taşınmak zorundaydı. Roma İmparatorluğu'nun Yahuda'yı yöneten valisi Pontius Pilatus yaklaşık **80 km** uzunluğunda bir su kemeri yaptırmıştı. Tarım ürünlerinin büyük bölümü dışarıdan getirildiğinden, Yeruselâm'da hayat pahalıydı. Büyükbaş hayvanlar ve şarap kente ülkenin diğer bölgelerinden daha yüksek fiyata satılıyordu. Meyve fiyatları kırsal bölgelere göre iki üç kat daha yüksekti. İ.S. birinci yüzyılda Yeruselâm'ın en önemli özelliği Büyük Hirodes tarafından **İ.Ö. 19**'dan itibaren inşa edilmeye başlanan RAB'bin tapınağıydı. Bu muhteşem yapıya ülkenin değişik bölgelerinden pek çok hacı ve ziyaretçi geliyordu. Özellikle **Fısıh**, **Haftalar (Pentikost)** ve **Çardak Bayramı** gibi büyük etkinliklerde kente gelen ziyaretçiler, Yeruselâm'da büyük miktarda para harcıyordu. Bayram nedeniyle gelen ziyaretçiler tapınağa getirdikleri sunuların dışında hatıralık eşya satışlarını da canlandırıyor, kentteki hanların yanı sıra çevre köylere de akın ediyor, hatta kent dışında kurdukları çadırlarda kalıyorlardı. Yeruselâm'a yerleşen birçok Yahudi, tapınak yakınlarında kalıyor ve öldükten sonra kentin dışına gömülüyordu. Ayrıca, bütün Yahudilerden yılda bir kez iki dirhemlik tapınak vergisi alınıyordu. Tapınağın yapımı **İ.S.** yaklaşık **63**'te tamamlandığında **18.000**'den fazla işçi işsizlik sorunuyla karşı karşıya kaldı. Yeruselâm'da tapınağın haricinde **400** kadar Havra ve bu Havralara bağlı olarak eğitim veren okullar bulunuyordu. Kentin doğusunda Zeytin Dağı bulunuyordu. Bu ad, çevrelerdeki topraklara oranla çok daha bol miktarda zeytin yetiştiği için verilmişti. Zeytin Dağı'nın alçak yamaçlarında, Kidron Vadisi'nin hemen karşı ucunda

KANON

bulunan Gestamony Bahçesi, Hz. İsa'nın göğe yükseltilmeden önce ibadet edip dua ettiği ve Havarileriyle vedalaştığı son yerdi. Burada zeytinyağı sıkılan bir yer bulunduğu için 'Zeytinyağı Presi' anlamına gelmektedir. Ülke dışından, özellikle de Şeria Irmağı'nın karşısında bulunan Perea'dan getirtilen zeytinler de muhtemelen burada sıkılıyordu. Zeytin Dağı'nın doğu yamaçlarında Meryem, Marta ve kardeşi Lazar'ın memleketi olan Beytanya bulunuyordu. Hz. İsa göğe yükselmeden önceki son haftasını burada geçirmişti. İncil'in ilk dört kısmına göre, Hz. İsa'nın göğe yükseldiği yer Beytanya yakınlarındaki bu bölgeydi. Yeruselâm İ.S. 70 yılında Romalılar tarafından yıkıldı. İ.S. 132 yılında meydana gelen bir ayaklanmaya kadar harabe şeklinde kaldı. İ.S. 135'te ayaklanma bastırıldıktan sonra tekrar yıkıldı ve Yahudiler kentin dışında bırakılarak "**Aelia Capitolina**" adı verilen yeni bir Roma kenti inşa edildi. Roma İmparatoru Konstantin İ.S. 313'te Hristiyanlığı kabul ettiğini bildiren fermanı yayınladıktan sonra Hristiyanlar kutsal saydıkları yerleri ziyaret etmek için Yeruselâm'a gelmeye başladılar. Konstantin'in annesi Helena İ.S. 326 yılında Kutsal Mezar Kilisesini inşa ettirdi. Yeruselâm daha sonraki dönemde İ.S. 637'de Araplar tarafından fethedildi ve **1099** yılından **1244** yılına dek Haçlı ordularının yönetiminde kaldı. Eski Yeruselâm'ın bugünkü surları **1542** yılında Kanuni Sultan Süleyman tarafından yeniden inşa edildi.

Kutsal Kitab (Kitab-ı Mukaddes): Tevrat, Zebur ve **İncİl**'i içeren ve toplam **66** Kitaptan oluşan Kutsal Metinler. Tüm **ESKİ ANTLAŞMAYI** ve **YENİ ANTLAŞMA**'yı içeren **KUTSAL KİTAB**'ın (**'Apokrİf'** veya **'Kanonİk'**) genel bir incelemesini ve yorumunu yapmış olduğumuzda, Allah tarafından Vahiy ile bildirilen Gerçeklerin, tüm bu eserlerin hemen hepsinde '**kısmen**' veya '**tamamen**' bulunduğunu veya '**İşaret**' edildiğini söyleyebiliriz. Büyük bir çoğunlukla İnsan eseri eklemelerin bulunduğu bu eserlerde, '**Eskİ Peygamberlİk**'lerin ve '**Başlarından Geçen Olay**'ların çoğunlukla çeşitli '**Halk Hİkayelerİ**' ve '**Kahramanlıklar**' şeklinde anlatıldığını görürüz. Elbette ki Vahyin kendisi olmayan bu eserler, antik dönem ve öncesindeki Eski Peygamberlere '**Bİldİrİlen Gerçekler**'i ve onlar tarafından '**Söylenen Sözler**'i '**kısmen**' veya '**dolaylı**' bir biçimde içermektedir. Fakat bunun yanında, pek çok **'hatalı bİlgİ'** ve **'yanlış'**ın da bulunduğu göz ardı edilmemelidir.

Kuzu: Hz. İsa'nın unvanlarından biri. **İncİl**'in bazı yerlerinde, özellikle **Vahİy Kİtabı**'nda Hz. İsa için **'Allah'ın Kuzusu'** deyimi kullanılır.

L

Levilier (Leviticus) Kitabı: Eski Antlaşma (Tevrat)'ın Üçüncü Kitabı. Leviliier Kitabı'nda büyük bir çoğunlukla **Musa AS.**'a Allah tarafından bildirilen Kutsal Yasalar'dan behsedilir. Ayrıca bedensel ibadetler ve Kurbanlık Sunular hakkında da detaylı bilgiler verilir. Musa A.S.'a bildirilen Yasalar, **Mısır'dan Çıkış** ve **Leviliier** Kitaplarında yaklaşık **139** ve **Yasa'nın Tekrarı** Kitabında ise **101** koşul olmak üzere toplam **240** yasadan oluşmaktadır.

Levitler: Tapınak görevlileri. Tapınak Amirleri ve törenleri hazırlayanlar. Ayinleri yönetenler Kohen adıyla tanınanlardır.

Lidyalılar: Ege kıyılarında İlkçağ'da kurulan Devlet. Lidyalılar altıncılıkta ve ticarette oldukça ilerlemişlerdi ve ilk parayı kullanan da Lidyalılar olmuştur. Ayrıca zenginliğiyle tanınan ve **Kur'ân**'da da bahsi geçen **Karun**'un, Mısır'da ele geçirdiği altınları bu bölgeye kaçıran bir **Lidya Kralı** olduğu bilinmektedir. Son Lidya Kralı **Kresus**'un Persler tarafından yenilgiye uğratılmasıyla **İ.Ö. 546** yılında yıkılmıştır. **Sart**, Antik Lidya krallığının başkentiydi. Lidya kralı **Gines (İ.Ö. 680-644)** döneminde Sart'tan geçen **Paktol Irmağı**'nda (Sart Çayı) altın bulunmuştur. Lidyalılar altın, gümüş ve elektrumdan (altın ve gümüşün alaşımı) dünyanın ilk madenî parasını yapmışlardı.

Logos Öğretisi: İnsan ruhuna **Ezeliyet** (Sonsuz öncesinde var olma) sıfatı atfeden Felsefe Öğretisi. İnsan **Ebedî**'dir fakat Ruh'u ezelî değil, sonradan Allah tarafından yaratılmıştır. **Platon**'un geliştirdiği bu görüşleri kendi benimsediği İsevîlik diniyle birleştiren Pavlos ortaya Hristiyanlık adı altında gerçek İsevîlikten uzak, Hz. İsa'nın yani ölümlü bir insanın, Allah veya Allah'ın oğlu olduğunu savunan yeni bir din ortaya çıkarttı. Yani bir bakıma İseviliğe en büyük ve en önemli darbeyi vuran etkenin, Platon'un (Eflâtun) Felsefî görüşlerinden kaynaklandığını ve fikirsel altyapısını O'nun tarafında geliştirilen **LOGOS** öğretisinden aldığını söyleyebiliriz. Bu felsefî fikirlerin Hristiyanlıkta ilk kez, özellikle Platonik etkileri Kanonik İncillerin en son yazılanı olan ve ikinci yüzyılın başlarında kaleme alınan Yuhanna İncilinde görüyoruz. Bu İncil, *Logos* öğretisini vererek başlamakta ve Hz. İsa'ya bir bakıma ezeliyet atfettiği gibi, *'Allah'ın bir insana hulûl etmesi'* gibi **ŞİRK**'e ve Allah'tan başka ilâh ve O'nun eşi ve benzeri olmadığına dayalı '**TEVHİD**' inancının tam zıttı olan ve birden çok Tanrının veya Yaratıcının olduğuna dayalı tarihteki en büyük inkârcı fikir sistemlerinden birine kapı açıcı ifadeler taşımaktadır.

Luciferan veya Lucifer: Tanrı'nın Melekleri'nden biri. Kelime anlamıyla, Işık-Taşıyıcısı. Ancak Tanrı'ya karşı çıktığı ve İnsanoğlu'nun Tanrı indindeki üstünlüğünü kabul etmediği için Cennet'ten kovulduğuna inanılır. Türkçe kaynaklarda Şeytan'dan farklı olarak *"İblis"* adıyla anılır.

Lucius Firmianus Lactantius: İ.S. 250-325. Büyük Konstantin'in oğullarını eğitmekle görevlendirilmiş olan Hristiyan eğitmen. Hristiyanlar onun aracılığıyla Konstantin'e ulaşmışlardı.

Luka: İ.S. 40-110 yılları arasında yaşamış bir **İSEVÎ** Din Adamıdır. Hz. İsa'nın hayatı ve konuşmalarından oluşan Biyografisini, yazmış olduğu **Luka İncİlİ**'nde aktarmaktadır. Luka İncili, **İ.S. 90** yıllarında yazılmıştır. Diğer İncillerle karşılaştırıldığında Luka'nın, ilk İsevîlerle görüştüğü, onların eserlerinden alıntılar yaptığı ve Hz. İsa'nın söylemiş olduğu rivayet edilen sözlere olan aşinalığına bakıldığında güvenilir kaynaklardan bilgi aldığına, fakat yazmış olduğu İlk İncili'nin içerisine sonradan bazı ilaveler ve değişikliklerin eklendiği görülmektedir.

Lut (veya Lot) AS: Hz. İbrahim'in yeğeni ve O'nunla aynı dönemde gönderilen Peygamber. Hz. İbrahim **75** yaşındayken Allah O'na ülkesini, akrabalarını, baba evini bırakmasını ve kendisine göstereceği ülkeye gitmesini söyledi. Hz. İbrahim Allah'ın bu çağrısını kabul etti ve vaad edilen topraklara, Kenan diyarına doğru yola çıktı. Fakat yaşanan şiddetli kıtlık nedeniyle geçici olarak Mısır'a yerleşti. Kenan'a döndüğünde, Hz. İbrahim çok zengindi; sürüleri, altınları, gümüşleri ve o kadar çok davar ve sığırı vardı ki bu yüzden yeğeni Lût'un yanından ayrılmak zorunda kaldı. Hz. Lût çadırını halkının kötülüğü ve günahlarıyla ünlü olan **Sodom**'a yakın bir yere kurdu. **Yaratılış 19:24-25**'e göre **"RAB Sodom ve Gomora'nın üzerine gökten ateşli kükürt yağdırdı ve bu kentleri, bütün ovayı ve oradaki insanların hepsini yok etti..."** İslamiyet'te Lut Peygamber olmasına rapmen, Yahudiler için Peygamber değildir. Sodom ve Gomora'nın bugünkü **Ölü Deniz** (Lût Gölü) civarında, belki de gölün altında olduğu kesin olarak bilinmektedir. Ölü Deniz'deki olağanüstü tuz oranı (% **25**) belki de bu felaketin bir kanıtı olabilir.

M

Mabed (Tapınak veya Kutsal Yer): Kudüs'te Hz. Süleyman tarafından inşa edilen ibadethane. **Babil sürgünü** sırasında yıkılan ve Hz. İsa döneminde **Hirodes** tarafından yeniden inşa edilen tapınağın büyük bir kısmı İ.S. 70 yılındaki ayaklanmalar sırasında **Romalılar** tarafından yıkılmış ve günümüzde sadece **Batı Duvarı** olarak bilinen parçası kalmıştır.

Mahuzzim: Suret, İkona benzeri resim veya tasvirler veya ölmüş kişilere ait kutsal sanılan uzuvlar, kemikler ve onlarda bulunduğuna inanılan Ruh vaya Güç. Hadisler'de *"Muawwidhatayn"* diye geçer.

Man: Hz. Musa'nın Peygamberlik Döneminde çölde İsrailoğulları'na Allah tarafından gökten indirilen kutsal yiyecek. **40** sene boyunca gökten yağan **Bıldırcın** ve **Man** İsrailoğullarının çölde açlıktan ölmesini engellemişti.

Manicheans: İ.S. 150·200'de İran'da ortaya çıkan Zerdüşt çizgisindeki dinsel akım. Dualist felsefeye bağlı olan bu akım özellikle Mezopotamya' da Hıristiyanlıktan çok daha fazla taraftara sahipti ve Konstantin tarafından kılıçtan geçirdiler. Daha sonra Balkanlar'da

Bogomiller ve Fransa' da da Cathare Hareketleri bu akımdan etkilenmiştir. Mani Dinine bağlı olanlar Ruh'un Madde' den arınabileceğine inanırlar. Sembolleri Boğa'dır.

Marangoz Yusuf: Hz. İsa'nın Babalığı ve Hz. Meryem'in Eşi. Marangoz Yusuf, İncillerde geçtiği üzere Hz. Meryem'in nişanlısıdır ve Hz. İsa onun hiçbir babalık rolü olmadan dünyaya gelmiştir, yani babasız doğmuştur. Hz. İsa'nın beşerî bir babası olmadığını İnciller de kabul etmekte, fakat onun soyunu tespit etmekte anne tarafından gideceklerine, **Yusuf**'un oğluymuş gibi göstermekle baba tarafından düzenlenmiş bir soyağacı uydurma yoluna gitmişlerdir. Hz. İsa, çocukluk ve gençlik döneminde, babalığı Marangoz Yusuf'la birlikte **Nasıra Köyü**'nde Marangozluk yaparak ona yardım etmiş ve ahşaptan yapılan su dolaplarının tamirâtı gibi geçici inşaat işlerinde de çalışmıştı.

Markos: İ.S. 20-80 yılları arasında yaşamış bir **İSEVÎ** Din Adamıdır. Hz. İsa'nın hayatı ve konuşmalarından oluşan Biyografisini, yazmış olduğu **MARKOS İncİlİ**'nde aktarmaktadır. Markos İncili İ.S. 70 yıllarında yazılmıştır. Diğer İncillerle karşılaştırıldığında Markos'un, Hz. İsa'nın yaşamını anlatan İnciller arasında en kısa olanı olduğu görülür. Bu İncil'de ne Hz. İsa'nın doğumundan, ne de çocukluğundan söz edilir. Fakat bununla birlikte, öğretiye daha fazla ağırlık verilir. Örneğin Matta'da 21, Luka'da 26 benzetmeye karşılık Markos'ta sadece 9 benzetme yer alır. Markos daha çok Hz. İsa'nın yaptıklarından bahseder. Ayrıca anlatımda bir canlılık ve hareketlilik söz konusudur.

Markos Aurelius: İ.S. 161-180 yılları arasında görev yapan Roma İmparatoru. Markus Aurelius, Hristiyanlık karşıtı bir tavır aldı ve İ.S. 176 yılında Fransa'nın **Rhone** Vadisindeki **Lyon** ve **Vienne** Kiliselerine şiddetle baskı uyguladı.

Martin Luther (King): (İ.S. 1483-1546) Protestanlığın kurucusu olan Alman Din Adamı. Martin Luther'in **Katolik** ve **Ortodoks** Mezheblerine getirmiş olduğu bir alternatif olan **Protestanlık**, Hristiyanlığı gerçek çizgisi olan İsevîliğe biraz daha yakınlaştırmış ve böylece Din Adamları ile Kilise'nin rolünü azaltarak Hristiyan İnancının, İnciller ve Hz. İsa'nın kendi yaşamındaki öğretilerinin üzerine kurulması gerektiği fikrini ortaya atmıştır.

Martyries: Şehit kabul edilen Hristiyan azizlerinin gömüldükleri özel kabristan.

Masoretik Metin: 'Masoretik Metin', Eski Antlaşma'nın belirli bir ölçüye göre yazılma şekline denir. **'Masoretik'** kelimesi, İngilizce **'Measure'** yani 'ölçmek' fiilinden gelir ve **'Ölçülmüş Metin'** anlamına gelir. Çünkü Antik dönemde Yahudi din bilginleri Tevrat'ın her kitabının orta noktasını bulup, ileri ve geri yönde İbranice harfleri sayarak başlangıca ve sona olan uzaklığı ölçmekteydiler. Masoretik Metinlerin en eski örneğinin tarihi İ.S. 896 olan eski İbranice el yazmasından en az sekiz yüzyıl öncesine aittir. Ölü Deniz el yazmalarının birçoğu, Masoretik Metinden farklılık göstermemekte ve bu da, Masoretik Metin grubunun daha İ.Ö. ikinci yüzyılda var olduğunu göstermektedir.

Materyalizm (Maddecilik) Felsefesi: Sadece gözle görülebilen dünyaya ve maddenin kendisine inanmayı dikte eden doğmatik Felsefe Sistemi. Temeli **1860**'larda bir Alman felsefecisi ve ekonomisti olan **Karl Marx (1818-1883)** tarafından atılan bu felsefenin ilk temelleri **'DAS KAPİTAL'** isimli bir kitapta yayımlandı. Daha sonra Komünist Parti Programı ve Das Kapital isimli kitabında Marx, **"Diyalektik Materyalizm"** fikrini ortaya attı. Bu yayınlarında Marx, insanın geçtiği evrimsel yolun, kaçınılmaz olarak hayalî bir **SOSYALİZM**'e varacağını ileri sürüyordu: Bu da sadece **MATERYALİST** bir düşünceye sahip olan ve hiçbir inanç sistemini kabul etmeyen **KOMÜNİZM**'di. Evrim teorisinin ekonomik ve sosyal hayata ilişkin bir uygulaması niteliğinde olan bu felsefî görüşler, diğer bütün dinlere olduğu gibi özellikle İslâm'a ve Müslümanlara yaklaşık bir buçuk asır boyunca büyük kayıplar verdirmiş ve pek çok müslümanın da inkâra sapmasına neden olmuştur. Fakat günümüzde Komünizm tamamıyla ortadan kalkmış olup, Sovyetler Birliği'nin dağılmasıyla birlikte gücünü kaybetmiştir. Fakat Marx'ın **Hegel Diyalektiği**'ni kendi teorilerine uyarlamasının ve **"Bilimsel**

KANON

Evrim"e olan inancının asıl sebebi, aslında Hz. İsa'ya ve **Hristiyan Kilisesi**'ne duyduğu nefretten kaynaklanıyordu. Marx, bütün tevhid dinlerini beyinleri uyuşturan bir afyon gibi tahayyül ediyordu.

Matta: **İ.S. 0-40** yılları arasında yaşamış olan **İLK İSEVÎ**'lerden ve aynı zamanda Hz. İsa'nın **İLK HAVARİLERİ**'nden birisidir. Hz. İsa'nın hayatı ve konuşmalarından oluşan Biyografisini, yazmış olduğu **MATTA İncİLİ**'nde aktarmaktadır. Matta bizzat Hz. İsa'yı gördüğü, O'nun sohbetinde bulunduğu ve öğretisini doğrudan O'ndan aldığı için, onun Matta İncili'nde aktarmış olduğu bilgiler oldukça önemlidir. Ayrıca Matta, vergi görevlisi olması sebebiyle, eğitim açısından da diğer havarilerden daha bilgili bir konumda olması bu konunun önemini daha da arttırmaktadır. Matta İncili, **İ.S. 40** yıllarında yazılmıştır. Diğer İncillerle karşılaştırıldığında Matta'nın amacı, Hz. İsa'nın yaşamını ve öğretisini objektif bir biçimde aktarmaktır. Matta özellikle Hz. İsa'nın daha önce diğer İsrailoğlu Peygamberlerince geleceği bildirilen ve Yahudiler tarafından uzun zamandır beklenen **Mesih** olduğunu göstermek ister. Bu konunun önemine değinmek için, Hz. İsa'nın gelişiyle birlikte gerçekleşmiş olan **Eski Peygamberlik** sözlerinden de alıntılar yapar. Ayrıca Hz. İsa'nın **Kurtuluş Müjde**'sinin sadece küçük bir topluluğu değil, tüm insanlığı kapsadığını vurgular. Ayrıca Matta İncili'nde diğer İnciller'e oranla mu'cizelere daha çok ve detaylı bir şekilde değinilir. Yaşanan olaylar zihinlerde net bir şekilde canlandırılmaya çalışılır.

Mehdi AS: Arapça "**Hedy**" kökünden gelen ve sözlük anlamı olarak; "**Doğru yolu bulmak, yol göstermek**" demektir. Ayrıca "**Kendisine rehberlik edilen**" manasına da gelir. "**Mehdiyy-i Muntazır**" kelimesi ise, asırlardır gelmesi ümit edilerek beklenilen, yani "**Kıyametten önce gelmesi beklenilen bir kurtarıcı**" anlamını kazanmaktadır. Dolayısıyla bu tanımlamaların hepsi de bir tek kişi için, yani âhir zaman Mehdi'si için kullanılmıştır. Mehdi'nin gelişi, Hz. İsa'nın ikinci gelişi gibi Kıyametin büyük alametlerinden birisidir. Sahih Hadislere göre, Mehdi Hz. İsa'dan hemen önce gelecek ve O'na Deccal'ı öldürmesi için yardım edecek ve zemin hazırlayacaktır. Dolayısıyla tarih boyunca, Mehdi'nin gelmesi aynı zamanda Hz. İsa'nın da gelişinin yakın olduğunun bir işareti sayılmıştır. Fakat İslâm tarihinin çeşitli dönemlerinde bu kelime başka kişiler için de kullanılmıştır. Bunlara birkaç örnek verecek olursak: İslâmiyetin ilk dört halifesi olan, Hz. Ebû Bekir, Hz. Ömer, Hz. Osman ve Hz. Ali için de bu kelime kullanılmıştır. Hatta onlardan sonraki **1400** sene içerisinde her **100** senede bir gelen ve **Müceddid** olduğu düşünülülen şahıslar için de bu kelime kullanılmış ve o dönemlerde zuhûr eden bir nevî **Mehdi** olarak telakki edilmişlerdir.

Melchizedec: Gerçek yazılışı "*Melki Tsedeq*" şeklindedir. "*Adil Kral*" anlamında kullanılan bir sıfat tamlamasıdır. Eski Ahit'te çok enigmatik bir kişilik olarak yer alır. Mutlak hakimiyeti olan bir kişiliği simgeler ve Tek-Tanrıcıdır. Gelmiş geçmiş en güçlü Majisyenler'den biri olduğu da öne sürülmüştür. Günümüzde, onun adına kurulmuş bazı Occult örgütleri bulunmaktadır. Masonlar için de çok önem verilen bir sembol-kişiliktir.

Meryem: Hz. İsa'nın Annesi. **Luka İncili**'nde Hz. İsa'nın annesi Hz. Meryem'in, nişanlısı **Marangoz Yusuf**'la **Sezar Avgustus**'un (İ.Ö. 31-İ.S. 41) fermanına uyarak nüfus sayımına katılmak üzere Nasıra'dan Beytlehem'e **120** km'lik bir yolculuk yaptıklarını anlatılır. Luka, bunun **Kirinius**'un Suriye Valiliği döneminde yapılan ilk sayım olduğunu kaydeder. **Publius Sulpicius Kirinius**'un iki ayrı dönemde Suriye Valisi olarak görev yaptığı bilinmektedir. Dolayısıyla Hz. Meryem'in Hz. İsa'yı dünyaya getirdiğinde yaklaşık **15-20** yaşlarında olduğunu düşünülürse, Hz. Meryem **İ.Ö. 15-20** yılları arasında doğmuş olması muhtemeldir. Hz. Meryem'in **Kudüs**'te doğduğu ve annesi **İmran** tarafından büyük bir terbiye ile tapınakta yetiştirildiği bilinmektedir. Fakat ilk yaşamına dair pek fazla bilgi yoktur. Hz. İsa'nın doğumundan sonra Mısır'a bir yolculuk yapmış ve döndüğünde geri kalan ömrünün neredeyse tamamını Hz. İsa'nın eğitimi ve yetişmesi için **Nasıra**'da geçirmiştir.

Mesih (Christ veya Hristos): 'KUTSAL YAĞLA YAĞLANMIŞ' veya 'MESHEDİLEREK KUTSANMIŞ' veya 'KURTARICI KRAL' anlamlarında Hz. İsa'nın unvanlarından biridir. **Kur'ân**'da geçen bu unvan sadece Hz. İsa için kullanılmaktadır. Birbiri ardına geçen yüzyıllar boyunca Antik Dönem tarihi incelendiğinde ve Yahudi halkının tarihine bakıldığı zaman, birbirini izleyen huzur ve yıkım dönemlerinden oluşan ve geniş bir tarihi dönemi kapsayan bir Yahudi tarihi olduğu görülür. Kutsal Kitap'ın vaatleri yanında, gerçek günlük yaşantı çok basit kalmış ve Yahudi halkının kurtuluşu için tükenmek bilmeyen bir umut ve bekleyiş bu uzun yıllar boyunca devam etmişti. Yahudiler, Allah'ın **Kral Davut AS.**'a vermiş olduğu sözleri ve O'nun soyundan büyük bir kurtarıcının çıkacağına ilişkin vaatlerini hatırlıyorlar ve Allah'ın söz verdiği bu harikalardan neden bu kadar uzaklaştıklarını düşünüyorlardı. Ve işte böylece, Allah'ın söz verdiklerini daha çok düşünmeye başladıkları bir dönemde umut iki sözcükte toplanıyor ve özetleniyordu: **Mesih** ve **Göklerin Egemenliği**. Herkeste öncelikle bir Mesih beklentisi vardı. Allah, vaktiyle Davut A.S.'a, kendi halkını terk etmeyeceğini ve O'nun soyundan gelecek birinin Kıyamet'in yaklaştığı zamana kadar İsrailoğullarına hükmedeceğini bildirmişti. Acı dolu dönemlerde, bu düşünce ve fikir sistemi insanlara cesaret vermişti. O döneme kadar gelen birçok Peygamber O'nun gelişini müjdelemişti. Herkesin bel bağladığı bu krala **Mesih Unvanı**'nı veriyorlardı. Bu unvan, Yunanca'da '**Hristos**' kelimesi ile tam tercüme ediliyordu ki, kelime anlamı olarak "kutsal yağla yağlanmış" krallarla, kâhinler ve peygamberler için kullanılıyordu. Fakat o zamanın bağlamında yalnız bir onur unvanı söz konusu değildi. Mesih veya Hristos kelimesi, beklenen kişiyi veya kişileri veya İki Mesih'e umut bağladıkları görülen Esseniler gibi bir anlam ifade ediyordu. Mesih'in gelişini, çeşitli dönemlerin insanları farklı farklı hayal etseler de, söz konusu olan bu olayın, aslında büyük bir mutluluk ve barışı dünyaya getirecek olan zamanın sonunun yaklaşmasının Kıyamet öncesi yaşanacak olan Dönemle büyük bir bağlantısı vardı. İşte gelecekteki bu olaylar yalnız İsrailoğullarını ve sadece o dönemi ilgilendirmiyordu. Mesih'in yerine getireceği görevin önemi Evrensel olup, bütün insanlığı ve tarihin birçok dönemini kapsayacaktı. Yerin ve Göğün yaratıcısı olan Allah, tüm kainatın sahibiydi. Tevrat'ta ve İncil'de İbranice ve Süryanice olarak Göklerin Egemenliği olarak çevrilen ifade, aslında saygıdan ötürü söylenmek istenmeyen Allah'ın Egemenliği anlamına geliyor ve Hz. İsa'nın ilk gelişiyle ve Şeytan'ın göklerdeki hakimiyetinin zayıflamasıyla başlayacak; Hz. Muhammed'in gelişiyle ve Şeytan'ın göklerdeki hakimiyetinin daha da zayıflamasıyla devam edecek ve Hz. İsa'nın ikinci gelişiyle ve Şeytan'ın göklerdeki ve yerdeki hakimiyetinin son bulması ve ölümüyle sona erecek olan büyük bir zaman dilimini kapsıyordu. Aslında Kutsal Kitap, yüzyıllarca öncesinden bütün yeryüzü krallıklarının ve insanların, günün birinde bir tek Allah'a tapacaklarını ve ibadet edeceklerini defalarca hatırlatıyordu. **İbrahim, İshak, Yakup, Musa, İlyas, Zekeriya, Yahya AS.** ve daha birçok Peygamberlerin uzun zamanlardan beri tektanrıcılık ekseninde yönlendirdiği tevhid dini de O'nun gelişiyle kuvvet bulacaktı.

Messiah: Veya Grekçe *"Christ"*, İngilizce Kutsanmış Kişi ve Türkçe "Mesih" anlamında kurtarıcı kişi. Bkz: *"Mesih"*

Mısır: Antik Mısır Uygarlığı'nın temelleri, Birbirini izleyen tarih öncesi uygarlıklar boyunca, **İ.Ö.** yaklaşık 3100 yılında yerlerini tüm ülkenin tek bir yönetim altında toplanmasıyla oluşmaya başladı. Grek Kaynakları bunu **Kral Menes**'in yaptığını belirtmektedir. **Hierakonpolis**'te (Bugünkü Kom El-Ahmar) bulunan ve *'Narmer Paleti'* adıyla bilinen çift yüzlü taşın, Yukarı ve Aşağı Mısır'ın tek bir hükümdarlık altında birleşmesine işaret ettiği düşünülmektedir. Bu tarih, yaklaşık olarak Mezopotamya'daki kurulan ilk krallıklar ve çivi yazısının ortaya çıkışı ile aynı dönemdir. Mısır ve Mezopotamya yazıları arasında bir bağlantı olup olmadığı tartışma konusudur ve halen araştırılmaktadır. Fakat her iki uygarlığın temelini oluşturan simgesel resimlerin ve çivi yazılarının kökeninin, vahiy kaynaklı ve eski peygamberlerin o toplumları uyarmak için kullandıkları işaret sistemlerine ve dillere dayalı olduğu anlaşılmaktadır. Mısır'da görünen yazı biçimine, Grekçe'de **'Kutsal Yazı'** anlamına gelen **'Hiyeroglif'** adı verilmektedir. Eski krallık olarak adlandırılan dönemin kralları, en çok mumyalanmış cesetlerinin konulduğu taştan, devasa dört yüzlü şekiller olan piramitleri inşa ettirmeleri ile anılırlar. Aynen Antik Mezopotamya Uygarlığında inşa edilen Zigguratlar gibi bu yapılar da inkarcı felsefelerini ispat etmeye çalışan birtakım zalim hükümdarların ve kralların gökyüzüne ulaşmak ve inanmadıkları yaratıcıyı akıl yolu ve deneysel gözlemlerle bulabilecekleri zannıyla inşa ettikleri dev heykeller, putlar ve mezarlardır. En eski piramit, Üçüncü Hanedanlık kralı olan **Djoser**'in (İ.Ö. **2691-2672**) **Sakkara**'da bulunan piramitidir. Geleneksel olarak **Mimar İmhotep** tarafından yapıldığına inanılır. Taban ölçüleri **124 m**'ye **107 m** olup **60 m** yüksekliğindedir. Farklı boyutlarda altı kattan oluştuğu için '**Step** (**Basamak**) **Piramiti**' olarak da adlandırılır. Dördüncü Hanedanlık döneminde **Gize**'de üç büyük piramit inşa edilmiştir. Bu piramitler **Antik Dünyanın Yedi Harikası** arasında biçimini en iyi korumuş olan yapılardır. Bunlar basamak şaklinde değildir, fakat kenarları eğimlidir. İçlerinde en büyükleri, Büyük **Keops** ('*Kufu*' olarak da bilinir) Piramiti'dir (İ.Ö. **2593-2570**). Tabanının her iki yanı **230 m** olup, yüksekliği **146 m**'dir. Alanı **5,3** hektardır ve kenarları yaklaşık olarak **52** derecelik bir eğime sahiptir. Her biri ortalama **2.5** ton ağırlığında **2,5** milyon *taş* bloğundan meydana geldiği tahmin edilmektedir, ancak bazı taş blokların ağırlığı **15** tonu bulmaktadır. Piramidin üstten **9 m**'lik bir parçası ile cilalanmış kireç taşından yapılan kaplamaları zamanla yok olmuştur. **Kefren** ('*Kafren*' veya '*Kufren*' olarak da bilinir) (İ.Ö. **2562-2537**) Piramidi neredeyse **143 m**'lik yüksekliğe sahiptir. Üçüncü piramit olan **Mikerinos** ('*Menkevre*' olarak da bilinir) Piramidi (İ.Ö. **2537-2519**) ise daha küçük olup yüksekliği **66 m**'dir. Yakınında, Kefren'in ustaları tarafından kayalardan oyularak yapılan, yatmakta olan insan başlı aslan şekli verilmiş kaya tümseği bulunmaktadır. Bu Sfenksin boyu **73 m**, yüksekliği ise **23 m**'dir. Yüzü, en geniş olduğu noktada **4 m**'yi bulmaktadır. İsrailoğulları'nın **Yusuf AS**. Öndereliğinde Mısır'a yerleşmesi ve daha sonra da **Musa AS**. önderliğinde Mısır'dan çıkışları, Mısır tarihindeki en önemli iki olaydır. Mısır Hz. İsa döneminde de önemli bir kültür merkezi konumunda idi ve bir dönem Roma İmparatorluğu'nun merkezi konumuna gelmişti.

Mısır'dan Çıkış (Exodus) Kitabı: Eski Antlaşma (**Tevrat**)'ın İkinci Kitabı. Mısır'dan Çıkış Kitabı'nda İsrailoğulları'nın Hz. Musa'nın önderliğinde Mısır'dan çıkışları ve bu süreçte başlarından geçen olaylar ile Allah'ın **Musa** ve yardımcısı **Harun AS**. aracılığıyla **Firavun**'a gönderdiği uyarılar niteliğindeki Mısır halkının başına gelen bela ve sıkıntılara değinilir. Fakat tüm bu uyarılara aldırmayan Firavun İsrailoğulları'nın Mısır'dan çıkmalarına vermez ve bunun üzerine her defasında biri diğerinde daha şiddetli olmak üzere, Mısır'a **On Bela** gönderilir ve bunun sonucunda pek çok Mısırlı helak olur. Sonunda Firavun İsrailoğulları'nın Mısır'dan çıkmalarına izin verir fakat bu kez de pişman olarak ordusuyla birlikte onları yakalamak için peşlerine düşer fakat başaramayarak **Kızıldeniz**'de boğularak ölür.

Moabit ve Midianit: Eski Ahit'teki iki Krallık (2. Kings, 1:1). Moabitler, Tanrı'ya karşı geldikleri için Yahudiler tarafından lanetlenmişlerdi; bunların kadınlarıyla evlenmek de yasaklanmışsa da yine bazı Yahudi erkekleri Moabit kadınlarıyla evlenmişler ve çocuk sahibi olmuşlardı. Bu da ayrı bir sorun yaratmıştı Yahudiler arasında. Midianitler ise, Abraham'ın (İbrahim peygamber) Keturah adlı bir kadından doğan oğlundan gelenlerdi. Yahudiler tarafından hiç sevilmeyen ve düşman kabul edilen bir aşiretti. Bugünkü Filistin ile Ürdün arasındaki bir alanda yerleşmişlerdi. Yahudiler'in kırk yıl süren sürgün yılları Midianitler'e ait olan bu topraklarda geçmiş ve birçok çatışmaya şahit olmuştu. Yahudiler arasında aşağılamak amacıyla hile yapan, sözünde durmayan, arkadan hançerleyen kişilere Midianit deniliyordu.

Mu'cize: Normal olarak gerçekleşmesi imkansız olan bir olayın, bir **Peygamber** tarafından Allah'ın izin vermesiyle olağanüstü bir şekilde meydana getirilmesi. Mu'cizeler çok nadir gerçekleşen olaylardır ve insanların iman etmeleri için sadece Peygamberlere verilir. Bununla birlikte, bir Peygamber kendi isteğiyle mu'cize gerçekleştiremez, Allah izin verirse mu'cize gerçekleştirebilir. Bazı Salih Mü'minlerin ve Evliyâların gerçekleştirdiği olağanüstü olaylara ise, Keramet denir. Kerametin gerçekleşmesi, mu'cize gibi zorunlu olmayıp iman etmeyi gerektirmez.

Musa (veya Mose) AS: Musevîliğin kurucusu ve Dört büyük Peygamberden biri. İ.Ö. **1300** yılında Mısır'ın **Teb Kenti**'nde dünyaya gelmiştir. Musa AS.'ın hayatı genel olarak üç kısıma ayrılabilir: **Birincisi**, doğumundan **40** yaşına kadar olan Firavunun sarayında geçirmiş olduğu ilk yaşamı; **İkincisi**, bir Mısırlı'yı öldürüp Midyan Çöllerine kaçmasından **80** yaşında Peygamberlik görevinin verilmesine kadar olan ikinci yaşamı; **Üçüncüsü**, Peygamberlik görevinin verilmesiyle birlikte İsrailoğullarının Mısır'dan çıkışı için Kenan Diyarına kadar yaptığı yolculuk ve **120** yaşında **Sina Dağı**'nda ölümüne kadar olan son dönemi. **İsrâiloğulları**'na gönderilen ve **Ul-ül Azm** (Büyük Peygamberlerden) dördüncüsü olan ve hayatı insanlık tarihinin en ilginç hayat hikayelerinden biri olan Musa AS.' ve O'nun önderliğinde gerçekleşen Mısır'dan Çıkış, insanlık tarihinin en büyük toplu göçlerinden birisidir.

Mür: Matta, yıldızbilimcilerin **İsa AS**.'a Üç Armağan sunduklarını kaydeder: **Altın**, **Günnük** ve **Mür**. Mür de bu kıymetli armağanlardan birisidir. Altın, Krallık ve ihtişamın simgesiydi. Günnük ise, tapınakta yakılan buhurun hazırlanmasında kullanılan bir çeşit kıymetli baharattı. Hem **tütsü** olarak hem de ibadet sırasında yakılarak kullanılıyordu. Mür ise, mesh yağının hazırlanmasında kullanılan malzemelerden biriydi. Ayrıca güzellik malzemesi olarak da değerlendirilen, cilde tazelik ve güzel koku veren bir maddeydi. Günnük ve Mürün kaynağı Eski Antlaşma'da **Saba** olarak adlandırılan **Güney Arabistan**'dır. Ancak bu, yıldızbilimcilerin Saba'dan geldiği anlamına gelmemektedir. Yıldızbilimcilerin günnük ve mürü temin ettikleri yerle ilgili ileri sürülen üç farklı görüş bize takip ettikleri yol hattıyla ilgili bir ipucu verir: **Birincisi**, bu değerli baharatlar, kervanlar aracılığıyla kuzeyde **Suriye** ve **Filistin**'e, ayrıca **Babil**'e ulaştırılıyordu. Öyleyse yıldızbilimciler günnük ve mürü Babil'den almış olabilirlerdi. İkincisi, Yıldızbilimciler bu armağanları, yolları üzerindeki bir başka yerden (mesela Şam'daki bir çarşıdan, hatta Yeruselâm'daki pazardan) almış olmaları da mümkündür. Üçüncüsü, Yıldızbilimcilerin, Hz. Meryem ve Yusuf'un Hz. İsa ile birlikte Mısır'a yaptıkları yolculuk sırasında onlarla karşılaşmış olması ve bu armağanları Mısır yolu üzerindeki bir Arap kervanında temin etmeleri de mümkündür. Üstelik bu görüş, yıldızbilimcilerin kuyruklu yıldızı takip ettikleri doğu-batı yol hattıyla uyumluluk göstermesi ve Halley Kuyruklu Yıldızı'nın geçiş zamanı'nın bu yolculuk ve Hz. İsa'nın Mısır'da kaldığı döneme denk gelmesiyle de uyuşmaktadır.

Müslüman İsevileri: Âhir zamanda, Hz. İsa'nın İkinci gelişine doğru, İsevîliğin şahs-ı manevîsini oluşturacak olan **Müslüman Grup,** Hz. **İsa'nın Ashabı** veya Müslüman yardımcıları. Müslüman İsevîleri, Hristiyan oldukları halde Kiliselere de gitmekle birlikte, camileri ziyaret ederek İslâm'ın ve Allah'ın bir olduğunu, yani aslında tek bir yaratıcının olduğunu ve üç tane olmadığını, Hz. İsa'nın Allah'ın kulu ve seçilerek gönderilmiş bir peygamberi olduğunu kabul edip tasdik edecek olan fakat yaşantılarında Hz. İsa'nın yaşamış olduğu dönemdeki icraatlarını ve gelenek haline gelmiş olan uygulamalarını (Özellikle Hz. İsa'nın mu'cizelerini temel alan ibadet şekilleri, kalp temizliği, yardımseverlik ve herkese karşı merhamet sahibi olmak gibi. vb.) benimseyecek ve terk etmeyecek olan bir cemaat ve topluluktur. İşte bu topluluklar, Hz. Mesih'in şahs-ı manevîsini oluşturacaktır. Bu şahs-ı manevî ise, aynı zamanda İslâmiyete tekabül etmekle birlikte, Hristiyanlığın manen İslâmiyete dönüşümü anlamına da gelmektedir. Dolayısıyla Hz. İsa'nın ikinci gelişiyle birlikte, bu şahs-ı manevî ortaya çıkacak ve dünya üzerindeki pek çok gelişmede (siyasî, kültürel ve yapısal değişimde) kendisini gösterecektir.

N

Nabukadnessar (veya Nabokadon Nasr): İ.Ö. 550-600 yılları arasında, **Daniel AS.** Zamanında, yaşayan ve zalimliğiyle tanınan **Babil Kralı.** Tarihte yeryüzünün hemen hemen büyük bir kısmına hakim olan iki kraldan birisidir (Diğeri de Nemrud'dur). Nabukadnessar, bir gece rüyasında bir kabus görür ve korkarak uyanır. Aynı düşü iki kere daha görmesi üzerine bunu yorumlaması için daha önce zindana attırdığı Daniel AS.'ı çağırır ve düşünü yorumlamasını ister. **Daniel Kitabı 2:40'ta Nabukadnessar'**ın rüyasında sözü edilen demir gibi güçlü, her şeyi kırıp ezen, diğer tüm krallıkları parçalayıp yok eden bir dördüncü krallıktan bahseder. Bu krallık, Roma'nın askerî gücüne uygun bir tanımlamadır. Gerçekten de Roma İmparatorluğu dört yüzyılı aşkın bir süre Akdeniz Havzasına egemen olmuş fakat dış dünyadan gelen saldırılara maruz kalarak **Diocletianus** (İ.S. 284-305) tarafından ikiye bölünmüş ve bu da sonunda **Konstantinopolis**'in (Bugünkü **İstanbul**) Büyük **Konstantin** tarafından **11 Mayıs 330**'da **İkinci Roma İmparatorluğu, Doğu Roma İmparatorluğu,** Yeni Roma İmparatorluğu olarak kabul edilmiştir. **Batı Roma İmparatorluğu** ise, **İ.S. 410**'da **Vizigot Kralı Alarik**'in eline geçti; Doğu Roma İmparatorluğu yani Bizans İmparatorluğu ise, **İ.S. 1453**'de Osmanlı padişahı **Fatih Sultan Muhammed Han** tarafından ele geçirilene kadar **1000** yıldan uzun bir süre daha ayakta kaldı. Daniel Kitabı'nda tüm bu İmparatorluklar dönemine, Nabukadnessar'ın düşlerinin sembolik yorumlanması şeklinde Daniel A.S. tarafından bu şekilde işaret edilmektedir.

Namaz: **El-İslâm**'ın **Beş Temel Şartı**'ndan İkincisi. İslâm'da her Müslümanın namaz kılması **farzdır**. Namaz, Allah'a yapılan ibadetlerden en önemlisi olup tüm ibadet şekillerini içerisinde toplamaktadır. **Namaz, Zekat** ve **Oruç**; daha önceki Peygamberlere (**Hz. İsa, Hz. Musa** ve **Hz. İbrahim** gibi) ve ümmetlere de farz kılınmış olan **ortak** ibadetlerdir.

Nasıra: Hz. İsa'nın çocukluk ve gençlik hayatını geçirdiği Celile Köyü. Hz. İsa, **Nasıralı İsa** olarak da bilinir. **Hirodes**'in ölümünün ardından Hz. İsa'nın ailesi tekrar Celile'ye geldi ve Nasıra Köyü'ne yerleşti. Nasıra, Celile dağları arasında bulunan küçük ve önemsiz sayılabilecek bir köydü o zamanlarda. Hz. İsa'nın **12** yaşındayken yaptığı kaydedilen **Kudüs** (Yeruselâm) yolculuğu dışında, yeryüzünde hizmetine başladığı 30 yaşına kadar geçen süre içerisinde, Hz. İsa'nın gençlik hayatının büyük bir çoğunluğunu geçirdiği bu köyde neler yaptığı ve nasıl bir dini eğitim aldığı hakkında pek fazla şey bilinmemektedir. Büyük olasılıkla babalığı olan Marangoz Yusuf'la beraber çalışmış olması ve belki Nasıra'nın yakınlarında bulunan Samiriye Kenti'ne yolunun düşmüş olması ve orada biraz Grekçe ve Tevrat ilimleri öğrenmiş olması olasıdır. Bu köyde, O'nun bir bakire olan annesi Meryem'den doğmuş olduğunun biliniyor olması; daha çok Yusuf'un oğlu olarak değil de Meryem'in oğlu olarak tanınmasına yol açtı. Bu da Hz. İsa'nın, günlük konuşmalarda ve gittiği yerlerde O'nun bu unvanla, yani 'Meryem'in Oğlu İsa' olarak çağırılmasına yol açtı. Fakat bununla beraber köy halkının, O'nu bu unvanla isimlendirmesi, Yusuf'un O'nun gerçek babası olmadığını biliyor olmasından da kaynaklanıyor olabilir.

Naturalizm (Doğa veya Tabiatbilim) Felsefesi: Sadece gözle görülebilen doğaya ve tabiatın kendisine inanmayı dikte eden doğmatik Felsefe Sistemi. Naturalizm'in temelinde, pek çok etken bulunmakla birlikte, tarihî açıdan bakıldığında **1850'li** yıllarda ortaya çıkan **Materyalizm** ve **Naturalizm** din dışı felsefe akımlarının öncülüğünde yükselen ve **Charles Darwin'in 1859** yılında yayımladığı **"Türlerin Kökeni"** gibi evrimci fikirlerin büyük etkisi olmuştur.

Nemrud (Nammu veya Nomrid): Hz. İbrahim'le aynı dönemde yaşayan ve zalimliğiyle tanınan Akkad Kralı. Ur kentindeki Kral Mezarlığı'nda bulunan ve İ.Ö. yaklaşık 2200 tarihli bir mezarlığın, Büyük ihtimalle Hz. İbrahim'i ateşe atan Nemrud'a ait olduğu bilinmektedir.

Nero (veya Neron): **İ.S. 54-68** yılları arasında görev yapan Roma İmparatoru. **Pavlos** ile **Petrus**'un Nero zamanında **Roma**'da şehit edildiği bilinmektedir. Nero, zalimliğiyle tanınan bir hükümdar oldu. İktidarı eline geçirebilmek için Roma Kenti'ni ateşe verdi ve kendisini istemeyen İsevîleri katletti.

Nicene Creed (Nicene veya Niceae Konseyi): *Nicene Creed* (Nicene Konseyi), Hristiyan imân esaslarını açıklayamak üzere toplanan bir komisyon ve onların görüşleri doğrultusunda ortaya konan bir belgedir. Bu belgenin amacı, Hristiyanlar arasında inanç birliği sağlamak ve dini hurafelerden arındırmaktı. İlk defa **İ.S. 325**'te Roma İmparatoru Büyük Konstantin zamanında **İznik** kentinde, **Nicaea** Konsülü tarafından kabul edildi. Maksat, teslis inancıyla ilgili anlaşmazlıkları çözmekti. Fakat Konsey, Hz. İSA'nın Allah'ın kendisi olduğuna karar verdi. **381** yılında bir diğer konsey kuruldu ve bu üçüncü konsey teslis inancını resmileştirerek İncilin son halini tespit edip bundan böyle değişiklik yapılmamasına ve diğer İncillerin **apokrif** (uydurma) olduğuna karar verdi. *Nicene Creed*'i tasdik eden pek çok Hristiyan, Hz. İsa'nın hem Allah'ın Oğlu olduğuna ve hem de Allah tarafından yaratılmış olduğuna, insanların günahlarına kefâlet olmak üzere Allah'la ilişkileri düzeltmek için gönderildiğine, bir bakireden doğduğuna, çarmıha gerildiğine, gömüldüğüne, ölümünün üçüncü gününde diriltilerek göğe yükseltildiğine ve ikinci gelişine kadar orada kalacağına inanırlar. Bütün bu değişiklikler sonucunda, önce Hz. İsa'nın Hakikî dini olan **İsevîlik**, insan hayatını tümden kuşatıcı bir nizam olmaktan çıkmış, **Şeriat**'tan soyutlanmış, iman ve ahlakî kurallardan ibaret **lâik**, İnsanların dünyevî yaşantısından ve pozitif bilimlerden uzak ve sadece Kilisenin kontrolünde olan bir din anlayışına sahip olan bir din haline gelmiş, bunun sonucunda da **Roma** Putperest diniyle rahatça uzlaşabilmişti. Oysa Hz. İsa İncil'de, Şeriat'ın amelleri yanında ferdî hayatın gerekliliği üzerinde de şiddetle duruyordu.

Nicolo Machievelli: (1469-21 / 1527) Tarih Bilimi'nin kurucusu Floransalı düşünür. *"Prens"* adlı kitabı halen en çok ilgi çeken kitaplardandır.

Nüfus Sayımı: Hz. İsa'nın doğumundan önce Roma İmparatorluğu'nda yapılan Nüfus Sayımı. Hz. Meryem, Nişanlısı Yusuf ile birlikte bu sayıma katılmak için Yusuf'un memleketi olan Beytlehem'e doğru yola çıkmış ve Hz. İsa, bu yolculuk sırasında Beytlehem yakınlarındaki çobanların sığınak olarak kullandıkları bir mağarada doğmuştur.

O

Omega (Ω veya ω): 'SON' anlamında, Hz. İsa'nın unvanlarından biridir.

Oracle: Pagan tanrıçaları arasında sayılan Sybiller tarafından iletilen ve olacaklarla ilgili öngörü(ler), Grek ve Roma geleneğinde çok önemli bir yere sahip olan kehanet benzeri varsayımlar, anlatımlar.

Orasius Paulus: Hristiyan tarihçi (375-418). Aynı zamanda ünlü bir İlahiyatçı olan Orasius, St. Augustine'in öğrencisiydi.

Ordinance: Yetkili bir kurum, kişi veya semavi olduğuna inanılan bir otorite tarafından konulmuş ve uyulması zorunlu olan Seküler / Din dışı mahiyetteki kurallar manzumesi.

Ortodoks: Doğu Roma Kilisesi'na bağlı olan Hristiyan Mezhebi. Doğu Roma Ortodoks Kiliseleri, İstanbul'da buluna Fener Rum Patrikhanesi ile Moskova'da bulunan Ortodoks Kiliseleri'ne bağlıdır. Roma Doğu Ortodokslarına göre iki tür vahiy vardır: İncil ve diğer yazıtlar. Protestanlar, dinî kaynağın yazıtlarda bulunduğuna ancak uydurmaların gelenekten geldiğine ve yeniden yorumlanabileceğine inanırlar. Evanjelikler ve Fundamental Protestanlar ise, yazıtların hem insan hem de Allah eseri olduğunu, derlemesinin insanî; kaynağının ilâhî olduğunu savunurlar.

Oruç: El-İslâm'ın Beş Temel Şartı'ndan Üçüncüsü. İslâm'da her Müslümanın Ramazan ayında bir ay oruç tutması **farzdır**. Oruç da **Namaz** ve **Zekat** gibi, daha önceki Peygamberlere (**Hz. İsa, Hz. Musa** ve **Hz. İbrahim** gibi) ve ümmetlere de farz kılınmış olan **ortak** ibadetlerdendir.

P

Pallium: İlk dönemlerde Papalar'ın, daha sonra da Metropolitler'in giydikleri giysi. Bu giysiyi kuşanmış kişinin Roma Kilisesi adına yasal hükümler verebilme hakkı bulunuyordu.

Palmbearers: Hristiyanlar'ın cenazesine katılan ve cenazenin ardında ellerinde palmiye dalıyla yürüyen kişiler. *"Palmiye dalı"* sembolik olarak *"sofu dindarlık"* anlamına gelir.

Panegyric: Methiye. Bir kişiyi veya cemaati övmek amacıyla yazılan nesir.

Pannonia: Bugünkü Macaristan ve Romanya'nın bir kısmı. Geri kalan Romanya, Moldova ve Bulgaristan'ın Dobruca ve Burgaz kısmı Dada olarak bilinir.

KANON

Para Bozduranlar (veya Tefeciler): Hz. İsa'nın yaşadığı dönemde Kutsal Mabedin avlusunda para değiş tokoşuna dayalı bir ticaretle uğraşan Esnaflar. Hz. İsa Peygamberlik döneminin sonlarına doğru, Tapınağın avlusundaki tüm **Para Bozduranlar** ile **Güvercin Satıcıları**'nı kovmuştu. Hz. İsa'nın bu son eylemi, Yahudi Din Adamları'nın O'na olan düşmanlıkları daha da arttırmış ve çıkarına ters düşmüştü. Bu yüzden kendisini öldürmeye karar vermişlerdi.

Passion: Acı ve Günahsızlık ızdırabı olarak da tanımlanan İncil'deki kelime anlamıyla "ıstırab" demektir. Ancak, İsa'nın Passion'u denildiğinde onun çektiği ıstırab değil, belirli bir Süreç anlaşılır. Şöyle ki, İsa, başta kendi kardeşleri ve ailesi tarafından reddedilmişti; sonra kendi köyünün insanları Yahudi Şeriatı'na aykırı konuşmalar yaptığını varsayarak onu öldürmek istemişlerdi, sonra ona en yakın kişiler, yani, Havariler'den ikisi ona ihanet etmişlerdi ve Çarmık'ta can verirken sadece annesi, genç bir erkek ve bir kaç kadın yanında kalmışlardı. İşte tüm bu Süreç ve İsa'nın tüm acıları, düşkırıklıkları ve ıstırabı dahil Misyonu'nu tamamlamak için gösterdiği tüm çabalar sırasında yaşadığı olaylar onun Passion'u olarak anılır.

Patricus: Romalı saygın kişi, Yurttaşlık statüsü. Roma'da yaşayan herkes Patricus değildi. Her Latin mutlaka Patricus olamazdı. Örneğin Grek asıllı birisinin Patricus olabilmesi Senato kararıyla yapılabilirdi.

Pavlos (veya Paulos) (Paul veya Saul): Saul veya diğer adıyla **Pavlos** günümüzde Türkiye'nin güneyinde bulunan **Kilikya** ovasındaki **Tarsus**'ta doğmuş ve Kudüs'te 1. yüzyılın en ünlü din bilgini olan **Gamaliel** tarafından yetiştirilmiştir. Saul ilk başlarda Kudüs'teki başkahin tarafından Şam'daki Mesih imanlılarını tutuklayarak Kudüs'e götürmekle görevlendirildi. Daha sonraları İsevî olan Barnabas ile birlikte hareket etmiş fakat İsevîliğin özündeki Hz. İsa ile ilgili peygamberlik bilgilerini yayarken Grek Filozoflarından ve özellikle **Eflatun** Felsefesinden bazı yanlış bilgileri ve **LOGOS** öğretisini alıp İsevîliğin içine dahil etmiştir. Pavlos, '**Rasullerin İşleri**'nden öğrendiğimize göre gezileri sırasında **Yunanistan**'a da uğramış, **Epikürcü** ve **Stoacı** filozoflarla temasları olmuş ve çok büyük ihtimalle **PLATON**'un Ruh'un bekâsı ve Allah'ın insan bedenine hulûl ettiğini savunan **FELSEFÎ** görüşlerinin etkisinde kalmıştır. Yani bir bakıma İsevîliğe en büyük ve en önemli darbeyi vuran etkenin, Platon'un (Eflâtun olarak da geçer) Felsefî görüşlerinden kaynaklandığını ve fikirsel altyapısını O'nun tarafında geliştirilen **LOGOS** (İnsana ezeliyet atfeden bir felsefî görüş sistemidir) öğretisinden kaynaklandığı söylenebilir. **Barnabas** ilk dönemlerde **Pavlos**'la birliktedir. Fakat, bir süre sonra aralarında **Yuhanna**'yı da alıp almama konusunda şiddetli bir tartışma çıkar ve nihayet ayrılırlar. İlginçtir ki bu ayrılma olayından sonra Rasullerin İşlerinde Barnabas'ın adı bir daha geçmez ve sürekli *Pavlos*'tan söz edilir. Buradan hareketle, *Barnabas-Pavlos* ayrılığının İsevîlik tarihinde köklü bir ayrılık olduğunu ve bundan sonra *'itikad'* alanında da derin bölünmelerin baş gösterdiğini tahmin edebiliriz.

Pecuniary mullets: Roma'da Cinayet, tecavüz, gasp ve saldırganlık gibi adi suçların işlenmesinden sonra ödenen Kan Bedeli parası.

Pelegians: Din adamı ve ilahiyatçı Pelegius tarafından (354-440?) başlatılmış olan Gnostik Hristiyanlık akımı. Bunlar Adem'in kötü bir örnek ve İsa'nın iyi bir örnek olduğunu ve günahın insanların yaptıkları seçimlerle ortaya çıktığına inanıyorlardı. Zor kullanılarak bastırılmış yüzlerce akımdan biridir.

Pentateuk (veya Pentateuck): **Eski Antlaşma** olarak bilinen Tevrat'ın Beş Kitabı'nın diğer adı. Allah'ın Sina Dağı'nda İsrail halkıyla yaptığı antlaşmanın metni günümüzde Kutsal Kitabın **Mısır'dan Çıkış** kısmının ikinci yarısı ile **Levililer Kitabı**'nda yer almaktadır. Tapınma Çadırı'nın (veya RAB'bin Konutu) yapılması ve Kâhin'lerle (**Ahbâr** veya **Rabbâniyyun**) ilgili talimatlar da bu antlaşma yapısı üzerine bina edilmiştir. Bu antlaşma yaklaşık **40** yıl sonra, Musa AS. ölmek üzereyken ve İsrail halkı vaat edilen topraklara girmeden önce yenilenmiştir. Yenilenen bu antlaşmanın metni ise **Yasa'nın Tekrarı Kitabı**'nda yer alır. Her iki antlaşma da benzer bir şablona sahiptir. Günümüzde İ.Ö. yaklaşık 1180 yıkılan Hitit İmparatorluğu'ndan kalma birtakım antlaşmalar (Hükümdarlar ile boyundurukları altındaki devletler arasında yapılan sözleşmeler) bulunmaktadır. Bu ahitler Eski Antlaşma'nın ilk beş kısmı (veya Pentateuch) olarak kabul edilen antlaşmalarla neredeyse aynı biçimlere sahiptir. Hitit antlaşmalarıyla Eski Antlaşma arasındaki en büyük farklılık, Pentateuch'taki antlaşmaların koşullarının, Allah'ın İsrail halkına vermiş olduğu çeşitli yasal düzenlemeler tarafından belirlenmesi; diğerlerinin ise, devletler arasındaki yasal düzenlemeler tarafından belirlenmesidir. Bazı uzmanlar Pentateuch'un İ.Ö. ilk bin yılın birinci yarısında çeşitli kaynaklardan yararlanılarak oluşturulduğunu düşünmektedir. Oysa o dönemde yapılan antlaşmalar oldukça farklı bir şablona sahiptir ve bu antlaşmalar Eski Antlaşma'nın yapısına uymamaktadır. Tarihsel önsöz içermezler, tanıkların listesi koşullardan önce yer alır, koşulların ardından da antlaşmayı çiğneyenlerin başına gelecek yasal yaptırımlar yer alır. Pentateuch'taki gibi antlaşmaya uyanlar için kutsamalar yer almaz.

Perihelion (veya Günberi) Noktası: Bir gökcisminin veya bir Kuyrukluyıldızın yörünge geçişi sırasında odak noktasına en uzak konumda bulunduğu yeri tanımlayan koordinat. Çoğu gökcisminin Perihelion Noktası Güneş'e göre hesaplanır.

Persler: Günümüzdeki İran Bölgesi'nde yaşayan İlkçağ Uygarlığı ve kavim. İ.Ö. 525 yılında Mısır, **II. Kambises** yönetimindeki Persler tarafından fethedildi. Persler, tarih içerisinde Teselya ve Boetya gibi bazı Yunan ve Makedonya şehir devletlerine kadar uygarlıklarını genişletmişler ve yaygın bir kültüre sahip olmuşlardır. Ancak İ.Ö. 4. yüzyılda Persler'in Büyük İskender tarafından yenilgiye uğratılmasından sonra başlayan düşünsel ve kültürel gelişmeye öncülük eden uygarlık Romalılara geçmiştir.

Peter's Pence: Zorla veya gönüllü olarak yurttaş yapılmış hıristiyanların Roma Kilisesi'ne ödemekle yükümlü oldukları bağış.

Petrus: Hz. İsa'nın ilk havarilerinden biri. Hz. Yahya'nın Hz. İsa hakkındaki konuşmasını dinlerken O'ndan çok etkilenen ve o günden sonra Hz. İsa'nın öğrencisi olan bu iki genç kardeş grubu, Petrus diye de bilinen **Simun** ile kardeşi **Andreas** ve **Zebedi**'nin oğulları olan **Yakup** ile **Yuhanna**'dır. Hz. İsa onlarla, on tanesi ticari açıdan çok değerli olan on yedi balık türünü barındıran Celile Gölü'nün kıyısındaki Kefernahum Kenti'nde karşılaşmıştı. Bu dört Havari de balıkçıydı fakat Hz. İsa onları, ağlarını bırakarak kendisini izlemeye çağırdı. Bu buluşma İncil'in ilk dört Kitabında anlatıldığı gibi tesadüfi olamazdı. Çünkü, Andreas ve hatta belki de Yuhanna, Hz. Yahya'nın öğrencileriydi ve Hz. İsa'yla vaftiz olduktan hemen sonra karşılaşmışlardı. Bu sırada Andreas kardeşi **Petrus**'u Hz. İsa'ya tanıtmıştı. Dahası, eğer Yakup ve Yuhanna'nın annesi bazı uzmanların ileri sürdüğü gibi **Hz. Meryem**'in kız kardeşi **Salome** ise, Yakup ve Yuhanna Hz. İsa'nın Kuzenleriydi. Hz. Meryem'in Hz. İsa'dan başka oğlu olmamıştı. Dolayısıyla İncillerin birkaç yerinde "**kardeşler**" olarak geçen Andreas ve kardeşi Petrus ile Yakup ve kardeşi Yuhanna aslında Hz. İsa'nın kardeşleri değillerdi. Fakat Hristiyan geleneğinde kullanılan "kardeş" deyimi, en yakın akrabalar için, sözgelimi dayı veya amca çocukları için kullanılan bir terimdi. Dolayısıyla Nasıra sakinlerinin onlar için kullandıkları bu kardeş ifadesi daha sonra Hz. İsa'nın öz kardeşi olarak yorumlanmasına yol açtı.

Peygamber: Allah tarafından Vahiy ile bildirilen ilâhî mesajı ve uyarıları, insanlara iletmekle görevli elçi. Tarihin her döneminde, dünyanın bütün bölgelerine peygamberler gönderilmiştir. Bazı rivâyetlere göre, insanlık tarihi boyunca toplam 124 bin Peygamber gönderilmiş olup, Kutsal Kitab ve Kur'ân'da bunların çok azından bahsedilmektedir. Dolayısıyla hakkında bilgi sahibi olmadığımız pek çok peygamberin olduğu bilinmektedir.

Platina: 9. yüzyılda Büyük Charles döneminde tutulmuş Burgundia tarihiyle ilgili kayıtlar, bir bölgenin ve orada yaşayanların tarihleriyle ilgili tutanaklar.

Platon (Plato veya Eflaton): Antik Çağda yaşayan en büyük Yunan Filozofu. Eflatun olarak da bilinir. Atina'da yaşamış ve burada dünyaca ünlü bir felsefe okulu kurmuştur. **Luka, Elçilerin İşleri Kitabı**'nda Pavlos'un Yunanistan'daki yolculuğuna tek başına devam ederek, İ.S. 49 yılında Atina'ya geldiğini kaydeder. Atina, İ.Ö. **490-479** yıllarında Yunanistan'ı istila eden Pers ordularına karşı başlatılan Grek direnişine öncülük eden kentti. Persler tarafından yıkılan **Akropolis**'teki tüm tapınaklar yeniden inşa edilmiş ve Pavlos kente geldiğinde kent neredeyse beş yüz yaşına ulaşmıştı. Buradaki en ünlü tapınak **69×31 m.**'lik boyutlarıyla tanrıça **Athena** için yapılan **'Partenon Tapınağı'**ydı. Dor üslubuna sahip bu ünlü tapınak dışbükey kıvrımlı olarak inşa edilmişti. **'Entasis'** adıyla bilinen mimarî teknik, içe bükülme hissi uyandıran görüntüyü engellemektedir. Atina **Aiskhylos, Sophokles, Euripides, Aristophanes** gibi büyük yazarlarla, **Platon** ve **Aristoteles** gibi dünyanın en tanınmış filozoflarına ev sahipliği yapmış ve bir **Üniversite** kenti olarak ünlenmişti. Üçüncü yüzyıl Grek yazarı **Diogenes Laertios İ.Ö. 595-592** yıllarında kenti kırıp geçiren bir veba salgınının başladığını kaydeder. Bunun tanımadıkları bir Tanrı'nın öfkesinden kaynaklandığını düşünen Giritli şair **Epimenides**'den başka *'Bilinmeyen Tanrı'*dan söz eden başka iki yazar daha bulunmaktadır. Bir seyyah ve yazar olan **Pausanias** İ.S. ikinci yüzyılın sonlarında ve **Flavio Flastro** ise İ.S. üçüncü yüzyılın başlarında Atina'daki bu 'Bilinmeyen Tanrı'nın öfkesinden bahseder. Felsefe'nin öncüsü olan Platon bu yöndeki ilk derslerini İstanbul'da, Yarımburgaz Mağaraları'ndaki kurmuş olduğu Atina Okulu'na bağlı olan bir inisiye okulunda, içerisinde **Aristoteles**'in (veya **Aristo** olarak da bilinir) de bulunduğu bir grup öğrencisine ders vererek başlatmıştır. Bu okulda tabiat bilimlerinin yanı sıra, **Kadim Hikmet** ve **Logos** (Canlılara ulûhiyyet atfeden felsefe öğretisi) öğretisi de ders veriliyordu. Eski Yunan kültüründe derin bir iz bırakan bu öğretiler, daha sonraki dönemlerde Pavlos'un da etkisiyle İsevîlik içerisine ulûhiyyet unsurunun girmesine ve gerçeklikten uzaklaşmasına neden olacaktı.

Pontifex Maximus: İlkin Pagan İmparatorlar tarafından Rahipler'in Başı anlamında kullanılan bu unvan, Hıristiyanlığın Devleti ele geçirmesiyle birlikte Papalar için kullanılır olmuştu. Günümüzde Papalar, diğer sıfatlarıyla birlikte bu unvanlarıyla da anılırlar.

Precept: Nizamname, yönetmelik.

Prefectis Praetorio Galiae: İtalya ve Gal Bölgeleri'ndeki en üst idari görevli.

Prekonsül: Antik Roma'da Vali yardımcısına eşdeğer olan yönetici.

Presbiter: Kilise'nin Yaşlıları ve bu Yaşlılar'dan oluşan meclisin üyesi olan kişi. Daha sonraki yüzyıllarda Kiliseler Yaşlılar Meclisleri tarafından yönetilmelidirler iddiasıyla ortaya çıkan Hristiyan toplulukları özellikle ABD'de Presbiteryen kiliselerini kurdular.

Prince of the Priests: Baş Rahipler veya Baş hahamlar. Türkçede kullanılan Hahambaşı deyimiyle bir ilgisi yoktur. Bu dinadamlarından biri aynı zamanda Sanhedrin'in de başı idi.

Priscallians: 4. yüzyılda İspanya'da ortaya çıkan ve bir dönem çok etkili olan Papalık-Karşıtı akım. Et yemezler ve evliliğe karşıdırlar. Şiddet kullanılarak bastırılmışlardır. 11. yüzyılda yeniden Fnınsa'da aktif olmuşlardır.

Prophet=Peygamber: Nebi / Ermiş / Bilge Allah tarafından insanları uyarmak ve yeniden diriliş konusunda uyarılarda bulunan Kişi.

Prosper ve Zozismus: Panegyr (Methiye) yazmış Grek ve Romalı kişiler.

Psalms: Mezmurlar Kitabı. Eski Ahit'te yer alan ve David tarafından yazıldıklarına inanılan güfteler.

R

Rab: Allah'ın isimlerinden birisi. **Kur'ân**'a göre, **Allah** tüm âlemlerin **RAB**'bi ve yaratıcısıdır, yani terbiye edicisidir.

Rabbi: 'ÖĞRETMENİM' anlamında, Hz. İsa'nın unvanlarından biri.

Rapture: 'GÖKTEKİ BÜYÜK SEVİNÇ' anlamında, İncil'de geçen ve Hz. İsa'nın ikinci gelişinin öncesinde, yeryüzü halkları tarafından hissedilecek olan ve aynı zamanda 'GÖKLERİN EGEMENLİĞİ'ni simgeleyen sevinç ifadesi.

Resurrection (İngilizce Doomsday veya Kıyamet): Öldükten sonra bedensel yeniden-canlanış. İsa'nın öldükten üç gün sonra tüm bedeniyle yeniden-canlandığına iman etmek bir Hristiyan akaidi ve amentüsüdür. Bkz: *"Kıyamet"*

Revelation (Esinlemeler veya Vahiy) Kitabı: Yirmi yedi Kitap'tan oluşan Yeni Antlaşma (İncil)'in Son Kitabı. Vahiy Kitabı'nın yazarı Havarilerden **Yuhanna**'dır. Bu kitabı, Yunanistan'ın **Patmos** adasında ilâhî bir ilhamla yazmıştır. Vahiy, Yuhanna'nın görümlerinden oluşur. Kitap, ilk yüzyılda oldukça yaygın ve sembolizm yönünden zengin bir yazın türü olan "**APOKALİPTİK**" türündendir. Bu yazın türü, Allah'ın insanlık tarihindeki nihâî amacını açıklamayı hedef edinir. Dolayısıyla bu yazın türüyle oluşturulmuş eserler, **Kıyamet** ve onun yaklaşmasının işaretleriyle ilgili detaylı bilgiler içerir. Oldukça **sembolik** ve **simgesel** bir dil kullanmayı gerektiren bu yazın türü, Kıyamet süreci ile ilgili önemli ipuçları içerir. Dolayısıyla bizim de, bu Kitapta ve Kıyamet Gerçekliği Külliyâtı'nın diğer Kitaplarında başvurduğumuz yazın stili, bu türden bir sembolizm içerir. Dolayısıyla "**Apokaliptik Yazılar**" sınıfına girerler. Aslında Apokaliptik yazılar, **Eski Antlaşma** kaynaklıdır. Allah'ın Ezeliyette tek hakim ve egemen olduğu ve nihayetinde, yani Kıyamette de yine öyle olacağı ve O'ndan başka her şeyin yok olacağı ilkesine, yani **Vahdâniyyet** ilkesine dayanır. Allah **iyi** ve **mükemmel planını** ve **tasarısını** gerçekleştirmek için, dünya tarihinin sonunu olağanüstü olaylarla etkileyeceği ve müdahale edeceği görüşü, çok eskidir ve Apokaliptik görüşün ağırlıklı noktasını oluşturur. Bu simgesel anlatımda, Allah'ın karşıtları olan **Şer** güçler, simgesel olarak karşımıza çoğu kez **Canavarlar** vb. gibi temsil edilen **Şeytanî** yaratıklar olarak çıkarken; **Hayır** güçleri, **Melekler** ve **Salih mü'minler** ve **Peygamberler** olarak yorumlanan şahıslar olarak **tecessüm** eder. Sonunda Allah, zulüm görenlerin öcünü alır ve herkesi **mahşer** meydanında toplayarak kusursuz bir ilâhî adaletle yargılar. Herkese hak ettiğinin karşılığını eksiksiz olarak verir. **Kötü** olanlar ve **günahkârlar** cezalandırılarak **Cehennem**'e atılır; **İyi** olanlar ve **hayır** işlerinde yarış edenler mükâfâtlandırılarak **Cennet**'e alınır. Yalnız buradaki sorun şudur ki, Antik Çağdan günümüze, yani iki bin yıllık bir süreçten sonra, bu çeşit bir yazın oluştururken ve yorumlarken ne çeşit bir dil kullanılması gerektiğidir. İşte bu nedenle günümüzde Vahiy Kitabı'nı doğru bir şekilde yorumlamak ve işaret ettiği önemli meseleleri kavramak; gelecekte meydana gelen önemli olayları açıklamakta ve yorumlamakta bize gerçekçi bir ışık tutabilir.

Rhaetia: Güney Almanya ve Macaristan arasındaki bir bölge.

Ruh-ül Kudüs: 'KUTSAL RUH' anlamında bildiğimiz anlamdaki Ruh'tan farklı bir ilâhî içeriği olan ve Peygamberlerde bulunan ilâhî bir güç. **Kur'ân**'a ve **Kutsal Kitab**'a göre pek çok peygamber, **Ruh-ül Kudüs**'le desteklenmiştir. Ruh-ül Kudüs, Peygamberliğin bir parçası olup; Hristiyanlıkta inanıldığı gibi, üç ilâhtan birisi değildir. Dolayısıyla **Ruh-ül Kudüs**, Allah'ın yardımıyla gerçekleşen ilâhî bir yardım mekanizmasıdır. Kendi başına yetkin bir güç değildir. İslâm âlimlere göre beş türlü ruh vardır: **Hareket Ruhu, Şehvet Ruhu, Kuvvet Ruhu, İman Ruhu** ve **Ruh-ül Kudüs**. Bunlardan ilk üçü tüm insanlarda ve hayvanlarda, ilk dördü mü'minlerde ve tamamı peygamberlerde vardır. Yani peygamberler diğer insanlarda bulunmayan bir Ruhla donatılmışlar ve bu Ruhla desteklenmişlerdir. Örneğin Kur'ânda Kadir Sûresinde geçen *"O gece 'Melekler' ve 'Ruh' Rablerinin izniyle 'inerler'"* âyetinde de ifade edildiği gibi, meleklerin dışında, onlardan daha büyük bir Ruh vardır. Bunun keyfiyeti tam olarak bilinmemekle birlikte bu Ruh öncelikle peygamberlerde vardır. Bu, **Hz. İsa**'da 'Ruh-ül Kudüs' olarak geçerken, **Hz. Muhammed (SAV)**'de daha çok 'Ruh-ül Emin' şeklinde geçer. Buna bazıları **Cebrâil** demişlerse de, Kur'ân'dan anlaşıldığı kadarıyla Cebrâil'den başka bir Ruh olsa gerektir. Ruh-ül Kudüs'ün özellikle Hz. İsa ile ilgili olarak anılması ise, onda 'Nübüvvet' yönünün 'Velâyet' yönünden daha kuvvetli olmasıyla alakalıdır.

Rüya veya (Vizyon/Görüm): Özgün metinlerde yer alan İngilizce "vision" kavramını tam karşılayamamaktadır. Bazı çevirmenler Vision ve Dream=Rüya karşılığı olarak Düş kelimesini kullanmaktadırlar. Bazı Kutsal Metin çevirilerinde ise, bu zorluğun üstesinden gelebilmek için Vision karşılığında 'Rüyet' kelimesi önerilmiştir. Bu kitapta Rüyet kullanılmadı. Geçmişte yapılmış olan Kutsal Kitap çevirilerinde Rüya kelimesi Görüm veya Vizyonlar şeklinde kullanılmıştır, hatta İslam'da rüyalar rüyet şeklinde, Peygamber'in rüyadayken aldığı birtakım ayet ve vahiyler anlamındadır. Hiç kuşkusuz Rüya ve Vision/Görüm özdeş kelimeler değildir ve bu nedenle bazı kurtsal metin çevirilerinde yer yer Düş kelimesi de kullanılmıştır.

S

Sadukiler: Hz. İsa döneminde yaşayan Yahudi Mezhebi. **Sadukî** adı, Davud AS.'ın krallığı döneminde başkâhin olan **Sadok**'tan gelmektedir. Sadukîler, diğer Yahudi Mezheplerine göre sayıca daha az bir taraftar kitlesine sahiptiler. Yönetim kademesinde olan kişilerin desteklediği Sadukîler, başkâhinlik makamı ile Tapınağın yönetimini ellerinde tutuyorlardı. Mevcut koşulların bozulmaması için, çaba sarfederler ve dinle ilgisi olmayan yöneticilerle, özellikle **Hasmon Hanedanlığı**'nın kâhin krallarıyla ve Roma valileriyle seve seve işbirliği yaparlardı. Sadukîler, sadece Kutsal Yasa'yı kabul ediyorlar, Eski Antlaşma'nın Yasa'dan sonra yer alan bölümlerinde yer alan Ruh'un varlığı, Ölümden sonraki yaşam, Yeniden diriliş, Melekler ve Cinler'in varlığı gibi meseleleri reddediyorlardı.

Samaria/Samaritan: Kudüs'ün kuzeyinde Suriye sınırına yakın Aramice konuşulan bölge. Bir iddiaya göre yabancılarla evlenmiş olan İbraniler. Samaritanlar kendilerini gerçek İsrailliler olarak görürlerdi. Bu cemaat Eski Ahit'teki ilk beş kitabın dışında hiç bir Kitap'a inanmaz. Günümüzde Suriye ve Ürdün'de eski Aramice'yi konuşan bazı köyler bulunmaktadır.

Samiriyeliler: Hz. İsa döneminde, Kudüs'ün Kuzeyinde **Samiriye** adıyla bilinen bölgede yaşayan yerli halk. Burası Hz. İsa'nın ilk gençlik yıllarını ve çocukluğunu geçirdiği Nasıra Köy'üne yakın bir kasabaydı. Hz. İsa babalığı Marangoz Yusuf'la birlikte burada marangozluk yapmış ve inşaat işlerinde de çalışmıştı. Fakat Kudüs'lü Yahudiler Samiriyeliler'e çok eski zamanlardan beri düşmanlık beslemekteydiler. **Elçilerin İşleri Kitabı** baskı yüzünden Kudüs'ten ayrılan **Filipus**'un Samiriye'nin bir kentinde Mesih'in geldiğini duy-

KANON

urduğu ve halkın kendisini büyük bir sevinçle karşıladıklarını kaydeder. Kudüs'teki Havariler Samiriye halkının Allah'ın sözünü kabul ettiğini duyduklarında **Petrus** ve **Yuhanna**'yı oraya gönderdiler. Onlar gelince Samiriyeliler'in de Kutsal Ruh'u almaları için dua ettiler. Duaları yanıtlandıktan sonra Petrus ve Yuhanna Samiriye'nin birçok köyünde Müjde'yi duyurdular. Ülkenin bir kısmı dinin birleştirici etkisinin dışında kalıyordu. Filistin'in orta bölgesi Yahudiler'den ayrılmıştı. Bu bölgenin en ünlü kenti olan Samiriye'nin adıyla adlandırılan Samiriyeliler (veya Samiriler), dini bakımdan Yahudiler'le bağlantılarını kesmişlerdi. Atalarının, bir zamanlar yabancı işgalciler tarafından zorla bu memlekete yerleştirilmiş Asurî ve Mezopotamya sömürgecilerinin atalarıyla karışmış olduğu Yahudiler tarafından yüzlerine vuruluyordu. Oysa inançları, tam anlamı ile tektanrıcı Tevhid dini idi. Yeruselâm Tapınağından yüz çevirmişlerse de, bir tek Allah'a inanıyorlar ve ibadetlerini bugünkü **Nablus Kenti**'ne egemen olan kendi kutsal dağları **Gerizim**'de yapıyorlardı. **Pentateuch**, yani **Eski Antlaşma**'nın ilk beş kitabını tanıyorlar, diğer kısımlarını kabul etmiyorlardı. İşte bu ayrılıklar sonucunda, Samiriyeliler'le Yahudiler arasında bir çeşit düşmanlık başlamıştı. Yahudiler'in Samiriyeliler'i aşırı derecede hor görmelerine karşılık, onlar da Yahudiler'e aynı duyguları beslerlerdi. Hz. İsa'nın yaşam öyküsünde, Yeruselâm'a giden öğrenciler grubunu kabul etmek istemeyen bir Samiriye Köyünü görüyoruz. Ayrıca, Celile'den gelen hacıların Samiriye'den geçmemek için yollarını değiştirdikleri bile oluyordu.

Sampson/Samsun: Yargıç. Ancak o dönemde yargıçlar hukukçu olmaktan çok, Kabile Yöneticisi olarak anılıyorlardı. Samsun İsrail'i Filistin egemenliği döneminde yirmi yıl süreyle yönetmişti, ancak boyunduruktan kurtaramamıştı. Filistinli güzel ve fettan Deliah adlı kadın tarafından baştan çıkartılışı ve trajik sonu filmlere ve romanlara konu olmuştur.

Samuel: İÖ. 1 1-10. yüzyılda Kral Saul ve David'in döneminde yaşamış olan bilge yargıç ve Peygamber. Yardımcılarıyla birlikte kitaplar yazmış ve yazdırmıştır.

KANON

Sanhedrin: Meclis. Aslen Grekçe olan Sunedrion kelimesinin İbranice yorumu. Yahudiler'in en üst yargı ve dinsel yönetim kurumu ve merkezi. Sanhedrin kararlarına uygun olmayan davranışlar sergileyen her Yahudi recm edilerek=taşlanarak idam edilirdi ve taş atanların sevap kazandıklarına inanılırdı.

Satrap: Antik dönemdeki üst düzey **Pers Valileri**'ne verilen isim.

Saul: David'den (Davut Peygamber) önceki kral.

Septuagint: Kısaca LXX=70 diye bilinen ve 70 veya 72 Mısırlı bilgin tarafından Grekçe'ye tercüme edilmiş olan İbranice metinlerin toplamı.

Septuaginta: Kutsal Kitap'ın **İbranice**'den **Grekçe**'ye çevirilmesi anlamına gelen dini terim.

Seraphim: Kanatlı mahluklar. Bunlar insan sureti taşıyorlardı. Kanatlı yılanlar oldukları da öne sürülmüştür.

Saracen: Roma İmparatorluğu'nun ilk dönemlerinde Arap Yarımadası'nda yaşayan fakat Arap olmayan halklar için kullanılan bir deyim. Daha sonraları Kuzey Afrika kökenli tüm Müslümanları anlatır. Haçlı Seferleri sırasında Türkler de dahil, tüm müslümanlar için kullanılmıştır.

Sermon: Vaaz anlamında daha çok Hristiyan literatüründe yer alan bir kelime. Örneğin, İsa'nın Zeytin Dağı'nda bulunduğu sırada yaptığı konuşma en çok bilinen Sermonlar arasındadır.

Serpent (Şeytan veya Yılan): Sembolik ve Mitolojik değeri çok yüksek olan bir Varlık/ Tasarım. Kutsal-Kitap'ta Adem ile Havva'yı Doğru Yol'dan (İslam'da, Sırat-ı Müstakim) saptıran Yılan/Yaratık. Hem Eski hem de Yerii Ahit'de Şeytan/İblis ile özdeşleştirilmiştir. Buna rağmen bazı fanatik Hristiyan cemaatleri, örneğin ABD'deki Shakers diye bilinen topluluk, Yılan'ın bir İlah olduğuna inanır ve topladıkları yılanlarla Hristiyan ayinleri düzenler. Gnostik topluluklar için "Serpent Bilgi-Taşıyıcı" ve Tanrı'nın emriyle hareket etmiş bir tür Melek'tir.

KANON

Sezar (Caesar): Roma İmparatorları'na verilen bir unvan. 'Kayser' olarak da bilinir.

Simon Magus: Yeni Ahit'te büyücü olarak tanıtılan Simon Magus gerçekte çok bilgili ve Gnostikler'in liderlerinden olan bir kişiydi. Önce İsa'nın, onun ölümünden sonra da Aziz Peter'in rakibi olarak tanıtılmıştır. Adı pejoratif olarak rüşvet-vermek ve hileyle göz boyamak anlamında kullanılan Simony kelimesiyle anılır.

Sinoptik İncil: Matta, Markos ve **Luka**'dan oluşan Üç İncil'e verilen ad. Sinoptik İnciller'de Hz. İsa, Allah'ın **'seçilmiş'** ve **'gönderilmiş'** bir peygamberi olarak anlatılmaktadır.

Sodom ve Gomorrah: Tanrı'nın gazabına uğramış kentler. Cinsel sapıklık ve Oğlancılık diye bilinen Sodomy kelimesi buradan gelir.

Solar years (veya Güneş Yılı): İsa'dan çok önceleri, Daniel' Peygamber'in döneminde birçok takvim kullanılıyordu. Yahudiler'in hem Güneş hem de Ay Takvimleri vardı. Burada kastedilen Güneş Takvimi'dir ve 360 günden oluşmaktadır. Sir Isaac Newton'un bu konuda eklediği uzun dipnot aşağıdadır:

"Doğu'nun eski uluslarının güneş takvimleri 12 aydan ve her ay da 30 günden oluşmaktaydı; bu nedenle de bir Daire 360 dereceye bölünmüştü. Bu yıl [takvim anlayışı] öyle anlaşılıyor ki, Musa tarafından yazılmış olan Tufan Tarihi'nde ve John'un [yazdığı] Apocalypse=Mahşer Kitabı'nda 'vakit, vakitler ve yarım vakit' denilerek, yani, 42 ay ve 1 260 gün ölçümüyle birbirlerine koşut olarak konulmuştur. Fakat bu yılların birçoğu bir arada düşünüldüğünde, bu yılların sonuna eklenmiş olan artık günlerin bir hesabının yapılması gerekmektedir. Çünkü Mısırlılar bu yılın sonuna 5 gün ekliyorlardı, Kaideliler de Nabonassar takviminden anlaşıldığına göre, Daniel'den çok önceden beri aynı uygulamayı yapıyorlardı ve Persli Magi de [Bilgeler, Alimler], Araplar'ın İmparatorluğu başlayıncaya kadar 365 günlü takvimi kullanmışlardı. Eski Grekler de aynı 12 aylı ve 360 günlü güneş takvimini kullanmışlardı fakat onlar her iki senede bir takvimlerine on veya onbir günden oluşan bir ara ay eklemekteydiler. Yahudiler'in takvimi, Mısır'dan çıktıkları dönem de dahil hep Ay-Güneş

KANON

takvimi olmuştu. Güneş takvimiydi çünkü hasat daima Passover'dan sonra yapılıyordu ve meyvalar da daima Tabernacle Yortusu'ndan önce toplanıyorlardı (Lewit. XXIII). Fakat takvimin Ayları [gökyüzündeki ay] Ay'a bağlanmıştı, çünkü Musa her ayın başında borazanların çalınmasını ve Mabed'e kızartılacak ve içilecek sunumların yapılmasını emretmişti ve kudsiyet her yeni hilal göründüğünde tekrarlanmıştı (Num. X. 10. XXVIII. 1 1, 14; Psalm. LXXXI. 3, 4, 5; 1 Chron. XXIII. 3 1).

Bu takvim ayları Musa tarafından "birinci, ikinci, üçüncü, dördüncü ete." olarak sıralanmışlardı ve "birinci ay, Abib, ikinci ay, Zif, yedincisi, Ethanim, sekizincisi Bul!" olarak adlandırılmışlardı (Exod. XII. 4; 1 Kings. VI37, 38. VII. 2). Ne var ki, Kalde'deki Esaret dönemlerinde Yahudiler, Kaide Takvimi'nin adlarını benimsedikleri için onların kendi ay adları unutulup gittiler ve bugün kullanıldıkları gibi Kalde'de konulmuş olan Kaldece adlarıyla anılır oldular.

Yahudiler sivil [İdari yıla] yıla Sonbahar Dönencesi'nde başlarlardı ve kutsal yıl da Bahar başlangıcında açılırdı ve ilk ayın ilk günü de Dönence'ye en yakın olan ve çıplak gözle izlenebilen Hilal'in ilk halinde başlardı. [Not: Günümüzde İsrail'de ikili takvim sistemi vardır ve bir İdari Yıl Takvimi, bir de Şeriat Takvimi yürürlüktedir.]

Daniel'in Kaide mi, yoksa Yahudi yılını mı kullandığı çok somut değildir; zaten aralarındaki fark da yılda 6 saat ve 480 yılda da 4 takvim ayı kadardır. Fakat ben onun Yahudi aylarını kullandığını düşünüyorum: şundan dolayıdır ki, birincisi Daniel Yahudi idi ve Yahudiler Kaldece adlar altında da olsa kendi aylarını anıyorlardı; ikincisi, bu Kehanet, Jeremiah'ın 70 yıllık Esaret dönemine dair sözleriyle ilgilidir ve bu nedenle de bir şekilde yetmiş sayısıyla bağlantılı yıllarla ilgili olarak ele alınmalıdır: ve bu aylar da Yahudi [Takvimi'nin] aylarıdırlar ve bu Kehanet de Esaret'ten önce Judea'da Daniel'e iletilmiştir: ve sonuncusu da Daniel, Yahudi Takvimi'ne özgü bir anlayışla sadece yılları değil yılların haftalarını da dikkate alarak düşünce üretmiştir. Çünkü Yahudiler'in günleri yedişer yedişer hesaplanmıştı ve her yedinci gün de Sabbath'tı; dolayısıyla da yıllar yedili sistemle oluşturulmuştu ve her yedinci yılın son yılı da Sabbathical Yıl [Af Yılı] ola-

rak değerlendirilmekteydi ve bu tür yedinci yılların yedi haftası da bir Jübile sayılmaktaydı. (Newton).

Son Akşam Yemeği: Hz. İsa'nın Havarileriyle birlikte Kudüs yakınlarındaki bir handa yediği son yemek. Hz. İsa bu son yemeğinde, önemli bir konuşma yapmış ve İsevî imanlılarının kendisinden sonra takip etmeleri gereken önemli meseleleri açıklamıştır.

Sozomen: Bugünkü Filistin'in Gazze bölgesinde 380 yılında doğan Arap asıllı Hristiyan Kilise tarihçisi. İ.S. 450'de Constantinople'de öldü.

Stell: Üzerinde yukarıdan aşağıya yazılmış yazıların bulunduğu sütun veya dikilitaş. Antik dönemden kalan bu stel kalıntıları, **Sümerce, Akkadca, Grekçe, Yunanca, Aramice, İbranice** veya **Pers** dilinde yazılmış olan edebî eserler ve yazın dünyası hakkında önemli bilgiler içerir.

Stoacı Felsefe: Eski Yunan Filozofu **Zenon** tarafından ortaya atılan, istekleri yenmeyi ve acılara dayanmayı öngören Felsefe.

Suburbicarian Regions: Alt ve uzak Bölgeler' deki cemaat Kiliseleri.

Sunak: Tapınaklarda üzerinde **Kurban** kesmek, **Günnük** ve **Mür** yakılarak dini ayin düzenlemek için kullanılan taştan yapılmış masa.

Süleyman AS: İ.Ö. 900-1000 yılları arasında gönderilen İsrailoğlu Peygamberi. **Süleyman AS.** Birçok fetihler gerçekleştirmiş ve sınırları neredeyse dünya karalarının dörtte birini kaplayan çok büyük bir krallık kurmuştur. Bu özelliğiyle, Eski zamanlarda yaşayan **Zülkarneyn AS**'a benzer. Ayrıca çok uzun yıllar boyunca dinsel merkez ve ibadethane olarak kullanılacak olan Kutsal Tapınağı inşa etmiştir. İsrâil Oğulları'nın Hz. Musâ'nın risâleti döneminde Mısır'da ve çölde geçirdikleri "**Namaz ve Sabırla yardım isteme**" dönemleri 'Kanun' anlamına gelen 'Tevrat'ın alınmasıyla 'Ahkâmı uygulama' dönemine intikal etmiş ve ardından Hz. Yeşu, Hz. Davud, Hz. Süleyman zamanları da fetihlerle nimetlerin saçıldığı bir dönem olmuştu. Bundan sonra gelen **Peygamberlerin, Rabbânîlerin** ve **Ahbâr**'ın görevi Tevrat'ı, **Kitab'**ı korumak ve onunla hükmetmek, İsrâil Oğullarının görevi de bunların izinden giderek Kitaba uymak ve günahlara dalmamak, nefislerini hevâ ve Şeytan'dan korumaktı.

Sünnetliler: Yahudiler'e Hristiyanlar tarafından verilmiş olan pejoratif lakab. Aziz Peter ve Aziz Paul'un arasında İsa'ya bağlı olabilmek için sünnetli olmak ya da olmamak konusunda kavga çıkmış ve Aziz Paul sünnetsiz olunabileceğini öne sürerek yeni bir gelenek başlatmıştı. Oysa, İsa'nın kendisi de tüm Havariler de ve bizzat Aziz Paul da sünnetliydiler.

Syriac: Birinci yüzyılda Orta-Doğu'da bugünkü Suriye sınırlarında konuşulan başat dil. Semitik bir dil olan Syriac, Farsca ve Arapça'ya yakın, İbranice'ye uzaktır. Yahudi kavimlerinden bazılarında Aramice'nin bir kolu olan Syriac dialekti konuşuluyordu.

Ş

Şabat (Cumartesi) Günü: Yahudilerce Kutsal sayılan, haftanın altıncı günü, yani Cumartesi Günü. Şabat gününü Kutsal saymak ve o günde bir şey yapmamak Yahudiler için çok önemliydi. Fakat bunun, o gün yapılacak olan iyilikler için istismar edilmesi ve Yahudi Din Adamları'nca keyfî bir uygulama haline getirilmesi, Hz. İsa'nın üzerinde önemle durduğu bir meseleydi.

Şeria (Ürdün) Nehri: Ürdün (Kidron) Vadisi boyunca devam ederek Filistin topraklarını kateden ve **Tuz (Lût) Gölü**'ne dökülen Irmak. Şeria Vadisi dünyanın en derin çöküntü havzasıdır. Kızıldeniz'in güneyi boyunca Afrika'ya dek devam eden bu büyük yarık vadinin bir bölümünü oluşturur. Şeria Irmağı üzerinde üç büyük göl bulunurdu: **Huley Gölü** (Günümüzde tamamen kurumuştur), **Celile (Taberiye) Gölü** ve **Ölü Deniz (Lût Gölü).** Celile Gölü'nün güneyinde bir zamanlar aslanların yaşadığı çok sık bir orman dokusunun olduğu bilinir. Bu nehir, Antik Dönemde kutsal sayılıyordu. İnsanlar, Ürdün Nehri kıyılarında günahlarını itiraf ediyor ve bir pişmanlık işareti olarak da suya girip çıkıyordu.

Şeriat: Dinin uyulması gerek zorunlu kurallarını ifade eden yasalar bütünü.

Şeytan (İblis veya Tağut): Âdem AS.'a secde etmediği için Allah'ın rahmetinden kovulan ve lânetlenen, kötülüğün ve şer güçlerin temsilcisi olan ve Cin nev'inden gelen bir Yaratık. Tarih boyunca Şeytan, insanlığın en büyük düşmanı olmuş ve yeryüzünde fesat çıkararak insanları Allah'ın yolundan ve Hak Dinlerden uzaklaştırmak için mücadele etmiştir. İncil'de Hz. İsa'nın Şeytan'la karşılaşması ve Şeytan'ın O'nu denemesinden bahsedilir. Şeytan, Hz. İsa'yı birtakım denemelere tâbi tutmak için '**Kader**' noktasından ona yaklaşmış ve Üç Soru yöneltmiştir. **Matta** ve **Luka** İncilinde de yazıldığına göre, Şeytan şöyle söylemiştir: "**Eğer Allah'ın Peygamberi ve Sevgili kuluysan, şu taşa söyle ekmek olsun.**" Hz. İsa ise İblis'e şu cevabı verir: "**İnsan yalnız ekmekle yaşayamaz! Allah'ın her sözüyle yaşar! diye yazılmıştır.**" Yine bir başka seferinde şöyle dener: "**Madem öldüren Allah'tır ve madem seni Melekler koruyacaklarına dair söz vermiştir, öyleyse kendini aşağıya at, bakalım ölmeyecek misin?**" Hz. İsa ise, kaderin inceliğini ortaya koyan çok güzel bir cevapla onu susturmuştur: "**RAB'bin olan Allah'ı denemiyeceksin! diye yazılmıştır.**" Sonra İblis Hz. İsa'yı yükseklere çıkararak bir anda O'na dünyanın bütün ülkelerini gösterir. O'na: "**Bütün bunların yönetimini ve zenginliğini sana vereceğim**" der. "**Bunlar bana teslim edildi, ben de dilediğim kişiye veririm. Bana taparsan, hepsi senin olacak.**" Bunun üzerine Hz. İsa ona şu karşılığı verir: "**RAB'bin olan Allah'a tapacak, yalnız O'na kulluk edeceksin! diye yazılmıştır.**"

T

Tabernacle: Latince çadır anlamında kullanılan bu kelime İbranicede Ohel/Moed/Hammikan olarak geçer. Toplantı yeri, toplu ayin merkezi gibi anlamlarda kullanılır. Tarihsel olarak Havra, Kilise ve Cami bu kavramdan geliştirilmiş yapılardır.

Taberiye (Celile) Gölü: Celile'nin doğu sınırında Şeria Irmağı üzerinde yer alan Göl. Hz. İsa, Peygamberlik döneminin önemli bir bölümünü **Taberiye Gölü** kıyısındaki **Celile Kentleri**'nde geçirmiştir. Ayrıca İlk Şakirdleri ve Havarileri olan **Petrus, Yakub, Yuhanna** ve **Andreas**'la bu Göl kıyısındaki balıkçı kentlerinde tanıştı. O sıralarda Hz. İsa'ya tam bağlanmamış olan bu küçük grup, daha sonraları Hz. İsa'nın ardından gitmeye devam etmekle birlikte Celile Gölü'nün kıyısındaki bu küçük kentlerde balıkçılık yapmaya da devam ettiler. Hatta Hz. İsa mu'cizelerinin birçoğunu, Taberiye Gölü'nün kıyısındaki bu küçük kentlerin civarında gerçekleştirdiği bilinir. Dolayısıyla Taberiye Gölü kıyıları, ilerleyen dönemlerde Hz. İsa için bir üs haline geldi.

Talmud: Tevrat. Eski Ahit'te Musa tarafından yazıldıklarına inanılan kitapların bir araya getirilmesiyle oluşturulmuş olan Kutsal Kitap.

Tanıklar = Witnesses: İlk önceleri *"Essene"* adıyla bilinen gizemli bir Yahudi Tarikatı'nın yazıtlarında geçen ve *"Tanıklar"* anlamına gelen bir kelime. Onlara göre, Nuh Peygamber'in doğumunu gözle görünmeyen bu tanıklar izlemişlerdi. Bu deyim Hristiyanlar tarafından İsa'nın Tanrı'nın Bir ve Tek Oğlu olduğuna iman edenler anlamında 3 Magi, İsa'yı ziyaret eden 3 misafir anlamında kullanılagelmiştir.

Tapınak-Dışı: Yahudilik'de dünyevi (Seküler) günah ve haram (Profane) ancak Tapınak'ın önüne kadar gelebilir, fakat kapısından içeri giremez inancı vardır.

Teslis İnancı: Hristiyanlığa sonradan giren ve Baba, Oğul ve Kutsal Ruh'tan oluşan üçlü bir ilâhı yaratıcı olarak kabul eden inanç sistemi.

Thomas İncili: Apokrif olarak kabul edilen ve Hz. İsa'nın üvey kardeşi **Thomas** tarafından yazıldığı zannedilen İncil. Bilindiği gibi Synoptik İncillere göre Hz. İsa'nın en az iki erkek ve bir kız üvey kardeşi olduğu bilinmektedir. Thomas İncili işte bu kardeşlerden birisine aittir. Türkiye'nin **Didim** ilçesinde yaşadığı bilinen ve **Didymus** veya **Judas Thomas** olarak da bilinen bu şahsın İncili, ilk kez **1948** yılında çok dar bir çerçevede bazı ilâhiyatçılar ve tarihçiler

KANON

tarafından incelenmiştir. Halen **Mısır'daki Kıptî Hristiyanlığına** yön veren ve **M.S. 350** yılında yazılmış bir nüshasıyla, **M.S. 200** yılında Grekçe yazılmış bir nüshası bulunmaktadır. Thomas İncilinde Hz. İsa'ya ait olduğu düşünülen **114 Hadis** bulunmaktadır. Bunlar Thomas tarafından, diğer dört İncilden bağımsız olarak kaleme alınmıştır. Hz. İsa buradaki Hadislerinde bambaşka ve insanî bir karakter olarak ortaya çıkmaktadır. Bu İncili **Kıbrıs, Mısır Koptîk** ve **Nasturî Kiliseleri** tamamen, **Ukrayna Ortodoks Kilisesi** ise kısmen kabul etmiştir.

Tisri: Eski Türkçe'de Teşrin Ay'ı. Semitik Takvim'e ait bir Ay. Eylül'den sonra, Kasım'dan önce fakat Ekim ayından bazen daha az günlü bazen de daha fazla günlü kabul edilmiştir.

Tithes: Hristiyanlar'ın gelirlerinden Kilise için kesilen "Onda Bir" diye tanınan vergi.

Tümen: Hz. İsa zamanında Roma Ordusu'nun **'Lejyon'** denilen ve yaklaşık **6.000** askerden oluşan askerî birimi.

Ü

Üzeyr (Azra veya Ezra) AS: İ.Ö. 450-500 yılları arasında gönderilen ve Hz. Musa'dan sonra tahrif edilen **Tevrat'**ı yeniden düzenleyen ve tamamını ezberleyen Beş İsrailoğlu Peygamberi'nden biri.

V

Varro: İ.Ö. 1 1 6-27. Asıl adı Marius Terentius'dur. Romalı şair, düşünür ve yazar.

Vasal: Roma İmparatorluğu'nda yetki alanı **Vali**'den üstün olan ve **Kral**'ın danışmanlığını yapan Hükümdar.

Vergi Görevlisi: Hz. İsa zamanında Roma İmparatorluğu adına Yahudi halkından vergi toplayan görevli memur.

Vernal: Bahar başlangıcı, ilkbaharı andıran mevsim.

KANON

Vicar: Vekil anlamına gelen bu unvan daha sonraki yüzyıllarda bizzat Papalar tarafından benimsenmiş ve kendilerine İsa Mesih'ten gelen Peter ve Paul'un Vicarları dedirtmişlerdir.

Yahuda: Hz. İsa'nın oniki havarisinden biri. Hz. İsa'nın tebliğini kabul eden son havarilerden biridir. Hz. İsa'nın en yakın Havârilerinden biri ve belki de en önemlisi olan **Yahuda**, Hz. İsa'nın sadık bir yardımcısı iken; Kanonik İncillerde **hain** olarak nitelendirilmektedir.

Yahuda İncili: Apokrif olarak kabul edilen İncillerden biri. Yakın bir zamanda **(2006) National Geographic** dergisi tarafından yapılan bir kazı çalışmasında ortaya çıkartılmıştır. Bugüne kadar bulunmuş olan En Eski Hristiyan İncillerinden birisi olan **1700** yıllık el yazması olan 'Yahuda İncilin'de **2000** yıldır hain ilân edilen '**Yahuda**' tam tersine bir kahraman olarak karşımıza çıkıyor ve Hz. İsa'nın gerçek mahiyetini ortaya çıkarmak için O'nun yerine kendisi çarmıha geriliyor.

Yahudiye: Roma İmparatorluğu'nun **Filistin**'i kapsayan Eyaleti. Yahudiye Bölgesi tarih boyunca pek çok kez çeşitli kavimler tarafından istila edilmiş ve Jeopolitik olarak tarihin her döneminde en önemli kara parçası olma özelliğini korumuştur. Yahudiye tepelerinin üstünden, batıya doğru olan kıyı hattı boyunca geniş sayılabilecek bir ovanın dağlardan ayırdığı **Akdeniz** seçilebilir. Doğuya doğru, yeryüzü tekdüze bir şekilde iner, fakat bu kez bütün dünya yüzeyinde eşine asla rastlanmayan bir genişlikle açık deniz seviyesinin altına inerek, derin bir vadinin ta içlerine sokulup, gerçek bir jeolojik fay hattı meydana getirir. **Ürdün Nehri**, aşağılarda bir yatakta yılan gibi süzüle süzüle akarak, çok tuzlu geniş bir su tabakası olan (deniz seviyesinden 390 m aşağıda) **Lut Gölü**'ne dökülür. Kendisine bazen Celile, bazen Nasıra ve bazen de Taberiye Gölü adı verilen büyük bir tatlı su gölü de yine bu ovada bulunur. Yahudiye'nin en yoğun nüfusu kuzeyde, Celile'de yağmurların bol olduğu bölgelerde yer alır. Merkezde, Samiriye'de ise hala verimli ovalar görülür. Yahudiye'nin güneyi ise, daha kuraktır ve doğal kaynakları azdır. Daha aşağı bölgelerde ise, yerleşik insan toplulukları yerlerini çöl bedevîlerine bırakarak daha da azalır. Bunun ardında ise, yağış miktarı yok denecek kadar az olan aşağı Ürdün Vadisiyle Lut Gölü Havzasını kaplayan çöl yer alır. Yahudiye'nin tepelerini terk adip doğuya veya güneye doğru biraz inildiğinde, göçebelerin ender olarak yaşadığı uçsuz bucaksız topraklara girilir.

Yahya AS: İ.Ö. 2- İ.S. 28 yılları arasında Hz. İsa'dan önce gönderilen İsrailoğlu Peygamberi. Yahya AS. İ.Ö. bir veya iki yılında Kudüs'ün yaklaşık **20 km** doğusundaki **Eriha** kentinde doğdu. Yaşı oldukça ilerlemiş olan **Zekeriya AS**. ile kısır olan hanımı **Elişa'nın** (veya **Elizabeth**) oğluydu. Elizabeth aynı zamanda Hz. İsa'nın annesi Meryem'in kardeşi olup anne tarafında Hz. Yahya ile Hz. İsa akraba olup teyze çocuklarıydı. **İ.S. 27** yılının sonunda ya da **28** yılının başlarına doğru (Roma İmparatoru **Tiberius**'un hükümdarlığının on beşinci yılında) **30** yaşlarındayken, Allah'ın kendisine vermiş olduğu peygamberlik görevini yerine getirmek için Şeria Nehrinin doğusunda yer alan Ürdün Vadisi'nin çöllerine çekildi. Bir zamanlar **İlyas AS.**'a da olduğu gibi, gökten bir çağrı duymuş ve İsrailoğullarının peygamberlik tarihinde anlatıldığı gibi İlyas AS.'ın gökyüzüne alındığı ve ortadan kaybolduğu söylenen aynı bölgelerde, bir keşiş gibi zorlu bir yaşamı seçmiş ve inzivaya çekilmişti. Kendisi de bir tapınak rahibinin soyundan gelmesine rağmen diğer din bilginleri gibi gösterişli bir hayat seçmemişti. Ne bayramların kutlandığı tapınağa gidiyor ne de Kutsal Kitapların öğretildiği ve dua edilen Havralara gidiyordu. Bu durumu gören Kudüs'ün ruhban sınıfı daha önceden **Hoşea AS**. (İ.Ö. 8. yüzyıl) ve **Yeremya AS**. (İ.Ö. 7. yüzyıl) peygamberlerin tapınağa ve inançlarına yönelik dile getirdikleri eleştirileri hatırlayarak Yahya AS.'a cephe alıyorlardı. Aslında Hz. Yahya ruhban sınıfının kendisine değil onların uygulamalarını oluşturan, yüzyıllardır süregelen ve ruhban sınıfı tarafından şiddetle desteklenen gelenekçi görüşe, yani bu saftır bu murdardır, bu kutsaldır bu değildir şeklindeki ayrımcılığa sebep olan bu fikir sistemine cephe alıyordu. O'na göre önemli olan bu değil insanın kendi yüreğini ve yaşamını inanç doğrultusunda değiştirmesiydi.

Kendi yaptığı eylemde ise bir ayrımcılık söz konusu değildi ve tamamen kolektif bilince ve ilâhi iradeye hitap ediyordu. Çeşitli Yahudi ve Hristiyan yazarlarına göre o dönemde başka vaftiz eylemi gerçekleştiren toplumlar da vardı. Örneğin, **Nasıralılar, Sebalılar, Mezbuhiler** ve **Sabah Yıkananlar** bunlardan birkaçı olarak sayılabilir. Hz. Yahya ve cemaati işte bu pota içine yerleştirilebilir.

Yakmalık Sunu: Yahudiler tarafından temel ibadetlerden biri olarak kabul edilen Kurban ibadeti. Kutsal Kitaba göre, **Beş** adet Sunu vardır. **Yakmalık Sunu;** gönüllü olarak sunulur ve günahları bağışlatmak ve Allah'a yaklaşmak için bir bağlılığı simgeler. **Tahıl Sunusu;** gönüllü olarak sunulur ve Allah'ın lütfunu hatırlamak ve verdiği nimetlere şükretmenin sembolünü gösterir. **Esenlik Sunusu;** aynı dine mensup tüm Yahudi cemaatler için bir şükran ve paydaşlık göstergesi olarak sunulur. **Günah Sunusu** ise; işlenen günahlara karşılık olarak zorunlu sunulan bir sunudur. Günahları bağışlatmak ve arınmak için yapılır. Son olarak **Suç Sunusu;** bedeli ödenmesi gereken günahlara karşılık zorunlu olarak sunulan bir sunudur.

Yaratılış (Genesis) Kitabı: Hz **Âdem**'le başlayan insanlığın ilk yaratılış öyküsünü, **Cennet**'ten dünyaya indirilmesini ve ilk insanların çoğalmasıyla birlikte kurulan ilk medeniyetleri ve ilk Peygamberlerin başından geçen olayları anlatan **Kutsal Kitab**'ın İlk Kitabı. Yaratılış Kitabı, **Yusuf AS.**'ın ölümüyle sona erer.

Yasa'nın Tekrarı (Deuteronomy) Kitabı: Eski Antlaşma (Tevrat)'ın son bölümünü oluşturan Beşinci Kitabı. Hz. Musa'ya Allah tarafından bildirilen Antlaşma, yaklaşık **40** yıl sonra, Musa AS. ölmek üzereyken ve İsrail halkı vaat edilen topraklara girmeden önce yenilenmiştir. Yenilenen bu antlaşmanın metni ise **Yasa'nın Tekrarı Kitabı**'nda yer alır. Musa A.S. İsrailoğullarının **Moav Ovası**'nda ahlakî yapısının bozulması ve putperestlik günahlarından ötürü Allah'ın kendilerine vaat ettiği Kutsal Topraklar'a girmeden önce, bu yeni nesil İsrailoğullarına Kutsal Yasa'yı tekrarlamanın gerekli olduğunu düşündü. İşte, Musa AS.'ın Yasa'yı tekrarlamak amacıyla yaptığı konuşmalar, günümüzde Kutsal Kitap'ın Yasa'nın Tekrarı adıyla bilinen kısmını oluşturmuştur. Kutsal Kitap'ın bu kısmının

KANON

Grekçe adı olan **Deuteronomy**, **'İkinci Yasa'** veya **'Yasa'nın Tekrarı'** anlamlarına gelmektedir. Yasa'nın Tekrarı, **Mısır'dan Çıkış** ve **Levililer** Kitaplarının temel biçimini takip eder. Musa AS.'ın Allah'ın sözlerine itaat etmeleri için İsrail halkına bir ezgi ve İsrail'in oniki oymağını kutsamasıyla sona erer.

Yaşayan-Tanrı: The Living-God. Yahudiler ve daha sonra da Hristiyanlar için Tanrı aralarında ve hayatlarını düzenleyecek şekilde yaşamaktadır. Teknik dilde Hay-Olan Tanrı denir.

Ye'cüc (Gog) ve Me'cüc (Magog): Arapçadaki **"Ecce"** fiilinin kökünden türetilmiş olan ve **"Tutuşarak yanmak"** veya **"Tuzlu olmak"** anlamına gelen ve çok eski zamanlardan beri yeraltında yaşayan insan soyundan gelen vahşi bir kavim. Ye'cüc ve Me'cüc hakkında **Kur'ân**'da verilen bilgi oldukça azdır ve sadece bir/iki âyette bu konuya değinilir. İslâm âlimleri arasında da bu konuda farklı yorumlar vardır. Bu âlimlerin bir kısmı, Ye'cüc ve Me'cüc olayının gerçekleştiğini, bunların İslâm ülkelerini işgal eden **Moğollar** olduğunu; bir kısmı, bunların I. ve II. Dünya savaşlarının bir işareti olarak yorumlanması gerektiğini savunurken; bir kısmı da, bu olayın henüz gerçekleşmediğini ve Hz. İsa'nın yeryüzüne ikinci gelişinden sonra meydana geleceğini savunmuşlardır. Bu görüşü savunanların içerisinde, son asrın büyük âlimi olan **Bediüzzaman Said Nursî** de vardır. Ye'cüc ve Me'cüc'ün ortaya çıkışı, kıyametin büyük alâmetleri, yani işaretlerinden birisidir. Kur'ân'da bahsi geçen **Zülkarneyn A.S.**'ın seddiyle yakın bir ilişkisinin bulunmasından dolayı, bu konu daha çok onunla birlikte zikredilen ve âhir zamanda Doğu tarafındaki dağlık bir bölgeden çıkacağı bildirilen vahşi bir kavim olarak zikredilir. Ye'cüc ve M'ecüc kelimeleri ve bunların anlamları hakkında genel bilgi genel olarak bu şekilde olmakla birlikte, bu kelimeleri Arapçaya başka dillerden geçtiği de düşünülmektedir. Nitekim, dünyanın çeşitli yerlerindeki eski kültürlerde de bu kelimelerin benzerlerine rastlanılması, konunun evrensel, yani insanlık tarihinin ortak meselelerinden birisi olduğu şeklindeki iddiaları güçlendirmektedir. Örneğin Avrupa dillerinde bu kavimler **Yagug** ve **Magug** olarak isimlendirilmişler ve şeytanın soyundan

KANON

geldikleri iddia edilmiştir. Yine aynı şekilde orta çağlarda ortaya çıkan kavimler göçünde **Batı Roma İmparatorluğu**'nu istilâ eden **Hun**'lara da Ye'cüc ve Me'cüc anlamında "**Barbar**" deyimi kullanılmıştır. Benzer şekilde, Kutsal Kitap'ta bu kavimlere **Gog** ve **Magog** isimleriyle tanımlanan barbar ve vahşi bir kavim olarak rastlarız.

Yeni Ahit (İncil): Hz. İsa'ya Allah tarafından Vahyedilen Kutsal Kitab. **Yeni Ahit (New Testament)**, Hz. İSA'nın doğumundan sonra yazılan kutsal metinlere verilen isimdir. Hz. İSA'nın dört biyografisinden **Mathew** (Matta), **Mark** (Markos), **Luke** (Luka) ve **John** (Yuhanna) İncilleri ilk Hristiyanlardan ve Hristiyan liderler tarafından yazılan mektuplardan, Hristiyan kehanetlerinden (**Book of Revelation** (Vahiy Kitabı) gibi) oluşur. Yeni Ahit, İ.S. 150'den İ.S. 225'e kadarki 75 yıllık bir dönemde yazılmıştır. Neredeyse tüm hristiyanların kabul ettiği yirmi yedi kitaptan oluşur. Bu kitaplar, bu dönemde değişik yazarlar tarafından yazılmışlardır. İncillerdeki gitgide artan varyasyonlar, **Papa Damasus**'u **382**'de bir komisyon kurdurarak güvenilir ve sürekli bir İncil nüshası oluşturma arayışına itmiştir. Katolik Roma Doğu Ortodokslarına göre iki tür vahiy vardır: İncil ve diğer yazıtlar. Protestanlar, dinî kaynağın yazıtlarda bulunduğuna ancak uydurmaların gelenekten geldiğine ve yeniden yorumlanabileceğine inanırlar. Evanjelikler ve Fundamental Protestanlar, yazıtların hem insan hem de Allah eseri olduğunu, derlemesinin insanî; kaynağının ilâhî olduğunu savunurlar.

Yeremya AS: İ.Ö. 600-650 yılları arasında gönderilen İsrailoğlu Peygamberi. Uzun Peygamberlik hizmeti sırasında İsrailoğullarının yaptıkları günahlar ve putperestlik yüzünden başlarına gelecek büyük bir felaketi ki, bu felaket İ.Ö. **586** yılında gerçekleşen Tapınağın yıkılarak tüm Yahudilerin Babil'den sürülmesiyle sonuçlanmıştır, önceden bildirdi. Kutsal Kitab'da yer alan **Yeremya Kitabı** bu uyarılar ve önceden bildirilen felaketleri uzun bir şekilde anlatır. Yeremya Peygamber, Babil Kralı Nabukadnessar tarafından Babil'in yıkılışını çok önceden görmüş, İsrailoğullarını bu konuda uyarmıştı. Fakat onlar O'nu dinlememekte devam ettiler ve bunun

KANON

neticesinde yaklaşık **500** yıl boyunca sürecek bir sürgün hayatına başlamış oldular.

Yeşaya AS: İ.Ö. 650-700 yılları arasında gönderilen İsrailoğlu Peygamberi. Yeşaya İbranice'de **'RAB kurtarır'** anlamına gelir. Dolayısıyla Yeşaya AS.'ın ismi, Hz İsa'nın ismiyle aynı olup, O'nun isminin İbranicesidir. 66 **Bâb'**dan oluşan **Yeşaya Kitabı'**nda Yaşaya AS.'ın Peygamberlik hizmeti ve İsrailoğulları'na yapmış olduğu uyarılardan detaylı bir şekilde bahsedilir.

Yeşua (Jesus): 'RAB kurtarır' anlamında, Hz. İsa'nın 'Aramice' unvanlarından biri.

Yıldızbilimci (Müneccim): Antik Dönemde Yıldızların hareketlerini ve yörüngelerini takip ederek kehânetlerde bulunan ve bugünkü **Astroloji** İlminin uğraştığı meselelerle uğraşan gözlemciler. Matta, Hz. Meryem ve bebek İsa'nın doğudan gelen ve Grekçe metinde "**Magoi**" olarak adlandırılan gizemli ziyaretçiler tarafından ziyaret edildiklerini kaydeder. Bu sözcük Latin dillerine "*magi*" olarak geçmiş ve dilimize "**Yıldızbilimci**" olarak çevrilmiştir. Hz. İsa ve ailesinin, o sıralarda bir evde yaşadıklarından söz edildiğine göre, bu olay Hz. İsa'nın doğumundan birkaç yıl sonra gerçekleşmiştir. Yusuf ve Hz. Meryem belki de başlangıçta acil ihtiyaç yüzünden sığındıkları barınağın küçük bir çocuğa uygun olmadığını anlamışlar ve bir ev tutmuşlardı. Hirodes'in Beytlehem'deki iki ve daha küçük yaştaki bütün erkek çocukların öldürülmesini buyurması, Hz. İsa'nın yıldızbilimciler geldiğinde neredeyse üç yaşında olduğunu göstermektedir. Bu yıldızbilimciler nereden gelmiş olabilirlerdi? Ziyaretçilerin Antik Çağda Astronominin merkezi olan **Babil'**den geldikleri sık sık ileri sürülmektedir. Babilli Astrologlar çok erken çağlardan itibaren "**Batı Ülkesi**" olarak adlandırdıkları **Suriye-Filistin** bölgesinin iyiliğine veya kötülüğüne işaret eden astronomik gözlemler yapmakla meşgul olmuşlardı. Bunun yanında, bu yıldızbilimcilerin **Pers** Ülkesinden gelmiş olmaları da mümkündür. Grekçe "**magos**" sözcüğü, bir tür Astroloğu ifade eden Farsça "**magus**" ifadesinden türetilmiştir. Yıldızbilimcilerin '**üç kişi**' olduklarına inanılmasının nedeni, '**üç hediye**'nin getirilmiş olmasıyla ilgilidir.

KANON

Matta, yıldızbilimcilerin İsa AS.'a üç armağan sunduklarını kaydeder: **Altın, Günnük** ve **Mür**.

Yuhanna: Hz. İsa'nın havarilerinden biri. Bir görüşe göre, Yuhanna Hz. İsa'nın kuzenlerinden veya yakın akrabalarından birisidir. Yuhanna'nın yazmış olduğu **Yuhanna İncili** de diğer İnciller gibi sonradan tahrif edilmiş olup; diğer kanaonik İncillerden farklı olarak Hz. İsa'ya iman edilmesinin üzerinde daha çok durur. Bu incilin giriş kısmında yer alan '**Kefâret**' inancına kapı açacak ifadeler bulunur. Fakat bununla birlikte, bazı kısımlarında, '**Şeriat**'ın öneminden söz edilmekte ve insanların temiz kalpli, iyi yürekli, affedici ve dinin ruhuna sahip olarak Şeriatın bütün emirlerini yerine getirmeleri gerektiği belirtilmektedir. Fakat Yuhanna İncilinde bir-iki yerde 'Kefâret' inancına, yani Hz. İsa'ya inanmakla Hz. Âdem'in günahıyla doğuştan günahkar olan insanların günahlarının bağışlanacağı, bunun için de amelin ve ibadetin gerekmediği ve Hz. İsa'nın çarmıha gerilmekle kendisine inananların günahlarına kefâret olduğu inancına yol açacak ifadelere rastlanmaktadır.

Yusuf AS: İ.Ö. 1900-2000 yılları arasında **Mısır**'a gönderilen İsrailoğlu Peygamberi. **Yakub AS.**'ın oğludur. Kutsal Kitabın **Yaratılış (37, 39-50)** bölümleri Yakup'un en sevdiği oğlu olan Yusuf'un öyküsünü anlatır. Bu, insanlık tarihindeki en dokunaklı ve duygusal öykülerden biridir. Babası Yusuf'a olan sevgisinin bir işareti olarak bir gömlek verir. Yusuf AS. bir gün rüyasında, gökteki onbir yıldızın, güneş ve ayın kendisine secde ettiği bir düş görür. Babasının ısrarına rağmen, bu düşlerini anlatması kardeşlerinin öfkelenmesine ve kıskanmasına neden olur. Babası, Yusuf'u onyedi yaşındayken **Şekem** yakınlarında sürülerini otlatan ağabeylerinin yanına gönderir. Yusuf'un kıskanç kardeşleri babalarının O'nu daha çok sevmesini çekemeyerek onu yakınlarındaki boş bir kuyuya atarlar. Fakat bir müddet sonra ona acıyarak kuyunun yakınlarından geçmekte olan Midyanlılar olarak da adlandırılan İsmâilîlere yirmi gümüşe satarlar. Kardeşleri Yusuf'un giysisini kanla lekelediklerinden, babaları Yakup Yusuf'un öldüğünü düşünür. Yusuf AS. Mısır'da kralın muhafız birliği komutanı **Pofitar**'a satılır. Üstün

[526]

ahlakî özellikleriyle Pofitar'ın beğenisini kazanan Yusuf AS. , Pofitar tarafından evinin ve sahip olduğu her şeyin sorumlusu olarak görevlendirilir. Daha sonra Pofitar'ın karısı ile ters düşen Yusuf AS. kendisini zindanda bulur. Fakat orada bile başarılı olur ve kendisini bir anda firavunun fırıncısıyla sakisinin düşlerini yorumlarken bulur. İki yıl sonra Yusuf AS.'ın Allah vergisi düşleri yorumlama yeteneği firavunun kendisi tarafından keşfedilir. Yusuf AS.'ın **yedi yıllık bolluğun** ardından gelecek olan **yedi yıllık kıtlığa** ilişkin yorumu kralı ikna eder ve kral Yusuf'a fazla ürünleri toplayıp kıtlık için depolama görevini verir. Yusuf'un ağabeyleri yiyecek aramak için **Kenan**'dan Mısır'a doğru yola çıkarlar. Daha sonra Yusuf AS.'ın yanına gelen kardeşleri, bir Mısırlı gibi giyinen ve bir çevirmen aracılığıyla konuşan Yusuf AS.'ı tanıyamazlar. Kardeşlerinin asıl niyetini sınamak için bol bol zamanı olduğunu fark eden Yusuf AS, gerçek kimliğini açıkladığı sırada küçük kardeşi **Bünyamin**'in de yanında bulunmasını sağlamak için bir dizi plan yapar. Sonunda tüm aile, gerçeği öğrendiğinde hayretler içinde kalan Yakup AS. da dahil olmak üzere, Mısır'a doğru yola çıkarlar.

Yüksek Kurul (Sanhedrin): Hz. İsa döneminde Yahudiler'in milli meclisi olan ve 'SANHEDRİN' olarak bilinen 70 kişilik Kâhinler, Din Bilginleri ve ileri gelenlerden oluşan Kurul. Yüksek Kurul'un başkanı **Başkâhin** olarak seçilirdi.

Z

Zachary: Zekeriya Peygamber. Eski ve Yeni Ahit'te adları geçen kırk kadar Zekeriya vardır. İslamiyet'te Zekeriya Peygamber olarak anlatılan bu kişi Hristiyanlara göre Vaftizci Yahya'nın Babası ve Bakire Meryem'in eniştesi olarak anılır. Yahudiler için Zekeriya Peygamber değildir ama Eski Ahit'te yer alan 38. Kutsal Metin'in yazarıdır. Bkz: *"Zekeriya"*

Zekat: El-İslâm'ın Beş Temel Şartı'ndan Dördüncüsü. İslâm'da her Zengin Müslümanın senede bir defa malının **40**'ta birlik kısmını fakirlere ve yardıma muhtaç insanlara Zekât olarak vermesi **farzdır**. Zekât da **Namaz** ve **Oruç** gibi, daha önceki Peygamberlere (**Hz. İsa**,

Hz. Musa ve Hz. İbrahim gibi) ve ümmetlere de farz kılınmış olan **ortak** ibadetlerdendir.

Zekeriya AS: İ.Ö. 50-100 yılları arasında gönderilen İsrailoğlu Peygamberi. **Hz. Yahya**'nın babasıdır. Zekeriya AS. da, diğer birçok İsrailoğlu Peygamberleri gibi, uzun zamanlardan beri Yahudilerin küçük bir grubu tarafından devam ettirilen **Hz. Musa**'nın getirmiş olduğu Şeriat'a ve tek Allah'a inanan **tevhid** dinine tabi olarak İsrailoğullarına uyarılarda bulundu. Oldukça yaşlı bir döneminde, tapınakta dua ettiği bir sırada, Allah tarafından mu'cize eseri kısır olan hanımı Elizabeth'in bir çocuğu olacağına dair Vahiy aldı. Ayrıca Zekeriya AS'ın, **Hz. Meryem**'in yetişmesi ve eğitiminde büyük katkısı olmuştur..

W

Wonnwood: Pelin adı verilmiş olan yıldız. Gökyüzünde belirince insanlar için uğursuzluk dönemi başlayacağına inanılırdı. Bazı yorumculara göre Venüs'ün diğer adı.

* SON *

www.ingramcontent.com/pod-product-compliance
Lightning Source LLC
LaVergne TN
LVHW040129080526
838202LV00042B/2851